ILOSOPHIEP
RAKTISCHEP
HILOSOPHIE
PRAKTISCHE

Philosophie

EPHILOSOPH
EPRAKTISCH
IEPRAKTISC 9/10

Herausgegeben von
Dr. Roland Wolfgang Henke
Konrad Heydenreich
Dr. Eva-Maria Sewing
Dr. Brigitte Wiesen

Erarbeitet von
PD Dr. Barbara Brüning, Peter Flohr
Sol González Gerndt, Dr. Roland Wolfgang Henke
Dr. Norbert Neuß, Dr. Bernd Rolf
Dr. Andreas Siekmann, Dr. Eva-Maria Sewing
Dr. Dietrich Theißen, Anja Wiese
Dr. Brigitte Wiesen, Dr. Herbert Wiesen

Cornelsen

1	Wer bin ich?	Dr. Dietrich Theißen, PD Dr. Barbara Brüning
2	Freundschaft – Liebe – Partnerschaft	Dr. Roland W. Henke
3	Gewissen und Verantwortung	PD Dr. Barbara Brüning
4	Werte und Normen	Dr. Eva-Maria Sewing
5	Die Welt der schönen Bilder	Dr. Norbert Neuß, Sol González Gerndt
6	Wahrheit und Wirklichkeit	Peter Flohr
7	Wozu brauchen wir Menschenrechte?	PD Dr. Barbara Brüning
8	Leben in einer demokratischen Gesellschaft	Dr. Eva-Maria Sewing
9	Begegnung mit dem Fremden	Dr. Bernd Rolf
10	Natur als Um- und Mitwelt	Dr. Brigitte Wiesen
11	Technik – Nutzen oder Risiko?	Dr. Brigitte Wiesen
12	Arbeit und Freizeit	Dres. Brigitte Wiesen und Herbert Wiesen
13	Glück als Ziel des Lebens	Dr. Roland W. Henke
14	Sterben, Tod – und was danach?	Dr. Roland W. Henke, Anja Wiese
15	Religiös leben?	Dr. Andreas Siekmann

Erarbeitet unter Verwendung von „Ethik 9/10", hrsg. von B. Brüning, R. W. Henke und K. Heydenreich, Cornelsen Verlag, Berlin, 2000.

Verlagsredaktion: Heike Hermann, Sabine vom Bruch
Umschlaggestaltung: Katrin Nehm
Layout: Matthias Mantey
Technische Umsetzung: Mike Mielitz
unter Mitarbeit von Christina Scheuerer, Rohrbach

Bei den mit [R] gekennzeichneten Texten haben die Rechteinhaber einer Anpassung an die neue Rechtschreibung widersprochen.

www.cornelsen.de

1. Auflage, 5. Druck 2007 / 06

Alle Drucke dieser Auflage sind inhaltlich unverändert
und können im Unterricht nebeneinander verwendet werden.

Druck: CS-Druck CornelsenStürtz, Berlin

ISBN 978-3-464-64702-8

Inhalt gedruckt auf säurefreiem Papier aus nachhaltiger Forstwirtschaft.

Liebe Schülerinnen, liebe Schüler,

Das Fach Praktische Philosphie und damit dieses Buch lädt euch ein, über verschiedene Fragen nachzudenken, dazu euren eigenen Standpunkt zu finden und zu verteidigen. Es handelt sich um Fragen, die Menschen und insbesondere Philosophen seit eh und je beschäftigen, etwa

- nach dem Sinn des Lebens,
- nach der Bedeutung des Todes,
- über richtiges oder falsches Handeln,
- über das Wesen menschlicher Beziehungen,
- über den Einzelnen in der Gesellschaft,
- über den Stellenwert der Religion.

Die Themenkreise werden aus drei Perspektiven aufgeschlüsselt: den eigenen Erfahrungen – personale Perspektive –, dem gesellschaftlichen Zusammenhang und der Ideenperspektive. Am Beispiel des 14. Kapitels *Sterben, Tod – und was danach?* lassen sich diese Perspektiven leicht nachvollziehen. Der Fragebogen zu Beginn führt euch direkt in das Thema hinein und gibt euch Gelegenheit, die eigene Einstellung zu Sterben und Tod zu bedenken. Sie ist Grundlage und auch Ziel der weiteren Auseinandersetzung und insoweit als personale Perspektive bei jedem Aspekt des Themas berührt.
Die gesellschaftliche Dimension erreicht ihr, wenn ihr fragt: Wie geht unsere, gehen andere Gesellschaften mit Sterbenden um? Was verraten die verschiedenen Sitten und Rituale über das Verhältnis zum Tod? Schließlich hat das Thema noch eine viel grundsätzlichere Bedeutung: Was heißt es überhaupt, sterblich zu sein? Gibt es ein Leben nach dem Tod? Oder gibt es kein Danach? Auf diese Fragen geben z. B. die Religionen verschiedene Antworten, jede aus ihrer Ideenperspektive. Bei anderen Themen – etwa *Gewissen und Verantwortung* im 3. Kapitel – wird die Ideenperspektive durch Philosophen vertreten, die das Gewissen unterschiedlich begründen und in seiner Funktion bestimmen.

Ihr seht schon: die Philosophie hat viele Gebiete und unterschiedliche Antworten auf wichtige Fragen, über die es sich wiederum lohnt zu philosophieren.

Die Texte, Bilder, Schlagworte, Songs und viele handlungsorientierte Aufgabenstellungen werden euch dazu anregen.
Das philosophische Nachdenken und Diskutieren beeinflusst in der Regel das Handeln im Alltag. Aber auch nichts zu tun, kann Ausdruck philosophisch begründeter Gelassenheit sein.

Die einzelnen Kapitel sind in **Doppelseiten** aufgeteilt, die jeweils auf ein Thema eingehen. Ihr findet viele **Arbeitsaufträge**, manchmal auch **Projektvorschläge oder Hinweise auf Bücher oder Videos zum Thema**.

Etwas spezifisch Philosophisches sind die **Gedankenexperimente**.

Gedanken-
experimente
Einfach mal
darüber nachdenken,
was wäre, wenn …

Im **Lexikon** am Schluss des Buches stehen Erklärungen zu den Begriffen, die im Text ein Sternchen haben. Ein Blick in das **Adressverzeichnis** lohnt sich vor allem dann, wenn ihr ein Thema vertiefen wollt und weitere Informationen sucht. Im **Register** könnt ihr nachschlagen, wo bestimmte Begriffe und Philosophen in diesem Buch vorkommen.

Übrigens:
Wir legen Wert auf eure Meinung und freuen uns über neue Vorschläge.
Cornelsen Verlag, Redaktion Ethik
Mecklenburgische Straße 53, 14197 Berlin

Inhaltsverzeichnis

Utopien

1. Wer bin ich?

Wie frei bin ich?
Woher weiß ich, wer ich bin?

Sich wundern – Staunen – Fragen stellen

Eine Portion Sternenstaub

Peter zeigte auf die vielen Touristen, die tief unter uns aus ihren Reisebussen quollen und wie die Ameisen durch das Tempelgelände aufwärtskletterten.

„Wenn unter allen diesen Menschen auch nur einer ist, der diese Welt immer neu als märchenhaft und rätselhaft erlebt …“ Er holte tief Luft und fuhr fort: „Dort unten siehst du tausend Menschen, Hans-Thomas. Ich meine – wenn nur einer von denen das Leben als wahnwitziges Abenteuer erlebt – und wenn er oder sie das jeden Tag so erlebt …“

„Was dann?“, fragte ich, denn wieder hatte er sich mitten in einem Satz unterbrochen.

„Dann ist er oder sie ein Joker im Kartenspiel.“

„Meinst du, es gibt hier so einen Joker?“

Er zuckte die Achseln.

„Nein!“, sagte er. „Ich kann mir da natürlich nicht sicher sein, denn es gibt immer wieder ein paar Joker, aber die Chance ist unendlich klein.“

„Und was ist mit dir selbst? Erlebst *du* das Leben als Abenteuer?“

„Yes, Sir!“

Die Antwort kam so energisch, dass ich mich nicht traute ihm zu widersprechen.

Aber er war noch nicht fertig: „Jeden einzelnen Morgen erwache ich mit einem Knall. Es ist, als würde mir jeden Tag neu eingeimpft, dass ich lebe, dass ich eine quicklebendige Figur in einem Märchen bin. Denn wer sind wir, Hans-Thomas? Kannst du mir das beantworten? – Wir sind aus einer Portion Sternenstaub zusammengebastelt. Aber was ist das? Woher, zum Kranich, kommt diese Welt?“

Jostein Gaarder

- Kannst du diese Frage beantworten?
- Welche Aufgabe hat ein Joker in einem Kartenspiel?
- Welchen Zusammenhang haben die Begriffe Joker, Kartenspiel und Leben in diesem Text?

Wenn dich die Fragen aus dem Text interessieren, kannst du in folgendem Buch weiterlesen:
Jostein Gaarder, Das Kartengeheimnis. Carl Hanser Verlag, München, Wien 1998.

- Dies ist eine Spielkarte aus dem 19. Jahrhundert. In den beiden oberen Reihen soll jede der Figuren zehn Gesichter haben. Kannst du sie entdecken? Findest du auch einen Joker?

Was wäre, wenn ...

Der Philosoph Platon* (428–348 v. Chr.) hat in seinem Dialog „Theaitet" geschrieben, dass das Philosophieren mit dem Staunen beginnt. Doch was ist das: Philosophieren? Platon meint damit, dass der Mensch über sich und die Welt nachdenkt. Wenn z. B. jemand einen funkelnden Stern am Himmel entdeckt, wundert er sich über dessen Helligkeit und beginnt Fragen zu stellen: Woher kommen überhaupt die Sterne? Warum leuchten einige Sterne heller als die anderen? Wie ist eigentlich das Weltall entstanden? (Vgl. S. 95) Jemand, der Fragen stellt, versucht natürlich auch Antworten zu finden. Über die Entstehung des Weltalls kann man z. B. in einem Astronomiebuch nachlesen, dass das Weltall durch den Urknall entstanden sein könnte. Und woher kommt der Urknall? So steht der Mensch wieder vor einer neuen Frage und sucht nach Antworten.

Durch das Fragenstellen gelingt es uns, ein wichtiges Problem genauer unter die Lupe zu nehmen und von verschiedenen Seiten aus zu betrachten, bis uns schließlich eine Lösung plausibel[1] erscheint. Aber nachdem sie dann gefunden wurde, kommt plötzlich der große Knall: Was wäre, wenn die Sache doch ganz anders ist? Was wäre, wenn die Menschen nicht aus einer Portion Sternenstaub entstanden sind?

1 plausibel: verständlich

▶ Versuche dir vorzustellen, wie Hans-Thomas das Leben als Abenteuer erlebt. Schreibe eine Sciencefictiongeschichte dazu.

M. C. Escher, Tag und Nacht

▶ Gedankenexperiment: Das Bild bekommt einen neuen Titel: Frage und Antwort. Wie kann es dann interpretiert werden?

▶ Stelle eine Frage,
- die du sofort beantworten kannst,
- auf die du bisher noch keine Antwort gefunden hast,
- auf die es mehrere Antworten gibt,
- die dein Freund oder deine Freundin besser beantworten kann,
- die du nur beantworten kannst, wenn du in einem Buch nachschlägst.

Welche dieser Fragen interessiert dich am meisten?

Wer bin ich? – Eine merkwürdige Frage

Zufall?
Wenn statt mir jemand anderer
Auf die Welt gekommen wär
Vielleicht meine Schwester
Oder mein Bruder
Oder irgendein fremdes blödes Luder –
Wie wäre die Welt dann,
ohne mich?
Und wo wäre dann ich?
Und würd mich irgendwer vermissen?
Es tät ja keiner von mir wissen.
Statt mir wäre hier ein ganz anderes Kind,
Würde bei meinen Eltern leben
Und hätte mein ganzes Spielzeug im Spind
Ja, sie hätten ihm sogar meinen Namen gegeben.

Martin Auer

- Beantwortet die Fragen in dem Gedicht.
- Gefällt dir dein Name oder hättest du lieber einen anderen?
- Ist es egal, aus welchem Land du kommst und welche Sprache du sprichst?
- Ist es dir egal, ob du ein Junge oder ein Mädchen bist?
- Ist es wohl mehr als ein Zufall, dass du der bist, der du bist?

Könnte ein Mensch wissen, wie er ist, wenn er völlig allein auf einer Insel leben würde?

Sich selbst erkennen

- Schreibe deinen Namen und darunter vier bis sechs Adjektive auf ein Blatt, von denen du glaubst, dass sie dich charakterisieren. Schreibe anschließend deinen Namen auf die Rückseite des Blattes. Nun muss dein Partner vier bis sechs Adjektive suchen, die zu dir passen und dort aufschreiben, ohne auf der Vorderseite nachzugucken. Vergleicht die Beschreibungen und sprecht über die Unterschiede.

Auch der französische Philosoph Jean Paul Sartre (1905 bis 1980) überlegte, wie es kommt, dass eine Person so und nicht anders ist.

Der Mensch gibt sich Rechenschaft, dass er nichts sein kann (im Sinne, wie man sagt, einer ist geistreich, einer ist bösartig, einer ist eifersüchtig), außer wenn die anderen ihn als solchen anerkennen. Um irgendwelche Wahrheiten über mich zu erfahren, muss ich durch den anderen hindurchgehen. Der andere ist meiner Existenz unentbehrlich, ebenso wie er der Erkenntnis, die ich von mir selber habe, unentbehrlich ist.

- Bringt mehrere Spiegel mit in den Unterricht. Schaut nacheinander hinein und beschreibt in einem Satz, was ihr seht. Was kann man sehen und doch nicht sehen? Was kann man von sich sagen, wenn man nicht in den Spiegel blickt?
- Was kann ich über mich sagen, wenn ich mich in einem Spiegel sehe? Was bleibt verborgen?
- Welche Aussage könnte der Künstler mit seinem Bild über die Selbsterkenntnis machen wollen? Achte auch auf die Spiegelung des Buches.
- „Im Spiegel sehe ich mich mit den Augen eines anderen." Überlegt, inwieweit dieser Satz zutrifft oder nicht und was er über die Möglichkeit der Selbsterkenntnis sagt.
- Kann ich mich in meinem Gegenüber besser erkennen als im Spiegel?

Was ist der Mensch?

Die Frage „Wer bin ich?" enthält zugleich die Frage nach dem Wesen des Menschen. Mit der Antwort auf diese Frage ist das Rätsel meiner Individualität und Persönlichkeit zwar noch nicht gelöst, aber Antworten auf die Frage nach dem Menschen im Allgemeinen können mir helfen mich selbst zu erkennen, soweit ich ein Mensch bin.

Als einer der ersten Philosophen hat sich Platon* mit der Frage nach dem Menschen befasst. Er entwickelte ein Begriffssystem, um den Menschen zu bestimmen. Dabei ging er „von ganz oben" aus, sein erster Begriff war: „alles, was ist" (Seiendes). Dann unterteilte er diesen Begriff in das Gegensatzpaar „belebt" und „unbelebt", das Belebte wiederum in „allein" und „in Gemeinschaft lebend". Durch die Bildung weiterer Gegensatzpaare kam er mittels eines Ausschlussverfahrens schließlich am Ende seiner Kette bei dem Begriff „Mensch" an. Diese Art der Definition, bei der Begriffe immer weiter zerteilt werden, nennt man Diärese.

Am Ende seiner Begriffskette kam Platon zu dem Ergebnis „Der Mensch ist ein Lebewesen, und zwar ein zweifüßiges, federloses". Die Zuhörer sollen dieser Definition Platons zugestimmt haben. Der Zyniker Diogenes* aber, so wird berichtet, rupfte einem Hahn die Federn aus und brachte ihn in Platons Akademie mit den Worten: „Das ist Platons Mensch." Daraufhin soll Platon seine Definition ergänzt haben durch den Zusatz „mit flachen Nägeln".

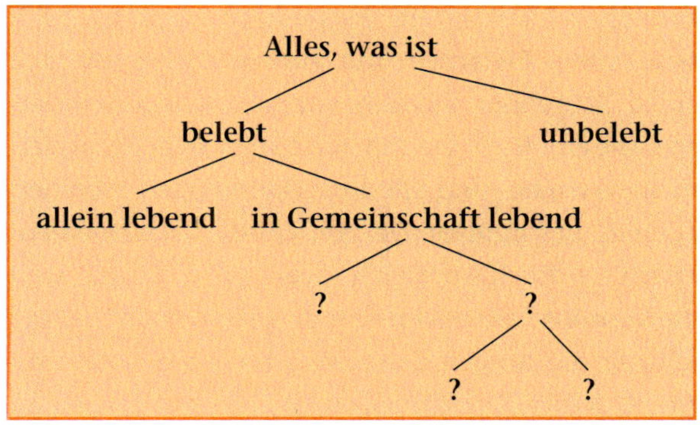

▶ Setzt die vorliegende Begriffspyramide fort, bis ihr den Begriff Mensch erreicht.

▶ Ist der Einwand von Diogenes mit Platons Ergänzung ausgeräumt? Was fehlt an der Platonischen Definition?

Platons Schüler Aristoteles legte eine andere Definition vor:*

„Der Mensch ist ein vernunftbegabtes Lebewesen."

▶ Auch diese Definition kann aus einer Begriffspyramide hergeleitet werden. Fertigt eine solche Pyramide an und informiert euch über so genannte Nominaldefinitionen*.

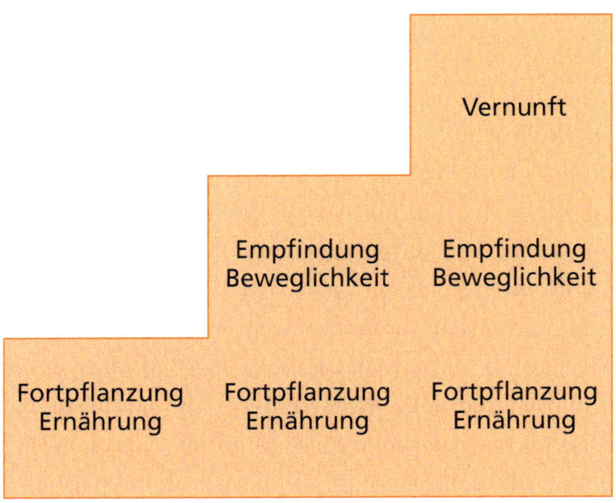

Aristoteles' Definition des Menschen geht auf seine Einteilung zurück, die er das Stufenreich des Lebendigen nannte. In ihr unterscheidet er Pflanzen, Tiere und Menschen und ordnet ihnen jeweils typische Eigenschaften zu. Dabei trägt die jeweils höhere Lebensform die niedrigere in sich.

▶ Hat Aristoteles den Menschen, sowohl im Verhältnis zu Platon als auch allgemein, angemessen definiert?

▶ Zeichnet ggf. eine eigene Stufenfolge des Lebendigen.

Der Mensch – eigentlich ein Tier?

Immer wieder könnt ihr erfahren, dass Tiere auch denken und fühlen können, dass eure Haustiere Eigenschaften besitzen, die euch lieb sind. Wissenschaftler und Forscherinnen weisen darauf hin, dass z. B. zwischen einigen Affenarten und dem Menschen nur geringe Abweichungen im Erbgut vorliegen. Ist der Mensch also nur ein etwas perfekteres Tier? Der französische Philosoph Voltaire machte einmal das folgende Gedankenexperiment:

Ohne mehr Kenntnis zu haben als ein Bewohner des Mars, lande ich am Gestade des Ozeans in einem afrikanischen Land auf der Suche nach Menschen. Ich sehe Affen, Elefanten und andere Wesen, die alle einen Schimmer unvollkommener Vernunft besitzen. Die einen wie die anderen haben Sprache, die ich nicht verstehe, und alle ihre Handlungen scheinen auf ein bestimmtes Ziel gerichtet. Nach meinem ersten Eindruck würde ich sagen, die Elefanten sind die Vernünftigsten. Um aber zu entscheiden, nehme ich mir die Jungen dieser verschiedenen Tiere vor, einen kleinen Zweibeiner, einen kleinen Affen, einen kleinen Löwen, einen kleinen Hund. Da sehe ich nun, dass jene jungen Tiere unvergleichlich kräftiger und geschickter sind, dass sie mehr Vorstellungen, mehr Leidenschaften, mehr Gedächtnis besitzen als der Zweibeiner. Aber nach Ablauf einer bestimmten Zeit hat der Zweibeiner so viele Vorstellungen wie sie alle zusammen. Er kann weitaus besser und abwechslungsreicher sprechen. Und so wage ich denn das Urteil, dass dies ein Mensch sei, und so bin ich zu folgender Definition gekommen: Der Mensch ist ein schwarzes Tier mit Wolle auf dem Kopf, das auf zwei Pfoten läuft, fast so geschickt wie ein Affe, weniger stark als die anderen Tiere seiner Größe, das mehr Vorstellungen hat als sie und mehr Geschick, sie auszudrücken; im Übrigen ist er denselben Notwendigkeiten unterworfen, wird geboren, lebt und stirbt, ganz wie sie auch.

nach Voltaire

- Warum ist es für Voltaire notwendig, sich in einen fremden Kontinent zu begeben?
- Voltaire sieht Dinge, die nur Tiere haben oder tun können, die sowohl Menschen als auch Tiere auszeichnen, als auch etwas, was nur dem Menschen zugänglich ist. Fertigt eine Liste an, in der ihr alle Gemeinsamkeiten und Unterschiede zwischen Tier und Mensch aufführt.

Der Unterschied zwischen Mensch und Tier: ein gradueller oder ein Artenunterschied?

Ein Philosoph namens Portos versucht einer Gruppe von Mädchen den Unterschied zwischen Mensch und Tier am Beispiel der Begriffe Geist und Kultur zu erklären.

Herr Portos […]: „Also, Laura, es besteht kein wesentlicher Intelligenzunterschied zwischen Mensch und Tier. Es ist ein gradueller Unterschied, so wie der intellektuelle Unterschied zwischen Kindern und Erwachsenen.“

„Was meinen Sie mit ‚gradueller Unterschied‘?“, fragte Mira. […] Nachdenklich sagte er: „Ihr Mädchen seid doch alle verschieden groß. […] das ist ein gradueller Unterschied. Unterscheidet ihr euch auch im Gewicht?“ „Laura ist die Schwerste“, antwortet Gabi, „dann kommt Mira und dann ich. Ist das auch ein gradueller Unterschied?“

„Richtig“, erwiderte Herr Portos. „Aber der Unterschied zwischen Größe und Gewicht selbst ist ein Artunterschied und kein gradueller Unterschied. […]“

„Was hat das alles mit Geist, Denken oder Bewusstsein zu tun?“, wollte Mira wissen.

„Nun, wie ich vorhin sagte“, erklärte Herr Portos, „ist der Unterschied zwischen dem geistigen Verhalten der Tiere und der Menschen meiner Meinung nach nur ein gradueller Unterschied. Also können wir wirklich nicht sagen, dass Tiere keinen Geist haben.“

„Aber gibt es dann einen Artunterschied zwischen Menschen und Tieren?“, fragte Gabi […].

„Nun, ich glaube ja. Der Mensch hat Kultur, aber haben Tiere Kultur?“ Noch bevor die Mädchen etwas erwidern konnten, fuhr Herr Portos fort: „Ich weiß, was ihr fragen wollt: Was ist Kultur? Nun, darunter versteht man alle verschiedenen Formen des Zusammenlebens, die ein Volk in einer bestimmten Gesellschaft entwickelt hat. Das ist seine Sprache, sein Erziehungs- und Bildungswesen, seine Religion und die Kunst; die Art, wie Menschen leben, wie sie ihre politischen Systeme organisieren, ihre Hochzeiten, ihr Eigentum und vieles mehr. Und diese verschiedenen Formen des Zusammenlebens werden dann von Generation zu Generation weitergegeben. Auf diese Weise spiegelt die Kultur all die verschiedenen Lebenserfahrungen von hunderttausend Generationen wider.“ Die Mädchen sahen Herrn Portos an. Plötzlich sah Herr Portos eine Möglichkeit, seine Ansichten zu veranschaulichen. „Gabi“, sagte er, „der Mensch bewegt sich von Natur aus auf dem Lande fort. Was macht er, wenn er sich auf dem Wasser fortbewegen will?“ „Er schwimmt oder baut sich ein Schiff“, antwortete Gabi. „Und wenn jemand einmal herausgefunden hat, wie man ein Schiff baut, kann jeder andere, der sich auf dem Wasser fortbewegen will, seine Erfindung nachbauen“, sagte Herr Portos. […] „Aber wie ist das mit anderen Lebewesen“, fragte Herr Portos. „[…] Fische schwimmen im Wasser, aber sie bauen keine Boote. Wale waren einst tatsächlich Landbewohner, aber allmählich wurden sie Meeresbewohner. Sie überlebten nicht, wie Noah, indem sie Boote bauten, sondern, man könnte sagen, dadurch, dass sie zu Booten wurden.“

„Augenblick, bitte“, unterbrach Mira. „Ich glaube, ich begreife langsam, worauf Sie hinauswollen. Tiere tun gewisse Dinge einfach, sie leben und bewegen sich auf eine ganz bestimmte Weise fort. Der Mensch kann aber neue Lebensformen finden und neue Wege, die Welt um sich herum zu ändern.“

▶ Wie erklärt Herr Portos den Begriff „gradueller Unterschied“? Könnt ihr weitere Beispiele finden?

▶ Welchen Artunterschied beschreibt er? Würdet ihr den Unterschied zwischen Mensch und Tier genauso oder anders sehen?

▶ Der Philosoph Ernst Bloch wies darauf hin, dass es keine Alleen mit Statuen berühmter Ameisen und keine Geschichte der Kühe in 20 Bänden gibt. Stellt euch vor, Tiere könnten Kultur entwickeln. Wie könnte sie aussehen?

▶ Benjamin Franklin bezeichnete den Menschen als „tool making animal“, als ein Werkzeug anfertigendes Tier. Kennt ihr auch Tiere, die sich Werkzeuge herstellen?

▶ Wie gehen Tiere mit ihren Jungen um? Wie Menschen? Wird daran ein Unterschied deutlich?

Haben Tiere ein Ich-Bewusstsein?

In den zurückliegenden Jahren haben Wissenschaftler das Verhalten von Tieren immer genauer erforscht. So hat zum Beispiel der Forscher Gallup einem Schimpansen einen Spiegel vor den Käfig gestellt.

Im Anfang passierte gar nichts. Am dritten Tag beobachtete Gallup „eine fundamentale Veränderung“: Der Schimpanse begann sich Körperstellen anzuschauen, die er sonst nicht sehen konnte. Am zehnten Tag malte Gallup dem Tier mit einer nicht riechenden, nicht fühlbaren Farbe einen roten Fleck auf die Stirn. Schon bald versuchte der Affe, sich die Farbe von der Stirn zu wischen. Er hatte in dem Gegenüber mit dem Fleck sich selber erkannt.

Diesen Selbsterkenntnistest bestanden nur Schimpansen, Bonobos, Orang-Utas und – unter Vorbehalt – Gorillas, andere Affenarten bestanden den Test nicht. Die menschliche DNA ist zu 98,4 Prozent mit der DNA der Schimpansen und Bonobos identisch. Ähnliche Versuche bei Babys und Kleinkindern zeigten, dass auch Kleinkinder nicht mit der Fähigkeit zur Selbsterkennung auf die Welt kommen. Offenbar teilen unsere nächsten Verwandten ein Vermögen mit uns, das erst spät während der Evolution entstanden ist: ein Ich-Bewusstsein.

▶ Gibt es nach dem Spiegelexperiment noch einen wesentlichen (Art-)Unterschied zwischen Menschen und Schimpansen? Welche ethischen Konsequenzen ergeben sich hier möglicherweise? (vgl. Kap.10, S. 161)

Der Mensch – letztlich eine Maschine?

Häufig wird die immer schneller steigende Leistung von Computern mit der menschlichen Intelligenz verglichen. Dies geschieht vor allem, um festzustellen, ob und wann Maschinen besser denken können werden als Menschen. Wird sich die künstliche Intelligenz eines Tages sogar unabhängig von menschlichen Einflüssen verbreiten? Wenn Maschinen wie Menschen sind oder sogar ihnen überlegen, sind dann Menschen nicht zuletzt Maschinen?

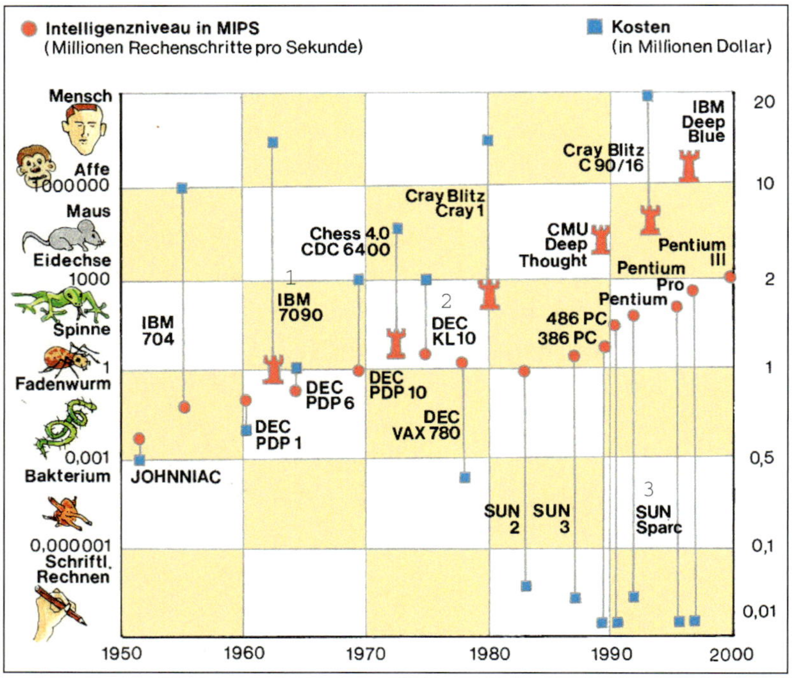

Die Entwicklung künstlicher Intelligenz

Schlau wie eine Eidechse sind unsere modernen Pentium-PCs. Die roten Punkte zeigen das Intelligenzniveau, die blauen Quadrate die Kosten an. Computer wurden demnach in den letzten 50 Jahren schneller und preiswerter.

1 Dame-Programm von Samuel besiegt Meister Robert Nealey.
2 Das Stanford Cart überwindet in fünf Stunden einen Hinderniskurs von 30 Metern Länge.
3 Das Selbstfahrprogramm RALPH der Carnegie Mellon University steuert einen Kleinbus 5000 Kilometer weit von Washington nach San Diego. Über 98 % der Strecke fährt es autonom.

Mensch gegen Maschine!
1997 schlägt der IBM-Computer „Deep Blue“ den Schach-Weltmeister Gary Kasparow mit zwei Siegen, einer Niederlage und drei Remis.

Wann ist eine Maschine intelligent?
Die bekannteste Definition stammt von Alan Turing. Der Mathematiker stellte 1950 die These auf, ein Computer sei intelligent, wenn er sich mit einem Menschen unterhalten könne, ohne dass dieser etwas merke.

▶ Woher haben Computer eigentlich ihr Wissen?
▶ Überlege, was der Mensch kann und was ein Computer kann, und denke darüber nach, wer über wen bestimmt.
▶ Könnte es einen PC geben, der wie ein bester Freund, eine beste Freundin viel über euch weiß und alles mit euch bereden kann? Würdet ihr diesen einem wirklichen Menschen vorziehen?

Künstliche Intelligenz – mehr als eine Vision?

Die künstliche Intelligenz hat Menschen immer fasziniert und zu Fantasien angeregt, so auch in dem Science-Fiction-Film „Raumschiff Enterprise". Eine der Hauptfiguren ist Lt. Commander Data.

Lt. Commander Data (gespielt von Brent Spiner) ist der erste Android mit positronischem Gehirn, erschaffen von Dr. Noonien Soong, als Folgemodell des zu perfekten Lore. Data ist Spezialist für Wahrscheinlichkeitstheorie und war zuvor Biologe. Im Jahre 2365 wird er bei einer Verhandlung als lebendes Wesen definiert, das für sich Entscheidungen treffen kann. Er entführt 2367 die Enterprise, um zu seinem Erschaffer Dr. Soong zu gelangen. Dieser hatte ihn gerufen, um ihm einen Chip für grundlegende Emotionen einzusetzen. Daran hindert ihn jedoch Lore, sein Vorgänger.

- Datas Problem ist, dass er offiziell als lebendes Wesen anerkannt ist, jedoch wünscht er sich menschliche Emotionen. Was sind eigentlich Emotionen?
- Wie sähe ein Leben ohne Emotionen aus?

Die Vorstellung, dass es eine wie ein Mensch aussehende Maschine gäbe, die wie du und ich denken und fühlen kann, hat etwas Verlockendes. Wir hätten nicht einen geklonten, sondern einen mechanischen Doppelgänger. Bereits 1916 verfasst Hermann Kasack eine Fantasie-Erzählung mit dem Titel „Der Automat", in der ein mechanischer Doppelgänger im Mittelpunkt steht.

„Sie sehen selbst, wie gut ich funktioniere." Zweifelnd, misstrauisch betrachte ich das seltsame Geschöpf. „Unmöglich", sage ich. „Ein Taschenspielertrick. Sehr apart. Indessen –" „Oh, ich kann mich in sieben Sprachen verständigen. Wenn ich zum Beispiel den obersten Knopf meiner Weste drehe, so spreche ich fließend Englisch, und wenn ich den nächsten Knopf berühre, so spreche ich fließend Französisch, und wenn ich –" „Das ist wirklich erstaunlich!" „Oh, in gewisser Weise, vor allem aber angenehm. Wünschen Sie ein Gespräch über das Wetter, über Film, über Sport? Über Politik oder abstrakte Malerei? Fast alle Themen und Vokabeln des modernen Menschen sind in mir vorrätig. Auch eine Spule mit Gemeinplätzen lässt sich abrollen. Alles sinnreich, komfortabel und praktisch. Wie angenehm wird es für Sie sein, wenn Sie erst einen mechanischen Doppelgänger von sich halten – oder besser, wenn Sie gleich zwei Exemplare von sich zur Verfügung haben. Sie könnten gleichzeitig verschiedene Dienstreisen unternehmen, an mehreren Tagungen teilnehmen, überall gesehen werden und selber obendrein ruhig zu Hause sitzen."

- Welche Fähigkeiten würdet ihr eurem Doppelgänger einprogrammieren? Wie könnte man mechanische Menschen als solche entlarven?
- Schreibe eine Unterhaltung mit deinem Doppelgänger auf, in der du versuchst, ihn als solchen zu entlarven.
- Kasacks mechanischer Doppelgänger spricht von sich in der ersten Person und kann sich in verschiedenen Sprachen zu Themengebieten äußern. Ist es realistisch, dass Maschinen wie Menschen sprechen können und Ich-Bewusstsein haben? Gibt es unaufhebbare Artunterschiede?

Das Problem der Identität

Identität bedeutet „mit sich selbst übereinstimmen". Dazu muss ich mir klar sein, was an inneren und äußeren Merkmalen zu mir gehört, wie ich mich im Laufe der Zeit verändere und trotzdem doch „ich" bleibe. Was vermittelt mir den Eindruck, ganz gleich, zu welcher Zeit im Leben, immer „ich" zu sein?

Woraus setze ich mich eigentlich zusammen?

Körperliche, sichtbare Merkmale	Charakterliche, unsichtbare Merkmale
Körpergröße	Charakter
Aussehen	Gefühle
Organe	Ideen

Atome können nicht lachen oder denken – wir dagegen ja!
Lukrez

- Führe die Liste fort! Gehören sichtbare wie unsichtbare Merkmale gleichermaßen zu einer Person?
- Bringt Kinderbilder von euch mit in die Schule. „Seid ihr das wirklich?" Schreibt eure Gedanken dazu auf.

Mein Ich zu verschiedenen Zeiten

Das Seltsame an uns ist, dass wir – ganz gleich, wie alt wir sind – uns immer als dieselbe Person empfinden. Irgendetwas in uns scheint unveränderlich zu bleiben. Der Schriftsteller Jorge Luis Borges untersucht, was für dieses Identitätsgefühl verantwortlich sein könnte.

„Meine Gegenwart – oder: das, was meine Gegenwart war – ist schon Vergangenheit. Aber diese vergehende Zeit vergeht nicht völlig. So habe ich zum Beispiel am letzten Freitag mit Ihnen gesprochen. Wir können sagen: Wir sind schon andere, da mit uns allen im Laufe einer Woche vieles geschehen ist. Trotzdem sind wir die Gleichen. Ich weiß, dass ich hier war und gesprochen habe, versucht habe, zu denken und zu reden, und Sie erinnern sich vielleicht, letzte Woche mit mir zusammengewesen zu sein. In jedem Fall bleibt das Gedächtnis. Das Gedächtnis ist individuell. Wir bestehen zu einem guten Teil aus unserer Erinnerung."

- Jeder schreibt für sich aus der Erinnerung Ereignisse auf, die für seine Identität wichtig sind. Diskutiert anschließend, ob Borges mit seinem letzten Satz Recht hat. Was bestimmt noch die Persönlichkeit?
- Können Menschen, die ihr Gedächtnis verloren haben, nicht mehr als Personen gelten?

Neben dem Gefühl, eine einheitliche Persönlichkeit zu sein, gehen wir davon aus, in verschiedenen Lebensphasen unterschiedliche Eigenschaften auszubilden. Der Psychologe Erik Erikson teilt das Leben in Phasen ein und ordnet ihnen wichtige Merkmale zu, wie z.B. Weisheit, Bedürftigkeit oder Kompetenz.

- Versuche selber, Begriffe den Phasen zuzuordnen.

1. Säuglingsalter
2. Frühe Kindheit
3. Spielalter
4. Schulalter
5. Jugendalter (Adoleszenz)
6. Frühes Erwachsenenalter
7. Erwachsenenalter
8. Greisenalter

- Überlegt euch, welche Tätigkeiten und Entscheidungen mit dem jeweiligen Begriff zu tun haben.
- Wie ich in Zukunft gerne sein möchte. Wie ich in Zukunft auf keinen Fall sein möchte – Jugend, Erwachsenendasein, Alter.

Der spanische Philosoph Savater hat sich die Frage gestellt, welche Bedingungen erfüllt sein müssen, damit du von dir sagen kannst, dass du durch die Zeit hindurch dieselbe Person bist, die sich von anderen Menschen unterscheidet.

Jeder von uns ist überzeugt, auf irgendeine Weise eine Identität zu besitzen, etwas, das fortdauert, und zwar durch unsere sich ändernden Empfindungen, Wünsche und Gedanken hindurch. Ich bin ich, weil ich durch die Zeit bestehen bleibe und weil ich mich von anderen unterscheide. Aber wie kann ich mir sicher sein, dass ich weiterhin derselbe bleibe wie vor zehn oder fünf Jahren? Meine Wahrnehmungen und Empfindungen helfen mir dabei. Es ist eine Sache, z.B. Kälte zu bemerken, es ist aber eine zweite Sache und damit meine ganz persönliche – sich bewusst zu werden, dass man friert, d.h. die Empfindung im Hinblick auf sich selbst zu bewerten. Wie ich diese Empfindung bewerte, hängt ab von meinen Erinnerungen und meinen Erwartungen. Die Empfindung fügt sich in sie ein. Darin besteht, was ich das Meine nennen könnte, was ich mein Selbstbewusstsein nennen könnte.

▶ Du hast sicher schon einmal die Erfahrung gemacht, dass es jemand in einem Raum kalt fand, du aber nicht. Wie würde Savater dies erklären? Versuche andere Beispiele zu finden, in denen deine ganz persönlichen Bewertungen klar werden.

▶ Entwerft ein Begriffsnetz (Mindmap), in dem die zentralen Begriffe des Textes von Savater in Beziehung gesetzt werden. Ist damit das Problem der persönlichen Identität gelöst? (Vgl. Kap. 6, S. 108 f.)

Mein Ich – eine Illusion?

In unserer Kultur und Tradition spielt der Begriff des Ichs eine große Rolle. Wir sind schließlich stolz darauf, individuelle Persönlichkeiten zu sein. In anderen Kulturen, z.B. dem Buddhismus, ist dies ganz anders. Dort gilt das Ich-Gefühl als eine Illusion, die überwunden werden muss (vgl. Kap. 14, S. 240 f.). Die menschliche Existenz, das Gesamte von Geist und Körper wird von Buddha in fünf Bestandteile eingeteilt, die er, anders als das Ich, als Realitäten ansieht:

Wahrnehmung (Sehen usw.) – Fühlen (angenehm, unangenehm ...) – physische Körperlichkeit – Handlungen (Wille) – Erkennen (Bewusstsein). Wir sagen gewöhnlich: „Ich habe Zahnschmerzen." Für einen buddhistischen Denker sind wir mit einem solchen Satz ein Opfer unserer Sprache, in der die 1. Person-Perspektive zentral ist. Weder „Ich" noch „habe" noch „Zahnschmerzen" zählen zu den letzten Gruppen der Existenz. Der Zahnschmerz kann in unpersönliche Elemente unterteilt werden. Richtig angewendet besitzt diese Methode der Reflexion eine ungeheure Macht zur Auflösung ungesunder Erfahrungen.

1. Dies ist die physische Körperlichkeit, der Zahn als Materie.
2. Dies ist ein Schmerzgefühl.
3. Dies ist eine Schmerzwahrnehmung des Zahns.
4. Dies ist als Willensreaktion ein Widerwille gegen den Schmerz.
5. Dies ist das unterscheidende Erkennen, das Bewusstsein aller vorgenannten vier Elemente.

▶ Sucht weitere Beispiele, auf die sich diese Methode der Reflexion anwenden ließe. Worin besteht der gewünschte Heilungserfolg?

▶ Sind Empfindungen und Ich-Bewusstsein wirklich nur eine Erfindung der Sprache?

Ich und die anderen

„Wenn du einen Haufen Geld haben könntest, ein Haus, viel prächtiger als ein Palast aus Tausendundeiner Nacht, die besten Klamotten, das teuerste Essen, die modernste Elektronik, aber dies alles zu dem Preis, dass du niemals wieder Menschen siehst – wärst du dann glücklich? Wie lange könntest du so leben, ohne verrückt zu werden?“

Fernando Savater

Was ich alles bin

Du bist immer schon Mitglied der Gesellschaft, d.h., du wirst in die große Gruppe deiner Landsleute, deiner Kultur und deiner Sprache hineingeboren. Du bist Schülerin oder Schüler genauso selbstverständlich wie du Bürgerin und Bürger deines Landes bist.

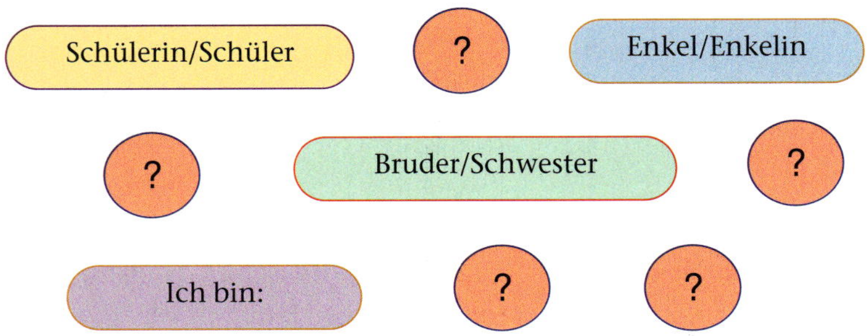

- ▶ Vervollständigt die Liste. Überlegt, für welche Rollen ihr euch entscheiden könnt und welche festliegen.
- ▶ Gebt für jede Rolle die Erwartungen an, die damit verbunden sind.
- ▶ Schreibt auf, wer oder was euch beeinflusst (z. B. Gefühle, Mitschüler, Werbung …).

Was ich alles sein möchte

Einerseits möchte ich immer ganz „ich“ sein und mit niemandem verwechselt werden, andererseits kann ich aber auch nicht ohne die anderen leben und brauche ihre Anerkennung, z. B. durch die Wahl meiner Kleidung. Oder bin ich da ganz ich selbst?

Interviewer: Warum interessieren wir Menschen uns für Mode?

Psychologe: Wir wollen auffallen, individuell sein. Zum einen möchte ich mich von anderen abgrenzen, zum anderen einer Gruppe zugehörig sein.

Interviewer: Und wie löst man diese Ambivalenz (Doppelwertigkeit) zwischen Ich-Sucht und Wir-Gefühl?

Psychologe: Gar nicht. Das Paradox ist, dass viele meinen, sich bei der Mode völlig frei zu entscheiden. Das ist ein psychologisches Fehlurteil. Modeorientierung ist eine unbewusst antizipierte (vorweggenommene) Erwartung. Das, wonach wir uns richten, was wir tragen, sind unsere Vorstellungen davon, was andere sich von uns vorstellen. […] Gut geht es mir nur, wenn meine neue Frisur bemerkt wird.

- ▶ Stimmt ihr mit der Ansicht überein, dass die Mode, die ich trage, nur für die anderen existiert? (Vgl. Kap. 5, S. 84 f.)
- ▶ Diskutiert, was ihr unter den Begriffen „Lifestyle“, „Trend“, „Kult“ und „In-sein“ versteht. Welche Bereiche eures Lebens sind von diesen Wörtern nicht erfasst?
- ▶ Versucht, während ihr an diesem Thema arbeitet, eine Liste zu erstellen, auf der ihr „Ins“ und „Outs“ selber festlegt. Was ist angesagt?

- Ein 20-jähriger Hip-Hopper hat mehr mit einem 30-jährigen Hip-Hopper gemein als mit einem Computerfreak. Stimmt ihr zu? Welche Rolle spielt für euch die Zugehörigkeit zu bestimmten Gruppen einschließlich der äußeren Signale, die sie anzeigen?
- Was ist „cool"? Warum ist es so wichtig, cool zu sein?
- Wodurch wird in eurem Freundeskreis Eindruck auf andere gemacht? Gibt es Unterschiede zwischen Mädchen und Jungen?
- Was wären für euch Dinge, mit denen ihr später im Leben andere beeindrucken wolltet?
- Überlegt, ob und inwiefern das Auftreten von Menschen vom Urteil anderer abhängt.

Wer ich sein könnte

Der Philosoph Friedrich Nietzsche (1844–1900) sieht genau die Gefahr, die jemandem droht, der sich auf seinem Weg durch das Leben zu stark von anderen beeinflussen lässt. Er empfiehlt einen Test, durch den man auch einen Wegweiser für die Zukunft erhält.

Niemand kann dir die Brücke bauen, auf der gerade du über den Fluss des Lebens schreiten musst, niemand außer dir allein. Zwar gibt es zahllose Pfade und Brücken und Halbgötter, die dich durch den Fluss tragen wollen; aber nur um den Preis deiner selbst; du würdest dich verpfänden und verlieren. Es gibt in der Welt einen einzigen Weg, auf welchem niemand gehen kann außer dir: Wohin führt er? Frage nicht, gehe ihn. […]

Aber wie finden wir uns selbst wieder? Wie kann sich der Mensch kennen? Er ist eine dunkle und verhüllte Sache; und wenn der Hase sieben Häute hat, so kann der Mensch sich sieben mal siebzig abziehen und wird doch nicht sagen können: „Das bist du nun wirklich, das ist nicht mehr Schale." Zudem ist es ein quälerisches gefährliches Beginnen, sich selbst derartig anzugraben und in den Schacht seines Wesens auf dem nächsten Wege gewaltsam hinabzusteigen. Wie leicht beschädigt er sich dabei so, dass kein Arzt ihn heilen kann. Und überdies: Wozu wäre es nötig, wenn doch alles Zeugnis von unserem Wesen ablegt, unsere Freund- und Feindschaften, unser Blick und Händedruck, unser Gedächtnis und das, was wir vergessen, unsere Bücher und die Züge unserer Feder. Um aber das wichtigste Verhör zu veranstalten, gibt es dieses Mittel. Die junge Seele sehe auf das Leben zurück mit der Frage: Was hast du bis jetzt wahrhaft geliebt, was hat deine Seele hinangezogen, was hat sie beherrscht und zugleich beglückt? Stelle dir die Reihe dieser verehrten Gegenstände vor dir auf, und vielleicht ergeben sie dir […] ein Gesetz, das Grundgesetz deines eigentlichen Selbst. Vergleiche diese Gegenstände, sieh, wie einer den anderen ergänzt, erweitert, überbietet, verklärt, sie eine Stufenleiter bilden, auf welcher du bis jetzt hingeklettert bist; denn dein wahres Wesen liegt nicht tief verborgen in dir, sondern unermesslich hoch über dir oder wenigstens über dem, was du gewöhnlich als dein Ich nimmst.

- Was meint Nietzsche mit „Halbgöttern, die dich durch den Fluss [des Lebens] tragen wollen"?
- Welche Halbgötter mögen das heute sein? Stelle sie in einer Collage zusammen.
- Nietzsche sagt, der Mensch müsse sich „sieben mal siebzig mal häuten". Welche Prozesse und Zeiten in deinem Leben können damit gemeint sein?
- Mache selber einmal den Test, den Nietzsche im letzten Abschnitt vorschlägt.
- Verlangt Nietzsche nicht zu viel vom Menschen? Ist der Mensch so frei, das zu schaffen, was Nietzsche vorschlägt?

Wie frei bin ich?

Ich-Sein bedeutet immer auch handeln zu müssen und in diesen Handlungen zeigt sich für mich selbst wie für andere, wer ich bin. Versuche, dir darüber klar zu werden, was du noch tun möchtest, um „Ich“ zu sein.

Ich möchte:	**klappt schon**	**muss noch**	**wann wohl**
1. selbst bestimmen, wie ich aussehen möchte 2. finanziell unabhängig sein 3. weniger schüchtern sein 4. mich verlieben 5. in der Schule gut sein 6. mit jemandem richtig reden können 7. einen Plan für meine Zukunft haben 8. von zu Hause ausziehen 9. auch einmal etwas Verbotenes tun 10.			

▶ Ergänze die Liste der Handlungsweisen und überlege, was sie jeweils über den Handelnden aussagen.
▶ Bin ich überhaupt frei, selbst zu handeln?

Zwei Formen von Freiheit

*Ein wesentliches Zeichen für die Freiheit des Menschen offenbart sich im Handeln. Anders als die Ameisen, die nur das tun, was in ihren Anlagen steckt, ist beim Menschen Handeln das, „was ich nicht getan hätte, wenn ich es nicht gewollt hätte“. Dies nennt der Philosoph **„Willensfreiheit“** und meint damit, dass der Mensch zwischen Alternativen wählen und eine Entscheidung treffen kann. Denn wenn ich aus Versehen eine Blumenvase umwerfe, habe ich nicht frei gehandelt. Bei einer solchen Entscheidung wird dann zweitens die **„Handlungsfreiheit“** wichtig. Das heißt, dass ich an der Ausführung meiner Handlung nicht durch einen inneren und äußeren Zwang gehindert werde. Daraus ergibt sich ein Problem.*

Klar ist, dass „frei sein“ hier bedeutet, nicht durch Stärkere gezwungen zu werden, nicht gefoltert oder gefangen zu sein; wenn ich im Gefängnis sitze, habe ich keine Handlungsfreiheit. Aber schränken mich nicht auch Gesetze ein, z.B. wenn ich gerne mit 80 Stundenkilometer durch die Ortschaft fahren will? Warum soll mich jemand zwingen, nur 50 Stundenkilometer zu fahren? Und müssen wir nicht frei sein von Armut, Unkenntnis und Einschränkungen, wenn wir frei handeln wollen? […] Ich kann frei entscheiden, was ich essen möchte, kann ich auch frei handeln, wenn ich kein Geld habe, mir etwas zu kaufen? Ist es dann noch eine freie Handlung, wenn jemand in einer solchen Situation des Hungerns einem anderen etwas stiehlt?

▶ Besprecht die aufgeworfenen Fragen.
▶ Dass wir zu vielen Dingen nicht durch andere gezwungen werden können, ist auch das Verdienst unseres Grundgesetzes. Das garantiert jedem von uns nämlich grundlegende Handlungsfreiheiten. Informiert euch einmal über die Art. 1 bis 12 des Grundgesetzes.

Ist der Wille frei?

Die Tatsache, dass jemand seine ihm garantierte Redefreiheit in Anspruch nimmt oder andere sich auf die Versammlungsfreiheit berufen, um Treffen abzuhalten, sagt aber noch nichts darüber aus, ob das, was er redet oder was er auf Versammlungen plant, letztlich seinem freien Willen entspringt. Es könnte ja auch sein, dass die Motive der Menschen, etwas Bestimmtes zu tun, wie Vorgänge in der Natur durch Gesetze bestimmt bzw. determiniert werden, nur dass die Menschen im Moment der Entscheidung dies nicht durchschauen. Diese Auffassung nennt man Determinismus.
Der amerikanische Philosoph Thomas Nagel verdeutlicht dies an einer Begebenheit. Ein Mann muss sich in einem Restaurant beim Nachtisch zwischen einem Stück Torte und einem Pfirsich entscheiden.

„Wenn der [Determinismus] wahr ist, dann war es, selbst während Sie sich über Ihren Nachtisch klar zu werden versuchten, immer schon durch die Vielzahl der in Ihnen und auf Sie einwirkenden Faktoren festgelegt, dass Sie den Kuchen wählen würden. Sie konnten den Pfirsich nicht gewählt haben, wenn Sie auch glaubten, dies gekonnt zu haben: Ein Entscheidungsprozess ist nichts anderes als ein Vorgang, der ein vorherbestimmtes Ereignis im Bewusstsein zum Vorschein kommen lässt. [...] so stand es vor Ihrer Geburt fest, dass Sie zur Torte greifen würden."

Thomas Nagel

Wenn alle menschlichen Handlungen determiniert sind, sind die Folgen, z. B. für die Rechtsprechung schwerwiegend.

„Nehmen wir als Beispiel einen Kriminellen, der, sagen wir, mehrere Menschen erwürgt hat und nun dazu verurteilt ist, auf dem elektrischen Stuhl zu sterben. Sowohl die Geschworenen wie auch die Öffentlichkeit halten ihn für voll verantwortlich, denn die Morde waren bis ins kleinste Detail vorausgeplant, und der Angeklagte schildert den Geschworenen genau, wie er sie im Einzelnen geplant hat. Doch nun erfahren wir, wie es zu allem gekommen ist: Wir erfahren von Eltern, die ihn vom Säuglingsalter an ablehnten, von einer Kindheit, die er in einem Heim nach dem andern verbrachte, in denen es ihm stets wieder klar wurde, dass er nicht erwünscht war; von dem stets wieder enttäuschten Wunsch, geliebt zu werden, von der harten Schale von Gleichgültigkeit und Bitterkeit, die er sich zulegte, um die schmerzliche und demütigende Tatsache des Unerwünschtseins zu verbergen, und seinen späteren Versuchen, die Wunden seines zerbrochenen Ichs durch defensive Aggressivität zu heilen. [...] Der unglückliche Geschädigte ist sich der inneren Triebkräfte, die ihm diesen grausigen Tribut abverlangen, nicht bewusst."

▶ Würdet ihr den Angeklagten verurteilen? Entwerft eine Urteilsbegründung.

Der Philosoph John Locke glaubt, dass der Mensch nur in einem Teil seines Wollens festgelegt ist:*

„Wie mit den Bewegungen des Körpers verhält es sich auch mit den Gedanken unseres Geistes. Soweit sie so beschaffen sind, dass wir sie je nach Entscheidung des Geistes aufnehmen oder abweisen können, so weit sind wir frei. [...] Indessen sind manche Ideen für den Geist wie manche Bewegungen für den Körper von solcher Art, dass er sie unter gewissen Umständen nicht vermeiden und trotz äußerster Kraftanstrengung ihre Abwesenheit nicht bewirken kann. Ein Mensch, der auf die Folter gespannt ist, hat nicht die Freiheit, die Idee des Schmerzes auszuschalten. [...] Sobald aber der Geist wieder die Kraft erlangt, [...] einzelne Gedanken abzubrechen oder fortzusetzen, anzufangen oder zu unterlassen, [...] betrachten wir den Menschen wieder als frei handelndes Wesen.

John Locke

▶ Macht an Beispielen klar, unter welchen Bedingungen Locke den Menschen für frei oder für unfrei hält. Wäre der oben genannte Mörder nach Locke zu verurteilen? Sammelt Argumente für oder gegen Willensfreiheit.

2. Freundschaft – Liebe – Partnerschaft

▶ Beschreibt die Unterschiede der dargestellten Beziehungen.

Freundschaft – was ist das?

▶ Beide Abbildungen stellen symbolisch* dar, was Freundschaft bedeuten kann. Was machen sie jeweils deutlich?

▶ Versucht durch eigene Fotos, Bilder, Standbilder („eingefrorene Pantomimen") oder Gegenstände auszudrücken, was Freundschaft für euch bedeutet.

▶ Spielvorschlag zum Erfahren von Vertrauen: Einem Partner werden die Augen verbunden und er wird vom anderen durch die Klasse oder durch das Schulgebäude geführt. Anschließend werden die Rollen getauscht und jeder schreibt auf, was er in seiner Rolle empfunden hat.

Was halten Sie für unerlässlich, damit Sie eine Beziehung zwischen zwei Personen als Freundschaft empfinden?

1. Wohlgefallen am anderen Gesicht
2. daß man sich unter vier Augen einmal gehen lassen kann
3. das Vertrauen, daß nicht alles ausgeplaudert wird
4. im ganzen Einverständnis in politischen Ansichten
5. daß einer dem anderen allein dadurch ein gutes Gefühl gibt, daß er da ist, anruft, schreibt usw.
6. Nachsicht gegenüber Fehlern des anderen
7. Ehrlichkeit, ggf. auch Mut zum offenen Widerspruch
8. daß man dem anderen Geheimnisse zugesteht
9. daß man für und mit dem anderen hoffen kann
10. Sicherheit, daß der eine, wenn über den anderen schlecht geredet wird, nicht einfach zustimmt, sondern wenigstens Belege verlangt
11. sich für die gleichen Dinge begeistern können, gemeinsame Interessen
12. gemeinsame Erlebnisse und Erinnerungen
13. Bereitschaft, den anderen mit Geduld zu unterstützen
14. daß der eine den anderen nicht auf Meinungen oder Interessen festlegt, die einmal wichtig für die Freundschaft waren

nach Max Frisch* R

▶ Überlegt in Gruppen, welche Merkmale ihr für die wichtigsten haltet, und ergänzt sie.

▶ Diskutiert darüber, ob es Freundschaft mit Tieren oder reine Brief- oder Internetfreundschaften geben kann.

Was ist eine gute Freundschaft?

Es gibt viele verschiedene Vorstellungen darüber, was eine gute Freundschaft ist. Michel de Montaigne dachte darüber nach, wie sich Freundschaften, Verwandtschaften und Bekanntschaften unterscheiden.*

Eine gute Freundschaft entsteht, wenn zwei (oder mehr) Menschen in den wichtigsten Dingen grundsätzlich übereinstimmen. Es ist nicht sehr wahrscheinlich, dass es diese Übereinstimmung bei Geschwistern oder Eltern und Kindern gibt. Diese können völlig unterschiedliche Eigenschaften haben. Ein Sohn oder ein Verwandter kann ein Bösewicht oder ein Dummkopf sein. Außerdem entstehen die Beziehungen zwischen Verwandten nicht freiwillig, so wie gute Freundschaften freiwillig entstehen. Echte Zuneigung und Freundschaft entstehen nur ohne Druck von außen und ohne Zwang.
Wenn wir von Freunden und Freundschaften sprechen, sind dies oft nichts anderes als lockere Bekanntschaften, die durch irgendwelche Anlässe entstanden sind.

nach Michel de Montaigne

▶ Erklärt, was für Montaigne wahre Freundschaft ausmacht. Hat er Recht?
▶ Definiert den Begriff Freundschaft und grenzt ihn von ähnlichen Begriffen ab: Bekanntschaft, Verwandtschaft, Partnerschaft, Kameradschaft, Liebe.

Freundschaft aus Berechnung?

Wenn man jemanden mag, weil man einen Vorteil und Nutzen davon hat, dann mag man denjenigen nur wegen dieses Vorteils. Und wer sich nur wegen der eigenen Lust mit einem anderen Menschen abgibt, der liebt ihn nicht als Freund mit allen seinen Eigenschaften, sondern nur wegen des Lustgewinns.
Die Freundschaft der jungen Leute scheint nur auf Lust begründet zu sein. Denn sie werden von ihren Gefühlen bestimmt und suchen hauptsächlich das, was für sie im Augenblick angenehm ist. Ihre Freundschaften entstehen deshalb ziemlich schnell, gehen aber auch sehr schnell wieder auseinander. Was sie wollen, ist zusammen sein und leben. So steht es also bei ihnen mit der Freundschaft.

nach Aristoteles*

▶ Wie unterscheidet Aristoteles Freundschaft bei Erwachsenen und bei jungen Leuten?
▶ Diskutiert über die Berechtigung der Unterscheidung von Aristoteles.

▶ In dieser Freundschaft stimmt etwas nicht. Versucht es in Worte zu fassen. Habt ihr ähnliche Erfahrungen in Freundschaften gemacht?

Freundschaft im Alltag

Erwartungen

„Was ist das Wichtigste an einem Freund?" Diese Frage stellte die Zeitschrift „Eltern" an insgesamt 2353 Schülerinnen und Schüler. Es ging darum herauszufinden, was Jugendliche heute unter Freundschaft verstehen. Hier findet ihr einige der Antworten:

Ich darf von einem Freund keine Vollkommenheit erwarten. Genau wie ich kann er nicht perfekt sein. Gerade seine Fehler muss ich durchgehen lassen. Ich darf ihn nicht ständig kritisieren. Daran gehen auch manche Ehen kaputt, dass eine Frau ihren Mann dauernd kritisiert und anmotzt.

Anita, 14 Jahre

Bei einer Lateinarbeit ließ mich meine Freundin um alles in der Welt nicht bei sich abschreiben. Das war die größte Sauerei, die ich je erlebt habe. Man kann doch nicht einfach zusehen, wie eine Freundin eine Lateinarbeit verbaut.

Desirée, 14 Jahre

Geheimnisse darf eine Freundin nicht ausposaunen. Sonst kann ich mir gleich eine Reporterin von „Bild" zur Freundin nehmen.

Tobias, 12 Jahre

- ▶ Diskutiert, ob die Erwartungen an eine Freundschaft berechtigt sind, und klärt dabei, welche Werte hier jeweils ins Spiel gebracht werden.
- ▶ Formuliert eure eigenen Erwartungen an eine Freundschaft und verdeutlicht die dahinterstehenden Wertvorstellungen.

Konflikte

Jein

Ich habe einen Freund - Ein guter? - Sozusagen mein bester
und ich habe ein Problem, ich steh auf seine Freundin. Nicht auf
seine Schwester.
Würd ich auf die Schwester stehn, hätt ich nicht das Problem,
das wir haben, wenn er, sie und ich uns sehn,
und kommt sie in den Raum rein, wird mir schwindelig,
sag ich, sie will nichts von mir, dann schwindel ich.
Ich will sie, sie will mich, das weiß sie, das weiß ich,
nur mein bester Freund, der weiß es nicht.
Und somit sitz ich sozusagen in der Zwickmühle
[...]
Erst erscheinen Engelchen und Teufelchen auf meiner Schulter.
Engel links, Teufel rechts - lechz!
Nimm dir die Frau! Sie will es doch auch.
Kannst du mir erklären, wozu man gute Freunde braucht?
Halt, er will dich linken, schreit der Engel von der Linken.
Weißt du nicht, dass so was Scheiße ist und Lügner stinken?
Ah - und so streiten sich die beiden um mein Gewissen
und ob ihr's glaubt oder nicht, mir geht es echt beschissen.
Doch während sich der Teufel und der Engel anschrein,
entscheid ich mich für ja, nein ich mein: jein.

Soll ich's wirklich machen oder lass ich's lieber sein? Jein!
Soll ich's wirklich machen oder lass ich's lieber sein? Jein!

Fettes Brot

- ▶ Der Liedtext der Gruppe „Fettes Brot" beschreibt ein Dilemma, an dem Freundschaften zerbrechen können. Versetzt euch jeweils in die Lage des Sängers und der Freundin und begründet, wie ihr handeln würdet.
- ▶ Klärt, welcher Wertekonflikt hier zugrunde liegt. Was würdest du an der Stelle des besten Freundes tun, wenn sich deine Freundin und der Sänger miteinander einlassen?
- ▶ Sucht Merkmale, die sicherstellen, dass eine Freundschaft auch im Alltag funktionieren kann.

Freundschaften und andere Beziehungen

Der französische Philosoph Michel de Montaigne hat nicht nur über die Eigenart einer guten Freundschaft nachgedacht (vgl. S. 25); er hat sich auch darum bemüht, Freundschaft von anderen sozialen Beziehungen, wie die zwischen Kindern und Eltern und die zwischen Liebenden, abzugrenzen. Die Freundschaft stuft er am höchsten ein.*

Die Natur hat uns Menschen bestimmt für das Zusammenleben geschaffen. Aristoteles sagt deshalb, dass den guten Gesetzgebern die Freundschaft mehr am Herzen gelegen hat als die Gerechtigkeit. Nun ist die Freundschaft die eigentliche Erfüllung des Ideals der Gesellschaft: Alle anderen Beweggründe für menschliche Bindungen, sexuelle Anziehung, Vorteil, Notwendigkeit für die Gruppe oder für den Einzelnen, sind weniger schön und uneigennützig; sie sind deshalb nicht eigentlich als Freundschaft zu bezeichnen, weil sich bei ihnen andere Gesichtspunkte als Motive, als Ziel und als Gewinn einmischen, die mit der Freundschaft selbst nichts zu tun haben.

Was die Kinder an die Eltern bindet, ist eher der Respekt. Die Freundschaft lebt vom ungehinderten Gedankenaustausch; dieser ist zwischen Eltern und Kindern nicht möglich, wegen des zu großen Abstandes, der sie trennt; er würde wahrscheinlich natürliche Pflichten verletzen. Denn die Eltern können den Kindern nicht alles sagen, was sie innerlich denken, weil diese sonst zu einer ungehörigen Vertraulichkeit verführt würden. Aber umgekehrt steht es den Kindern auch nicht zu, ihre Eltern zu mahnen und zurechtzuweisen, was doch vielleicht die vornehmste Pflicht unter Freunden darstellt. […]

Die Zuneigung zu den Frauen kann man mit der Freundschaft nicht gleichsetzen, obwohl wir auch zu ihr uns selbst entscheiden; sie spielt eine andere Rolle. Das Liebesfeuer ist, wie ich zugeben muss, eingreifender, brennender und peinigender; aber zugleich ist es mutwillig und unbeständig, flatternd und sich wandelnd, eine Art Fieberglut, die auf- und abschwillt; ein Feuer, das nur Teile von uns versengt. In der Freundschaft dagegen herrscht eine allgemeine Wärme, die den ganzen Menschen erfüllt und die außerdem immer gleich wohlig bleibt; eine dauernde stille, ganz süße und ganz feine Wärme, die nicht sengt und nicht verletzt.

Michel de Montaigne

Wie sähe eine Gesellschaft aus, in der es zwar gerecht zuginge, aber keine Freundschaft existierte?

Ina und ihr Vater

Ina und ihr Freund

▶ Diskutiert über Montaignes Abgrenzung. Kann es wirklich keine Freundschaft zwischen Kindern und Eltern geben? Können Mädchen und Jungen (bloß) miteinander befreundet sein?

▶ „Freundschaft ist das wichtigste Stück einer auf Dauer und Gewohnheit angelegten Liebe; so gehen die meisten Ehen nicht aus mangelnder Liebe, sondern aus mangelnder Freundschaft zugrunde." Hat der Philosoph Ernst Bloch* mit dieser Auffassung recht? Steht er im Gegensatz zu Montaigne?

Ist Freundschaft notwendig?

In dem folgenden Romanauszug geht es um die sechzehnjährige Katharina, die mit ihren Eltern in eine Kleinstadt im Osten Deutschlands gezogen ist. Der Vater hat dort Arbeit gefunden. Katharina fühlt sich fremd und überflüssig, ihr fehlt die alte Clique. Fast ein Jahr lang lebt sie nun schon in dieser Kleinstadt und immer noch hat sie fast keinen Kontakt zu ihren Mitschülerinnen und Mitschülern. Als sie zum ersten Mal in ihrer neuen Umgebung Geburtstag hat, muss sie wie immer in die Schule.

Prädikat: lesenswert

▶ Beschreibt die Stimmung dieses Bildes. Was wollte der Zeichner ausdrücken?

Katharina trottet mechanisch, den Blick zu Boden gerichtet, den gewohnten Schulweg. Sie wusste nichts, worauf sie sich an diesem Tag freuen sollte. Nur dass sie Geburtstag hatte und niemand es erfahren würde, erfüllte sie mit Genugtuung.

Als Katharina im vergangenen Herbst nach Kornekamp zog, hatte das Schuljahr schon begonnen. Vielleicht trug das dazu bei, dass sie von den Mitschülern der Elften wie ein Eindringling behandelt wurde.

Einen Treff nach dem Unterricht – wie die tägliche halbstündige Ansammlung am Kiosk in Stuwarin –, bei dem man über die Lehrer herzog oder sich über das gestrige Fernsehprogramm unterhielt, gab es in der Kleinstadt nicht. Alle eilten sofort nach Hause, die Auswärtigen stiegen in ihre Busse.

Als sie sich – gleich nach der Umschulung ins Kornekamper Gymnasium – den Schülern in der Raucherecke zugesellen wollte, wurde das Mädchen als Nichtraucherin mit ebenso deftigen wie verächtlichen Bemerkungen verscheucht. In ihrer alten Schule wurden Gäste ohne Zigarette toleriert.

Kurz vor der Schule kamen drei Mädchen aus ihrer Klasse aus einer Seitenstraße und bogen vor Katharina auf den Gehweg ein. Sie waren ihr so nah, dass sich die Ärmel ihrer Jacken fast streiften, trotzdem gelang es ihnen, die Mitschülerin zu übersehen.

Katharina verlangsamte ihren Schritt. Von denen will ich keine länger als unbedingt notwendig um mich haben, dachte sie. An meinem Geburtstag schon gar nicht.

Sie hatte sich eine Taktik angewöhnt mit der offenkundig abweisenden Haltung ihrer Mitschüler umzugehen. Obwohl sie selten angesprochen wurde, stellte sie selber Fragen, bedankte sich höflich für jede Auskunft und schien von unerschütterlicher gleich bleibender Freundlichkeit. Nach einigen Wochen war ihr diese Technik zur Gewohnheit geworden, die keine Anstrengung mehr kostete.

Sie begann den Vorteil aller Außenseiter zu schätzen: den Standort des Betrachters. Obwohl niemand mit ihr über Liebeleien, Zerwürfnisse oder Freundschaften sprach, teilte sich ihr die unterschiedliche Art der Bindungen mit: wer mit wem sprach, welche Art von Blicken in unbeobachteten Momenten zwischen einem Mädchen und einem Jungen schwirrten, wo es

Berührungen gab, die zufällig schienen und es doch nicht waren.
Mit heimlichem Triumph dachte sie: Von mir wisst ihr nichts – aber ich kenne euch. Als die erste Stunde anfing, die Klassenlehrerstunde, dachte sie mit leichter Beunruhigung, dass vielleicht doch jemand zufällig auf die Spalte mit den Geburtstagen gesehen hätte. Im Biologieunterricht schrieb die Lehrerin wie gewohnt das Datum über den zu behandelnden Stoff an die Tafel.
„Eh", rief einer der Jungen von den hinteren Tischen, „das war mal unser höchster Fest- und Feiertag!"
Halb verlegenes, halb belustigtes Murmeln war die Reaktion, mit Katharinas Geburtstag hatte es nichts zu tun.

▶ An welchem Tag hat Katharina offensichtlich Geburtstag?
▶ Sucht die Stellen aus dem Romanauszug heraus, an denen ihr etwas über Katharinas Gedanken und Gefühle erfahrt. Wie würdet ihr erklären, dass Katharina schließlich doch über die Nichtbeachtung ihres Geburtstages enttäuscht ist?
▶ Versetzt euch in die Lage der Mädchen (es können auch Jungen sein), denen Katharina begegnet (Z. 22-26). Schreibt auf, was sie über Katharina denken. Was würde sich wohl ändern, wenn sie von Katharinas Geburtstag wüssten?
▶ Was müsste sich verändern, damit Katharina an ihrem nächsten Geburtstag anders behandelt wird?

Zwei Philosophen über Freundschaft

Wie ist wahre, echte Freundschaft möglich? Nur durch eine starke Teilnahme am anderen, an seinen Problemen und an dem, worüber er sich freut. Diese Teilnahme ist nur möglich, wenn man sich mit dem Freund ganz identifiziert. Kann es diese echte Freundschaft überhaupt geben? Die Menschen sind so egoistisch, dass man nicht weiß, ob diese Art von Freundschaft überhaupt existiert. [...] Eigentlich ist es sehr begrenzt, was einer dem andern geben kann, und letztlich bleibt doch jeder allein. Deswegen muss sich jeder alles selbst geben, was er sich wünscht und ersehnt, und darf dies nicht von anderen erwarten.

nach Arthur Schopenhauer*

Wie kann denn ein Leben ohne die Zuneigung zwischen zwei Freunden lebenswert sein? Was ist denn angenehmer, als jemanden zu haben, mit dem du alles besprechen kannst und weißt, dass er dich versteht? Was wäre ein noch so großes Glück wert, wenn du keinen hättest, der sich mit dir freut?
Unglück dagegen wäre noch schwerer auszuhalten ohne jemanden, der es ebenso wie du erleidet. [...] Wohin du dich auch wendest, gibt es Freundschaft, denn es gibt keine Situation, in der sie nicht möglich wäre.

nach M. Tullius Cicero*

▶ Sucht weitere Argumente für beide Seiten und diskutiert, wer Recht hat.
▶ Hinter den Ausführungen von Arthur Schopenhauer und M. Tullius Cicero zur Freundschaft verbergen sich allgemeinere Auffassungen über das Wesen des Menschen. Versucht sie zu erschließen und diskutiert darüber, ob sie berechtigt sind.

Mädchen und Jungen über Liebe

Wenn sich zwei Menschen einander nähern, um eine Liebesbeziehung einzugehen, ist das eine der aufregendsten und auch schwierigsten Angelegenheiten im Leben. Dabei haben Jungen und Mädchen offenbar unterschiedliche Auffassungen übers „Anmachen", „Verknalltsein" oder über eine längere Beziehung. Die folgenden Äußerungen stammen aus einem Gespräch von Jungen und Mädchen im Alter zwischen 15 und 18 Jahren.

„Auf den ersten Blick ist mir wichtig, dass mir ein Mädchen vom Body her gefällt. Da kann man ja über den Charakter noch nichts sagen." Alex, 15 Jahre

„Jungs sollten galant und charmant sein, ein Mädchen auch mal verwöhnen, kleine Geschenke machen." Daniela, 16 Jahre

„Ein Mädchen sollte Verständnis für mich aufbringen, wenn ich Probleme habe. Sie sollte mir zuhören und mich trösten können." Konrad, 18 Jahre

„Wenn man fremdgeht, dann muss es für beide erlaubt sein. Jungs gestehen das oft nur sich selbst zu." Ulla, 15 Jahre

„Eine Beziehung ohne Sex könnte ich mir nicht vorstellen. Nach ein, zwei Wochen muss da was laufen. Wenn das Mädchen aber gleich am ersten Tag mit dir schläft, dann ist sie nichts wert." Tony, 17 Jahre

„Am schwierigsten ist es, wenn einer Schluss machen will und der andere noch verliebt ist." Alex, 15 Jahre

„Am wichtigsten ist, dass man ehrlich ist, nicht einfach sagt: ‚ich will dich nicht mehr so oft sehen' oder ähnliche Ausreden." Ulla, 15 Jahre

„Jungs achten viel zu sehr auf die Figur, sie sind so was von oberflächlich." Daniela, 16 Jahre

„Mädchen werden immer gleich eifersüchtig, wenn man sich mit einem anderen Mädchen unterhält. Sie denken dann, du willst mit der in die Kiste steigen. Dann machen sie dich vor deinen Freunden nieder." Alex, 15 Jahre

„Vor allem wenn es um intime Dinge geht, sollte ein Junge die Partnerin ernst nehmen und sich nicht über sie lustig machen." Andrea, 17 Jahre

▶ Bildet Mädchen- und Jungengruppen und überlegt, ob ihr den Äußerungen zustimmt. Wo seht ihr Vorurteile und wo sind die Aussagen berechtigt?

▶ Versucht die Äußerungen nach Bereichen zu ordnen: Kennenlernen, Sexualität, Gestaltung einer Beziehung, Eifersucht, Beendigung einer Beziehung.

▶ Führt zu den verschiedenen Bereichen des Themas eine Podiumsdiskussion oder ein Klassengespräch. Ihr könnt auch ein Interview an eurer Schule durchführen, zu dem ihr Fragen zu den genannten Bereichen entwickelt und Mädchen und Jungen getrennt befragt.

Verhalten sich Jungen und Mädchen unterschiedlich?

Der Tendenz nach belegt dies ein amerikanisches Collegeexperiment aus dem Jahr 1989, bei dem Forscher attraktive männliche und weibliche Personen losgeschickt haben, um Studentinnen und Studenten an amerikanischen Universitäten als – unwissende – Versuchspersonen „anzumachen“. 50 Prozent aller angesprochenen Männer ließen sich zu einem Kaffee einladen. Von diesen wiederum folgten 69 Prozent dem Angebot, mit in die Wohnung der Frau zu kommen, und 75 Prozent dieser Männer wären noch am selben Abend zum Sex bereit gewesen. Von den Studentinnen nahm ebenfalls die Hälfte den Kaffee an, aber nur sechs Prozent davon ließ sich zu einem Hausbesuch überreden, keine indes zum Geschlechtsverkehr.

▶ Wie lassen sich die Ergebnisse des Experimentes erklären?

Biologische Erklärung – pro und contra

Die vor Jahrmillionen entstandene Kooperation von Frau und Mann beruht […] auf unterschiedlichen Leistungen. Um Kinder in die Welt zu setzen mussten Menschenfrauen sehr viel investieren: neun Monate Schwangerschaft und eine Stillperiode, die gerade in der Urzeit lange währte, viel Kraft kostete und es erschwerte, für sich selbst und das Kind Nahrung zu suchen. Ganz anders dagegen ist die Ausgangsposition der Männer: Der Zeugungsakt beanspruchte sie im Vergleich zum daraus resultierenden biologischen Erfolg [nur] wenig.

Wenn sich nun grundlegende Verhaltensmuster so vererben, wie es Genetiker heute annehmen, dann müssten sich bei Frau und Mann unterschiedliche Strategien für die Partnerwahl entwickelt haben. Die Wissenschaftler erwarten daher, dass Frauen in erster Linie ein biologisches Interesse an der Qualität des Partners haben und sich, zumindest für die Zeit, die ein Kind braucht, bis es aus dem Gröbsten heraus ist, eher an einen Mann binden. Demgegenüber bietet sich den Männern eine Doppelstrategie: Sie können entweder in einer Partnerschaft ihre Kinder gesichert und gut versorgt aufziehen oder aber in Quantität investieren, also mit vielen Frauen viele Kinder zeugen und so ihr Erbgut stärker verbreiten. […] Gemäß dieser Tendenz bevorzugen Frauen auch Männer mit [einem] bestimmten Äußeren: Ihr Idealmann sieht genau so aus, wie er vermutlich in der Urzeit erfolgreich war und wie ihn die Werbung heute präsentiert: muskulös, mit breiten Schultern, schmalen Hüften und kräftigem Kinn – einer, der Entschlossenheit und Dominanz ausstrahlt. „Hingegen schätzen Männer die Frauen am meisten“, sagt Buss, „die schön und jung sind, deren Figur auf Gesundheit, Jugend und die Fähigkeit zum Gebären vieler Kinder schließen lässt.“

▶ Diskutiert darüber, ob diese Erklärung berechtigt ist.

Jeder Mensch hat seine eigene Persönlichkeit und es gibt Millionen Gründe, weshalb wir diese oder jene Wahl treffen. Wie groß aber der Einfluss der Gene […] ist, wird sich wohl nie bestimmen lassen. Niemand hat bisher „Gene der Liebe“ identifiziert, geschweige denn untersucht, wie weit deren Wirkung reicht oder welchen Einfluss die Umwelt hat.

▶ Mit welchen Gründen wird hier eine biologische Erklärung für menschliches Verhalten in der Liebe abgelehnt?

▶ Diskutiert über beide Erklärungen und überlegt, welche Gefahren in der biologischen Deutung stecken.

Die große Liebe?

„Ich bin total verliebt."
Wer verliebt ist, kennt keine „halben Sachen". Entweder ganz – total – oder gar nicht! Mit Haut und Haaren, mit Herz und Verstand, mit Geist und Gemüt – mit allem, was wir haben. Wir sind „bis über beide Ohren" verliebt!

„Ich fühle mich wie neugeboren."
Wer verliebt ist, fühlt sich wie neugeboren. Leben wird lebenswert, weil ein anderer mich liebenswert findet. Ich sehe die Welt mit anderen Augen: farbiger, optimistischer, zuversichtlicher.

„Ohne dich kann ich nicht leben."
„Die große Liebe" ist angesagt: Ohne dich geht nichts mehr – nicht einmal das Leben. Leben ist unvorstellbar ohne den anderen. Welch eine Liebesbeteuerung! Aber auch: welch eine Erpressung!

„Ich bin verrückt nach dir."

„Ich steh auf dich."

„Ich bin verknallt."

▶ Schreibt auf, was euch zu den nicht erklärten Redewendungen einfällt, und sucht weitere zum Thema Liebe.

▶ Übersetzt den Text und beschreibt den Gefühlszustand der Sängerin.
▶ Informiert euch über das Romeo-und-Julia-Motiv als Vorbild einer großen Liebe, die gegen alle Widerstände besteht. Wie überträgt der Film von 1996 das Motiv in die Gegenwart? Der Film ist als Video erhältlich (Fox).
▶ Bringt weitere Lieder und Songs zum Thema Liebe mit in den Unterricht und stellt sie euch gegenseitig vor.

Lovefool

Love me love me
say that you love me
fool me fool me
go on and fool me
love me love me
pretend that you love me
leave me leave me
just say that you need me […]
I can't care 'bout anything but you …

The Cardigans
Filmmusik aus: William Shakespeares Romeo + Julia

Aus der Werbung, aus Filmen, aus Zeitschriften lernen wir von klein auf, dass nur das leidenschaftliche, romantische Feuerwerk der Gefühle „wahre" Liebe ist.

Gertrud Pietsch

▶ Stimmt ihr der Feststellung von Gertrud Pietsch zu? Sucht nach weiteren Beispielen und analysiert sie.
▶ Versucht eine Definition von Liebe und Verliebtheit und legt dabei den Schwerpunkt auf den Unterschied zwischen beiden Begriffsinhalten. (Vgl. S. 36)

▶ Welche Merkmale müsste eine Liebe erfüllen, die im Alltag und im Alter anhält? Wie müssten die Partner mit Konflikten umgehen?

Heirat aus Liebe?

Eine Beziehung oder Heirat aus Liebe war bis in die Zeit nach dem Ersten Weltkrieg eher die Ausnahme. Denn früher wurde dem Individuum kaum so viel Bedeutung zugestanden, dass es Liebe als einziges Motiv für eine Partnerschaft hätte in Anspruch nehmen können. Wirtschaftliche Zwänge waren wichtiger. Viele waren der Meinung, dass die Liebe von alleine kommen würde, nachdem die Eltern entschieden hatten, welchen Ehepartner ihre Tochter oder ihr Sohn heiraten sollte. Diese Entscheidung wurde oft aus wirtschaftlichen Gründen getroffen und sie richtete sich danach, ob der zukünftige Ehepartner standesgemäß war. Gerade weil die persönliche Liebe nicht das Hauptmotiv für eine Partnerschaft war, entstand der Mythos der großen, der romantischen Liebe, die sich im Widerstand gegen ihre Umgebung entwickelt. (Romeo-und-Julia-Motiv)

Weil heute die Liebe für die meisten Menschen das Wichtigste in einer Beziehung ist, werden ganz besondere Anforderungen an sie gestellt. Das meint auch der Philosoph und Schriftsteller Erich Fromm, der das Scheitern vieler längerer Beziehungen auf ein falsches Verständnis von Liebe zurückführt.*

Warum ist Liebe nicht dauerhaft?

Die meisten Menschen sehen das Problem der Liebe in erster Linie als das Problem, *selbst geliebt zu werden*, statt *zu lieben* und lieben zu können. Daher geht es für sie nur darum, wie man es erreicht, geliebt zu werden, wie man liebenswert wird [...]. Aber kaum einer nimmt an, dass man etwas tun muss, wenn man es lernen will zu lieben. [...]

[Ein] Irrtum, der zu der Annahme führt, das Lieben müsste nicht gelernt werden, beruht darauf, dass man das Anfangserlebnis, „sich zu verlieben", mit dem permanenten Zustand „zu lieben" verwechselt. Wenn zwei Menschen, die einander fremd waren – wie wir uns das ja alle sind – plötzlich die trennende Wand zwischen sich zusammenbrechen lassen, wenn sie sich eng verbunden, wenn sie sich eins fühlen, so ist dieser Augenblick des Einsseins eine der freudigsten, erregendsten Erfahrungen im Leben.

Besonders herrlich und wundervoll ist es für Menschen, die bisher abgesondert, isoliert und ohne Liebe gelebt haben. Dieses Wunder der plötzlichen innigen Vertrautheit wird oft dadurch erleichtert, dass es mit sexueller Anziehung und sexueller Vereinigung Hand in Hand geht oder durch sie ausgelöst wird.

Freilich ist diese Art Liebe ihrem Wesen nach nicht von Dauer. Die beiden Menschen lernen einander immer besser kennen und dabei verliert ihre Vertrautheit immer mehr den geheimnisvollen Charakter, bis ihr Streit, ihre Enttäuschungen, ihre gegenseitige Langeweile die anfängliche Begeisterung getötet haben. Anfangs freilich wissen sie das alles nicht und meinen, heftig verliebt und „verrückt" nacheinander zu sein, sei der Beweis für die Intensität ihrer Liebe, während es vielleicht nur beweist, wie einsam sie vorher waren.

▶ Was wirft Erich Fromm den meisten Menschen vor und wie erklärt er ihren Irrtum?

▶ Welche Fähigkeiten gehören deiner Meinung nach zu einer Liebe, die ein Leben lang anhält? Sprecht über die Möglichkeiten und über die Probleme, diese Fähigkeiten zu erlernen. (Vgl. Kap. 13, S. 220 ff.)

Eros und Agape

Eros: die griechische Vorstellung

In der antiken griechischen Philosophie wurde über die Liebe zwischen Mann und Frau nachgedacht, aber ebenso über die homoerotische Liebe. Die folgenden Auszüge stammen aus Platons „Gastmahl" (Symposion). Dichter und Philosophen haben sich zu einem Ess- und Trinkgelage eingefunden, wie es damals üblich war. Sie halten während des Gelages Reden auf den Gott Eros. Der Dichter Aristophanes* versucht die Anziehungskraft der Liebe zwischen zwei Menschen durch einen Mythos* zu erklären.*

Aristophanes: Damals war die ganze Gestalt jedes Menschen rund, sodass Rücken und Brust im Kreis standen; er hatte vier Hände und ebenso viele Beine und zwei Gesichter auf kreisrundem Halse, ganz gleiche. […] Sie waren nun gewaltig an Kraft und Stärke, […] dass sie es unternahmen, den Himmel zu ersteigen, um die Götter anzugreifen. Da ratschlagten Zeus und die andern Götter, was sie tun sollten. [Endlich sagte Zeus:] Jetzt durchschneide ich sie nämlich, jeden in zwei Teile […] und sie werden aufrecht auf zwei Beinen schreiten. Dies gesagt zerschnitt er die Menschen in zwei Hälften, wie man Birnen zerschneidet, um sie einzumachen. [… Apollo] drehte das Gesicht herum, zog von allen Seiten die Haut über das, was jetzt Bauch heißt, zusammen und band es zu einer Mündung mitten auf dem Bauch ab, die jetzt Nabel genannt wird. Dann glättete er die vielen Falten aus und fugte die Brust zusammen. [… Seitdem haben die Menschen Sehnsucht nacheinander.]

- Versucht den Urmenschen zu zeichnen, den Aristophanes beschreibt.
- Welche Vorstellung von Liebe zeigt die Erzählung des Aristophanes? Stimmt ihr seiner Auffassung zu?
- Was würde er wohl zu einem Single-Leben heute sagen?

Sokrates berichtet, was die Seherin Diotima über die Liebe erzählte.

Diotima: Es gibt eine Lehre, die behauptet, dass nur diejenigen, die ihre eigene Hälfte suchen, lieben. Ich behaupte aber, es gibt nur die Liebe zum Guten. … Man muss jung beginnen, den schönen Körpern nachzugehen. Dann erkennt man, dass die Schönheit in den verschiedenen Körpern sehr ähnlich ist. Wenn man die schöne Gestalt an sich sucht, wäre es sinnlos, nicht die Schönheit in allen Körpern für ein und dasselbe zu halten. Wenn jemand dies erkennt, wird er in alle schönen Körper verliebt sein und wird aufhören, einen einzigen allzusehr zu lieben.

Danach wird er die Schönheit der Seelen für verehrungswürdiger halten als die Schönheit der Körper. Wenn er jemanden kennen lernt, der eine schöne Seele hat, körperlich aber weniger schön ist, wird er ihn trotzdem lieben und umsorgen, weil für ihn die Seele wichtiger ist.

nach Platon*

- Stellt die Stufen der Liebe zusammen, wie Diotima sie beschreibt, und erklärt dabei die höchste Stufe. (Vgl. Kap. 5, S. 86). Sie wird „platonische Liebe" genannt. Was haltet ihr von einer solchen Liebesauffassung?
- Vergleicht das Verständnis von Liebe bei Aristophanes und bei Diotima. Was bedeutete für die alten Griechen Erotik?

Agape: das biblische Verständnis

Unsere heutige Liebesvorstellung ist auch durch die biblische, d. h. die jüdisch-christliche Tradition geprägt. Dies zeigen Auszüge aus dem Alten und aus dem Neuen Testament, die einen Wandel von der jüdischen zur christlichen Auffassung deutlich machen.

Altes Testament*

Da versetzte Gott, der Herr, den Menschen in einen tiefen Schlaf, nahm eine seiner Rippen heraus und füllte die Stelle mit Fleisch. Aus der Rippe machte er eine Frau und brachte sie zu dem Menschen. Der freute sich und rief: „Endlich jemand wie ich! Sie gehört zu mir, weil sie von mir genommen ist.“ Deshalb verlässt ein Mann Vater und Mutter, um mit seiner Frau zu leben. Die zwei sind dann eins, mit Leib und Seele.

Genesis, Kap. 2, Verse 21–24

Unüberwindlich ist der Tod:
niemand entrinnt ihm, keinen gibt er frei.
Unüberwindlich – so ist auch die Liebe, und ihre Leidenschaft brennt wie ein Feuer.
Kein Wasser kann die Glut der Liebe löschen
und keine Sturzflut schwemmt sie je hinweg.
Wer meint, er könne solche Liebe kaufen,
der ist ein Narr, er hat sie nie gekannt.

Das Hohelied, Kap. 8, Verse 6 + 7

▶ Klärt die in den alttestamentlichen Texten liegende Liebesauffassung und vergleicht sie mit der Eros-Vorstellung des Aristophanes bei Platon*.

Neues Testament*

Ein Gesetzeslehrer fragte ihn: „Welches ist das wichtigste von allen Geboten des Gesetzes?“ Jesus sagte: „Das wichtigste Gebot ist dieses: ‚Hört, ihr Israeliten! Der Herr ist unser Gott, der Herr und kein anderer. Darum liebt ihn von ganzem Herzen, mit ganzem Willen und ganzem Verstand und mit allen Kräften.‘ Gleich danach kommt das andere Gebot: ‚Liebe deinen Mitmenschen wie dich selbst!‘ Es gibt kein Gebot, das wichtiger ist als diese beiden.“

Markus, Kap. 12, Vers 28

Was ist Nächstenliebe?

Die fundamentalste Art von Liebe, die allen anderen Formen zu Grunde liegt, ist die *Nächstenliebe.* Damit meine ich ein Gespür für Verantwortlichkeit, Fürsorge, Achtung und „Erkenntnis“, das jedem anderen Wesen gilt, sowie den Wunsch, dessen Leben zu fördern. Die Nächstenliebe gründet sich auf die Erfahrung, dass wir alle eins sind. [...] Die Liebe zum Hilflosen, die Liebe zum Armen und zum Fremden [ist] der Anfang der Nächstenliebe.

Erich Fromm

▶ Welche Wandlung erfährt der Liebesbegriff vom Alten zum Neuen Testament? Vergleicht diese Veränderung mit der Entwicklung im Text von Platon.

Liebe und Sexualität

Vom Alten Testament bis zu Sigmund Freud*

In der antiken griechischen Philosophie erscheint der Eros als eine kosmische, naturwüchsige Kraft, die die Menschen unwiderstehlich aufeinander zutreibt und dabei das Prinzip des Weiblichen mit dem Männlichen vereint (Aristophanes*). Bereits bei Platon* (Diotima) gibt es aber die Möglichkeit, diese Kraft zu verfeinern, indem man sich über die körperliche Liebe zur geistigen Liebe erhebt.

Die Vorstellung der geschlechtlichen Liebe als göttliches Prinzip, dem der Mensch unterworfen ist, findet sich auch im Alten Testament. Aber auch hier und im Neuen Testament gibt es noch eine weitere Form der Liebe: die Liebe zu Gott und zum Nächsten. In beiden Formen wird Liebe nicht mehr als ein Verlangen gesehen, das den Menschen unbewusst steuert, sondern als ein von ihm selbst gewähltes Handeln, das vom Egoismus befreit.

Im Laufe der weiteren Entwicklung der abendländischen Kultur ist die wirkliche Liebe meistens nur im Geistigen oder in der Nächstenliebe (Agape) gesehen worden, ihre naturhaft-sinnliche Seite wurde in den Hintergrund gedrängt. Erst in unserem Jahrhundert widersprach Sigmund Freud dieser einseitigen Liebesauffassung. Für ihn war klar, dass Liebe in erster Linie auf dem biologischen Geschlecht eines Menschen beruht. Er bestimmte sie deshalb als Sexualität. Damit knüpfte er an die frühe griechische Liebesauffassung an, nahm der Liebe aber ihre kosmische Dimension und betrachtete sie als sexuelle Energie, die er Libido nannte. Sie ist für Freud die Lebensenergie, die alle Tätigkeiten des Menschen bestimmt und die sich in sublimierter, d. h. in verfeinerter Form in den höchsten kulturellen Leistungen wiederfindet. (Vgl. auch die Skizze auf S. 43.)

Sigmund Freud über die Liebe

Es ist schwer, etwas über das Verhalten der Libido [...] zu sagen. Alles, was wir darüber wissen, bezieht sich auf das Ich, in dem zu Anfang die gesamte Libido gespeichert ist. Wir nennen diesen Zustand den absoluten primären Narzissmus*. In der ersten Phase befindet sich der Mensch in einer totalen Selbstbezogenheit, die Libido bezieht sich nur auf die eigene Person. In der zweiten Phase beginnt der Mensch, die Libido auf andere Menschen auszurichten. [...] Im Zustand der vollen Verliebtheit wird fast die ganze Libido auf den anderen Menschen übertragen. In diesem Fall wird der andere Mensch an die Stelle des Ichs gesetzt. Ein wichtiger Grundzug der Libido ist die *Beweglichkeit*, d. h. die Leichtigkeit, mit der sie von einem Menschen auf einen anderen Menschen übergeht. Im Gegensatz hierzu gibt es jedoch auch die *Fixierung* der Libido an bestimmte Menschen, die oft ein Leben lang anhält.

nach Sigmund Freud

▶ Wie erklärt der Psychologe Sigmund Freud Verliebtheit und Liebe? Vergleicht seine Erklärung mit der biologischen Erklärung auf S. 31.

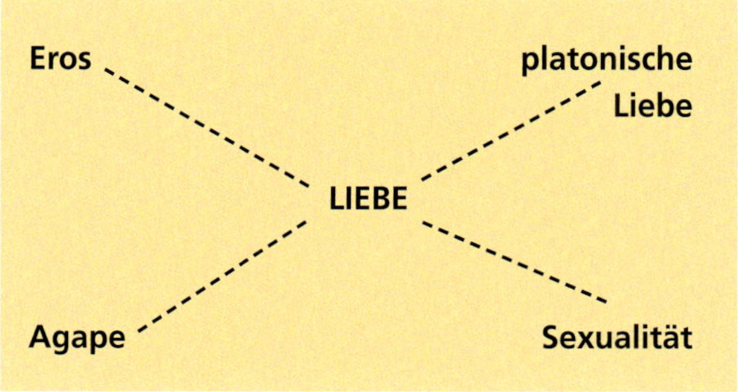

▶ Das abgebildete Viereck setzt die bisher thematisierten Arten von Liebe miteinander in Beziehung. Ordnet die folgenden Merkmale den vier Liebesformen zu und sucht weitere: Begehren, Treue, Achtung, Hilfe, Fürsorge, Sehnsucht, Befriedigung, Lust, Rücksicht, Schönheit, Anziehungskraft, Zuwendung, Verzicht, Verantwortung.

Homosexualität

Die Theorien von Sigmund Freud* wurden in Deutschland erst nach dem Zweiten Weltkrieg ernsthaft diskutiert. Die Nationalsozialisten unterdrückten sie gezielt, da sie die von seinen Ideen ausgehende und durch sie geförderte sexuelle Freizügigkeit nicht akzeptierten. Sie brachten tausende von Homosexuellen um.

In den 60er- und 70er-Jahren setzte sich aber besonders in der bundesrepublikanischen Gesellschaft* mit der Einführung der Antibabypille eine immer größere sexuelle Freizügigkeit durch. Für Schwule und Lesben gilt dies allerdings nur eingeschränkt: Bis heute dürfen sie in Deutschland im Sinne des Grundgesetzes nicht wirklich heiraten, auch die christlichen Kirchen verweigern ihnen eine echte Eheschließung. In der Öffentlichkeit erregen sie immer noch Aufsehen und für Eltern ist die Homosexualität ihrer Kinder oft ein totgeschwiegenes Problem.

Jeder Mensch ist bisexuell

Vier bis sechs Prozent der Nordamerikaner und Europäer haben sexuelle Beziehungen ausschließlich zu Geschlechtsgleichen – sie sind Homosexuelle. Die Übrigen sind keineswegs ausschließlich heterosexuell. Der amerikanische Sexualforscher Kinsey fand heraus, dass jeder zweite Mann in seinem Leben schon einmal homosexuelle Erfahrungen gemacht hat. Vor allem im Jugendalter kommen solche Beziehungen verhältnismäßig häufig vor – dass diese Jungen meist nicht homosexuell sind, zeigt sich später, wenn sie sich für Mädchen interessieren und weiterhin ausschließlich heterosexuell leben. Das bedeutet: Homosexualität ist nicht ansteckend, sie entsteht auch nicht durch Verführung oder Gewohnheit.

Über die Ursachen der Homosexualität gibt es so viele Theorien wie Forscher: Stress während der Schwangerschaft bewirke hormonelle Veränderungen und eine „Verweiblichung" des männlichen Embryos, behaupten die einen. Das männliche bzw. das weibliche Sexualzentrum im Gehirn sei bei Schwulen bzw. Lesben jeweils schwächer ausgeprägt, sagen die anderen. Allerdings konnte beim Menschen bisher noch kein Sexualzentrum im Gehirn entdeckt werden. Zudem gehen alle diese Annahmen von der falschen Vorstellung aus, schwule Männer seien „femininer", lesbische Frauen „maskuliner". Auch Erziehungseinflüsse wurden als Ursachen für Homosexualität diskutiert: Schwule hätten ihren Vater nie als Vorbild erlebt und lehnten deshalb die männliche Rolle insgesamt ab. Das Kinsey-Institut hat alle gängigen

Theorien überprüft und ist zu dem Ergebnis gekommen, dass alle falsch sind. Damit sind auch Selbstvorwürfe von Eltern unbegründet. Der Wirklichkeit am nächsten kommt wohl folgende Überlegung: Menschen sind von ihren Anlagen her bisexuell, das heißt, sie sind „liebesfähig" gegenüber beiden Geschlechtern.

Helmut Kentler, 1992

▶ Wie wirken homosexuelle Beziehungen auf euch?

▶ Führt ein Streitgespräch zu dem Thema, bei dem ihr die Informationen aus dem Text einbezieht.

2. Freundschaft, Liebe, Partnerschaft

Partnerschaft – gestern, heute, in der Zukunft

Noch im letzten Jahrhundert war für die überwiegende Zahl der jungen Menschen völlig klar, dass sie ihre Zukunft – nach der Heirat – lebenslang in der Familie verbringen würden. Sie bestand aus dem beruflich aktiven Mann als rechtlichem und ökonomischem Vorstand, der für Haushalt und Erziehung verantwortlichen Ehefrau sowie mehreren Kindern.

Entstehung der bürgerlichen Familie

Die Struktur der bürgerlichen Familie entstand im 18. Jahrhundert. Mit dieser Lebensform grenzte sich das aufstrebende Bürgertum von den bäuerlichen Großfamilien und den lockeren erotischen Beziehungen des Adels ab. Die Kleinfamilie ermöglichte dem Bürgertum ein Maximum an freigesetzter Arbeitskraft und Wohlstand. So war der Lebensweg des Einzelnen bis in die Mitte unseres Jahrhunderts meistens vorgegeben: Viele Frauen heirateten möglichst früh, möglichst einen Mann in guter Stellung, um Kinder zu bekommen und zu erziehen. Männer heirateten erst, wenn sie eine gute Stellung hatten, und widmeten sich dann ihrer beruflichen Karriere. Liebe spielte hier nur eine untergeordnete Rolle. Dies hat sich nach Auffassung der meisten Soziologen gegenwärtig geändert: Gerade weil die (romantische) Liebe heute für viele das Wichtigste in ihrem Leben ist, werden Partner gewechselt und Lebensformen ausprobiert. Dabei wird der oder die Andere oft mit der eigenen Sehnsucht nach Liebe überfordert. (Vgl. S. 33)

▶ Was zeigt das Bild über die Rolle von Frau und Mann in der bürgerlichen Familie?

▶ Informiert euch, z.B. in Geschichtsbüchern, genauer über die Entstehung der bürgerlichen Familie im 18. Jahrhundert. Versucht etwas über Familienformen in anderen Kulturkreisen zu erfahren.

▶ Wie steht ihr zur bürgerlichen Familie als Lebensform?

Neue Lebensformen und -gemeinschaften

„Der Lebenslauf steht immer weniger unverrückbar fest. Immer häufiger muss man neue Anfänge machen, neue Entscheidungen fällen. Zwar leben die Menschen weiter in Bindungen, aber diese Bindungen sind nun anderer Art, was Umfang, Verpflichtungscharakter, Dauer angeht.

[Es zeigt sich], dass die traditionelle Familie nicht unbedingt verschwindet, sich auflöst. Aber offensichtlich wird sie das Monopol, das sie lange Zeit besaß, endgültig verlieren. Ihre quantitative Bedeutung nimmt ab, neue Beziehungsmuster kommen auf und breiten sich aus, die nicht auf Alleinleben zielen, eher auf Verbindungen anderer Art. Es entstehen Zwischen- und Nebenformen, Vorformen und Nachformen – die Konturen der ‚postfamilialen[1]' Familie."

1 post: nach

Elisabeth Beck-Gernsheim, Professorin für Soziologie

▶ Tragt zusammen, welche „postfamilialen" Lebensformen es geben kann, und diskutiert darüber, ob Elisabeth Beck-Gernsheim mit ihrer These zur Ausbreitung neuer Beziehungsmuster Recht hat.

Ehe für Homosexuelle?

Im Artikel 6 stellt das Grundgesetz Ehe und Familie unter den besonderen Schutz des Staates. Aufgrund dessen wird die Ehe rechtlich gegenüber anderen Partnerschaftsformen vielfach begünstigt: Ehepartner haben ein Adoptionsrecht, sie haben gegenseitige Unterhaltsrechte und -pflichten und können einen gemeinsamen Namen bestimmen; im Krankheitsfall des einen Partners kann der andere Auskünfte erhalten und ggf. über operative Eingriffe mitentscheiden, ausländische Ehepartner können leichter eingebürgert werden usw.

Im Jahr 2000 legte die rot-grüne Bundesregierung einen Gesetzesentwurf zur „Beendigung der Diskriminierung gleichgeschlechtlicher Gemeinschaften: Lebenspartnerschaften“ vor, der im August 2001 in Kraft trat. Das Gesetz beabsichtigt eine weitgehende rechtliche Gleichstellung homosexueller Lebenspartnerschaften mit der Ehe, die z. B. die o. g. Punkte umfasst. Diese „eingetragene Lebenspartnerschaft“ soll vor einem Standesbeamten geschlossen werden und kann nur gerichtlich, unter ähnlichen Bedingungen wie eine Scheidung, wieder aufgelöst werden. Das Gesetz versteht sich als Zeichen des Respekts vor anderen Lebensformen und will der Förderung stabiler persönlicher Beziehungen bei Homosexuellen dienen, die Verantwortung füreinander übernehmen wollen. (Lesben- und Schwulenverband im Adressenverzeichnis.)

▶ Führt ein Streitgespräch um pro und contra der rechtlichen Anerkennung von Lebenspartnerschaften.

Die Einstellung gegenüber Lebenspartnerschaften hängt im Allgemeinen von der Vorstellung und dem Ideal ab, die man von einer Partnerschaft überhaupt hat. Die folgenden Definitionen von Partnerschaft formulieren beispielhaft solche Vorstellungen, wie sie in unserer Gesellschaft verbreitet sind:

„Lebenslange Vereinigung zweier heterosexueller Erwachsener mit dem Zweck, unter Einbezug der Sexualität füreinander einzustehen und gemeinsame Kinder zu haben und zu erziehen.“

„Eine vertragliche Verbindung zweier Personen zum gegenseitigen ökonomischen und sozialen Nutzen.“

„Von intensiver Liebe getragene Gemeinschaft zweier Menschen, die nur so lange anhält wie diese Liebe.“

„Lebenslange Vereinigung zweier wie auch immer sexuell veranlagter erwachsener Menschen mit dem Zweck, unter Einbezug der Sexualität füreinander einzustehen und dies auch öffentlich zu bekunden.“

„Auf Dauer angelegte Verbindung von zwei oder mehr Menschen, die miteinander leben und füreinander einstehen wollen.“

▶ Welche Definitionen führen zu einer ablehnenden, welche zu einer zustimmenden Haltung gegenüber Lebenspartnerschaften?

▶ Überlege, welche Definition von Partnerschaft deiner Idealvorstellung am nächsten kommt, und schreibe auf dieser Grundlage eine eigene Definition. Stellt euch gegenseitig eure Definitionen vor und erörtert, welche für die Lebensführung am tragfähigsten ist. Was ist zu tun, wenn unterschiedliche Vorstellungen aufeinandertreffen?

3. Gewissen und Verantwortung

PERSÖNLICHE SCHLÜSSEL-ERLEBNISSE **KULTURKREIS**

- ▶ Beschreibe den Unterschied zwischen den Bildern in der oberen und in der unteren Reihe.
- ▶ Diskutiert, in welchem Zusammenhang sie zum Thema Gewissen und Verantwortung stehen.

GESELLSCHAFT **ERZIEHUNG** **PERSÖNLICHE ALLTAGSERFAHRUNGEN**

▶ In welchem Zusammenhang stehen Gewissen und Verantwortung mit der Erziehung, mit der Gesellschaft*, mit dem Kulturkreis und mit persönlichen Schlüsselerlebnissen und Alltagserfahrungen?

Angeboren oder anerzogen?

Chaos und Mysterium

▶ Dieses Bild wurde von dem italienischen Philosophen Emmanuele Gennaro gemalt. Was könnte es mit dem Thema Gewissen zu tun haben? Schreibt eine kleine Geschichte dazu.

Gewissen als praktische Vernunft

Jeder Mensch hat ein Gewissen von Anfang an in sich.
Das Gewissen ist die praktische Vernunft in jedem Menschen, die ihm sagt, welche Pflichten er hat.

nach Immanuel Kant*

▶ Immanuel Kant behauptet, das Gewissen sei Ankläger, Richter und Rechtsanwalt in einer Person. Kannst du ihm zustimmen? Begründe deine Meinung. (Vgl. Kap. 4, S. 71 ff.)

Sich an Autoritäten orientieren

Unser Gewissen sagt uns nur das, was in unserer Kindheit regelmäßig von uns gefordert wurde. Diejenigen, die etwas von uns forderten, waren Personen, die wir verehrten oder fürchteten. Das Gewissen erzeugt also ein Gefühl des Müssens: dies muss ich tun, dies muss ich lassen. Das Gewissen fragt aber nicht: Warum muss ich? Der Glaube an Autoritäten ist die Quelle des Gewissens. Das Gewissen ist also wie eine Stimme von anderen Menschen in einem einzigen Menschen.

nach Friedrich Nietzsche*

▶ Wie beschreibt Friedrich Nietzsche das Gewissen?

▶ Schließen sich die Positionen von Kant und Nietzsche aus?

Seelische Regungen spüren

Der österreichische Philosoph und Psychiater Sigmund Freud* hat die von Kant und Nietzsche beschriebene Orientierung von Gewissensentscheidungen an Vernunft und Autorität erweitert, indem er auch unbewusste Einflüsse, wie z. B. Triebe in Form von Lust- oder Unlustgefühlen, berücksichtigte.

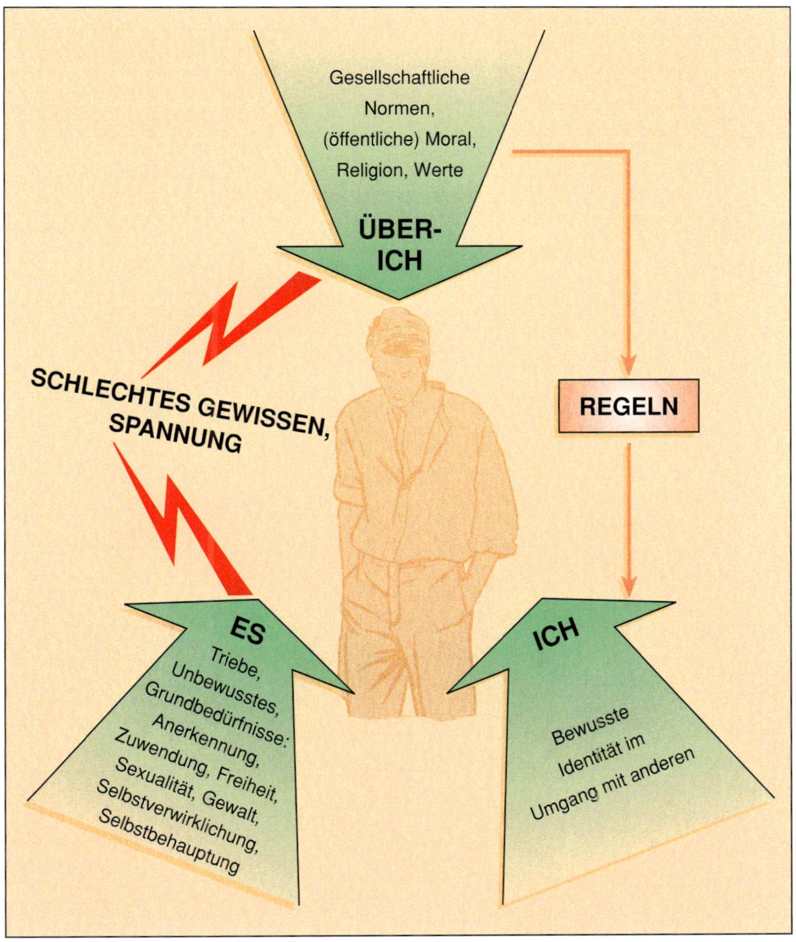

▶ In welchem Zusammenhang stehen das „Über-Ich", das „Ich" und das „Es"? Versucht diesen Zusammenhang anhand der Skizze zu erklären.

Und wenn es kein Gewissen gäbe …

Wie sich das Gewissen entwickelt

Die von Sigmund Freud* charakterisierte Dreierinstanz des Gewissens beschreibt das Verhältnis zwischen Selbst- und Fremdbestimmung menschlicher Entscheidungen.

Ein zweijähriges Kind kann nicht dafür verantwortlich gemacht werden, wenn es aus dem Fenster fällt, stattdessen aber seine Eltern, die es unbeaufsichtigt ließen. Denn Säuglinge und Kleinkinder sind noch nicht in der Lage, willentlich und wissentlich zu handeln. Sie verhalten sich vorwiegend trieborientiert: unbekümmert, spontan, von Lust- und Unlust erfüllt. Kinder entwickeln im Wesentlichen einen autoritätsbestimmten Gehorsam, wie ihn Friedrich Nietzsche* beschrieben hat. Sie richten sich in ihrem Verhalten nach Belohnung und Strafe, die ihnen von Autoritäten, wie Eltern oder Lehrern, auferlegt werden: Wer anderen Personen etwas wegnimmt, wird bestraft.

Durch Erfahrung und Erziehung bildet sich allmählich eine Verhaltensweise heraus, die Kinder und Jugendliche verantwortungsbewusst werden lässt. Sie lernen ihre Handlungen durch Gründe zu rechtfertigen, Handlungsfolgen und -alternativen zu bedenken sowie Rücksicht auf andere Menschen zu nehmen.

GEWISSEN
- Rückschau: Bewertung vergangener Handlungen
- Mitschau: Stellungnahme zum gegenwärtigen Verhalten
- Vorschau: Abwägen von Handlungsfolgen für die Zukunft

▶ Versuche die im Text beschriebenen drei Entwicklungsstufen des Gewissens anhand von Beispielen zu beschreiben.

▶ Welche der drei im Kästchen aufgeführten zeitlichen Funktionen des Gewissens zeigt sich am häufigsten?

Wie geht's weiter?

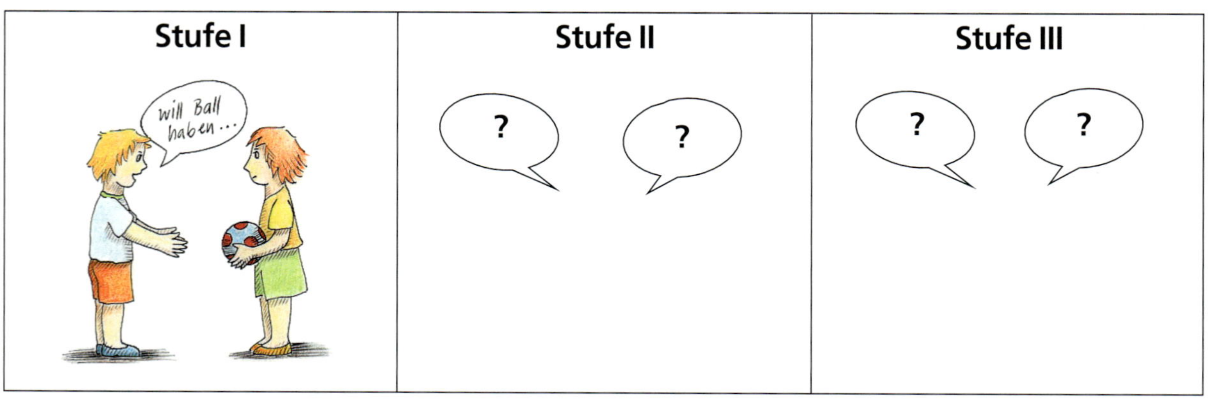

▶ Zeichne einen Comic oder eine andere Bildsequenz.

Blinder Gehorsam

[In einem Versuch der Psychologin Grete Schurz wurde den Testpersonen] vorgegaukelt, sie sollten [das] Gedächtnis der – Schmerzen vortäuschenden – Versuchspersonen mithilfe von insgesamt 20 Ultraschallimpulsen [mit] steigender Intensität [verbessern]. Diese Reize seien schon im niedrigen Bereich recht unangenehm und könnten im äußersten Bereich womöglich sogar Hautschäden verursachen. Durch eine Probevibration an den eigenen Fingern konnte sich jeder Teilnehmer davon überzeugen, wie scheußlich sich schon niedrige Ultraschallimpulse anfühlten […]

Im vollen Bewusstsein, ihrem „Opfer" Schmerzen, wenn nicht gar körperlichen Schaden zuzufügen, zogen 80 Prozent aller Teilnehmer alle 20 Register. […] Dabei spielte die Persönlichkeit der Betreffenden, wie sie sich in entsprechenden Persönlichkeitstests zeigte, und auch ihre jeweilige politische Gesinnung überhaupt keine Rolle, wohl aber Eigenbeurteilungen. Personen, die sich selbst rebellisch und widerspenstig nannten, drückten alle Hebel voll durch; andere hingegen, die sich für gehorsam und angepasst hielten, ließen Milde walten.

Stalbek Toktojew, Kirgisien

Die „Drücker" [begründeten] ihren Gehorsam vorwiegend mit Begriffen wie „Pflichterfüllung" und „Dienst an der Wissenschaft" und ließen erkennen, dass sie großes Vertrauen in die Versuchsleitung gehegt hatten. In deren Verantwortung habe es gelegen, die Entscheidungen zu treffen. Die „Abbrecher" hingegen bekundeten, dass sie bezüglich ihrer Entscheidung schwere innere Konflikte durchgestanden hatten. Sie wollten aber der Versuchsperson wegen einer zweifelhaften Gedächtnisverbesserung keine Schmerzen zufügen […].

Sowohl die Gehorsamen als auch die Verweigerer nahmen übrigens die Aufklärung über das Experiment mit gemischten Gefühlen zur Kenntnis. Die Folgsamen zeigten sich zum einen erleichtert, dass ihr Opfer nicht wirklich leiden musste, zum anderen zutiefst betroffen über ihre eigene Handlungsweise. Viele [dachten] über Rechtfertigungen für ihr Verhalten nach. Die Ungehorsamen dagegen waren mit ihrem Verhalten zufrieden und zeigten sich erleichtert darüber, das Experiment bestanden zu haben. Sie waren jedoch häufig frappiert über die geringe Zahl der Abbrecher.

- Erkläre mit deinen eigenen Worten, was für dich Gehorsam und Orientierung an Autoritäten bedeutet.
- Warum haben die Testpersonen mehrfach abgedrückt? Vergleicht das Testergebnis mit dem Text von Friedrich Nietzsche* (S. 43).
- Was würdest du Leuten antworten, die ihr Verhalten mit folgenden Aussagen begründen:

„Das machen doch alle so!"
„Ich habe doch nur meine Pflicht getan."
„Ich war mir doch gar nicht bewusst, was ich tat."

Gewissenskonflikte

Warum Sokrates* nicht fliehen wollte

▶ Beschreibe die Szene dieses Bildes.

Jaques Louis David, Sokrates nimmt den Giftbecher im Kreis seiner Freunde (1787)

Sokrates ist schon fast einen ganzen Monat im Gefängnis und wartet auf seine Hinrichtung. Die Athener haben ihn zum Tode verurteilt, weil er in den Wandelhallen der Stadt und in den Gymnasien die Jugend verdorben habe: Auch habe er neue Götter einführen wollen und die alten Staatsgötter lächerlich gemacht. In Wirklichkeit ist Sokrates, der ewige Mahner zur Wahrheit, vielen, die nicht das Wohl der Stadt, sondern ihren eigenen Vorteil im Auge gehabt haben, lästig und unbequem und sie haben ihn aus dem Weg geräumt, indem sie das Todesurteil erwirkten.

Sokrates schläft noch ruhig, als der Freund zu ihm in die Zelle tritt. Kriton, ein Schüler und Jugendfreund, hat die Wächter bestochen, ein Schiff zur Flucht im nahen Hafen bereitgestellt und bei Freunden im Ausland einen sicheren Platz besorgt. Nachdem er den Lehrer geweckt hat, drängt er Sokrates zur Flucht. Da er den Philosophen genau kennt, der nur dann handelt, wenn die Vernunft es ihm gebietet, zählt er schnell die Gründe auf, die für eine Flucht sprechen: Die Schüler und Freunde des Sokrates geraten in ein schlechtes Licht bei den Leuten, wenn sie ihren Lehrer und Meister in der Stunde der Not allein lassen und ihm nicht helfen. Darüber hinaus hat nach Kriton kein Mensch das Recht, sich selbst aufzugeben, solange noch eine Möglichkeit der Rettung besteht. Vor allem aber erinnert er den Freund an dessen Kinder, die noch unmündig seien und erzogen und ausgebildet werden müssten: Sie kämen ins Waisenhaus, falls Sokrates die Flucht ausschlage und den Schierlingsbecher trinken müsse.

Sokrates erkennt die Sorge des Kriton an und erklärt sich bereit mit dem Freund zu überdenken, ob die genannten Gründen vor dem „Richtigen" bestehen können oder nicht: Die Vernunft soll darüber entscheiden, ob er fliehen oder sterben wird.

Zuerst untersucht Sokrates zusammen mit dem Freund die Frage, ob man bei solch wichtigen Fragen auf die Leute hören soll oder nicht. Er kommt zu dem Ergebnis, dass die Meinungen der Menschen manchmal gut und vernünftig sind, aber manchmal auch schlecht und unvernünftig. Wer richtig handeln will, darf also nicht immer auf die Leute hören, denn diese können irren: Besser ist es, auf den Fachmann zu hören, der von der Sache, um die es geht, etwas versteht.

Die Sache, um die es geht, fasst Sokrates in die Frage: Ist es gerecht, dass ich versuche von hier fortzugehen,

ohne dass die Athener mich fortlassen, oder ist das ungerecht? Wenn es gerecht ist, dann will er mit dem Freunde fliehen, wenn es aber ungerecht ist, dann will er bleiben und sterben. Denn eines ist für den Verurteilten ganz sicher: Der Mensch darf auf gar keine Weise vorsätzlich Unrecht tun, und zwar deshalb nicht, weil das für ihn selbst schädlich und schändlich wäre. Nicht einmal der, dem Unrecht geschehen ist, darf Unrecht tun. Diese beiden Sätze, so sagt Sokrates dem Freund, gelten immer und überall. Kriton merkt, dass die Gültigkeit dieser Sätze für Sokrates gefährlich werden kann, denn wenn etwas unbedingt gilt, dann kann man sich nicht mehr herausreden mit Umständen und Folgen der Handlung, dann zählen nicht mehr die Unannehmlichkeiten der Freunde und auch nicht das Schicksal der Kinder, dann zählt nur eines: Ist es recht oder unrecht?
Als Sokrates dann fordert, dass man den Gesetzen des Staates*, in dem man lebt, gehorchen müsse, weil sie für Ordnung und Gerechtigkeit im Gemeinwesen sorgten, da antwortet Kriton, der Staat habe doch Unrecht getan und im Prozess falsch entschieden.

▶ Wie hättest du an Sokrates' Stelle gehandelt?

▶ Schreibt Pro- und Contraargumente für bzw. gegen eine Flucht von Sokrates auf und diskutiert anschließend darüber. Begründet eure Meinung.

▶ Auch nach Sokrates gab es Menschen, die nach dem Grundsatz gehandelt haben: Lieber Unrecht erleiden als Böses tun. Lest dazu die Texte zur Bergpredigt* und von Mahatma Gandhi* in Kap. 7, S. 114–118 ff. und den Ausschnitt aus dem Dialog „Kriton" in Kap. 4, S. 70.

Der Philosoph Sokrates wurde 470/69 v. Chr. in Athen als Sohn eines Steinmetzen und einer Hebamme geboren. Er lernte zunächst das Handwerk seines Vaters und widmete sich dann ausschließlich der Philosophie. Auf dem Marktplatz von Athen, der Agora, philosophierte Sokrates mit jedem darüber, wie man ein gutes Leben führen kann. Deshalb gilt er als Begründer der Ethik, obwohl er keine Schriften hinterlassen hat. Nach seinem Tod machte ihn der Philosoph Platon* zur Hauptperson seiner Bücher. Sokrates wurde 400 v. Chr. in den „Rat der 500", den obersten Staatsrat von Athen, gewählt und widersetzte sich dort als Einziger illegalen Hinrichtungen. Während der Zeit der Tyrannis, einer Art Diktatur, bekannte er sich offen zur Demokratie. Um 399 v. Chr. wurde er dann allerdings gerade von den Demokraten angeklagt und zum Tode durch den Schierlingsbecher (Giftmischung) verurteilt.

Wenn ihr mehr über den Philosophen Sokrates und seine Verteidigung vor Gericht erfahren wollt, z. B. für ein Referat, könnt ihr nachlesen in: Ekkehard Martens, Die Sache des Sokrates. Reclam, Stuttgart 1992.

Die Gewissensfreiheit des Einzelnen

Im Laufe der Geschichte gab es immer wieder Konflikte zwischen Individuum und Staat, so wie ihn Sokrates in Athen erlebt hat. Im Grundgesetz* der Bundesrepublik Deutschland sind deshalb einige Artikel enthalten, welche die Gewissensfreiheit des Einzelnen schützen sollen.

Art 4 Abs 1 GG
Die Freiheit des Glaubens, des Gewissens und die Freiheit des religiösen Bekenntnisses sind unverletzlich.

Art 38 Abs 1 GG
Die Abgeordneten des Deutschen Bundestages werden in allgemeiner, unmittelbarer, freier, gleicher und geheimer Wahl gewählt. Sie sind Vertreter des ganzen Volkes, an Aufträge und Weisungen nicht gebunden und nur ihrem Gewissen unterworfen.

Art 4 Abs 3 GG
Niemand darf gegen sein Gewissen zum Kriegsdienst mit der Waffe gezwungen werden.

▶ Diskutiert, ob diese Artikel ausreichen, um die Gewissensfreiheit des Individuums zu schützen.

▶ Formuliert einen Zusatzartikel, wenn eurer Meinung nach etwas fehlt.

Missbrauchtes Gewissen

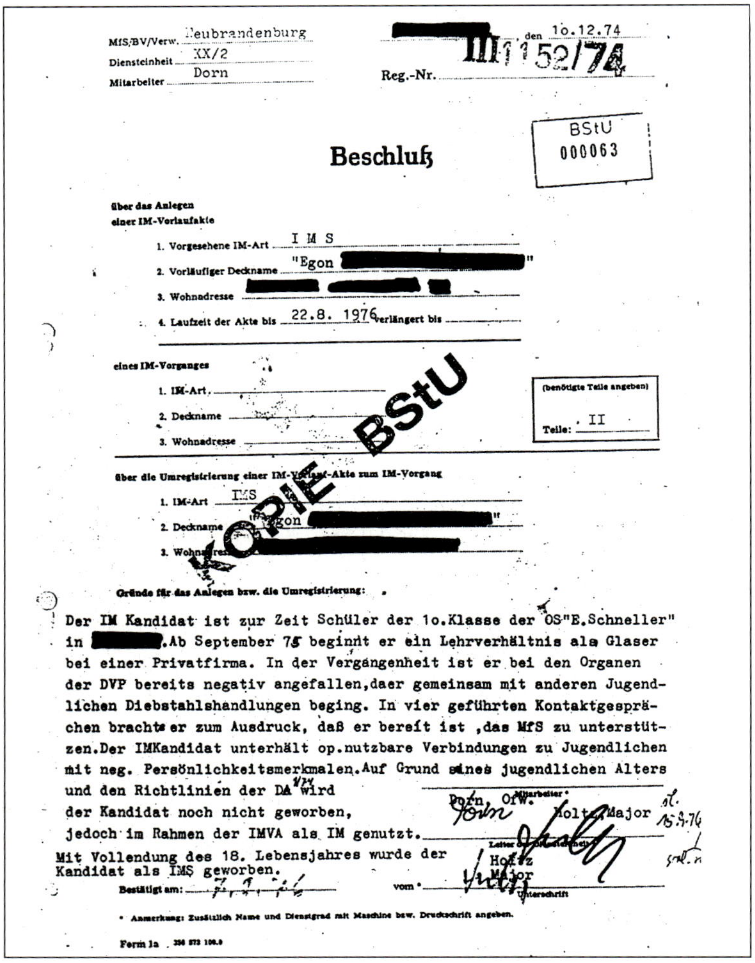

MfS/BV/Verw. Neubrandenburg
Diensteinheit XX/2
Mitarbeiter Dorn

[redacted], den 10.12.74
Reg.-Nr. III 1152/74

BStU
000063

Beschluß

über das Anlegen
einer IM-Vorlaufakte

1. Vorgesehene IM-Art I M S
2. Vorläufiger Deckname "Egon [redacted]"
3. Wohnadresse [redacted]
4. Laufzeit der Akte bis 22.8. 1976 verlängert bis

eines IM-Vorganges

1. IM-Art
2. Deckname
3. Wohnadresse

(benötigte Teile angeben)
Teile: II

KOPIE BStU

über die Umregistrierung einer IM-Vorlauf-Akte zum IM-Vorgang

1. IM-Art IMS
2. Deckname "Egon [redacted]"
3. Wohnadresse [redacted]

Gründe für das Anlegen bzw. die Umregistrierung:

Der IM Kandidat ist zur Zeit Schüler der 1o.Klasse der OS"E.Schneller" in [redacted].Ab September 75 beginnt er ein Lehrverhältnis als Glaser bei einer Privatfirma. In der Vergangenheit ist er bei den Organen der DVP bereits negativ angefallen,daer gemeinsam mit anderen Jugendlichen Diebstahlshandlungen beging. In vier geführten Kontaktgesprächen brachte er zum Ausdruck, daß er bereit ist ,das MfS zu unterstützen.Der IMKandidat unterhält op.nutzbare Verbindungen zu Jugendlichen mit neg. Persönlichkeitsmerkmalen.Auf Grund seines jugendlichen Alters und den Richtlinien der DA 1/74 wird der Kandidat noch nicht geworben, jedoch im Rahmen der IMVA als IM genutzt.

Mit Vollendung des 18. Lebensjahres wurde der Kandidat als IMS geworben.

Mitarbeiter*: Dorn, Ofw.

Leiter der Diensteinheit: Holtz, Major

Bestätigt am: vom*: Holtz Major

Unterschrift

* Anmerkung: Zusätzlich Name und Dienstgrad mit Maschine bzw. Druckschrift angeben.

Form 1a

Auszug aus der Stasi-Akte eines Jugendlichen

Im Ministerium für Staatssicherheit der ehemaligen DDR existierte eine Abteilung, deren Ziel es war, Jugendliche ab dem 14. Lebensjahr als Inoffizielle Mitarbeiter (IMs) anzuwerben. Dabei nutzten die Mitarbeiter der Stasi schwierige familiäre Situationen, z.B. die Scheidung der Eltern, oder kleine kriminelle Delikte wie einen Diebstahl, oder den Wunsch, Abitur machen zu wollen, aus, um Jugendliche unter Druck zu setzen. Sie präsentierten sich als verständnisvolle Gesprächspartner, Freunde oder überzeugte Sozialisten, um Vertrauen und Freundschaft der von ihnen ausgesuchten zukünftigen IMs zu gewinnen. Die angeworbenen Jugendlichen erhielten dann den speziellen Auftrag, in der Schule, im Freundeskreis, in der Jungen Gemeinde und auch in der eigenen Familie zu spitzeln und mögliche „staatsfeindliche Aktivitäten" aufzudecken.*

▶ Welche Merkmale könnten im Sinne der Stasi „negative Persönlichkeitsmerkmale" von Jugendlichen sein?
Vgl. Z. 8 im Text der Abbildung.

Und plötzlich fühlte ich mich wichtig

An einem Tag im April 1986 ließ mich mein Direktor in sein Dienstzimmer holen. Ich habe erst mal krampfhaft überlegt, was ich denn nun schon wieder angestellt haben könnte, ob ich auf dem Klo geraucht habe, Papier habe irgendwo rumliegen lassen, meine Schularbeiten nicht gemacht habe oder einem Lehrer frech gekommen bin. Aber der Direktor meckerte nicht, sondern stellte mir stattdessen Herrn A. vor und ging. Eigentlich sah Herr A. wie ein Bauarbeiter in Sonntagsklamotten aus, klein und gedrungen, mit einem pummeligen Gesicht, dunklen Haaren und brauner Haut, so als würde er den ganzen Tag irgendwo in der Sonne rumstehen. Er war noch relativ jung, jedenfalls aus heutiger Sicht. Dieser Herr sagte, dass er sich mit mir über die Situation der Jugendlichen in unserem Ort unterhalten wollte. Ich dachte zuerst, er wäre von der FDJ*. Ich glaube, er hatte auch ein Blauhemd unter dem Jackett an. Er meinte, ich hätte doch überall ein bisschen meinen Fuß in der Tür und würde mich doch bestens auskennen. Ihm als Erwachsenen würde doch niemand etwas erzählen und so konnte er auch nichts für uns

ändern. Aus diesem Grund würde er Einzelgespräche mit Jugendlichen suchen.
Es war eine komische Situation. Was sollte ich ihm erzählen, was er nicht schon längst wusste? Wie sollte ich ihm helfen? Anstatt ihm zu sagen, was ich alles schlecht finde in unserer Heimatstadt, habe ich vorsichtshalber erzählt, was ich dachte, was er hören wollte, immer so harmlose Sachen, mit denen ich nicht anecken konnte. Wir hatten das ja schon perfekt gelernt als Kinder.
Am Ende des Gesprächs sagte er mir dann, dass er vom Ministerium für Staatssicherheit sei und ich mit niemandem, auch nicht mit meinen Eltern, über unser Zusammentreffen und das Gespräch reden dürfte. Wenn ich Fragen hätte, könnte ich mich an ihn wenden. Er würde mich auch gern wiedertreffen, um die Lage neu einzuschätzen, und damit wir uns über einige Punkte intensiver unterhalten könnten.
Meine Gefühle gingen rauf und runter. Was sollte ich davon halten? Was wusste ich mit 16 Jahren schon von der Staatssicherheit? Es wurde immer nur hinter vorgehaltener Hand gemunkelt. Die Stasi gehörte dazu wie Eltern, Schule, Kirche. Sie waren dazu da, Leute davon abzuhalten, nach dem Westen abzuhauen. Sie waren dafür zuständig, die Visa zu stempeln, mehr wusste ich nicht. Das Haus, in dem sie ihre Büros hatten, war gesichert wie eine Festung, die waren eben wichtig. Einerseits war mir nach dem Gespräch mulmig zumute, andererseits war ich neugierig. Einerseits habe ich mich gewundert, was das alles soll, weil er mich solche Lappalien fragte, die er jeden hätte fragen können. Andererseits fühlte ich mich auch plötzlich wichtig, weil er gerade mich fragte. [...]
Dann beging meine Schwester Republikflucht, wie es im DDR-Deutsch hieß. Es war kaum ein paar Stunden her, dass sie sich aus dem Westen telefonisch gemeldet hatte, da war die Stasi auch schon da. Fragen von Herrn A., offen vor meiner Mutter angedrohte Hausdurchsuchungen, ein Protokoll und eine nächste „Einladung" für mich zum Gespräch.
Auch in diesem Moment habe ich mir keine Hilfe geholt, sondern dachte, dass ich es allein schaffe da rauszukommen. Ich habe mich also wieder mit Herrn A. getroffen, dem ich mehr vertraut hatte als allen anderen. Aber er hat mich erpresst. Wenn ich ihm jetzt die gewünschten Informationen geben würde, würde meiner Schwester nichts passieren und seine Kollegen hätten sonst andere Mittel und Möglichkeiten, sie aus dem Westen zurückzuholen. Dann müsste sie in der DDR ihre Strafe verbüßen.
Was fängt man an mit solchen Sätzen? Wie trägt man eine Last, unter der man eigentlich nur zerbrechen kann? Stark und mutig wollte ich sein und ihm trotzen, klein und schwach bin ich gewesen und habe mich gebeugt. In der nächsten Zeit habe ich ihm unregelmäßig die Informationen gegeben.

▶ Versuche dich in die Situation dieser Jugendlichen hineinzuversetzen. Hättest du einen Ausweg gefunden?
▶ Welche Gründe können Jugendliche bewogen haben die Bespitzelungsangebote der Stasi anzunehmen? Welche Rolle spielte bei ihr das Gewissen?
▶ Welches Verständnis von Kindheit und Jugend stand hinter den Anwerbungsversuchen der Stasi?

Weitere Informationen findet ihr in folgendem Buch: Jörn Mothes, Beschädigte Seelen, DDR-Jugend und Staatssicherheit, Edition Temmen, Bremen 1996.

▶ Kannst du dir vorstellen, welche Gefühle Jugendliche 1989 beim Fall der Mauer hatten, die von der Stasi unter Druck gesetzt worden waren?

Vom Ich zum Wir

Ramona, Mehmet und die Urlaubsdias

Es war alles vorbereitet: Das Bier kalt gestellt, die Wurst- und Käseplatten hübsch mit Salzstangen und Zwiebelringen garniert – der Diaprojektor im Wohnzimmer schon seit Stunden aufgebaut, die Urlaubsbilder nach Reisestationen geordnet; es sollte ein gemütlicher Abend werden. Obwohl Heinz den Ablauf der Diashow schon x-mal geprobt hatte, war er sehr unsicher. Viertel nach acht war es so weit, die ersten Gäste kamen. Um neun Uhr hielt Heinz die Spannung nicht mehr aus und er versuchte geschickt, auf seine Urlaubsdias aufmerksam zu machen – und wie das immer so ist, konnte er auch gleich beginnen.

Das erste Bild zeigte die ganze Familie auf dem Frankfurter Flughafen, das zweite „über den Wolken", war auf den Kopf gestellt; Heinz entschuldigte sich sofort. Das dritte, „Ankunft Flughafen Istanbul", Tochter Ramona und Sohn Jens in Großaufnahme. Die Gastgeberin erklärte sofort, dass Ramona ausgerechnet heute bei einem Architekten eingeladen sei, sie ließe sich entschuldigen. Die weitere Reihenfolge der Bilder war wie bei jeder Urlaubsvorführung. Überbelichtet, angeblich lustige Szenen, die auch nach vielen Erklärungen die Gäste langweilten. Spannend waren allerdings die Erzählungen über die „einfachen gastfreundlichen Menschen" in der Türkei, die sie überall getroffen hatten. Müllers, die auch schon mal in der Türkei waren, konnten dies immer wieder bestätigen. Es war ein fast gelungener Abend.

„Guten Abend", sagte Ramona, „Entschuldigung, dass wir so spät kommen, aber ich musste noch auf Mehmet warten, sein Chef ließ ihn mal wieder das ganze Lager alleine aufräumen." Mehmet zog verlegen die Schulter hoch, lächelte und sagte: „Ich Chef sagen, heute ich Bilder von Türkei gucken, er nix wollen, er sagen viel Arbeit, Bilder egal." In dem halbdunklen Zimmer konnte niemand sehen, wie Heinz und seine Frau die Gesichtsfarbe wechselten und die Luft anhielten. Es herrschte eine grauenhafte Stille.

„Aber du wolltest doch zu Herrn Schneider gehen, Ramona?", sagte die Mutter.

„Ich? Zu Herrn Schneider? Ach ja, stimmt. Aber die Feier ist verschoben worden. Habe ich euch doch gesagt. Oder nicht?"

Nun versuchten die Gäste, diese peinliche Situation zu überbrücken.

„Das ist aber schön, dass du doch noch gekommen bist. Setz dich doch, Ramona." Mehmet merkte sofort, dass er übersehen wurde, setzte sich aber trotzdem. Heinz versuchte sich zu beherrschen und ging in die Küche. Ganz plötzlich fiel Herrn Müller ein, dass die Kinder nicht zu Hause sind und der arme Hund bestimmt dringend rausmüsste; auch die anderen Gäste hatten plötzlich einen armen Hund und eine kranke Großmutter. Ramona ahnte, was nun kommen würde, nahm den verdutzten Mehmet an die Hand, zog ihn zur Tür und sagte: „Bitte, bitte, geh jetzt ganz schnell, ich werde dir morgen alles erklären."

▶ Hat Ramona deiner Meinung nach verantwortlich gehandelt?

Spuren hinterlassen

Der Verantwortliche ist immer bereit, für seine Handlungen einzustehen: „Ja, ich bin es gewesen!“ Überall um uns herum wird aber die Verantwortung abgeschoben. An dem Schlechten, das passiert, sollen angeblich die Umstände schuld sein oder die Gesellschaft, in der wir leben. Oder der Charakter, den ich habe („Ich bin nun einmal so!“), die schlechte Erziehung ... , die Fernsehwerbung, das riesige Angebot in den Schaufenstern, die schlechten Beispiele und so weiter.

Alle, die sich von ihrer Verantwortung befreien wollen, glauben, dass sie irgendeiner Sache oder einem Menschen ausgeliefert seien und sich nicht dagegen wehren könnten: entweder der Werbung oder den Drogen, dem eigenen Appetit, einer Bestechung oder einer Bedrohung, dem Charakter oder irgendetwas anderem. Sobald das, was einen so stark beeinflusst, auftaucht, tut man so, als sei man nicht frei, sondern eine Marionette, von der man keine Rechenschaft verlangen darf. ...

Verantwortung heißt, dass sich meine Person und mein Charakter aus jeder meiner Handlungen entwickelt. Wenn ich selbst entscheide, was ich tun will, verändere ich mich allmählich und hinterlasse Spuren in meiner Umwelt.

nach Fernando Savater*

- ▶ Was versteht Savater unter Verantwortung?
- ▶ Wie könnte Ramona handeln, wenn sie im Sinne des spanischen Philosophen Fernando Savater Verantwortung für sich und andere übernehmen würde?

Dimensionen der Verantwortung

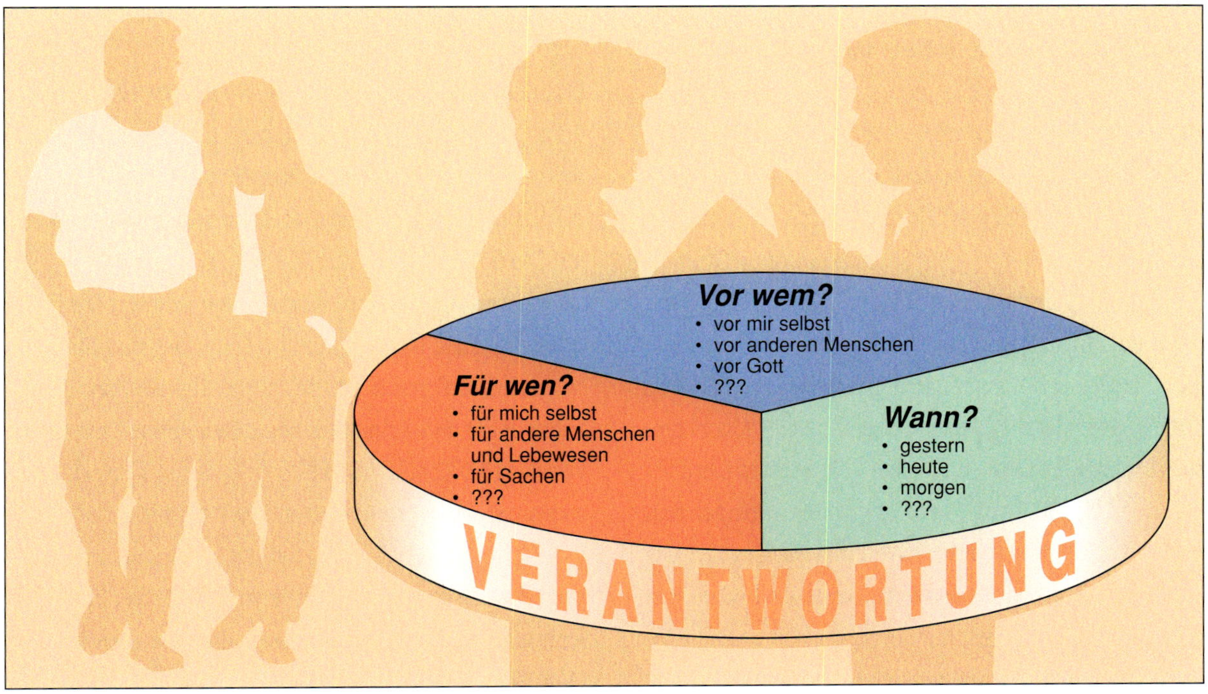

- ▶ Lassen sich diese Dimensionen ergänzen?
- ▶ Übertragt diese Dimensionen auf die Geschichte von Ramona und Mehmet.

Verantwortung ist nicht nur ein Wort

Eine UNESCO*-Schulpartnerschaft mit Bhandar im Nepal

Die Helene-Lange-Schule aus Wiesbaden wurde 1987 UNESCO-Modellschule. Diese Schulen wollen Schülerinnen und Schüler weltweit zur Verständigung, Begegnung und Zusammenarbeit mit anderen Völkern und ihren Kulturen, Lebensformen und sozialen Problemen ermutigen. Dafür sollen jedoch nicht nur spezielle Unterrichtseinheiten mit internationalen Themen wie Menschenrechte*, Weltfrieden und interkulturelle Verständigung angeboten werden, sondern auch praktische Aktivitäten, die jungen Menschen direkte Kontakte miteinander ermöglichen. Aus diesem Grund entstand 1988 an der Helene-Lange-Schule eine Schulpartnerschaft mit einer High School in Bhandar in Nepal.

▶ Informiert euch im Erdkundeunterricht über die wirtschaftlichen, politischen und kulturellen Besonderheiten von Nepal. In einem Lexikon und in Reiseführern findet ihr weitere Informationen.

Papprohre als symbolische* Wasserleitung

Es war im Januar 1988. Ich war damals in Klasse 7 d. Unser Englischlehrer, Herr Limberg, war in den Weihnachtsferien in Nepal gewesen und berichtete uns darüber anhand von Lichtbildern. Er hatte die Gemeinde Bhandar im Mount-Everest-Gebiet in Ostnepal besucht. Dort hatte er bereits vor mehr als zwanzig Jahren mehrere Monate verbracht. Er hatte damals viele Dorfbewohner kennen gelernt, die er nun nach so langer Zeit zum ersten Mal wiedersehen konnte. Für die Osterferien 1988 plante er einen erneuten Besuch in Bhandar, um dort Erhebungen über die Bevölkerungsentwicklung durchzuführen.
Herr Limberg berichtete über die Lebensbedingungen der etwa 3500 Einwohner, die sich aus Angehörigen unterschiedlicher Kasten zusammensetzen. Besonders benachteiligt sind die „Unberührbaren*" und die Nachkommen ehemaliger Sklaven, die über kein eigenes Land verfügen und sich als Träger und Tagelöhner verdingen müssen. Sie machen zusammen ein Fünftel der Bevölkerung aus. Ihre Kinder können den Teufelskreis aus Diskriminierung, Armut und Hunger nur durchbrechen, wenn sie lesen und schreiben lernen und sich so ein Mindestmaß an Allgemeinbildung aneignen können. Aber nur ein kleiner Teil von ihnen besucht eine der vier Grundschulen der Gemeinde. In den Klassen sechs bis zehn der Bhandar High School, der weiterführenden Schule, ist ihr Anteil verschwindend gering, da ihre Eltern weder das Schulgeld von umgerechnet 2,50 DM im Monat noch die notwendigen Arbeitsmaterialien (ebenfalls 2,50 DM im Monat) bezahlen können.
Das Schulkomitee trat im Juni 1989 mit der Bitte an uns heran, den Bau einer Wasserleitung zu unterstützen, mit deren Hilfe noch acht Wohnhäuser in unmittelbarer Nähe zur Schule mit fließendem Wasser versorgt werden könnten. Die Erdarbeiten wollten die Anlieger und die Schüler der oberen High-School-Klassen übernehmen. Die Finanzierung des Baumaterials war ohne unsere Hilfe nicht möglich. Das Sommerfest an unserer Schule stand unmittelbar bevor und wir nutzten diese Gelegenheit, mit einem Infostand bei Schülern und Eltern für diesen Projektschritt zu werben. Wiederum verkauften wir symbolische Papprohre, die der Spender mit seinem Namen versehen und bemalen konnte. Eine Leine, mit den gespendeten Rohrteilen versehen, symbolisierte das Wachsen der Wasserleitung. Immerhin konnten wir auf diese Weise ein Drittel des Finanzaufwandes einwerben.

Angela, Klasse 10 d, Helene-Lange-Schule, Wiesbaden

Was können wir tun?

Behinderte und Nichtbehinderte

Flüchtlingskinder

Stasi-Kinder

Ost-West-Kooperation

Ohne Gewalt

Unser Stadtteil lebt

▶ Bildet Arbeitsgruppen und überlegt, welche Art von Verantwortung ihr in den AGs übernehmen könntet. Berücksichtigt dabei das Schema zur „Verantwortung" (S. 51).

▶ Wenn ihr ein Projekt durchführen wollt, könnt ihr zuerst eine Projektplanung in eurer AG erstellen und besprechen. Überlegt, ob ihr euch an dem Wettbewerb „Demokratisch handeln" beteiligen wollt.

Solarmobil

. . . .

Jung und Alt

Ein Stück Regenwald

Das Förderprogramm

„Demokratisch handeln",

das von der Theodor-Heuss-Stiftung mit der Vorsitzenden Dr. Hildegard Hamm-Brücher gegründet wurde, will Jugendliche ermutigen demokratische Verantwortung in vielen Bereichen innerhalb und außerhalb der Schule zu übernehmen. Hierzu gehören Zivilcourage und demokratisches Engagement im Umweltschutz, in der weltweiten Friedenssicherung, toleranter Umgang mit Minderheiten sowie die demokratische Gestaltung des Schulalltags.

Geschäftsstelle „Demokratisch handeln"
Institut für Erziehungswissenschaft
Löbstedter Str. 67
07749 Jena
Tel. (0 36 41) 88 99 30 Fax (0 36 41) 88 99 32
http://www.demokratisch-handeln.de

Getrennte Welten – eine Welt?

Sag mir, wo die Blumen sind

Sag mir, wo die Blumen sind,
wo sind sie geblieben?
Sag mir, wo die Blumen sind,
was ist geschehn?
Sag mir, wo die Blumen sind,
Mädchen pflückten sie geschwind,
wann wird man je verstehn,
wann wird man je verstehn?

Sag mir, wo die Mädchen sind,
wo sind sie geblieben?
Sag mir, wo die Mädchen sind,
was ist geschehn?
Sag mir, wo die Mädchen sind,
Männer nahmen sie geschwind,
wann wird man je verstehn,
wann wird man je verstehn?

Sag mir, wo die Männer sind,
wo sind sie geblieben?
Sag mir, wo die Männer sind,
was ist geschehn?
Sag mir, wo die Männer sind,
zogen fort, der Krieg beginnt,
wann wird man je verstehn,
wann wird man je verstehn?

Sag, wo die Soldaten sind,
wo sind sie geblieben?
Sag, wo die Soldaten sind,
was ist geschehn?
Sag, wo die Soldaten sind,
über Gräbern weht der Wind,
wann wird man je verstehn,
wann wir man je verstehn?

Sag mir, wo die Blumen sind,
wo sind sie geblieben?
Sag mir, wo die Blumen sind,
was ist geschehn?
Sag mir, wo die Blumen sind,
Mädchen pflückten sie geschwind,
wann wird man je verstehn,
wann wird man je verstehn?

▶ Betrachtet die Bilder und hört euch dazu das Lied „Sag mir, wo die Blumen sind" an.
▶ Welche Gedanken und Gefühle gehen euch dabei durch den Kopf?
Schreibt sie auf die Vorderseite eines Blattes und sprecht anschließend in der Klasse darüber.
▶ Bildet Arbeitsgruppen und versucht anhand der Bilder eine zusätzliche Strophe zu dem Lied „Sag mir, wo die Blumen sind" zu dichten.

Versetzt euch in die Lage von Menschen, die im Jahr 3000 nebenstehende Bilder betrachten. Welche Gedanken und Gefühle könnten sie haben?

Was anderen schadet, schadet auch uns

Es wird von Jahr zu Jahr spürbarer, dass wir alle in einer Welt leben, ob im Süden, Norden, Osten oder Westen. Und diese Erfahrung ist manchmal schmerzlich. Was im Süden oder Norden geschieht oder versäumt wird, wirkt sich früher oder später auf andere Teile der Erde aus. Ob Brasilien seine Schulden bezahlen kann, ob Korea mehr Autos exportiert, ob Kolumbien den Drogenanbau bekämpft, ob im Sudan der Krieg zu Ende geht – alles hat Auswirkungen auf Europa und Nordamerika, auf die Höhe der Arbeitslosigkeit, auf die Zahl der Asyl Suchenden, auf die Preise, auf vieles mehr.
Und umgekehrt: Ob in den USA die Zinsen steigen, ob Agrarüberschüsse aus der Europäischen Gemeinschaft verbilligt auf dem Weltmarkt verkauft werden, ob die Industrieländer Zölle weiter abbauen, ob der Norden Waffen exportiert, ob der Energieverbrauch bei uns steigt oder sinkt, ob wir die Umweltbelastung verringern – alles hat Auswirkungen auf den Süden und sie sind oft gefährlicher als in der umgekehrten Richtung: Sie können über das Leben von Millionen von Menschen entscheiden. [...] Wir, die reichen Länder der Erde, können unsere Probleme aus eigener Kraft lösen. Aber viele Staaten* sind dazu heute noch nicht in der Lage, vor allem dann nicht, wenn ihre Probleme durch Einflüsse von außen immer größer werden. Wir können ihnen helfen, weil wir reich sind. Wir sollten helfen, weil es die [Menschlichkeit] gebietet. Wir müssen helfen, weil wir sonst arm werden. Denn: Was anderen Ländern schadet, das schadet irgendwann auch uns, und was ihnen nützt, ist uns allen von Nutzen. Wir leben nicht in getrennten Welten. Wir sind alle aufeinander angewiesen und somit alle füreinander verantwortlich. Das ist die Wahrheit – mitunter eine bittere Wahrheit.

▶ Warum sind auch wir von den Problemen der Entwicklungsländer betroffen? Diskutiert und ergänzt die Argumente des Autors.
▶ Bildet Arbeitsgruppen und gestaltet eine Collage zu dem Thema „Wir leben alle in einer Welt".
▶ Was bedeutet es, füreinander verantwortlich zu sein?

4. Werte und Normen

Mensch,
hast du
mal darüber
nachgedacht,
was deine
Handlungen
bestimmt?

RECHT

LUST

WERTE

MORAL

VORTEILE

KONVENTION

NUTZEN

ZWÄNGE

Recht, Konvention, Moral – ein und dasselbe?

Ich bin damit einverstanden, dass sich mein Sohn/meine Tochter während des Klassenausflugs nach Berlin abends in Gruppen von mindestens drei Personen bis 23.00 Uhr außerhalb der Jugendherberge aufhält.

____

Unterschrift eines Erziehungsberechtigten

Fee zögert noch einen Moment. Dann setzt sie die Unterschrift schwungvoll unter das Formular. Die Klassenlehrerin hatte gesagt, wer den Zettel bis heute immer noch nicht unterschrieben zurückgäbe, könne an der Fahrt nicht teilnehmen. Fee hatte sich schon so auf die Woche in Berlin gefreut. Das soll sie jetzt aufs Spiel setzen, wenn sie schon wieder mal ihre „Schlampigkeit und Unzuverlässigkeit" eingestehen muss? Nein! Fee gibt sich einen Ruck und reicht ihrer Lehrerin das Blatt.

- Wie hättest du dich entschieden? Diskutiere mit deinen Mitschülern und Mitschülerinnen.
- Welche Gedanken gehen Fee durch den Kopf? Welche Argumente findet sie für ihre Entscheidung?
- Stell dir vor, die Lehrerin könnte Gedanken lesen. Wie würde sie über Fees Entscheidung denken?

Fee ist wie vor den Kopf gestoßen, als nachmittags Frau Meyer-Ehrlich zu Hause vor der Tür steht. Ihr war die Unterschrift merkwürdig vorgekommen und jetzt wird der Betrug von Fees Mutter aufgedeckt. Fees Mutter ist sehr aufgebracht: *„Weißt du eigentlich, was du gemacht hast? Unterschriftenfälschung nennt man so etwas – und die ist strafbar! Überleg dir mal, welche Konsequenzen das haben kann!"*

„Wieso Konsequenzen? Ich bin noch nicht 14 und nicht strafmündig. Und außerdem fälschen alle aus meiner Klasse Unterschriften – wenn sie sich vom Sport befreien lassen wollen zum Beispiel – oder einfach mal so! Das ist doch heute kein Tabu mehr! Und schadet doch niemandem! Oder?"

„Das ist doch unfassbar! Dass meine Tochter … Und so etwas sagst du einfach so dahin. Haben denn Ehrlichkeit und Vertrauen gar keine Bedeutung für dich? Noch nicht einmal ein schlechtes Gewissen hast du. Dir fehlen wohl alle moralischen Grundsätze!"

- Unterscheide die Verhaltensmaßstäbe von der Mutter und von Fee.
- Ordne die Aussagen den Positionen des Rechts, der Konvention und der Moral zu.

- Menschen orientieren ihr Verhalten an unterschiedlichen Maßstäben. Welche treffen auf dich persönlich zu?

Recht	**Konventionen**	**Moral**
Staatlich* verankerte Gesetze, deren Übertretung Strafe nach sich zieht. Gesetze müssen nicht unbedingt mit moralischen Normen übereinstimmen.	Gruppenverhaltensmuster, die nicht gut sein müssen, aber praktische Funktionen erfüllen.	Alle in einer Gemeinschaft gültigen Regeln, Werte und Normen, die sich an einer Vorstellung des Guten orientieren – es gibt in einer Gesellschaft* unterschiedliche Moralvorstellungen.

Die Geschichte von Fee macht deutlich, dass Menschen ihre Handlungsweise unterschiedlich begründen: Die einen richten sich nach dem geltenden Recht, andere passen sich den Konventionen an, die in ihrer sozialen Gruppe üblich sind. Wieder andere beanspruchen bestimmte sittliche Maßstäbe. Sie begründen ihr Handeln mit moralischen Grundsätzen. Diese drei Formen Handlungen zu rechtfertigen müssen auseinandergehalten werden: Das folgende Kapitel beschäftigt sich nur mit moralischen Grundsätzen und ihrer Begründung.

DIE Moral: Gibt es sie wirklich?

Eine Moral ist ein System von Vorstellungen und Prinzipien für gutes Handeln. Aber was ist eigentlich gutes Handeln? Darunter versteht der Pfarrer aus der Nachbarschaft etwas ganz anderes als der Fabrikant, der arbeitslose Frührentner etwas anderes als der Unternehmensberater, die Umweltschützerin von Greenpeace etwas anderes als der Interessenvertreter der Verpackungsindustrie.
In anderen Kulturen gibt es moralische Vorstellungen, die teilweise völlig anders sind als im europäischen Kulturkreis. In einem der großen Weisheitsbücher des alten China wird über die Pflichten und Rechte von Mann und Frau berichtet.

Mann (Nan Dsi) bedeutet der „Verantwortliche" (Jen); Sohn (Dsi) bedeutet der „Nachwuchs" (Dsi). Ein Mann heißt der, der dem Weltsinn von Himmel und Erde gegenüber die Verantwortung übernimmt und allen Dingen als Führer zu dem für sie Rechten vorsteht. Darum heißt er der männliche Führer (Dschang Fu). Führen (Dschang) bedeutet walten (Dschang); männlich (Fu) bedeutet tragen (Fu). Das heißt: Er waltet über allen Dingen.
Er weiß, was man tun darf, und weiß, was man nicht tun darf; er weiß, was man reden darf, und weiß, was man nicht reden darf; er weiß, wie man handeln darf, und weiß, wie man nicht handeln darf. Wenn er irgendeine Theorie untersucht, so ist er sich über ihre Besonderheiten klar. Das nennt man Wissen. Dadurch bringt er seine Geisteskräfte in Ordnung.
Frau (Nü Dsi) bedeutet die „Ähnliche" (Ju). Die Frau ist die, die durch Belehrung dem Mann „ähnlich" wird, der über dem Aufbau ihrer Pflichten waltet. Darum heißt sie Ehefrau (Fu Jen). Ehefrau (Fu Jen) ist die dem Manne Unterworfene (Fu Yü Jen). Darum hat sie nicht das Recht auf selbstständige Entscheidung, sondern die Pflicht zu dreifachem Gehorsam. Zu Hause ist sie dem Vater unterworfen, in der Ehe dem Gatten und nach dem Tode des Gatten dem ältesten Sohn. Sie wagt in nichts ihrem eigenen Kopf zu folgen. Ihre Befehle dringen nicht über die inneren Gemächer hinaus. Ihre Beschäftigung beschränkt sich auf Zubereitung des Essens. Darum hält sich die Frau den ganzen Tag innerhalb der Tore der Innengemächer auf. Sie begibt sich zu keiner Beerdigung, die über hundert Li weit ist (damit sie nicht auswärts übernachten muss). In ihrer Arbeit kennt sie kein eigenmächtiges Handeln, in ihrem Tun kein eigenmächtiges Werk. Sie berät sich, ehe sie sich bewegt, und prüft, ob es richtig ist, ehe sie redet. Bei Nacht geht sie nur mit Laterne. Die Seidenraupenzucht und das Spinnen und Weben besorgt sie und die Haustiere zieht sie innerhalb des Hauses auf. Das heißt ihre Zuverlässigkeit. Dadurch bringt sie die weiblichen Geisteskräfte in Ordnung.

An anderer Stelle wird der Umgang zwischen den Geschlechtern und den Generationen beschrieben.
Ein Sohn und seine Frau, die pietätvoll und ehrfürchtig sind, werden die Befehle der Eltern des Mannes ohne Widerspruch und Nachlässigkeit erfüllen. Wenn die Eltern ihnen etwas zu essen geben und sie mögen es nicht, so werden sie es doch kosten und warten (ob sie es wegtun dürfen); wenn sie ihnen Kleider schenken, die ihnen nicht gefallen, so werden sie sie doch anziehen und ihnen so aufwarten. Wenn sie ihnen eine Arbeit zuweisen und nachher jemand anderes schicken, um sie zu vertreten, so werden sie, auch wenn es ihnen nicht angenehm ist, ihn die Arbeit machen lassen und erst, wenn er es nicht kann, sie selber wieder aufnehmen [...]

Noch drastischere Abweichungen von den Moralvorstellungen unseres Kulturkreises zeigt folgende Beobachtung über das Verhalten der Inuit.*
Eine Frau der Inuit erstickt ihr eben geborenes Kind in den Fellen ihres Lagers. Sie weiß, dass auf ihrer Insel schon jetzt die Mädchen in der Überzahl sind und mancher Knabe wird noch auf der Jagd zwischen tückischem Treibeis zugrunde gehen. Ihre Tochter aber müsste [später] einen Mann finden, der für sie jagt. Indem sie ihr Kind tötet, trägt sie dazu bei, dass die andern Mädchen der Insel später Ernährer finden. Für uns eine Kindsmörderin, ist sie für die Inuit-Gemeinschaft eine Wohltäterin.

▶ Erkläre, was im folgenden Beispiel der Papuamoral unter gutem Verhalten verstanden wird. Wie lassen sich diese Regeln aus dem Lebensumfeld der Papuaindianer verstehen?

Die zehn Gebote der Papuas

1. Du sollst dich fürchten! Am Tag sollst du dich besonders vor den Geisterplätzen, Geisterhöhlen, Geisterwassern, Geisterbäumen, Geisterfelsen und Geistertieren und überhaupt vor allem, was mit Geistern zusammenhängt, fürchten. Noch viel mehr sollst du dich aber in der Nacht fürchten, wo die Geister umgehen.
2. Du sollst niemals und in keiner Weise den Pfad der Ahnen verlassen, sondern alles genauso halten und weiterführen, wie es von ihnen überliefert worden ist.
3. Du sollst dich vor den Zauberern hüten. Lass nie einen Speiserest liegen, spucke nur ins Feuer oder Wasser aus, deinen Nasenschleim schmiere ans Bein, damit niemand deiner Seele habhaft werde. Wenn du in einem Dorf zu Besuch bist und es wieder verlässt, dann vergiss nicht deinen Sitzplatz mit dem Knochendolch zu stechen; nur so wird nichts von deiner Seele zurückbleiben und der Zauberer kann dir nichts anhaben. Vor allen Dingen aber musst du für jeden Menschen, der aus deiner Verwandtschaft stirbt, jemand von der Sippe des Zauberers totschlagen.
4. Du sollst dich vor allem Fremden, insbesondere vor jedem fremden Menschen, hüten, denn jeder Fremde ist ein Feind, der dir gefährlich werden kann. Die Berührung mit ihm schadet immer. Freund ist nur der Sippengenosse.
5. Du sollst die Alten und Großen, die Häuptlinge und Krieger ehren und ihnen nie widersprechen, denn sie haben die Macht, dir zu schaden.
6. Du sollst deinem Sippengenossen in jeder Lage und in jedem Falle helfen und für ihn Partei ergreifen, ob er Recht oder Unrecht hat; aber deinem Feind und jedem Fremden sollst du jederzeit und in jeder Weise schaden.
7. Alles, was dir gehört, was du erwirbst oder erbeutest, sollst du mit deinem Sippengenossen teilen und nichts für dich allein behalten, sei es auch nur eine Maus oder ein Vogelei.
8. Du sollst stets deiner Sippe Nutzen im Auge haben; denn er kommt auch dir zugute. Als Glied deiner Sippe bis du für sie verantwortlich und haftbar, wie auch deine Sippe für dich verantwortlich und haftbar ist.
9. Du sollst dir dein Weib durch Kauf ehrlich erwerben oder es bei den Feinden rauben, nicht aber deinen Sippengenossen entführen, denn daraus folgt Sippenstreit und Blutvergießen.
10. Du, Mann, wenn dir deine Frau nicht folgt oder dir nichts zu essen kocht, dann schlage sie; denn ihr Sinn steht gewiss nach einem anderen Mann.
    Du, Frau, folge deinem Mann und koche ihm stets das Essen, sonst schlägt er dich und es kommt zu Unfrieden und Sippenstreit."

▶ Vergleiche diese moralischen Grundsätze aus dem alten China, von den Eskimos und von den Papuas mit den Normen, die in unserer Gesellschaft* vorherrschen. Welche Unterschiede und welche Gemeinsamkeiten gibt es?

Bestimmte moralische Normen aus dem europäischen Kulturkreis werden von einigen Naturvölkern als Schwäche ausgelegt.

Ich marschierte im Busch meist vor oder hinter der Hängematte her, in der ich mich nach Landesbrauch hätte tragen lassen sollen, und selbstverständlich stieg ich aus, wenn es bergan ging. Aber eines Tages priesen mir meine Sänftenträger den verstorbenen Großhäuptling Utompe. Der hatte sie an diesem Berg immer gepeitscht, damit sie im Laufschritt mit ihm den steilen Hang hinaufrannten – ja, der hatte ein starkes Herz! Eine nicht giftige Schlange, die wir als „harmlos" oder „gut" bezeichnen, nennen die Afrikaner „schwach".

▶ Kannst du die Verwunderung des Erzählers teilen?

▶ Treffen die vom Verfasser genannten „europäischen Tugendmaßstäbe" deine gesellschaftliche Wirklichkeit?

▶ Welche Schlussfolgerungen könnte ein Vergleich der zur Zeit des Verfassers geltenden Normen und der heute geltenden über den Stellenwert der Moral in einem bestimmten Kulturkreis erlauben?

Where have our morals gone?

Was unter Moral verstanden wird, ist nicht nur abhängig von der jeweiligen Kultur, sondern auch innerhalb einer Kulturgemeinschaft ändern sich die Wertvorstellungen mit der Zeit. Für das heutige Zeitgefühl macht diesen Wandel die Rockgruppe „Die Toten Hosen" im folgenden Lied deutlich.

Die Zehn Gebote

Einmal hat Gott der Welt erklärt:
Nur ich allein bin der Herr!
Ich dulde keine Götter neben mir
Du sollst immer nur mich verehren [...]

Du sollst nicht töten und du sollst nicht stehlen,
und du sollst in der Ehe nicht fremdgehen.
Du sollst nicht lügen und nichts Falsches erzählen,
ein ehrliches, redliches Leben wählen,
das Haus und die Frau deines Nächsten
nicht begehren,
und nichts von dem, was deinem Nächsten gehört.

Wenn ich du wär, lieber Gott,
und wenn du ich wärst, lieber Gott,
glaubst du, ich wäre auch so streng mit dir?
Wenn ich du wär, lieber Gott
und wenn du ich wärst, lieber Gott,
würdest du die Gebote befolgen, nur wegen mir?

Die Toten Hosen

Der Mensch ist gut

Der Mensch ist gut! Da gibt es nichts zu lachen!
In Lesebüchern schmeckt das wie Kompott.
Der Mensch ist gut. Da kann man gar nichts machen.
Er hat das, wie man hört, vom lieben Gott.

Einschränkungshalber spricht man
zwar von Kriegen.
Wohl weil der letzte Krieg erst neulich war ...
Doch: Ließ man denn die Krüppel draußen liegen?
Die Witwen kriegten sogar Honorar!

Der Mensch ist gut! Wenn er besser wäre,
Wär er zu gut für die bescheid'ne Welt.
Auch die Moral hat ihr Gesetz der Schwere:
Der schlechte Kerl kommt hoch – der Gute fällt.

Das ist so, wie es ist, geschickt gemacht.
Gott will es so. Not lehrt bekanntlich beten.
Er hat sich das nicht übel ausgedacht
Und lässt uns um des Himmels willen treten.

Der Mensch ist gut. Und darum geht's ihm schlecht.
Denn wenns ihm besser ginge, wär er böse.
Drum betet: „Herr Direktor, quäl uns recht."
Gott will es so. Und sein System hat Größe.

Drum seid so gut und seid so schlecht, wies geht!
Drückt Löhne! Zelebriert die Leipziger Messe!
Der Himmel hat für so was immer Interesse. –
Der Mensch bleibt gut, weil er den Kram versteht.

Erich Kästner

Die Zehn Gebote könnt ihr nachlesen im Kleinen Katechismus Martin Luthers und in der Bibel* in 2. Mose, Kap. 20.

- Wie lautet im Song der „Toten Hosen" das Hauptargument gegen die Zehn Gebote der Bibel?
- Suche nach weiteren gesellschaftlichen* Ursachen für die Ablehnung moralischer Gebote.
- Diskutiere, inwiefern das Lied der „Toten Hosen" auf die heutige Zeit zutrifft.
- Formuliere deine eigenen zehn Gebote.
- Erich Kästner schrieb sein Gedicht „Der Mensch ist gut" zu Beginn dieses Jahrhunderts. Kannst du Gemeinsamkeiten mit dem Lied der „Toten Hosen" feststellen? Inwiefern kann das Gedicht die Position der „Toten Hosen" erklären?

Auch das Bekenntnis zu einem lustbetonten Leben entspricht zunehmend den heute üblichen Vorstellungen. Die nebenstehenden sechs „Gebote" machen das lustvolle Leben zu ihrem Programm.

1. Sei dir selbst der Nächste, so wird auch dein Nächster er selbst.
2. Tu dir so viel Gutes an wie möglich, rate deiner Umwelt ebenso.
3. Übernimm keine Aufgaben, die dir Zwang und Unlust abverlangen.
4. Liebe die, die du wirklich liebst. Hasse die, die du wirklich hasst. Lasse die in Ruhe, die dir gleichgültig sind.
5. Wenn Erfolg dir Spaß macht, sei erfolgreich. Wenn dein Erfolg andere verletzt, überlege, ob die Verletzung dir mehr Unlust macht als dein möglicher Erfolg Spaß.
6. Arbeite nicht, um zu leben, und lebe nicht, um zu arbeiten. Sondern lebe und arbeite, wie es dir Spaß macht. Das rate auch anderen. Macht dir deine Aufgabe keinen Spaß, dann räume den Platz für einen anderen. Denke nie, es wird etwas nur deshalb schlechter gehen, weil du weg bist. Du bist unwichtig. Aber du hast das Recht zur Lust, dein einziges.

▶ Was hältst du davon? Setze dich mit den einzelnen Geboten auseinander.

▶ Die rund 15000000 Jugendlichen zwischen 13 und 25 Jahren in Deutschland splittern sich in viele verschiedene Gruppen auf. Experten versuchten vergeblich ein einheitliches Bild einer Jugendkultur zu zeichnen. Gemeinsamkeiten zeigten sich jedoch bei den persönlichen Einstellungen, z. B. hielten 90 % der 14- bis 18-Jährigen Moral für eine wichtige Eigenschaft und 80 % fühlten sich für die Umwelt mitverantwortlich. Zählst du dich zu den 90 % bzw. zu den 80 %? Wenn ja – warum? Wenn nein – warum? Begründe und beziehe dich dabei auch auf die Texte auf dieser Seite.

Aktuelle deutsche Jugendstudien bestätigen übereinstimmend, dass Jugendliche heute der Meinung sind, moralisches Verhalten würde sich in unserer Gesellschaft nicht lohnen. Im Westen glauben nur 22 %, im Osten nur 11 % der jungen Leute, dass man mit Werten wie Uneigennützigkeit, Förderung des Nächsten, Hilfsbereitschaft und Friedensstiftung gut angesehen wird. Andererseits wird in denselben Untersuchungen deutlich, dass die Jugendlichen eine starke Sehnsucht nach Werten entwickeln. Für sich persönlich und in ihrem unmittelbaren Umfeld bauen sie an einer „Gegenwelt" zu der Welt, wie sie sich ihnen zeigt. Folgende Grafik gibt einen Überblick über ethische Grundsätze heutiger Jugendlicher.

▶ Ist die Zusammenstellung dieser Werte von Jugendlichen vollständig oder muss sie ergänzt werden?

▶ Stelle eine eigene Wertetafel auf.

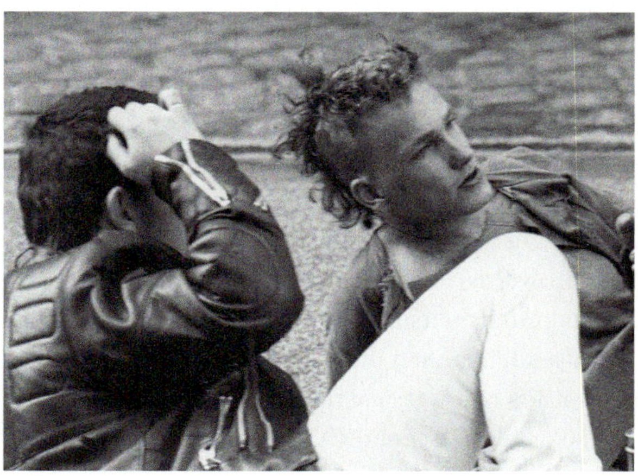

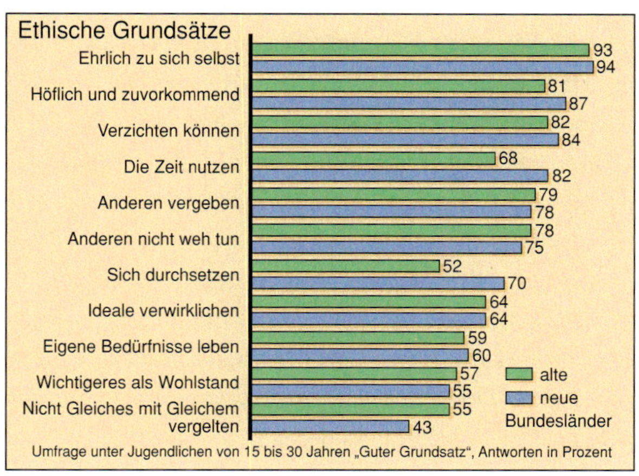

Gutes als allgemein gültiger Wert – noch aktuell?

Die Existenz verschiedener gültiger moralischer Regelsysteme, die von Kultur zu Kultur, aber auch innerhalb einer Kultur von einer Epoche zur anderen variieren können, führt zur These des ***Kulturrelativismus****. Der Kulturrelativismus vertritt die Auffassung, dass moralische Werte und Normen vor dem Hintergrund ihres jeweiligen kulturellen oder historischen Zusammenhangs zu verstehen und zu beurteilen sind. Der bloße Tatbestand des Nebeneinanders verschiedener Moralen hat darüber hinaus aber auch zu einer noch weitgehenderen ethischen Theorie geführt, der Theorie des* ***ethischen Relativismus****. Diese geht auf drei Behauptungen des griechischen Philosophen Protagoras zurück.*

1. Die ethischen Urteile verschiedener Individuen oder Gruppen unterscheiden und widersprechen sich häufig in grundlegender Weise.
2. Wenn Urteile verschiedener Individuen oder Gruppen voneinander abweichen, ist es nicht immer möglich, einige von ihnen als richtig zu erweisen; im Gegenteil, manchmal sind einander widersprechende Prinzipien gleichermaßen gültig oder richtig.
3. Die Menschen sollten nach jenen moralischen Prinzipien leben oder zu leben versuchen, denen sie jeweils anhängen.

nach Protagoras (485–415 v. Chr.)

▶ Stelle Gemeinsamkeiten und Unterschiede der beiden Theorien des Kulturrelativismus und des ethischen Relativismus heraus. Inwiefern geht der ethische Relativismus über den Kulturrelativismus hinaus?

Fred Perkins hat die Frage, ob es eine allgemein gültige Moral gibt (vgl. S. 58), für sich beantwortet: Die unterschiedlichen nebeneinander existierenden moralischen Ansichten und Maßstäbe erfordern es seiner Meinung nach, allgemein verbindliche oder gültige Normen (moralische Vorschriften) grundsätzlich abzulehnen. Fred nimmt die Haltung des ethischen Relativismus ein: Die bloße Existenz moralischer Vorstellungen begründet schon deren relative Gültigkeit. Fred stellt sich vor, dass unterschiedliche Moralvorstellungen mit gleichem Recht nebeneinander bestehen können. Er fordert also größtmögliche Toleranz für unterschiedliche Denkweisen im Gegensatz zu einem erstarrten Moralkodex.

Kurz nachdem Fred Perkins mit dem Studium begonnen hatte, hatte er das Gefühl, er hätte alle Fesseln seiner früheren Erziehung in einem kleinen Dorf von sich geworfen. Vor allen Dingen fühlte er sich moralisch befreit. Richtig und falsch, so meinte er nun, seien für jeden Menschen verschieden. Halte jemand etwas für richtig, so sei es auch für ihn richtig. Niemand könne einem anderen sagen, was er zu tun habe. Dies gelte vornehmlich für alle sexualethischen Normen und Fred glaubte, er sei nun endgültig der prüden, selbstgerechten und heuchlerischen Sexualmoral seiner heimatlichen Umgebung entwachsen. Nicht dass Fred seine Theorien auch in die Praxis umgesetzt hätte – er war eher zurückhaltend und die wenigen „flotten“ Mädchen, mit denen er im College zusammenkam, fand er wenig anziehend oder sogar abstoßend. Doch in der Theorie war er der Meinung, jeder solle im sexuellen Bereich so handeln, wie es ihm beliebe. Als ihm die ersten Gerüchte von Vergewaltigungen in dem kleinen Wäldchen nahe dem College zu Ohren kamen, machte sich Fred kaum Gedanken darüber.

Als er aber erfuhr, dass Sue vergewaltigt worden war, war er fassungslos.

Nicht dass Sue seine Freundin gewesen wäre – nein, er war mit ihr nur einige Male ausgegangen. Doch als er sie wenige Tage später sah, war irgendetwas in ihrem Blick und eine unausgesprochene Angst in ihren Augen, die ihn verwirrte. Sie sah krank aus und schämte sich. Fred fragte sich, wie sie mit dieser Erfahrung fertig und inwieweit ihr weiteres Leben davon berührt werden würde. Plötzlich fand er die Gespräche im Aufenthaltsraum seines Wohnheims geradezu abstoßend, in denen man sich darüber unterhielt.

Zum ersten Mal war Fred mit einer Handlung konfrontiert, von der er innerlich fühlte, sie sei einfachhin schlecht – und davon hatte er nicht in einem Buch oder in der Zeitung gelesen, auch war er mit ihr nicht über den Bildschirm konfrontiert worden, sondern sie berührte ihn ganz persönlich. Und er begann, über seine eigenen moralischen Theorien nachzudenken. Seine Eltern und die Menschen in seinem Dorf, so wusste er, würden ohne Zögern sagen, Vergewaltigung sei schlecht und der Täter verdiene bestraft zu werden. Doch angenommen, dieser hielte sein Tun für richtig? Fred dachte an die Demonstrationen, bei denen er mit seinen Freunden gegen den Krieg protestiert hatte. Die meisten seiner Freunde waren sich darüber einig, dass jeder für sich selbst entscheiden müsse, was für ihn richtig sei. Dennoch aber zögerten sie nicht, andere als Mörder, Heuchler, Unterdrücker und Ausbeuter zu verurteilen. Wie kann man sagen, nichts sei falsch, solange jemand es nicht für falsch halte, und zugleich andere Menschen verurteilen? Hält nicht jeder sein Verhalten für richtig? Wie kann dann aber irgendetwas falsch sein?

Fred kam bei diesem ersten Nachdenken zu keinem endgültigen Urteil. Er dachte, vielleicht müsse er sein moralisches Prinzip: „Nichts ist falsch, es sei denn, der Handelnde selbst hält es für falsch" abändern in: „Nichts ist falsch, es sei denn, andere werden dadurch verletzt".

- Vergleiche Freds Denkansatz mit den moralischen Vorstellungen in seinem Heimatdorf. Was hat Fred dort gestört?
- Erkläre mit deinen eigenen Worten, was Freds moralische Überzeugungen ins Wanken bringt und worin sein Konflikt besteht.
- Diskutiert an Beispielen, ob der von Fred neu gefundene Grundsatz im alltäglichen Leben anwendbar ist.

Doch man kann andere auf vielfältige Weise verletzen. Joe im unteren Block war geradezu davon krank geworden, dass man Fred das Staatsstipendium zuerkannte, um das sich beide beworben hatten. Und dann gab es diese [Vergewaltigung]. Fred fühlte, dass der Täter bestraft werden sollte. Schließlich kam er zu dem Urteil, das ihn einigermaßen befriedigte, dieser müsse krank sein und könne deshalb nicht bestraft werden.

[Kurze Zeit später gab sich Harry, ein Student aus Freds Seminar, als Täter zu erkennen. Er prahlte damit, als er betrunken war. Ausgerechnet Harry! Fred hatte Harry schon oft mit verschiedenen Mädchen gesehen. Auch wenn ihn viele nach kurzer Zeit wieder verließen, weil sie die Art, wie er mit ihnen umging, nicht gut fanden. Und – davon war Fred überzeugt – Harry war nicht krank. Dies veränderte die Situation für ihn grundlegend.]

- Wie würdest du an Freds Stelle reagieren? Schreibe den Text weiter, indem du auf Freds Gedanken eingehst, nachdem er wusste, dass Harry der Täter war.
- „Nichts ist falsch, es sei denn, andere werden dadurch verletzt." Diesen Grundsatz hatte sich Fred überlegt, bevor er über verschiedene Arten der Verletzung nachgedacht hatte und bevor er wusste, dass der Täter nicht krank war. Formuliere einen neuen moralischen Grundsatz, der diese beiden neuen Gedanken von Fred mit einbezieht.
- Mit welchen praktischen Konsequenzen müsste man rechnen, wenn Freds ursprüngliche Moralvorstellung (Z. 5–8, S. 62) Gültigkeit hätte?

Freds Problem lässt ihn zu dem Schluss kommen, dass dem ethischen Relativismus Grenzen gesetzt sind. Es gibt also offenbar Werte und Normen, die übergeordneten und allgemeinen Charakter haben und durch die vielfältigen moralischen Überzeugungen nicht verletzt werden dürfen.

Jeder Einzelne kann seine moralischen Grundsätze daraufhin überprüfen, ob sie mit diesen allgemeinen Normen in Einklang stehen. Aus unseren vorläufigen Überlegungen wird die Notwendigkeit der Ethik als philosophischer Wissenschaft deutlich. Aufgabe der philosophischen Ethik ist es, moralische Überzeugungen auf ihre Voraussetzungen zurückzuführen und zu rechtfertigen, über allgemeine Prinzipien nachzudenken und moralische Systeme miteinander zu vergleichen. Unter Ethik versteht man also Moralphilosophie, d. h. die kritische Auseinandersetzung mit bestehenden Moralvorstellungen.

Ethisches Argumentieren

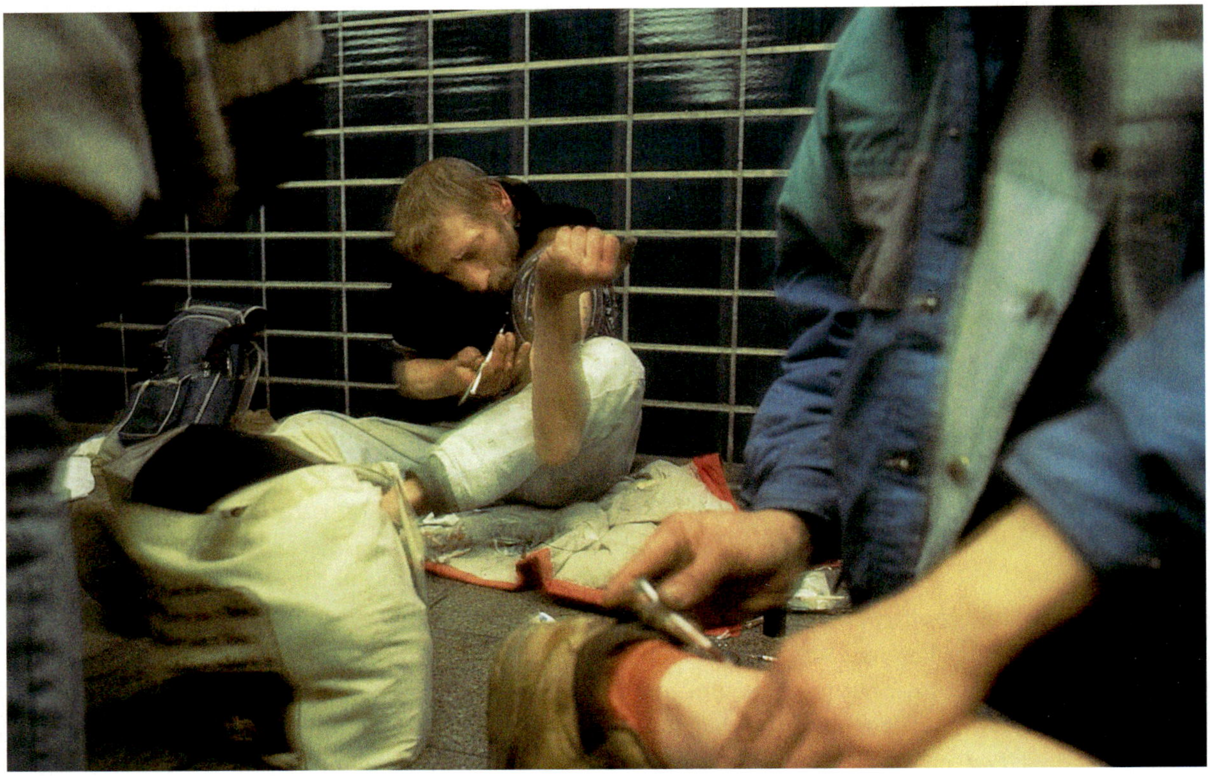

Der Tote war violett verfärbt und lag inmitten von Unrat, schmutziger Wäsche und Essensresten.
Als ein Freund Markus, 32, am Samstag in seiner Wohnung in der Bremer Nietzschestraße findet, ist sein ausgemergelter Oberarm noch mit einem Bademantelgürtel abgebunden. Zwischen den Beinen liegt eine blutige Spritze, auf einem Regal ein schmutzverkrusteter Esslöffel, an dem Reste eines weißen Pulvers kleben – Heroin.
Markus ist einer von rund 1500 Junkies, die jedes Jahr in Deutschland elend krepieren.

Das Gesundheitsministerium hat ermittelt, dass 72 Prozent der Abhängigen aufgrund unbeabsichtigter Dosierung gestorben sind. Die überwältigende Mehrheit der Drogentoten ist demnach auf die Risiken des Schwarzmarkts zurückzuführen und könnte mit Stoff, dessen Qualität berechenbar ist, noch leben.
Deshalb fordern die meisten Polizeipräsidenten deutscher Drogenmetropolen kontrollierte Heroinabgabe durch den Staat*.

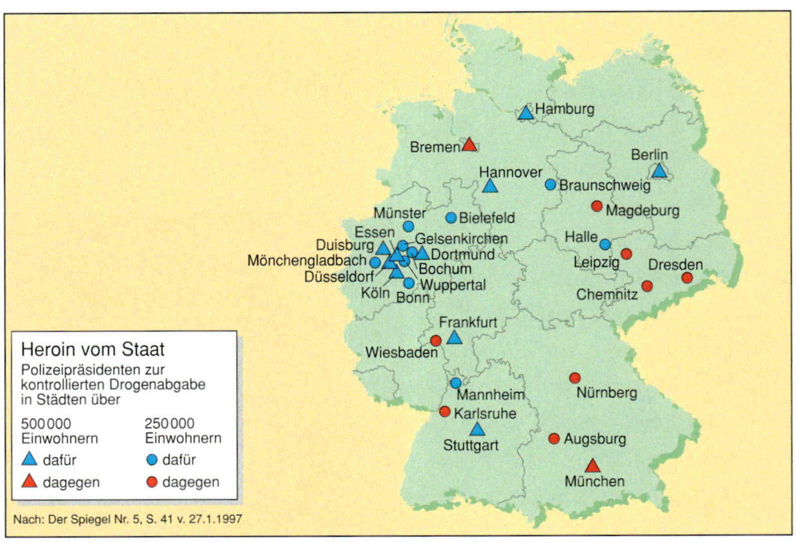

Die Forderungen der Polizei und vieler Politiker bedeuten einen radikalen Umschwung in der Drogenpolitik und sind sehr umstritten.

Heroin vom Staat ist schon aus ethischen und moralischen Gründen nicht verantwortbar. Der Staat darf niemals zum Dealer werden. Er verliert seine Glaubwürdigkeit, wenn er die gleichen Drogen verteilt, vor denen er die Bürger warnt und schützt.

Es hilft nichts, wenn ich mich hinter der Ethik verstecke. Das kann mein Handeln auch lähmen. Ich muss sehen, wie ich den Schaden klein halte – für den Einzelnen wie für das gesamte soziale und öffentliche Umfeld.

Wer mich bei der Ethik packen will, dem sage ich: Für mich ist oberstes Gebot, Menschen in der Not zu helfen, anstatt sie weiter verelenden zu lassen. Da bin ich meiner Kirche verbunden. Deshalb Ja zur kontrollierten Freigabe.

Der Kampf gegen Drogen durch striktes Verbot kostet die Gesellschaft* jährlich 7 Milliarden Euro. Eine kontrollierte Abgabe würde sowohl die Beschaffungskriminalität wie die Sterblichkeitsrate senken. Somit ergäbe sich eine erhebliche Kostenersparnis.

Das Drogenverbot ist eine Erfolgsgarantie für die Drogenmafia. Eine kontrollierte Abgabe würde Dealer und Mafia schwächen.

Seit 15 Jahren bin ich abhängig. Heroin vom Staat – dann wär ich nicht mehr illegal. Dann könnte ich endlich ein menschenwürdiges Leben führen.*

Was? Diese Nichtsnutze sollen auch noch belohnt werden! Und das von unseren Steuergeldern. Keinen Pfennig mach ich dafür locker!

- Diese Diskussionsbeiträge sind sich ähnlich oder unterscheiden sich vor allem durch ihren Argumentationsansatz. Stelle fest, welche Beiträge von denselben bzw. von unterschiedlichen Ansätzen ausgehen, und ordne sie zu Gruppen.
- Führt eine Pro-und-contra-Diskussion über die Forderung nach kontrollierter Heroinabgabe.

Wer wie die obigen Diskussionsteilnehmer moralische Urteile abgibt, muss sie normalerweise auch begründen. Ein unbegründetes moralisches Urteil – „Das ist eben gut bzw. schlecht“ – hat wenig Überzeugungskraft, da es unverbindlich wie ein bloßes Geschmacksurteil wirkt. Der moralisch Urteilende argumentiert – oft, ohne es zu wissen – entweder ausgehend von einem bestimmten, für ihn gültigen und nicht hinterfragbaren Prinzip, z.B. dem Prinzip der Gerechtigkeit, oder er misst umgekehrt den Wert einer Handlung an deren Folgen. Während der eine sich eher an einem grundlegenden Ideal orientiert, interessiert sich der andere hauptsächlich für die realen Konsequenzen. Man unterscheidet demgemäß zwischen einer deontologischen und einer teleologischen Begründung des menschlichen Handelns.

deontologisch (von griech.: deon = Pflicht): Ein Prinzip wird zur moralischen Verpflichtung. Die Folgen einer Handlung sind für moralische Beurteilung unwichtig.

teleologisch (von griech.: telos = Ziel): Einziges Kriterium für das moralische Urteil ist das Handlungsziel. Die Folgen einer Handlung bestimmen ihren Wert.

- Welche der Argumente zur Drogenpolitik sind deontologisch und welche sind teleologisch?

Du oder ich!

Marco hat Aids. Er hasst seine Krankheit, weil sie sich zwischen ihn und seine Wünsche stellt. Und weil sie ihn ausgrenzt. Von den anderen, den Spontanen, Lebenslustigen trennt. Am liebsten würde er die Krankheit vergessen, aber das geht nicht. Auch jetzt – als er die Verabredung mit Inga platzen ließ – mit Inga, die er schon lange heimlich bewundert und nach der sich alle Jungen aus der Nachbarschaft umdrehen. Marco hat Aids. Er hat es weder fertiggebracht, Inga die Wahrheit über sich zu erzählen noch sie ihr zu verheimlichen. Marcos Fall wird Thema beim wöchentlichen Gruppentreff im ortsansässigen Aids-Hilfe-Verein. Kevin, Ronnie und Torsten diskutieren aufgeregt.*

Ronnie: Der Marco müsste viel egoistischer sein! Bringt doch nichts, wie der jetzt total abgestürzt rumhängt. Mir wär das nicht passiert.

Torsten: Wie meinst du das: egoistischer?

Ronnie: Na, der hätte die Gelegenheit ergreifen sollen. Romantisches Treffen im Mondschein beim Teich. Glück zu zweit. Wieso denn die Wahrheit sagen? Was ich nicht weiß ...

Ist ja gut! Starrt mich nicht so vorwurfsvoll an! Klar! Nicht ohne Kondom! Fällt ja heute auch gar nicht auf, benutzt ja sowieso jeder. Wirkt höchstens noch besonders verantwortungsbewusst.

Kevin: Quatsch! Das wäre keine Lösung. Auf Dauer hätte er Inga doch nicht verheimlichen können, was mit ihm ist. Die wäre dann nicht bloß durch seine Krankheit abgeschreckt, sondern mehr noch durch sein Verhalten. Stattdessen hätte er von Anfang an offen sein sollen. Das wäre zwar ein gewisses Risiko, aber für ihn sehr wahrscheinlich besser gewesen. Denn durch seinen Mut zur Wahrheit hätte sie gleich 'ne hohe Meinung von ihm bekommen und Vertrauen gehabt. Dein totaler Egoismus, Ronnie, ist völlig unmoralisch!

Ronnie: Aha, Kevin, der Vertreter einer neuen Moral! Ich erstarre in Ehrfurcht! Tu doch nicht so, als ob es dir nicht genauso um deine eigenen Interessen geht.

Torsten: Im Grunde vertretet ihr beide eine egoistische Moral. Kevin stellt es nur klüger an.

- Kannst du dich Torstens Meinung anschließen? Wo siehst du Gemeinsamkeiten zwischen Kevins und Ronnies Vorstellungen?
- Wieso hält Kevin seine Überlegungen nicht für egoistisch?
- Formuliere eine allgemeine Verhaltensregel, die von Ronnies und Kevins Thesen ausgeht.

Die Düsseldorfer Rockgruppe „Die Toten Hosen" beschreibt in ihrem Lied „Zehn kleine Jägermeister" bestimmte soziale Mechanismen unserer Gesellschaft.*

Zehn kleine Jägermeister

Ein kleiner Jägermeister war nicht gern allein,
drum lud er sich zum Weihnachtsfest
neun Jägermeister ein ...
Zehn kleine Jägermeister rauchten einen Joint,
den einen hat es umgehaun, da waren's nur noch neun.
Neun kleine Jägermeister wollten gerne erben,
damit es was zu erben gab, musste einer sterben.
Acht kleine Jägermeister fuhren gerne schnell,
sieben fuhren nach Düsseldorf
und einer fuhr nach Köln.

Einer für alle, alle für einen,
wenn einer fort ist, wer wird denn gleich weinen,
einmal trifft's jeden, ärger dich nicht,
so geht's im Leben, du oder ich.

Sieben kleine Jägermeister war'n beim Rendezvous,
bei einem kam, ganz unverhofft,
der Ehemann hinzu.
Sechs kleine Jägermeister
wollten Steuern sparen,
einer wurde eingelocht, fünf durften nachbezahlen.
Fünf kleine Jägermeister wurden kontrolliert,
ein Polizist nahm's zu genau, da war'n sie noch zu
viert.

Einmal muss jeder gehn
und wenn dein Herz zerbricht,
davon wird die Welt nicht untergeh'n,
Mensch, ärger dich nicht.

Vier kleine Jägermeister bei der Bundeswehr,
sie tranken um die Wette, den Besten gibt's nicht mehr.
Drei kleine Jägermeister gingen ins Lokal,
dort gab's zwei Steaks mit Bohnen
und eins mit Rinderwahn.
Zwei kleine Jägermeister baten um Asyl,
einer wurde angenommen, der andre war zu viel.
Ein kleiner Jägermeister war nicht gern allein,
drum lud er sich zum Osterfest
neun neue Meister ein.

- Um welche Mechanismen handelt es sich hierbei?
- Wie deutest du den Refrain? Kann man ihn wörtlich verstehen?
- Das Lied war sehr erfolgreich und in den Charts zeitweilig auf Platz eins. Wie erklärst du dir den Erfolg?

- Beschreibe die Situation der auf der Abbildung dargestellten Menschen.
- Lässt sich eine Verwandtschaft zum Song von den „Toten Hosen" feststellen?
- Vor 150 Jahren schrieb der politische Philosoph Alexis de Tocquevillle in seiner Schrift „Über die Demokratie in Amerika": „Jeder steht in seiner Vereinzelung dem Schicksal aller anderen fremd gegenüber; […] was die übrigen Mitbürger angeht, so steht er neben ihnen, aber er sieht sie nicht; er berührt sie und er fühlt sie nicht; er ist nur in sich und nur für sich allein vorhanden." Ist dieser Text deiner Meinung nach noch aktuell?

Den hier beschriebenen Haltungen liegt eine ethische Position zugrunde: der **ethische Egoismus**.
Der ethische Egoismus vertritt die These, man solle stets tun, was für einen selbst am besten sei. Allerdings muss daraus nicht folgen, dass ein ethischer Egoist im Alltag egoistisch oder egozentrisch handelt. Seine Ziele sind mit selbstlosem Verhalten in der Praxis durchaus vereinbar. Maßstab eines jeden Verhaltens ist für den ethischen Egoisten, ob es ihm nützen wird – entweder unmittelbar oder auf lange Sicht.

- Diskutiere die Folgen für ein Gesellschaftsmodell, in dem der ethische Egoismus anerkanntes moralisches Gebot wäre.
- Beurteile von hier aus das Bekenntnis zur Lust auf Seite 61. Welcher ethische Grundsatz wird dort vertreten?

Oder wir?

Torsten liest viel und nimmt jede Gelegenheit wahr, um seine Leseerfahrungen in den Alltag einzubringen. Kürzlich hat er etwas von einem Philosophen aus dem 18. Jahrhundert gelesen.

Nicht egoistische Selbstverwirklichung führt zu moralischem Handeln. Ich habe kürzlich von einem Philosophen aus dem 18. Jahrhundert gelesen: von Jeremy Bentham, dessen ausgepolstertes und bekleidetes Skelett in der Londoner Universität aufbewahrt wird. Er sagt, gut und nützlich sei nur eine Handlung, die das Glück der Gemeinschaft fördert. Moralisch falsch sei ein Verhalten, das der Gemeinschaft Schaden und Leid bringt.

Bentham verlangt also von mir bei jeder Handlung die Folgen für die Gemeinschaft mit zu berücksichtigen.

Man bezeichnet Benthams moralische Theorie als **Utilitarismus*** (von lat.: utilis = nützlich) oder als **ethischen Universalismus** (von lat.: universus = ganz, allgemein).

Das Prinzip des Utilitarismus gelangte seit Bentham zu immer größerer Bedeutung in der philosophischen Ethik, aber auch in der gesellschaftlichen* Praxis. Die Vertreter des Utilitarismus messen den Wert von Handlungen immer an ihren **Folgen für die Gesellschaft**. Sind diese positiv, dann sind auch die vorausliegenden Handlungen nützlich und gut. Dieser ethische Begründungsansatz führte insbesondere in diesem Jahrhundert zu der Ausbildung der Verantwortungsethik, die untersucht, ob die wirklichen, aber auch die möglichen Folgen von Handlungen zu rechtfertigen sind. Dahinter steht die Auffassung, dass der Mensch nicht nur für sich selbst, sondern auch immer für die Gemeinschaft mitverantwortlich ist. Deshalb soll jeder Mensch nicht nur seine persönlichen Interessen in seinen Handlungen verwirklichen, sondern auch diejenigen der Gemeinschaft mit berücksichtigen. Dies verlangt ein engagiertes Interesse am Mitmenschen, das Wohlwollen.

Allerdings ist der Maßstab der Nützlichkeit nicht immer eindeutig.

Ein mittelständischer Betrieb in einer Kleinstadt in den neuen Bundesländern produziert nach veralteten Methoden elektrische Kleingeräte – vor allem Schallplattenspieler. Damit wurde ein großer Teil der Arbeitsplätze in der Umgebung gesichert. Da die Produktion aber nicht konkurrenzfähig ist, soll der Betrieb aufgelöst werden. Ein finanzkräftiger Bürger unterstützt den Betrieb aus reiner Anhänglichkeit, sodass die Produktion gerade aufrechterhalten werden kann – im Endeffekt jedoch keinen Gewinn erbringt.

▶ Diskutiert, ob man das Verhalten des Mannes aus utilitaristischen Gründen als moralisch gut bezeichnen kann.

Die Vertreter des Utilitarismus würden hier geteilter Meinung sein, je nachdem ob sie eher die Folgen dieser einmaligen Handlung für die Gemeinschaft beurteilen oder ob sie fragen, welche Folgen es hat, wenn jeder in ähnlichen Situationen so handelte. Die Vertreter der ersten Gruppe bezeichnen sich als Handlungsutilitaristen, die der letzteren als Regelutilitaristen.

Utilitarismus:
ethische Position, die den Wert von Handlungen immer an deren Folgen für eine Gemeinschaft misst

Handlungsutilitarismus:
ethische Position, die die Handlung nach ihren einmaligen Folgen beurteilt

Regelutilitarismus:
ethische Position, die die Handlung danach beurteilt, welche Folgen sie hervorbringt, wenn sie verallgemeinert wird

Erklärung zur Organspende

Name, Vorname — Geburtsdatum

Straße — PLZ, Wohnort

☐ **Ich bin Organspender:** Ich möchte kranken Menschen dadurch helfen, daß mir nach meinem Tod Organe/Gewebe zur Transplantation entnommen werden.

☐ **Ich bin Organspender,** ausgenommen folgende Organe / Gewebe:

☐ **Ich bin kein Organspender:** Ich widerspreche einer Entnahme von Organen/Gewebe.

Im Falle meines Todes bitte umgehend Nachricht geben an die Organisationszentrale Telefon (Tag und Nacht): (0 61 02) 3 99 99

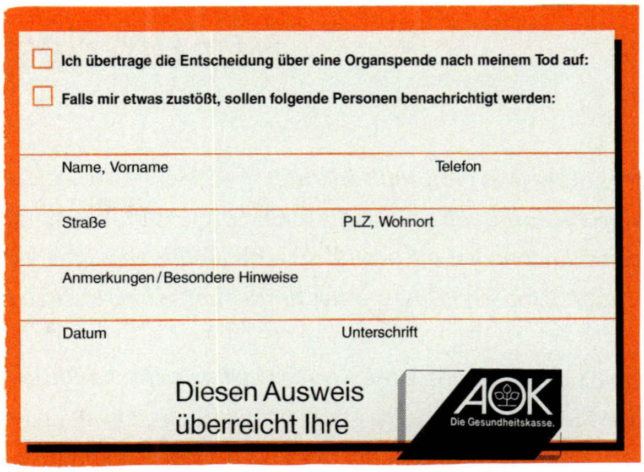

☐ **Ich übertrage die Entscheidung über eine Organspende nach meinem Tod auf:**

☐ **Falls mir etwas zustößt, sollen folgende Personen benachrichtigt werden:**

Name, Vorname — Telefon

Straße — PLZ, Wohnort

Anmerkungen / Besondere Hinweise

Datum — Unterschrift

Diesen Ausweis überreicht Ihre AOK Die Gesundheitskasse.

Die utilitaristische Ethik führt aber auch zu Problemen, die im folgenden Beispiel deutlich werden.

Auf der Intensivstation warten zwei Patienten auf die lebensrettende Nierentransplantation: Der hochtalentierte Wissenschaftler Felix und der gleichaltrige Maschinenbauschlosser Hugo. Felix forscht seit Jahren an einem Impfstoff gegen Aids* und hat schon beachtliche Teilerfolge erzielt. Beide befinden sich in einem vergleichbar kritischen Zustand und ihre Überlebenschancen sind ohne baldige Organspende schlecht. Plötzlich überschlagen sich die Ereignisse. Infolge eines Verkehrsunfalls wird ein 20-jähriger Motorradfahrer schwer verletzt eingeliefert und stirbt noch auf der Intensivstation. Da er einen Organspenderausweis bei sich trägt, kommt er für eine Transplantation in Frage. Die verantwortlichen Ärzte und Ärztinnen haben jetzt das Schicksal von Felix und Hugo in ihren Händen. Für die Entscheidung bleibt nicht viel Zeit …

▶ Spielt die Entscheidungsfindung des Ärzteteams in einer Diskussion nach.
▶ Diskutiert die Entscheidung in der gesamten Klasse. Welche Probleme werden deutlich?
▶ Inwieweit kann das Prinzip des allgemeinen Nutzens zu ethischen Problemen führen?
Informiere dich in diesem Zusammenhang über die deutschen Ausländergesetze und Abschiebeverfahren oder über die Maßnahmen der Atommüllendlagerung.

Teleologische Moralphilosophen, Egoisten und Utilitaristen, stimmen darin überein, den moralischen Wert von Handlungen an deren Folgen abzulesen. Unterschiedliche Ansichten haben sie aber darüber, wem die Folgen der Handlung dienen sollen. Während der ethische Egoist fordert, man solle das tun, was für einen selbst von Vorteil ist, geht es für den Utilitaristen um das allgemeine Wohl. Kleinen Kindern wird oft – wenn sie etwas „Böses" tun, z. B. andere Kinder schlagen oder ihnen Spielzeug wegnehmen – entgegengehalten: Du möchtest doch auch nicht, dass dir dasselbe angetan wird. Diese pädagogische Maßnahme ist verallgemeinert in der weit verbreiteten moralischen Regel: Was du nicht willst, dass man dir tu, das füg auch keinem andern zu – die so genannte goldene Regel.

▶ Ist die goldene Regel eher der egoistischen oder der utilitaristischen Ethik zuzurechnen?
▶ Im Folgenden findest du als Hilfe einige Stellungnahmen zur goldenen Regel. Kläre, welche der beiden ethischen Positionen sie jeweils unterstützen und ob sie zutreffen.
„Die goldene Regel verlangt von mir den weitsichtigen Blick auf die Folgen meiner Handlung für andere."
„Die goldene Regel nimmt den anderen nur in den Blick, um negative Folgen für mich zu verhindern."
„Die goldene Regel zwingt mich, mich engagiert in den Mitmenschen hineinzuversetzen."
„Der goldenen Regel geht es um einen Ausgleich von persönlichen und allgemeinen Interessen."

Nur um des Guten willen

Der griechische Philosoph Sokrates (469–399 v. Chr.) war berühmt für seine öffentlichen philosophischen Gespräche auf dem Marktplatz, durch die er eine große Anhängerschaft beeinflusste. Er wurde angeklagt, dass er nicht an die Staatsgötter glauben und die Jugend deshalb verführen würde. Das Athener Gericht verurteilte ihn zum Tod und ließ ihn durch Gift mit dem Schierlingsbecher hinrichten. Näheres dazu findest du in Kap. 3, S. 46 f.*

Einer seiner bekanntesten Schüler, der griechische Philosoph Platon (427–347 v. Chr.), beschreibt in seinem Dialog „Kriton", weshalb Sokrates sich dem ungerechten Urteil unterwirft, anstatt sich durch Flucht der Strafe zu entziehen. Kriton – einer der Freunde des Sokrates – meldete ihm im Kerker seine unmittelbar bevorstehende Hinrichtung und forderte ihn dringend auf zu fliehen. Alle Mittel standen bereit, die Zeit drängte. Kriton brachte vier zwingende Gründe für die Flucht vor.*

Sokrates

Kriton: „Sokrates, folge mir und rette dich. Denn für mich ist es nicht ein Unglück nur, wenn du stirbst. Sondern außer dem, dass ich eines solchen Freundes beraubt werde, werden auch viele glauben, dass ich es versäumt hätte, dich zu retten, obwohl ich dazu imstande gewesen wäre. Ferner, Sokrates, dünkt es mich auch, nicht recht zu sein, dass du dich selbst preisgibst, obwohl du dich retten kannst, da du so nichts anderes als deine Feinde betreibst und ihnen damit Recht gibst. Überdies scheinst du mir deinen eigenen Söhnen untreu zu sein, die du ja aufziehen und ausbilden solltest. Und zu allem Überfluss wird es wie Feigheit und Unmännlichkeit wirken, dass weder wir noch du dich selbst gerettet haben, da es gar wohl möglich gewesen wäre. Dies alles, o Sokrates, bedenke und achte, dass es nicht außer zum Unglück auch zur Schande gereiche, dir wie uns.

Sokrates: Betrachte, ob für uns noch gilt oder nicht, dass man nämlich nicht das Leben am höchsten achten muss, sondern das gute Leben. Und dass das Gute mit dem gerechten und sittlichen Leben eins ist. Auf dieser Grundlage müssen wir erwägen, ob es gerecht ist, dass ich versuche von hier gegen den Willen der Athener fortzugehen. Und wenn es sich als gerecht zeigt, wollen wir es versuchen, wenn nicht, unterlassen. Sagten wir nicht, auf „keine Weise soll man Unrecht tun"?

Kriton: „Nein, freilich."

Sokrates: „Also auch nicht der, dem Unrecht geschehen ist, darf wieder Unrecht tun?"

Kriton: „Es scheint so."

Sokrates: „Darf man misshandeln?"

Kriton: „Wohl nicht, Sokrates."

Sokrates: „Aber wieder misshandeln, nachdem man schlecht behandelt worden, ist das gerecht?"

Kriton: „Auf keine Weise."

Sokrates: „Ich frage, ob jemand, wenn er ein Versprechen gegeben hat, es auch halten müsse."

Kriton: „Halten muss er es."

▶ Untersuche die ethische Argumentation Kritons, als er Sokrates zur Flucht auffordert. Welcher Argumentation, die in diesem Kapitel dargestellt wurde, lässt sie sich zuordnen? Wie unterscheidet sie sich von der Argumentation des Sokrates?

Im Folgenden beantwortet Sokrates die Ausgangsfrage, indem er die Perspektive der Gesetze einnimmt. In einem fiktiven Gespräch zeigen die Gesetze Sokrates auf, dass seine Flucht sich staatszerrüttend auswirke, da Gesetze geschwächt werden, wenn sie von Einzelnen umgestoßen werden können. Außerdem erinnern sie Sokrates daran, dass gerade er, obwohl er die Freiheit gehabt habe, sich den Gesetzen der Stadt zu entziehen und sie zu verlassen, sich ausdrücklich dazu bekannt habe. Zusammenfassend sagt Sokrates:

Wenn ich jetzt in den Tod gehe, so gehe ich hin als einer, der Unrecht erlitten hat, zwar nicht von den Gesetzen, sondern von den Menschen. Entfliehe ich aber so schmählich, Unrecht und Böses mit Gleichem vergeltend, meine eigenen Versprechen und Verträge verletzend und allen denen Übles zufügend, denen ich es am wenigsten sollte, mir selbst nämlich, meinen Freunden, dem Vaterland und den Gesetzen: so werden nicht nur diese mir zürnen, solange ich lebe, sondern auch die Gesetze der Unterwelt. – Wohlan denn, Kriton, so lass uns auf diese Art handeln, da uns hierin der Gott leitet.

- Welches ist das zentrale Argument gegen die Flucht?
- Wie ist es gemeint, dass Sokrates mit seiner Flucht nicht nur dem Vaterland, sondern auch den Freunden und sogar sich selbst Übles tut?

Sokrates gilt als einer der ersten **Deontologen.** Die deontologischen Moralphilosophen argumentieren ganz anders als die Teleologen. Sie beurteilen menschliches Handeln ausschließlich nach der ihm innewohnenden Gesinnung, den Absichten oder Motiven, also nach dem Handlungs**prinzip**. Teleologische Begründungen sittlicher Gebote sind für Deontologen nicht gültig. Stattdessen gelten Handlungen als moralisch gut, wenn ihre Maximen (Grundsätze) in sich gut sind. Deshalb sind moralische Normen (z. B. das Tötungsverbot) ungeachtet ihrer Folgen in sich selbst gültig und verpflichtend.

Sokrates begründet seine Ethik mit einer zentralen moralischen Regel (Man darf nicht Unrecht tun) und mit seinem Gewissen, das ihn auf diese Regel verpflichtet. Diese ethische Tradition setzt der Philosoph Immanuel Kant* (1724–1804) fort.

Einzige Voraussetzung für das moralisch gute Handeln ist für Kant der gute Wille. Dieser macht sich das Gute zur Pflicht. Der moralisch gut handelnde Mensch handelt nicht aus Neigung, weder aus egoistischer noch aus menschenfreundlicher Neigung, sondern nur aus der Einsicht in die Notwendigkeit des Guten.

Immanuel Kant

DEONTOLOGISCHE ETHIK

Zum Guten verpflichtet

Woran erkenne ich das? An den Folgen?

?

Und wenn nicht? Woran dann?

Kann ich wirklich wollen …?

Kant geht über Sokrates* hinaus, indem er moralisches Handeln nicht durch persönliche Gefühle, durch Traditionen oder durch das Gewissen begründet. Er bestimmt das Gute weder inhaltlich als einen bestimmten Wert oder Handlungsgegenstand, noch ist das Gute abhängig von den Folgen der Handlung. Es äußert sich hingegen eher formal als handlungsleitende Maxime[1]. Kant formuliert eine verbindliche Handlungsregel, den berühmten kategorischen Imperativ, von der alle konkreten Pflichten abgeleitet werden können.*

Handle nur nach derjenigen Maxime, durch die du zugleich wollen kannst, dass sie ein allgemeines Gesetz werde.

Jeder Mensch muss sich in jeder Situation an dieser Regel orientieren. Wer sich von ihr eine konkrete Handlungsanleitung erhofft, wird jedoch enttäuscht. Stattdessen fordert der kategorische Imperativ den Menschen heraus. Er verlangt von jedem Einzelnen stets eine selbstständige und kritische Überprüfung des eigenen Verhaltens.

An Beispielen erläutert Kant den kategorischen Imperativ:
Jemand ist gezwungen sich Geld zu leihen. Obwohl er weiß, dass er seine Vereinbarung nicht halten kann, verspricht er das Geld in einer bestimmten Frist zurückzuzahlen – aus der berechtigten Angst, sonst nichts geliehen zu bekommen. Würde seine Handlungsmaxime zum allgemeinen Gesetz, ergäbe sich deren Unsinnigkeit. Denn die Allgemeinheit eines Gesetzes, dass jeder, nachdem er in Not zu sein glaubt, versprechen könne, was ihm einfällt, mit dem Vorsatz, es nicht zu halten, würde das Versprechen und dessen Zweck selbst unmöglich machen, da niemand ihm mehr Glauben schenken würde.
Jemand, der in guten Verhältnissen lebt, bleibt von der Not anderer unbeeindruckt, obwohl er ihnen helfen könnte. Er denkt: Was geht's mich an? Mag doch ein jeder so glücklich sein, wie der Himmel will … Es ist aber unmöglich zu wollen, dass diese Maxime[1] allgemeines Gesetz würde, denn ein solcher Wille würde sich selbst widerstreiten, da es möglich ist, dass er selbst in anderen Situationen der Liebe und Teilnahme anderer bedarf. Durch ein solches Gesetz würde er sich demgegenüber aber aller Hoffnungen berauben.

Immanuel Kant

1 Maxime: persönlicher Handlungsgrundsatz

▶ Welche Handlungsmotive liegen in den Beispielen vor?

▶ Mit welchen Argumenten werden die Verhaltensweisen jeweils moralisch beurteilt? Gibt es ein zugrunde liegendes Prinzip?

▶ Worüber muss sich nach Kant eine Person klar werden, wenn sie ihr eigenes oder das Verhalten eines anderen moralisch beurteilen will?

▶ Vergleiche die Zehn Gebote der Bibel* (2. Mose, Kap. 20) mit Kants kategorischem Imperativ. Welche Besonderheit besitzt der kategorische Imperativ im Vergleich?

Du sollst nicht …!

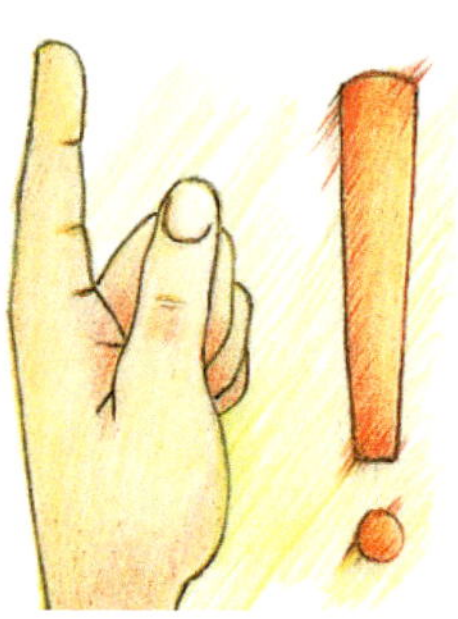

Kann ich wirklich wollen …?

▶ Inwiefern stellt der kategorische Imperativ im konkreten Fall eine Orientierungshilfe dar?

▶ Welche Fragen müssten sich für Kevin, Ronnie (S. 66) oder Fee (S. 57) stellen, wenn sie Kants Grundsätze übernehmen würden? Formuliere ein Selbstgespräch, das beginnt mit: Kann ich wirklich wollen, dass …

Mit der Forderung des kategorischen Imperativs stellt Kant nur die Vernunft als Prüfstein für moralisches Handeln auf. Ob eine Handlung moralisch gut oder schlecht sei, lässt sich mithilfe des kategorischen Imperativs ganz rational begründen, indem ich mich frage, ob ich diese Handlung auch dann gut finde, wenn sie von jedem Menschen in jeder Situation begangen werden kann. Damit verlieren Moralforderungen und -urteile ihren teilweise willkürlichen und zufälligen Charakter. In einer anderen berühmt gewordenen Formulierung Kants lautet der kategorische Imperativ so:

Handle so, dass du die Menschheit, sowohl in deiner Person als in der Person eines jeden anderen, jederzeit zugleich als Zweck, niemals bloß als Mittel brauchst.

Hier spricht Kant das Prinzip der Menschenwürde aus, das in der Folge bis heute weltweit immer größere Anerkennung und Bedeutung gefunden hat. Auf Kants Gedanken berufen bzw. beziehen sich die Verfassungen der meisten freiheitlich-demokratischen Staaten wie auch die allgemeine Erklärung der Menschenrechte* der UNO*.

▶ Geht die zweite Fassung des kategorischen Imperativs über die erste hinaus?

▶ Erläutere die folgende Aussage des Philosophen Karl Popper.

„Die Verteidigungsrede und der Tod des Sokrates haben die Idee des freien Menschen zu einer lebendigen Wirklichkeit gemacht. Sokrates war frei, weil sein Geist nicht unterjocht werden konnte; er war frei, weil er wusste, dass man ihm nichts anhaben konnte. Dieser sokratischen Idee des freien Menschen, die ein Erbgut unseres Abendlandes ist, hat Kant auf dem Gebiete des Wissens wie auf dem der Ethik eine neue Bedeutung gegeben. Und weiter hat er ihr die Idee einer Gesellschaft* freier Menschen hinzugefügt – einer Gesellschaft ALLER Menschen."

▶ Was verstehst du unter Freiheit?
▶ Welche Bedeutung hat Freiheit für Sokrates und Kant?
▶ Vergleiche Kants Moralgesetz und die Prinzipien des Sokrates (S. 70).
Welche Gemeinsamkeiten und welche Unterschiede gibt es?
▶ Vor dir geht die Tochter oder der Sohn eines prominenten Multimillionärs. Sie bzw. er verliert das Portmonee. Wie verhältst du dich spontan?
▶ Wie verhältst du dich als Kantianer, als Handlungsutilitarist, als Regelutilitarist oder als Egoist? Suche dir eine Position aus und schreibe einen inneren Monolog.

Sven hat Probleme mit dem kategorischen Imperativ

Svens Vater ist in der vergangenen Woche operiert worden und von dem komplizierten Eingriff noch sehr geschwächt. Die Operationsergebnisse sind schlecht: Svens Vater leidet an einem bösartigen Krebstumor, der nicht zu operieren ist. Die Prognosen sind nicht sehr günstig, auch wenn eine Einkapselung oder sogar Rückentwicklung des Tumors durch eine gezielte Therapie von den Ärzten nicht ausgeschlossen wird. Um die für die folgende anstrengende Chemotherapie notwendige nachoperative Erholungs- und Aufbauphase nicht zu gefährden, haben sich Svens Mutter, Sven und die Ärzte entschieden dem Vater die deprimierende Diagnose zu verschweigen, obwohl Svens Vater immer den Standpunkt vertreten hat, er wolle in jedem Fall über sich und seinen Zustand die Wahrheit erfahren. Das fordere seine Würde als Mensch. Sven bereut ihre Entscheidung trotzdem nicht. Er findet: Es muss auch Ausnahmen geben.

- Nimm Stellung zu dieser Entscheidung. Versetze dich auch in die Situation des Vaters.
- Formuliere, was du unter Lüge verstehst. Diskutiere, welchen Stellenwert die Lüge oder das Lügen in deinem Lebensumfeld hat und welche Meinung du zum Lügen hast.

Immanuel Kant bezieht gegenüber dem Lügen eine eindeutige Position.*

Um indessen mich in Ansehung der Beantwortung, ob ein lügenhaftes Versprechen pflichtmäßig sei, zu belehren, frage ich mich selbst: Würde ich wohl damit zufrieden sein, dass meine Maxime[1] (mich durch ein unwahres Versprechen aus der Verlegenheit zu ziehen) als ein allgemeines Gesetz (sowohl für mich als auch für andere) gelten solle und würde ich wohl zu mir sagen können: Es mag jedermann ein unwahres Versprechen tun, wenn er sich in Verlegenheit befindet, daraus er sich auf andere Art nicht ziehen kann? So werde ich bald inne, dass ich zwar die Lüge, aber ein allgemeines Gesetz zu lügen gar nicht wollen könne; denn nach einem solchen würde es eigentlich gar kein Versprechen geben, weil es vergeblich wäre, meinen Willen in Ansehung meiner künftigen Handlungen andern vorzugeben, die diesem Vorgeben doch nicht glauben oder, wenn sie es übereilterweise täten, mich doch mit gleicher Münze bezahlen würden, mithin meine Maxime, sobald sie zum allgemeinen Gesetz gemacht würde, sich selbst zerstören müsse.

1 Maxime: persönlicher Handlungsgrundsatz

- Ist für Kant die Lüge berechtigt?
- Vollziehe die Argumentation Kants nach und erkläre die Bedeutung des kategorischen Imperativs für diese Fragestellung.
- Spielt ein Streitgespräch zwischen Kant und Sven nach. Helft Sven ein überzeugendes Argument gegen Kant zu finden.

Ähnlich wie Sven argumentiert der Theologe Dietrich Bonhoeffer.*

Ein Kind wird von seinem Lehrer vor der Klasse gefragt, ob es wahr sein, dass sein Vater oft betrunken nach Hause komme. Es ist wahr, aber das Kind verneint es. Es empfindet, dass hier ein unberechtigter Einbruch in die Ordnung der Familie erfolgt, den es abwehren muss. Was in der Familie vorgeht, gehört nicht vor die Ohren der Schulklasse. Der Lehrer hat die Wirklichkeit dieser Ordnung missachtet. Das Kind müsste nun in seiner Antwort einen Weg finden, auf dem die Ordnung der Familie und der Schule in gleicher Weise gewahrt bliebe. Es kann das noch nicht, es fehlt ihm an Erfahrung, die Erkenntnis und die Fähigkeit des rechten Ausdrucks. Indem es die Frage des Lehrers einfach verneint, wird die Antwort zwar unwahr, aber sie gibt doch zugleich der Wahrheit Ausdruck, dass die Familie eine Ordnung ist, in die der Lehrer nicht berechtigt war, einzudringen. Man kann nun zwar die Anwort des Kindes eine Lüge nennen; trotzdem enthält diese Lüge mehr Wahrheit, d. h., sie ist der Wirklichkeit gemäßer, als wenn das Kind die Schwäche seines Vaters vor der Schulklasse preisgegeben hätte. Dem Maße seiner Erkenntnis nach hat das Kind richtig gehandelt. Die Schuld an der Lüge fällt allein auf den Lehrer zurück. Es ist daher fraglich, ob es sinnvoll ist, den Begriff der Lüge, die als etwas schlechthin Verwerfliches verstanden wird und werden soll, so zu verallgemeinern und auszudehnen, dass er mit dem Begriff der formalen wahrheitswidrigen Aussage zusammenfällt.

- Wieso ist es nach Bonhoeffer im Einzelfall problematisch, den Begriff der Lüge anzuwenden?
- Welche Gesichtspunkte müssen für Bonhoeffer in die sittliche Beurteilung einfließen?
- Welche Motive führen im Beispiel Svens, des Doktor Jakob und des Kindes zur Lüge?

Berlin. Montag, 23. Februar 1942 Seit heute Morgen um sechs Uhr fahren Lastautos durch Berlin. Eskortiert von bewaffneten SS-Männern. Halten vor Fabriktoren, halten vor Privathäusern. Laden Menschenfracht ein. Männer, Kinder, Frauen. Unter den grauen Planverdecken drängen sich verstörte Gesichter. Elendsgestalten, wie Schlachtvieh zusammengepfercht und durcheinandergewürfelt. Immer neue kommen hinzu, werden mit Kolbenhieben in die überfüllten Wagen gestoßen. In sechs Wochen soll Deutschland „judenrein“ sein, […]
Vor uns sitzt Doktor Jakob. Unser Zahnarzt aus besseren Tagen. Jetzt ist er Sternträger und seit drei Monaten bemüht seine „jüdischen Großeltern zu taufen“. „Arisierungsverfahren“ nennt man den Vorgang, wenn ein Jude nachzuweisen versucht, dass seine Eltern eigentlich gar nicht seine Eltern sind. Dass zumindest sein Vater …
Nie zuvor hat es so viele eheliche Fehltritte gegeben. Und so viele Töchter und Söhne, die bereit sind einen Seitensprung ihrer Mutter eidesstattlich zu bezeugen.

- Ist deiner Meinung nach das Verhalten des Doktor Jakob und seiner Leidensgefährten unmoralisch? Begründe deine Meinung.
- Versetze dich an die Stelle eines überzeugten Deontologen, der in eine ähnliche Situation gerät. In welchen moralischen Konflikt kann er geraten? Schreibe ein inneres Zwiegespräch.
- Fallen dir andere Beispiele von „berechtigten“ Lügen ein?
- Versuche von hier aus einen allgemeinen Einwand gegen Kants Lügenverbot zu formulieren.
- Wo liegen deiner Meinung nach die Vorteile der deontologischen Ethik, wo ihre Schwächen?

Was wäre, wenn alle Menschen immer die Wahrheit sagen würden?
a. nur auf Nachfrage
b. ohne Nachfrage

5. Die Welt der schönen Bilder

Menschen – Bilder?

Die Bilder der Werbung und des Fernsehens (z. B. der Vorabendserien) vermitteln Vorstellungen über Lebensgefühl, Aussehen und Verhalten. Sie zeigen, wie Männer und Frauen idealerweise auszusehen haben, wie sie sich zu verhalten haben und wie man sich fühlen soll, wenn man das Produkt aus der Werbung kauft. Sie zeigen das, was „wertvoll“ ist, in den schönsten Farben. Diese Bilder konfrontieren die Menschen häufig mit ihren eigenen Wünschen, Gefühlen und Sehnsüchten über Aussehen, Verhalten, Charakter und Lebensstil. Manchmal werden Bedürfnisse nach bestimmten Konsumartikeln aber auch erst durch diese Bilder geweckt.

▶ Haben diese oder entsprechende Bilder eine Auswirkung auf die Vorstellungen Jugendlicher vom Leben und vom Aussehen? Schreib deine Antwort anonym auf ein Blatt und begründe sie. Sammelt die Antworten ein, lest die Meinungen anschließend einzeln vor und diskutiert darüber.

▶ Das Aussehen der abgebildeten Menschen steht häufig im Vordergrund. Aussehen, Mode und Markenartikel sind jedoch nur eine Seite. Welche anderen Eigenschaften machen Menschen ebenfalls wertvoll und liebenswert?

Stars und Idole …

Ein Star ist eine glanzvolle, sehr fähige und bewunderte Gestalt im öffentlichen Leben. Auch die meisten anderen Menschen haben Wünsche und Sehnsüchte nach Erfolg, Anerkennung, Gemeinschaft und nach einem guten Aussehen. Gerade Stars aus Filmen oder Serien, aus dem Sport oder aus der Musik vermitteln in den Medien Vorstellungen und (Welt-)Bilder über das Leben, über Werte und über das Aussehen. „Idol“ heißt ursprünglich „Bild“.

▶ Welche Medienstars oder Musikidole verehrst du? Was bedeutet dieser Star für dein Leben? Ist es problematisch, wenn Menschen sich voll und ganz einem Star aus dem Fernsehen oder aus der Musik hingeben?

Als Jugendlicher und als junger Mensch hat man Vorbilder. Insgesamt scheut man sich heute nach Vorbildern zu fragen oder zuzugeben, dass man Vorbilder hat. Ich möchte trotzdem diese „veraltete“ Frage hier aufwerfen. Wir alle idealisieren ja nach wie vor andere Menschen. […] Vorbild heute: Vor mein eigenes Bild stelle ich diese Personen, um ein Stück von diesen Personen für mich zu gewinnen. Deshalb werden Vorbilder auch zu Leitbildern.

Was für mich ganz wichtig ist, dass ich nicht mit dem großen Haufen mitlaufe; das wollte ich nie. […] Ich möchte nie in so einen Trott reinkommen: Erst heiraten, dann Kinder und dann geht's so dahin und dann wirst halt alt und das war es dann!

Ein Vorbild ist für mich nicht irgendjemand Bestimmtes, sondern „Vorbilder“ sind für mich immer starke Menschen. […] Aber auch im Fernsehen gibt es so was wie Vorbilder. Neulich sah ich den Film „Grüne Tomaten“ und der hat mir gut gefallen. Ich habe immer Filme gern, die weggehen vom Alltäglichen. Dieser Film hat ein bestimmtes Flair. Ich fand die blonde jüngere Frau so nett und flippig; mich hat die schon fasziniert, wie sie da mit ihren Turnschuhen saß, zusammen mit der älteren Frau. Die hat mir gut gefallen und ich habe mir irgendwie gedacht, das könnte auch ich sein, so die Flippige!

▶ Gibt es einen Zusammenhang zwischen diesen Aussagen und den Bildern auf der gegenüberliegenden Seite?

… für Jungen und Mädchen unterschiedlich?

▶ Teilt eure Klasse in zwei Gruppen. In der einen können alle Jungen, in der anderen alle Mädchen sein. Stellt in beiden Gruppen aus unterschiedlichen Werbeanzeigen, in denen Frauen und Männer vorkommen, eine Collage her. Thema: Mann sein! Frau sein! Arbeitet dabei mit Verfremdungen (z. B. mit Sprechblasen). Bringt darin zum Ausdruck, was euch wichtig ist.

▶ Stellt euch gegenseitig die beiden Wandbilder vor und beschreibt die Erfahrungen, die ihr während des Collagierens gemacht habt.

▶ a. Beschreibt anhand der Wandbilder die Werte, Charaktereigenschaften und Tugenden, die mehr bei den Männern gezeigt werden, und diejenigen, die mehr bei den Frauen vorkommen.

b. Stimmt das mit deinen/euren Vorstellungen von Mann-Sein und Frau-Sein überein?

c. Was findest du an den dargestellten Frauen bzw. Männern gut und was lehnst du ab?

Programmdirektor Einschaltquote?

Reality-TV kommt ursprünglich aus den USA. Obwohl z. B. „Aktenzeichen XY ungelöst" auch dazuzurechnen wäre, hat sich gerade dieses neue Genre[1] *mit der Einrichtung von privaten Sendern durchgesetzt. Gezeigt werden entweder Filme, die von Amateurfilmern gedreht wurden und dem Sender zur Verfügung gestellt werden, oder vom Sender nachgedrehte Katastrophen, Unfälle oder Straftaten.*

1 Formen von Sendungen

„'s lohnt nicht – nur innere Verletzungen …"

Art 5 Abs 1 GG
„Jeder hat das Recht, seine Meinung in Wort, Schrift und Bild frei zu äußern und zu verbreiten und sich aus allgemein zugänglichen Quellen ungehindert zu unterrichten. Die Pressefreiheit und die Freiheit der Berichterstattung durch Rundfunk und Film werden gewährleistet. Eine Zensur findet nicht statt."

Art 5 Abs 2
„Die Rechte finden ihre Schranken in den Vorschriften der allgemeinen Gesetze, der gesetzlichen Bestimmungen zum Schutze der Jugend und dem Recht der persönlichen Ehre."

Alfred Biolek und Ulrich Wickert

Biolek: Wir sind ja [als Moderatoren im Fernsehen] ein Teil eines Mediums, das nicht gerade Werte fördernd ist.

Wickert: Richtig. Ich glaube, dass gerade das elektronische Medium – aber auch eine ganze Reihe von gedruckten Medien – Geld macht, indem es die [sittlichen Schwächen des Menschen] transportiert.

Biolek: Ja. Und [diese Medien halten nicht sehr viel von der] Menschenwürde.

Wickert: Gerade weil sie die Menschenwürde mit Füßen treten – [das] ist gar keine Frage. Das Erstaunlichste ist, dass diese Institutionen – diese Fernsehsender, diese Zeitungen – Leuten gehören, die immer ganz unglaublich über Moral reden.

Biolek: [… Können wir uns der Mitwirkung an dieser Entwicklung denn ganz entziehen?]

Wickert: […] Ich sehe natürlich da das große Problem, wo [der Neid, die Darstellung der Schmerzen] und die Veröffentlichung von ganz privaten Dingen als Element für Sendungen benutzt werden, die eigentlich nur eins tun: Geld in die Kassen derjenigen zu schaufeln, die die Sendungen machen …

Biolek: Über den Voyeurismus* …

Wickert: In Amerika gibt es inzwischen eine Sendung, […] da werden zwei Gruppen in einen Käfig gesperrt, der etwa so groß ist wie ein Basketballfeld. Und die müssen sich dann gegenseitig kaputtschlagen. Und der Arzt entscheidet dann, welche der beiden Parteien gewonnen hat. […] Der Chef dieses Unternehmens […] sagt: „Gott sei Dank ist noch keiner gestorben. Wär zwar gut für die Quote […] – aber das will ich dann doch nicht." Das ist makaber.

Nach einem Gespräch zwischen Alfred Biolek und Ulrich Wickert in der Sendung „Und die Moral von der Geschicht' …" in der ARD am 17. 10. 1995.

▶ In welchem Zusammenhang stehen die Artikel des Grundgesetzes* über die Meinungsfreiheit und der in dem Gespräch beschriebene Inhalt der Fernsehprogramme?

▶ Was heißt in diesem Zusammenhang „persönliche Ehre"? Welchen Schutz brauchen deiner Meinung nach Jugendliche? (vgl. Art 5 Abs 2 GG)

Reality-TV im alten Rom?

Die Lust, sich Gewalt anzusehen, ist nicht neu. Ein Blick in die Geschichte zeigt, dass z. B. bei öffentlichen Spektakeln, Strafritualen und Hinrichtungen das schaulustige Volk anwesend war. Im alten Rom verlangte das Volk nach „Brot und Spielen". So wurden in den Arenen reale Gewaltdarstellungen gezeigt. Als „Spiele" wurden dem Volk Gladiatoren vorgeführt, die sich zu Tode schlugen, oder es wurden Christen bei lebendigem Leib von Löwen zerfleischt. Auch im Mittelalter wurden Verbrecher, aber auch Unschuldige (z. B. bei Hexenverbrennungen) auf Marktplätzen öffentlich gefoltert und hingerichtet. Das Volk sah diesen Schreckensvorstellungen mit lustvollem Entsetzen zu.

Vierteilung des Poitrot de Mercy am 18. Februar 1563 in Paris

▶ Bedienen die Fernsehsender z. B. durch Reality-TV-Sendungen einen schon immer bestehenden Wunsch des Publikums nach Motiven für die Schaulust von Menschen an Gewalt und Schrecken?

▶ Sucht im Fernsehprogramm nach einer Reality-Sendung (z. B. Notruf, RTL) oder nach einer Home-Video-Show (z. B. Bitte lächeln, RTL 2) und diskutiert die Sendung unter folgenden Fragen:

a. Warum sehen Menschen sich diese Reality-Sendungen an? Was könnte sie faszinieren? Denk bei dieser Frage auch an deine eigenen Gefühle, die du beim Ansehen des Films hattest.

b. Können Bilder die Würde eines Menschen antasten? Wenn ja, welche? Wenn nein, warum nicht?

c. Gibt es in dieser Sendung Abbildungen oder Beiträge, die es deiner Meinung nach rechtfertigen, von der Ausstrahlung abzuraten und sie zu verbieten?

Werbung ohne Grenzen?

1994 kam dieses großformatige Werbeplakat in die öffentliche Diskussion. Das Bild der weltweiten Benetton-Kampagne zeigt eine blutverschmierte Soldatenuniform. Details wie Einschusslöcher sind am T-Shirt zu erkennen. Über der Uniform steht als Erklärung ein Schriftzug in serbokroatischer Sprache. Der Vater des erschossenen dreißigjährigen Soldaten erklärt: „Ich […] wünsche, dass der Name meines Sohnes und alles, was von ihm geblieben ist, im Namen des Friedens und gegen den Krieg verwendet wird.“ Außerdem ist das Markenzeichen des italienische Bekleidungskonzerns „United Colors of Benetton“ abgebildet. Der erschossene Kroate hieß Marinko, war Student der Landwirtschaft und wurde auf einem Hügel in der Nähe von Mostar von einer Granate getroffen. Der Deutsche Werberat ging gerichtlich wegen „unlauteren Wettbewerbs“ gegen diese Werbung vor.

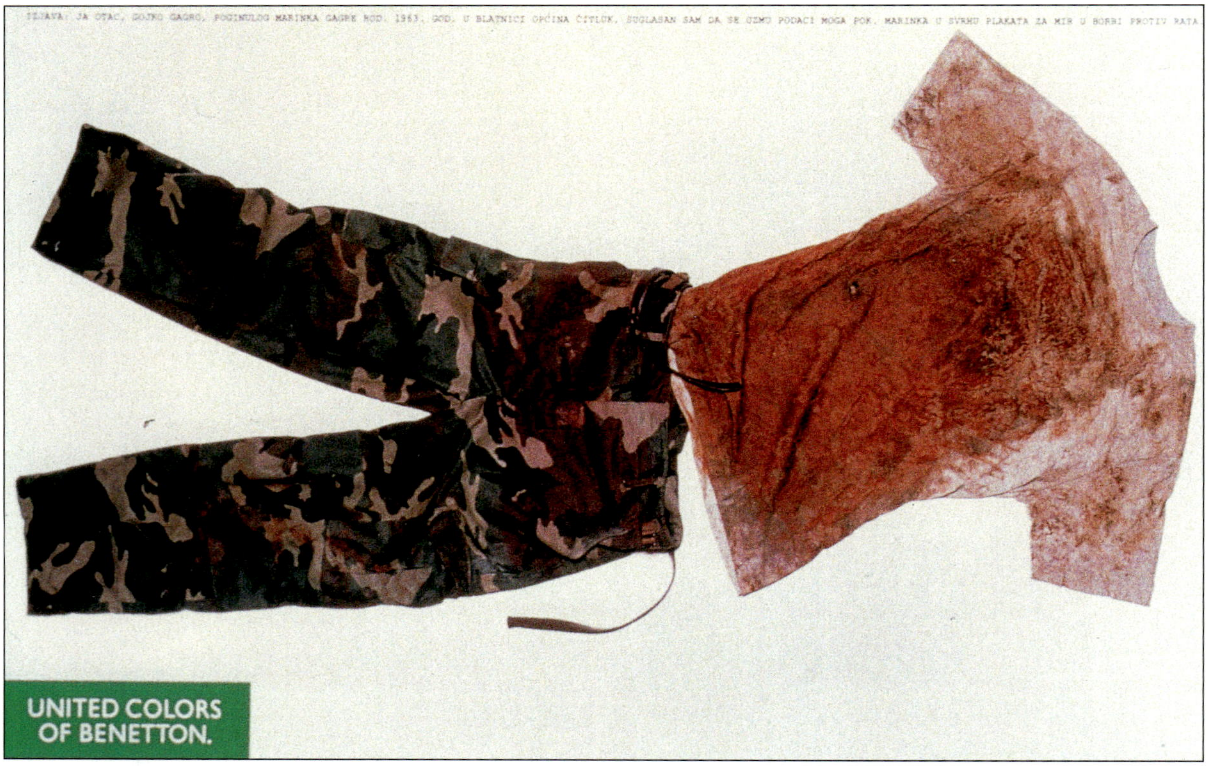

► Schreibe in wenigen Sätzen deinen ersten Eindruck zu diesem Werbeplakat auf.

Zur Benetton-Werbung ist 1994 der Materialsatz „Werbung ohne Tabu? Pro und Contra zur Benetton-Werbung“ erschienen (21 Dias mit Begleitheft). Zu bestellen beim Gemeinschaftswerk der Evangelischen Publizistik, Emil-von-Behring-Str. 3, 60439 Frankfurt (ISBN 3-921766-72-9).
http://www.gep.de

Was die Experten sagen

Im Folgenden findet ihr ein Streitgespräch zwischen Herrn Nickel (Deutscher Werberat) und Herrn Toscani (Ideenlieferant und Fotograf für Benetton). Dieses gekürzte Gespräch fand anlässlich eines Berichtes über die Werbung im „Stern-TV" statt.

Herr Toscani: „Nun, wir hatten mal einen Aids*-Patienten, der gesagt hat, es ist nicht wichtig, ob [gerade] Benetton das macht. Die wichtige Tatsache ist, dass es überhaupt gemacht wird."

Herr Nickel: „Herr Toscani, Sie hängen sich hier ein moralisches Mäntelchen um. Sie wollen uns doch nicht wirklich weismachen, dass Sie damit gegen den Krieg in Bosnien protestieren wollen. Das macht doch das Fernsehen, das machen die Medien, das machen der deutsche und der internationale Journalismus tagtäglich. Das, was Sie wollen, ist Propaganda für Benetton und das sollten Sie endlich zugeben."

Herr Toscani: „Nein, nein, ich glaube, dass eine multinationale Firma eine gesellschaftliche*, moralische und politische Einheit ist und auch Verantwortung hat. Wir können nicht noch weiter Werbung machen, wie das in der Vergangenheit der Fall war."

Herr Nickel: „Herr Toscani, Sie machen keine Werbung. Werben heißt ja sich beim Publikum zu bewerben. Was Sie tun, ist Propaganda. Propaganda mit dem menschlichem Leid und Elend anderer, für den Namen Benetton."

Herr Toscani: „Wie viele andere Firmen in der Welt hätten den Mut, ihren Namen neben Aids* oder neben den Krieg zu stellen? Niemand hat diesen Mut. Das bedeutet nicht, dass wir mehr verkaufen. Wir werden wahrscheinlich sogar weniger verkaufen."

In der Stern-TV-Sendung wurden die Fernsehzuschauer nach ihrer Meinung befragt. 84 % fanden, die Werbung „ist geschmacklos", 16 % sagten: „stört mich nicht".

▶ Macht eine Meinungsumfrage zur Benetton-Werbung in eurer Klasse oder in mehreren Klassen.

Ethische Mindeststandards einhalten

„[…] Die eigentliche Grundfrage ist doch wohl, ob die Werbung gewisse ethische Mindeststandards einhalten muss oder ob Benetton sich auf das Grundrecht der freien Meinungsäußerung berufen kann. Ich denke, man muss feststellen, dass dieses Grundrecht kein Freibrief ist. […] Der Bürger muss wissen, dass jede Gesellschaft*, die gewisse Grenzen nicht respektiert, auf die Dauer zum Untergang verdammt ist oder gezwungen wird, alles per Gesetz und Urteilsspruch zu regeln, also immer autoritärer zu werden. Geschmacklosigkeiten, wie die Firma Benetton sie sich leistet, müssen zu immer schärferen Reaktionen führen."

Marion Gräfin Dönhoff

An diesem Bild führt kein Weg vorbei

„Die Bundesrichter unterstellten dem Konzern unlautere Motive. Aber sollten wir uns nicht darauf beschränken, Handlungen zu verbieten statt Gesinnungen? Die Benetton-Plakate haben mehr Menschen aufgerüttelt als viele Leitartikel. Da könnten uns die Motive des italienischen Textilherstellers gleichgültig sein. […] Die Botschaft der Benetton-Plakate ist klar: Wir Menschen sind trotz unterschiedlicher Hautfarbe gleich, wir setzen uns ein für die Schwachen, wir lassen nicht zu, dass Leben und Umwelt zerstört werden. Die Benetton-Plakate sind alles andere als sittenwidrig. Sie sind politisch 150-prozentig korrekt."

Arno Widmann

▶ Diskutiert die unterschiedlichen Positionen und begründet eure Meinung. Welche ethischen Mindeststandards sollten deiner Meinung nach für die Werbung gelten? Wo würdest du diese Grenze festlegen?

Verantwortung in der Mediengesellschaft

Medien und Menschenwürde?

> **Art 1 Abs 1 GG**
> Die Würde des Menschen ist unantastbar. Sie zu achten und zu schützen ist die Verpflichtung aller staatlichen* Gewalt.

[Vor einigen Jahren wurde ein] Beitrag über einen Tag im Leben des sechzehnjährigen Sead in Sarajevo [gesendet], [zufällig über seinen letzten Tag]. Das Kamerateam zeigt Sead beim Frühstück, er verabschiedet sich von seiner Mutter und trifft sich mit Freunden. In einem Unterstand von Soldaten übernimmt er als Kurier die Post. Plötzlich knallen Schüsse: Die Kamera filmt, wie einer der Jungen zusammenbricht. Sead und einige andere wollen ihm helfen und ihn in ein Auto heben. Plötzlich ein weiterer Schuss, Sead ist getroffen, er fällt um, will sich fortschleppen, liegt dann still. Die Kamera lässt nicht von ihm ab und so kann der Zuschauer sekundenlang miterleben, wie Sead stirbt. [...]

Der Verkauf aller Ereignisse, ob sie nun Leben oder Tod darstellen, wird zur Normalität eines Kommerzfernsehens, das sich an rein marktwirtschaftlichen Gesetzen orientiert. Hier liegt ein grundsätzlicher Fehler der Politik, die verpflichtet gewesen wäre ihrer Verantwortung nachzukommen. Verantwortung – als ethischer Wert – bedeutet ja die Folge des Handelns für die Gesellschaft* mit in Rechnung zu stellen. Doch ethisch motivierte Grenzen wurden dem Kommerzfernsehen in Deutschland kaum gesetzt. [...] Die Sensation wird breit verkauft, egal ob sie stimmt. Die wirklich wichtigen politischen Informationen treten dahinter zurück. So scheint es bei einem Treffen von Bill Clinton und Helmut Kohl auch wichtiger, was und wie viel sie beim Italiener essen, als worüber sie reden.

Das Bewusstsein, dass sowohl der Zuschauer wie auch der Abgebildete im Besitz der Menschenwürde ist, hat sich unter Journalisten der Massenmedien noch nicht weit herumgesprochen. [...]

[Einmal sollte über ein Massaker in Bosnien berichtet werden.] Die Beerdigung der Opfer wurde gezeigt, beeindruckende Bilder hatte der Kameramann von den Trauernden, dem Friedhof, der Zeremonie und auch von den Särgen gedreht. Die Deckel waren noch nicht zugenagelt, sodass man die Toten sehen konnte. Dann Großaufnahme: die Köpfe in den Särgen. Leere, rote Augenhöhlen. Man hatte ihnen die Augen herausgeschnitten. [...]

Unserer Meinung nach verstößt die Ausstrahlung solcher Bilder gegen die Menschenwürde der Toten; sie verletzt aber gleichzeitig die Würde der Zuschauer, die sich dem Bild nicht entziehen können. [...] In den meisten Fällen ist es in Nachrichtensendungen nicht notwendig, brutale Bilder zu zeigen. Nur dann, wenn die Informationspflicht es verlangt, können entsprechende Berichte unter genauem Abwägen gesendet werden.

Allerdings moderierte ich eine Sendung über ein Blutbad in Sarajevo mit den Worten ein, jetzt folge ein Beitrag, den keiner sehen wolle, den jedoch jeder sehen müsse, damit er eine Ahnung von dem habe, was die Bürger in der bosnischen Hauptstadt zu erleiden hätten. Die Szenen zeigen, was eine Granate angerichtet hatte, die in einer Menschenschlange vor einer Bäckerei explodiert war. Die Bilder gingen um die ganze Welt und hatten zur Folge, dass der UNO*-Sicherheitsrat Sanktionen gegen Rest-Jugoslawien verhängte.

Ulrich Wickert

- ▶ In welchem Zusammenhang stehen Sterben/Tod und die Menschenwürde (vgl. Z. 45)? Diskutiert darüber und begründet eure Meinung.
- ▶ Versetze dich in die Situation eines Reporters bzw. einer Reporterin bei einem Fernsehsender. Würdest du die Bilder von Sead, nachdem er angeschossen worden war, senden? Und die Bilder von den Toten des Massakers? Begründe deine Meinung.

Offene Kanäle in Fernsehen und Rundfunk

Um den Bürgern die Möglichkeit zur Beteiligung an der Verbreitung von Informationen zu geben, wurden Offene Kanäle für das Fernsehen und für nichtkommerzielle Radiosender eingerichtet.

Offene Kanäle sind lokale oder regionale Sender, die allen Bürgerinnen und Bürgern den freien und gleichberechtigten Zugang zu diesen elektronischen Medien garantieren. Offene Kanäle bieten die Möglichkeit, sich selbstverantwortlich und mit selbstbestimmten Inhalten an die Öffentlichkeit zu wenden. Ihr Programm wird nicht von bezahlten Mitarbeitern produziert, sondern setzt sich aus Beiträgen von einzelnen Bürgern oder Gruppen zusammen. Bei der Produktion gibt es keine Redaktion, kein Sendeschema und keine inhaltlichen oder formalen Vorgaben. Offene Kanäle sind werbefrei, nichtkommerziell und werden aus Rundfunkgebühren finanziert. 1996 gab es fast über 100 Offene Kanäle für Fernsehen und Hörfunk im gesamten Bundesgebiet, die von den Landesmedienanstalten betrieben werden und allen Bürgern und Bürgerinnen zur Verfügung stehen. Die Studios, Aufnahmegeräte, technischen Einweisungen oder Beratungen stehen kostenlos zur Verfügung.

► Überlegt, was ihr tun müsstet, wenn ihr selbst einen Videofilm drehen würdet, der über einen Offenen Kanal gesendet werden würde. Was wäre euch wichtig bei diesem Film? Sammelt die Stichpunkte an der Tafel und erstellt eine Prioritätenliste.

Projektvorschlag: Schreibt einen Offenen Kanal in eurer Nähe an und ladet einen OK-Mitarbeiter in eure Klasse ein. Bereitet dieses Treffen inhaltlich vor, indem ihr bei den Offenen Kanälen Informationsmaterial anfordert und eure Fragen aufschreibt. Besucht einen Offenen Kanal, lasst euch die Studios zeigen und fragt nach den Produktions- und Sendebedingungen. Wenn ihr wollt, könnt ihr selbst einen Videobeitrag für einen Offenen Kanal produzieren. Sucht euch dafür ein Thema, das euch interessiert, das aber eurer Meinung nach im kommerziellen Programm zu wenig oder gar nicht vorkommt.

Eine aktuelle Liste mit allen Adressen der Offenen Kanäle findet ihr im Internet unter
http://www.ok-dortmund.de/adressen.htm.
Oder anfordern beim
Offenen Kanal Dortmund,
Nollendorfplatz 2
44339 Dortmund
Tel. 02 31/17 00 01
Fax 02 31/17 91 01
E-Mail: info@ok-dortmund.de

Für die Konzeption und Herstellung eines Videofilms findet ihr Anleitungen in folgendem Buch: Günther Anfang, Michael Bloech, Robert Hültner, Vom Plot zur Premiere. Gestaltung und Technik für Videogruppen. Kopäd Verlag, München 1994.

Wie stylen sich Jugendliche?

Wenn es eine Gleichschaltung durch die Medien gibt, gibt es dann auch eine Gleichschaltung der Bilder, die Menschen von sich selbst entwickeln und nach außen tragen? Eine Gleichschaltung der Lebensstile also?
Der Ausbruch aus dem, was alle machen, und vor allem aus dem, was die Erwachsenen machen, ist die Prägung eines eigenen Stils; ein Stil, der zeigt, wer oder was man ist. Er rückt einen endlich weit weg von all jenen, mit denen man nicht verwechselt werden möchte. So retten sich Jugendliche häufig in die kulturellen Nischen der Subkulturen, die sie selbst erfinden. Aber dabei braucht man zuweilen jemanden, der es einem vormacht, eine Gruppe, an der man sich orientieren kann. So kann die Gruppenidentität auch zur Fessel werden.

▶ Wie bewusst und aufwändig gestaltet ihr euer Äußeres? Würdet ihr euch einer bestimmten Jugendkultur, z.B. Hip-Hopper, Technos, Punks oder Skateboarder u.a. zurechnen? Welchen Anteil hat euer Outfit an dieser Zugehörigkeit?

Punk

Punk heißt, sein eigenes Ding zu machen.
Punk heißt, über die Gesellschaft lachen.
Punk ist, jeden Tag zu feiern.
Punk ist, keinem nachzuleiern.
Punk heißt, auf seine Freunde zählen.
Punk heißt, ein anderes Leben zu wählen.
Punk ist, wenn man anders ist.
Punk ist, wenn du wütend bist.
Punk heißt, nie allein zu sein.
Punk ist Bier und Schnaps und Wein.
Punk ist alles,
Punk ist nichts.
Mach, was du willst,
Und schreib dein eigenes Gedicht.

▶ Stellt euch vor, ihr müsstet als „Neutraler" zwei Wochen lang im schrillsten Techno-Style herumlaufen. Oder ihr würdet als Punk euren Irokesenschnitt verabschieden und mit tief sitzenden, weiten Hosen und einem Skateboard herumwandern. Welche Veränderungen und Probleme würden sich dadurch zu Hause, in der Schule, am Nachmittag und am Wochenende für euch ergeben?

▶ Schreibt eine Kurzgeschichte über eine Begegnung zwischen euch mit eurem verwandelten Aussehen und anderen Jugendlichen. In einer Gruppenarbeit könnt ihr die Begegnung auch als Hörspiel auf Kassette aufnehmen.

Am Donnerstag im Zug

Ich habe nie daran gedacht, dass der Buffalosoldier da, der Türke mit der gegelten Asifrise, mit der Daunenjacke, der da auf seinem Handy Tetris oder sonst was zockt, dass der mein Freund sein könnte. Es liegt nicht daran, dass er Türke ist. Er hat wahrscheinlich auch deutsche Freunde. Es liegt daran, dass er Buffalos trägt, dass er ein Handy hat oder was weiß ich. Auf jeden Fall haben auch seine Freunde Buffalos und so weiter. Ich nicht. Deshalb kenne ich ihn und seine Freunde nicht und will sie auch nicht kennen ... Ich dichte ein paar Verse von Tocotronic um: Alles, was wir hassen / seit dem ersten Tag / wird uns nie verlassen / weils irgendjemand mag. So passt es auf den Buffalosoldier. Es ergibt nur nicht mehr allzuviel Sinn. Es haut nicht mehr rein, hat keine Wirkung mehr. Ist nicht mehr konkret, würde der Buffalosoldier sagen, wenn er sagen wollte, was ich sagen will. Aber das will er bestimmt nicht. Ey, du redest Scheiße, Lan, würde er sagen. Denke ich. Ich habe Vorurteile. Natürlich kann das beschissen sein, aber was einem Eltern, Lehrer oder sonstige Erziehungsbeauftragte oft verschweigen, ist, dass sie auch eine positive Seite haben: Sie helfen einem, ohne groß nachzudenken, durchs Leben zu kommen. Erziehungsziel ist das wohl nicht, aber in diesem Punkt (und nur in diesem!) scheinen die ganzen Erziehungsratgeber wohl nichts zu nützen. Es denkt kaum jemand nach. Und deshalb sucht man sich ab einem gewissen Alter, ab zwölf oder so, alle Infos über Subkulturen zusammen, die man nur kriegen kann. Dann sucht man sich die Subkultur raus, die einem am besten gefällt oder wo man es am einfachsten hat oder die man schon durch Geschwister kennt oder so. Und dann ist man halt Popper, Hip-Hopper, Punk oder Metaller ... die Liste ist lang. Jetzt soll der Buffalosoldier nicht kommen und sagen, er wäre vollkommen unbeeinflusst so geworden, fänd er halt geil und so. Klar, denk ich auch immer, außer in den klaren Momenten. Man wird nicht von alleine so, wie man ist. Dachte, das wär klar. So. Was macht man jetzt aber mit den anderen mühsam zusammengetragenen Informationen über den aktuellen Stand diverser Subkulturen? Es liegt auf der Hand, sie dazu zu verwenden, deren Angehörige zu erkennen, um dann bloß nichts mit ihnen zu tun zu haben. Wir hassen die, die hassen uns. So einfach. Und Vorurteile machen die ganze Sache wieder einfacher. Für das alles kann ich nichts, zumindest nicht maßgeblich, und der Buffalosoldier auch nicht. Ich will es nicht. Ob der Buffalosoldier das alles will, weiß ich nicht. Ich hab ja nichts mit ihm zu tun.

Lukas Christian, Stufe 11 COG Bonn

▶ Was sagen das Gedicht der Punkerin und der Text von Lukas über eine Begegnung „Am Donnerstag im Zug" darüber aus, warum sich Jugendliche in Subkulturen gruppieren?

▶ Wodurch unterscheiden sich Subkulturen und die gesellschaftlich etablierten Lebensstile? Gibt es Gemeinsamkeiten?

▶ Fertigt eine Mindmap an, bei der im Mittelkreis „mein style" steht. An ihn können sich weitere Gedankenkreise anknüpfen wie „Meine eigene Stimmung", „Kritik meiner Eltern" oder „Wie sehen mich die anderen". Wenn euer Stichwortnetz fertig ist, markierst du Kreise, in denen etwas steht, wodurch du dich frei oder befreit fühlst, in einer anderen Farbe als die Kreise, in denen etwas steht, was dich eher einengt.

Die Anziehungskraft des Schönen

▶ Meint ihr, dass der junge Mann wirklich Fotograf ist? Wenn ja, wie könnte es weitergehen? Wenn nein, warum gibt er es dann vor zu sein?

▶ Stellt euch vor, ihr könntet mit euren Wünschen euer Leben beeinflussen! Wie würdet ihr euch eure Traumfrau bzw. euren Traummann vorstellen? Formuliert eure Wünsche in ganzen Sätzen.

▶ Tauscht eure Texte mit eurem Nachbarn und wertet aus, welchen Anteil seiner Wünsche das Äußere des Traumpartners betreffen. Besprecht die Auswertung anschließend miteinander.

▶ Formuliert, welchen Stellenwert das Aussehen für euch bei der Partnersuche hat. Versucht dies zu begründen.

Das geflügelte Wort der „platonischen Liebe" geht zurück auf ein Gespräch, das die Seherin Diotima mit Sokrates geführt hat. Diotima sagt, dass der Mensch seine Fähigkeit zu lieben erst im Laufe seines Lebens ausbildet und höher entwickelt. Die folgende Grafik veranschaulicht Diotimas Stufenschema der Liebesfähigkeit:* *(Vgl. S. 34)*

Einzelne Schönheit
Eine schöne Gestalt wird geliebt und umworben.

Verwandte Schönheit
Man erkennt, dass die Schönheiten aller Menschen verwandt und Teil eines großen Ganzen sind.

Schöne Seelen
Man erkennt, dass die Schönheit der Seelen wertvoller ist als die Schönheit der Körper.

Kenntnisse des Schönen
Man sieht die Schönheit der Seele, ihrer Reden und Gedanken und reift für die letzte Stufe heran.

Das Schöne selbst
Man erkennt das Schöne an sich, das für jeden schön ist, das ewig währt und nicht vergeht.

▶ Auf welcher Stufe befindet ihr euch?

▶ Sammelt Kontaktanzeigen von verschiedenen Altersgruppen und überprüft, ob sich das Stufenschema darin bestätigt.

▶ Welche Aussage hältst du für zutreffender a) in der eigenen Partnerschaft, b) in den meisten Partnerschaften: „Ich liebe dich, weil du schön bist" oder „Du bist schön, weil ich dich liebe"?

Der Inbegriff des Schönen

Diotima beschreibt den Liebenden im Sinne Platons als den, der das Gute und Wahre liebt und sich auf der Suche danach von der Schönheit leiten lässt. Wie es aber zu verstehen ist, dass es immer dieselbe Schönheit ist, die wir im Einzelnen erkennen, veranschaulicht folgendes Bild:

- Aus den übereinanderprojizierten Gesichtern entstand das Kompositporträt rechts, das in psychologischen Testreihen als besonders attraktiv abschneidet. Welches der abgebildeten Gesichter spricht euch am meisten an?
- Wodurch ist für dich Schönheit gekennzeichnet? Versuche eine Definition.
- Wie ist die Wirkung des Kompositporträts zu erklären?

Gibt es so etwas wie den Inbegriff[1] der Schönheit?

Nein
Kann es das nicht geben, oder ist dir so etwas einfach noch nicht begegnet?
?

Ja
Wodurch unterscheidet sich der „Inbegriff der Schönheit" von „normalen" Dingen?
Wie sucht man / findet man so etwas?
?

?

1 „Inbegriff" bezeichnet etwas, in dem pur enthalten ist, was der Begriff (hier: Schönheit) meint.

Schönheit – mehr als eine Frage des Geschmacks

Schön ...

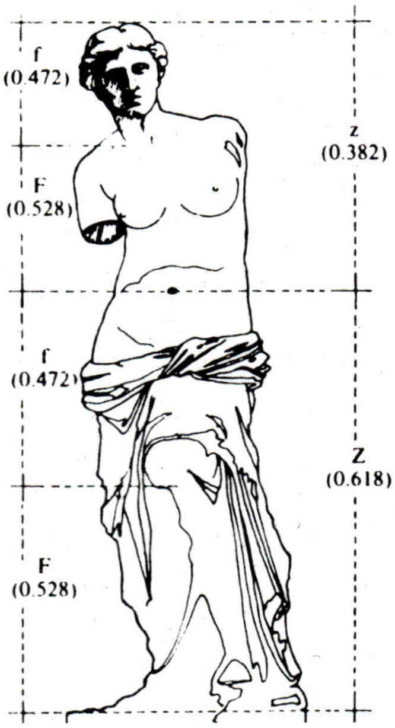

Immer schon hat man versucht zu erfassen, was das Schöne sei, indem man bestimmte Regeln der Schönheit formuliert hat. Eine ästhetische Maßgabe für Größenverhältnisse aus der Antike ist der goldene Schnitt. Das ist eine von den menschlichen Proportionen abgeleitete Definition der Harmonie. Die Größenverhältnisse einzelner Teile sollen sich entsprechend einer Strecke verhalten, die durch einen auf ihr liegenden Punkt so geteilt wird, dass sich der größere Abschnitt zur ganzen Strecke so verhält wie der kleinere Abschnitt zum größeren Abschnitt. Nicht nur die Kunst orientierte sich an dieser Vorgabe, sondern auch die Architektur, bis hin zu dem Architekten Le Corbusier (1887–1965), der aus dem goldenen Schnitt das Proportionssystem „Modulor" entwickelte.

Edmund Burke, ein englischer Philosoph (1729–1797), versucht ebenfalls die „wahre Ursache der Schönheit" zu bestimmen:

Schönheit ist ein viel zu eindrucksvolles Ding, um nicht auf irgendwelchen positiven Qualitäten beruhen zu müssen. Und da sie keine Schöpfung unserer Vernunft ist; da sie uns ohne jede Beziehung zu einem Nutzen berührt, ja selbst dort, wo überhaupt kein Nutzen festzustellen ist, [...] so müssen wir schließen, dass Schönheit in der Hauptsache irgendeine Qualität an Körpern ist, die durch Vermittlung der Sinne in mechanischer Weise auf das menschliche Gemüt einwirkt. [...] Die Qualitäten der Schönheit, soweit es sich um rein sinnliche Qualitäten handelt, sind die folgenden: 1. verhältnismäßige Kleinheit; 2. Glätte; 3. Verschiedenheit in der Richtung der Teile, aber 4. nicht derart, dass [...] sie gegenseitig ineinander übergehen; 5. ein zarter Bau ohne jeden deutlichen Anschein von Stärke; 6. klare und helle, aber nicht sehr grelle und glänzende Farben [...].

Das sind, wie mir scheint, die Eigenschaften, auf denen Schönheit beruht; Eigenschaften, die kraft ihrer Natur wirken und weniger als irgendwelche andere der Gefahr unterliegen, durch Launen beeinträchtigt oder durch eine Verschiedenheit des Geschmacks durcheinandergebracht zu werden.

▶ Stelle eine beschriftete Zeichnung her, an der deutlich wird, wie Burke den Vorgang „etwas schön finden" erklärt. Welche Rolle spielt dabei der Betrachter nach Burkes Auffassung?

▶ Kennt ihr selbst Situationen, wie sie die Karikatur darstellt? Welche Konsequenzen leitet ihr für die Rolle des Betrachters ab?

… oder hässlich?

Guiseppe Arcimboldo: Der Winter (links), Das Feuer (Mitte) und Der Sommer (rechts)

▶ Beschreibt, wie die Bilder auf euch wirken. Worin seht ihr Hässlichkeit und worin Wohlgestaltetheit in diesen Bildern? Wodurch kommt hier die Hässlichkeit zustande? Ist das bei anderen hässlichen Dingen genauso?

Nicht das Aussehen allein trägt zu unserem Schönheitsempfinden bei; wie Schönes oder Hässliches auf den Menschen wirken und was es hervorrufen kann, ist Thema des folgenden Textausschnittes von Friedrich Nietzsche.*

Schön oder hässlich – nichts ist […] beschränkter als unser Gefühl des Schönen. […] Im Grunde spiegelt sich der Mensch in den Dingen, er hält alles für schön, was ihm sein Bild zurückwirft.[…]Nichts ist schön, nur der Mensch ist schön: Auf dieser Naivität ruht alle Ästhetik, sie ist deren erste Wahrheit. Fügen wir sofort noch deren zweite hinzu: nichts ist hässlicher als der entartete Mensch – […] physiologisch nachgerechnet, schwächt und betrübt alles Hässliche den Menschen. Es erinnert ihn an Verfall, Gefahr, Ohnmacht; er büßt tatsächlich dabei Kraft ein. […] Wo der Mensch überhaupt niedergedrückt wird, da wittert er die Gefahr von etwas 'Hässlichem'. Sein Gefühl der Macht, sein Wille zur Macht, sein Mut, sein Stolz – das fällt mit dem Hässlichen und steigt mit dem Schönen. […] Jedes Anzeichen von Erschöpfung, von Schwere, von Alter, von Müdigkeit, jede Art Unfreiheit, als Krampf, als Lähmung, vor allem der Geruch, die Farbe, die Form der Auflösung, der Verwesung, und sei es auch in der letzten Verdünnung zum Symbol – das alles ruft die gleiche Reaktion hervor, das Werturteil „hässlich“. Ein Hass springt da hervor: Wen hasst da der Mensch? Aber es ist kein Zweifel: den Niedergang seines Typus. Er hasst da aus dem tiefsten Instinkte der Gattung heraus; in diesem Hass ist Schauder, Vorsicht, Tiefe, Fernblick – es ist der tiefste Hass, den es gibt. Um seinetwillen ist die Kunst tief …

▶ Vergleicht Nietzsches Ansichten über den Grund der Schönheit und der Hässlichkeit mit denen Burkes.
▶ Überlegt den Zusammenhang, den Nietzsche zwischen Schönheit / Hässlichkeit und Macht / Verfall sieht.
▶ Denkt darüber nach, was Arcimboldo dazu veranlasst haben könnte, seine Bilder hässlich zu gestalten.
▶ Kennt ihr aus der Musikszene Gruppen (z. B. aus dem Deathmetal-Bereich, z. T. auch aus der rechtsradikalen Szene), die sich bewusst mit den Zeichen der Hässlichkeit und des Hasses oder des Bösen vermarkten? Weshalb tun sie das? Erklärt ihre Motivation.

Täuschung und Wahrheit

Platon sah Schönheit in enger Verbindung mit Wahrheit und Wirklichkeit (S. 86 f.). Schönheit war für ihn aber keinesfalls gleichbedeutend mit Kunst. Die Kunst – besonders Dichtung und Malerei – sah er in einem weitaus entfernteren Verhältnis zur Wahrheit. Diesen Gedanken lässt er Sokrates im folgenden Text im Gespräch mit seinem Schüler Glaukon entwickeln.

So.: „Und wie nennen wir den Tischler? Etwa den Handwerksmeister des Stuhles?"

Gl.: „Ja!"

So.: „Und den Maler einen Handwerksmeister und Schöpfer dieses Dings?"

Gl.: „Keineswegs!"

So.: „Und wie könnte man seine Beziehung zum Stuhl denn bezeichnen?"

Gl.: „Am besten bezeichnen wir ihn als den Nachahmer der Erzeugnisse der Handwerker."

So.: „Gut! Den Schöpfer des dritten Werkes – von der wesenhaften Gestalt her gerechnet – nennst du Nachahmer?"

Gl.: „Ja!"

So.: „Dann ist ja auch der Tragödiendichter, sofern er Nachahmer ist, der dritte, von [...] der Wahrheit her gerechnet, und ebenso alle andern Nachahmer."

Gl.: „Es scheint so!"

So.: „Über den Nachahmer sind wir uns einig! Nun sag mir vom Maler dies! Versucht er deiner Meinung nach jenes Wesenhafte nachzuahmen oder die Werke der Handwerker?"

Gl.: „Das Letztere!"

So.: „Wie sie sind oder wie sie ihm erscheinen? Das setze noch auseinander!"

Gl.: „Wie meinst du das?"

So.: „Wenn du einen Stuhl von der Seite oder von vorne oder sonstwie ansiehst, dann ändert er sich doch nicht? Vielmehr bleibt er selber gleich, erscheint aber anders, nicht? Und ebenso bei andern Dingen."

Gl.: „So ist es: Er erscheint anders, ohne sich zu ändern."

So.: „Nun bedenke dies! Wie verhält sich die Malerei zu jedem Ding? Schafft sie ihre Nachahmung nach dem wirklichen Objekt oder nach seiner Erscheinung, ist sie also Nachahmung der Realität oder des Scheinbildes?"

Gl.: „Des Scheinbildes!"

So.: „Weitab von der Wahrheit steht also die Kunst der Nachahmung, und gerade deshalb schafft sie alles nach, weil sie nur wenig von jedem Ding erfasst und da nur sein Scheinbild. So malt uns etwa ein Maler einen Schuster, Tischler und alle andern Handwerker, ohne auch nur etwas von einer der Künste zu verstehen. Doch Kinder und unverständige Menschen wird er – ist er nur ein guter Maler –, wenn er einen Tischler malt und von ferne hinzeigt, täuschen in dem Glauben, hier sei in Wirklichkeit ein Tischler da."

Platon, Politeia Buch X

◀ René Magritte

▶ Welche Aufgabe und welchen Sinn sieht Platon in der Kunst? Vergleicht seine Auffassung mit der Aussage von Magrittes Bild.

Robert Doisneau:
Der Kuss, Foto 1950

▶ Überprüfe Platons Aussage, indem du Klimts Gemälde ***Der Kuss*** mit der Fotografie des küssenden Paares vergleichst: Welches Bild enthält mehr Wahrheit? – Diese Frage könnt ihr auch in einem stummen Schreibgespräch bearbeiten.

▶ Überlege, ob sich aus deinen eigenen Ergebnissen eine Aussage über den Wahrheitsgehalt in der Kunst ableiten lässt. Vergleiche sie mit der Aussage Platons über den Wahrheitsgehalt in der Kunst.

Gustav Klimt: Der Kuss,
Gemälde 1908

Schönheitsempfinden und Natur

Das ästhetische Empfinden hat einen großen Einfluss auf den Menschen, z. B. auf sein Wohlbefinden, oft auch auf seine Entscheidungen. Viele Physiker (ob Newton, Einstein oder Steven Weinberg) sagen von sich selbst, dass sie in der Physik die Schönheit suchen. Bieten sich bei der Lösung eines physikalischen Problems verschiedene Gleichungen an, so bestätigt sich die „schönere", d. h. für die Physiker die schlichtere und elegantere, experimentell mit höherer Wahrscheinlichkeit. Als Steven Weinberg gefragt wird, woran man einmal die Weltformel erkennen wird, antwortet er, dass sie sich durch ihre Schönheit verraten werde. Kritiker beurteilen die Orientierung der Physiker an der Schönheit als irreführend. So stellt sich grundsätzlich die Frage, wie man ein ästhetisches Urteil, z. B. „Das ist wunderschön" oder „Wie abstoßend", bewerten soll. Ist es so aussagekräftig wie eine Laune oder eine Zufälligkeit, oder steckt mehr dahinter?

▶ Beurteilt die Wirkung der Abbildungen auf euch. Verteilt Punkte auf einer Skala von 1 bis 10 (ekelhaft / gar nicht schön/ sehr unangenehm bis schön / angenehm) pro Bild. Vermutet ihr eher genetische oder erzieherische Voraussetzungen für eure Empfindungen? Begründet eure Vermutungen.

▶ Informiert euch im Lexikon und / oder im Biologiebuch (unter Verhaltensforschung) darüber, was man unter dem Kindchenschema* versteht. Könnt ihr die Mechanismen des Kindchenschemas in eurer Bewertung der Tierbilder wiedererkennen?

▶ Sammelt oder beschreibt zusätzlich Dinge, vor denen ihr euch ekelt. Weisen diese Dinge Gemeinsamkeiten auf?

▶ Würdet ihr, wenn ihr könntet, eure Fähigkeit, Ekel empfinden zu können, gerne abgeben? Hat eurer Meinung nach die Fähigkeit, sich zu ekeln, einen Sinn?

Der Garten des Menschlichen

Wenn ich in meiner Wiese liege, was nehme ich wahr? Ich sagte: ein Summen – nein, die Bienen – nein, den Frieden der Natur. Ist dieser Affekt des Friedens bloß subjektiv oder ist er die Wahrnehmung von etwas Wirklichem? Er ist eine Wahrnehmung. Was er wahrnimmt, nennt die heutige Wissenschaft das ökologische Gleichgewicht. Die Evolution hat vor mehr als hundert Millionen Jahren zur gleichzeitigen Herausbildung zweier organischer Formen geführt, die aufeinander angewiesen sind: der Blütenpflanzen, die durch Farbe, Form und Duft Insekten zur Bestäubung anlocken, und derjenigen Insekten, die von Blütenstaub und Nektar leben. Viel später hat sich der Mensch in dieses Gleichgewicht hineinentwickelt, und als Sammler, Ackerbauer und Viehzüchter ist er auf dessen Produkte, auf diese Pflanzen oder die diese Pflanzen essenden Tiere angewiesen. Wenn er dieses Gleichgewicht als schön wahrnimmt, so nimmt er die Harmonie wahr, im Beispiel der Wiese sinnlich dargestellt, die Harmonie, ohne die er nicht leben könnte. Eine Menschheit, die die Schönheit des ökologischen Gleichgewichts als ökonomisch belanglos missachtet und zerstört, ist verrückt. [...] Natürlich sage ich nicht, der Mensch dürfe die Natur nicht verändern. Das wäre absurd. Aber der Schönheitssinn ist ihm mitgegeben, um auch seine eigenen Werke mit einem anderen Maßstab zu messen als dem Maßstab dessen, was er in der Verblendung des im Augenblick lebenden Ich für nützlich hält.

Carl Friedrich von Weizsäcker

- Zeichne eine Mindmap mit den Begriffen: Pflanzen, Tiere, Mensch, ökologisches Gleichgewicht, Affekt des Friedens, Schönheitsempfinden, ökonomische Bedeutung.
Formuliere anschließend, welche Bedeutung nach von Weizsäcker der Schönheitssinn des Menschen hat.
- Untersuche das Verhältnis von Schönheit und Nutzen und vergleiche das Ergebnis mit eigenen Erfahrungen.

Immanuel Kant: Schönheit ohne Nutzen

In seiner Erklärung des Schönen kommt Immanuel Kant ohne biologische Grundlage aus. Etwas wird nach Kant als schön oder nicht schön beurteilt, so weit sich der Betrachter nur auf das Bild oder den Klang usw. dieser Sache konzentriert, nicht aber auf ihre Entstehung oder den Nutzen bzw. die Wirkung. Kant veranschaulicht das interesselose Wohlgefallen, wie er es nennt, an folgendem Beispiel:

Nun will man aber, wenn die Frage ist, ob etwas schön sei, nicht wissen, ob uns oder irgendjemand an der Existenz der Sache irgendetwas gelegen sei oder auch nur gelegen sein könne; sondern wie wir sie in der bloßen Betrachtung (Anschauung oder Reflexion) beurteilen. Wenn mich jemand fragt, ob ich den Palast, den ich vor mir sehe, schön finde; so mag ich zwar sagen: ich liebe dergleichen Dinge nicht, die bloß für das Angaffen gemacht sind [...], ich kann noch dazu auf die Eitelkeit der Großen [...] schimpfen, welche den Schweiß des Volkes für so entbehrliche Dinge verwenden; es leuchtet mir auch ein, dass, wenn ich mich auf einer unbewohnten Insel befände, ohne Hoffnung darauf, jemals wieder zu Menschen zu kommen, ich darauf verzichten würde, den Palast hinzuzaubern, wenn ich nur eine Hütte hätte, die mir bequem genug wäre. Das alles kann man einwenden, nur davon ist jetzt nicht die Rede. Man will nur wissen, ob die bloße Vorstellung des Gegenstandes in mir mit Wohlgefallen begleitet ist, so gleichgültig mich auch die Existenz des Gegenstandes lassen mag. Man sieht leicht, dass es auf das, was ich aus der Vorstellung in mir selbst mache, ankommt, nicht auf das, was von der Existenz des Gegenstandes abhängt, um zu sagen, er sei *schön,* und um zu beweisen, ich habe Geschmack.

- Welche Eigenschaften einer Blume führen dazu, dass sie „schön" genannt werden kann. Erkläre an diesem Beispiel, was Kant unter „interesselosem Wohlgefallen" versteht.
- Diskutiert, ob sich die Positionen von v. Weizsäcker und Kant ausschließen. Welche findet ihr überzeugender?

6. Wahrheit und Wirklichkeit

Mit dem Rätsel, was Wahrheit und was Wirklichkeit ist, damit befasst sich die Philosophie immer wieder. Versuche zunächst einmal herauszufinden:

Philosophie – was ist das eigentlich?

Philosophie in der Werbung

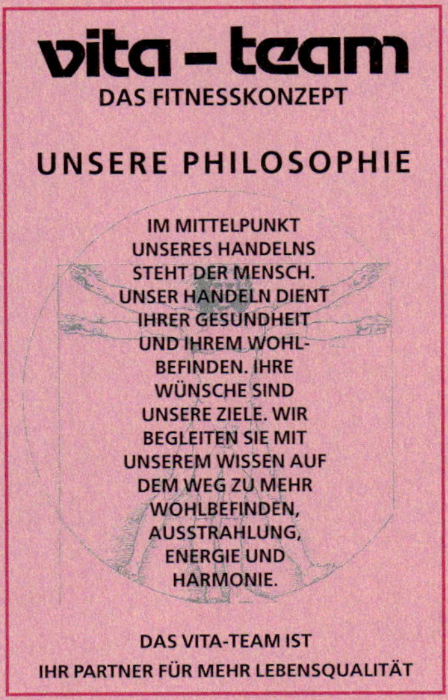

Langlaufphilosophie

Reisephilosophie

Alltagsphilosophie

Verkaufsphilosophie

Fußballphilosophie

Trainerphilosophie

Erfolgsphilosophie

- Untersuche, wie und zu welchem Zweck der Begriff „Philosophie" in der Werbung verwendet wird.
- In welchem Zusammenhang hast du vorher schon einmal das Wort Philosophie gehört oder benutzt?
- Was verstehst du unter Philosophie?

Philosophie – auf dem Weg zu Wahrheit und Erkenntnis

Das Selbstverständnis der Philosophie beruht auch heute noch auf den Grundlagen der griechischen Antike. Der Begriff Philosophie hat sich seitdem nicht wesentlich geändert. Zum Ursprung und zur Bedeutung des Begriffs sollen deshalb ein Philosoph der Antike und ein Philosoph des 20. Jahrhunderts zu Wort kommen.

Verwunderung veranlasste zuerst wie noch jetzt die Menschen zum Philosophieren, indem man anfangs über die unmittelbar sich darbietenden unerklärlichen Erscheinungen sich verwunderte, dann allmählich fortschritt und auch über Größeres sich in Zweifel einließ, z. B. über die Erscheinungen an dem Monde und der Sonne und den Gestirnen und über die Entstehung im All. Wer aber in Zweifel und Verwunderung über eine Sache ist, der glaubt sie nicht zu kennen. [...] Wenn sie also philosophierten, um der Unwissenheit zu entgehen, so suchten sie die Wissenschaft offenbar des Erkennens wegen, nicht um irgendeines Nutzens willen. Das bestätigt auch der Verlauf der Sache; denn als so ziemlich alles zur Bequemlichkeit und zum Genuss des Lebens Nötige vorhanden war, da begann man, diese Art der Einsicht zu suchen.

Aristoteles*

Das griechische Wort Philosoph (philosophos) ist gebildet im Gegensatz zum Sophos. Es heißt: der die Erkenntnis (das Wesen) Liebende im Unterschied von dem, der im Besitz der Erkenntnis sich einen Wissenden nannte. Dieser Sinn des Wortes besteht bis heute: das Suchen nach Wahrheit, nicht der Besitz der Wahrheit ist das Wesen der Philosophie, mag sie es noch so oft verraten im Dogmatismus*, das heißt in einem in Sätzen ausgesprochenen, endgültigen, vollständigen und lehrhaften Wissen. Philosophie heißt: auf dem Wege sein. Ihre Fragen sind wesentlicher als ihre Antworten, und jede Antwort wird zur neuen Frage. [...] Sich wundern drängt zur Erkenntnis. Im Wundern werde ich mir des Nichtwissens bewusst. Ich suche das Wissen, aber um des Wissens selber willen, nicht „zu irgendeinem gemeinen Bedarf". Das Philosophieren ist wie ein Erwachen aus der Gebundenheit an die Lebensnotdurft. Das Erwachen vollzieht sich im zweckfreien Blick auf die Dinge, den Himmel und die Welt, in den Fragen: was das alles und woher das alles sei – Fragen, deren Antwort keinem Nutzen dienen soll, sondern an sich Befriedigung gewährt. [...]

Karl Jaspers*

- Wie deuten Aristoteles und Jaspers den Begriff Philosophie? Was betonen sie besonders?
- Vergleiche das Selbstverständnis der Philosophie mit der Begriffsverwendung in der Werbung und in der Umgangssprache.
- Versuche den Unterschied zwischen einem Philosophen (einem Weisheitsliebenden) und einem Sophisten* (einem vermeintlich Wissenden) durch Beispiele zu veranschaulichen. Du kannst auch mit deinen Mitschülern ein Rollenspiel vorbereiten, in dem ein Philosoph und ein Sophist einen Dialog über eine philosophische Frage eurer Wahl führen.
- Diskutiert darüber, ob und wozu der Mensch überhaupt Wahrheit benötigt. Beachtet dabei den Unterschied zwischen Wahrheit und Wahrhaftigkeit und versucht beide Begriffe durch Definitionen und Beispiele voneinander abzugrenzen.

Nach dem geläufigsten Wahrheitsbegriff in der Philosophie ist eine Aussage dann ***wahr***, wenn sie mit den Tatsachen übereinstimmt. Das heißt, die Aussage, dass eine schwarze Katze auf dem Dach sitzt, ist genau dann wahr, wenn die Katze wirklich auf dem Dach sitzt.

Wie kommt die Welt in meinen Kopf?

Wenn Philosophierende aus einer Verwunderung über die Welt und ihre Erscheinungen nach Wissen und Erkenntnis streben, dann müssen sie sich auch fragen: „Woher stammt überhaupt unser Wissen von der Welt?“ Und: „Ist es sicher und wahr, oder irren wir uns ständig?“ Es geht hierbei um Möglichkeiten und Grenzen menschlicher Erkenntnis.

▶ Was kannst du der Zeichnung nebenan über den Ursprung unserer Vorstellungen entnehmen?

▶ Schreibe deine eigenen Gedanken zu der Frage auf, woher dein Wissen von der Welt kommt, und vergleiche sie mit der Zeichnung. Hast du noch weitere Antworten gefunden?

▶ Gibt es etwas, was du ganz sicher weißt?

▶ Sind die von dir gefundenen Quellen unseres Wissens gleichrangig oder lassen sie sich auf eine erste Ursache zurückführen?

▶ Versuche eine ***These*** oder eine ***Theorie*** zu der Frage zu formulieren, was Erkennen ist. (Zu dem Begriff „These“ im Vergleich zu dem der „Theorie“ findest du unten eine Erläuterung.)

Eine ***These*** ist ein Leitsatz oder eine Ausgangsbehauptung, die noch zu begründen ist. Im Vergleich dazu versteht man unter einer ***Theorie*** heute ein wissenschaftliches Aussagengebäude, dessen Richtigkeit mit wissenschaftlichen Methoden bestätigt oder widerlegt werden kann. Der Begriff Theorie (griech. theoria) bedeutet ursprünglich ein freies, von keinen Nutzenerwägungen abhängiges Betrachten von Mensch und Welt.

Möglichkeiten und Grenzen der Sinne

Leben ohne Sinne?

Lebt der Kerl wohl? Lässt sich schwer sagen. Gerade noch saß er auf der Veranda, trank Orangensaft und rauchte seinen Tabak aus Virginia. Er hatte sich dem Meer zugewandt und lachte, wenn er die Möwen anschrie. Jetzt rührt er sich nicht mehr. Er ist abwesend, plötzlich sinnenlos. Es begann mit dem Riechen. Er führte die Zigarette an die Lippen und roch das süßliche Aroma seiner Spezialmischung nicht mehr. Der Orangengeschmack verschwand und er hatte nur noch klumpiges Wasser im Mund. Dann entglitten Zigarette und Glas seinen Fingern. Die Flüssigkeit ergoss sich über seine Haut und er spürte weder Kühle noch Feuchtigkeit. Noch ehe die Panik ihn packte, platzten seine Trommelfelle, es wurde still in ihm. Dann sahen seine Augen nicht mehr, es wurde schwarz um ihn. Von außen waren die Schäden nicht wahrnehmbar. Innen war der Mensch leer. Sein Körper war ein Grab geworden. Wer will da noch sagen, ob der Kerl lebt? Die Sinne sind fünf Drähte, die uns mit der Wirklichkeit verbinden. Fünf Drähte, die uns glauben machen, dass die Welt existiert und die unseren Fingern die Kraft geben, sich an ihr festzuklammern. Reißen diese Schnüre, dann finden wir uns im Dunkel und in der Schwerelosigkeit wieder, irren wie Astronauten durchs Leere.

Die Sinne sind das Beste, was wir haben. Gerade Künstler und andere Berühmtheiten haben das immer gewusst. Immer gierig auf volle Sinnenkraft übten sie sich in raffinierten Erfahrungen. So dichtete Schiller niemals, ohne vorher lange am Vorrat verfaulter Äpfel gerochen zu haben, den er in der Schublade seines Sekretärs aufbewahrte.

Jean Paul Dubois

- Male ein Bild zur Aussage des Textes, die Sinne seien fünf Drähte zur Welt.
- Welche Konsequenzen ergäben sich, wenn einer deiner Sinne ausfallen würde. Verfasse einen inneren Monolog oder einen Dialog. Kann ein ausgefallener Sinn durch einen anderen ersetzt werden?
- Kannst du dir ein Leben ohne Sinne vorstellen? Auf welchen Sinn könntest du am schlechtesten verzichten?
- Denke über die Behauptung des Verfassers nach, ob die Sinne das Beste sind, was wir haben? Nimm Stellung dazu.
- Vergleiche die Leistung der menschlichen Sinne mit den tierischen.

Wie kommt die Klotür in mein Auge und mein Gehirn?

Übrigens beschäftigte er sich gerade mit den letzten Fragen des Daseins. Heute zum Beispiel habe er, auf dem Klo sitzend, seinen Vater durch die Tür gefragt: Papa, wie kommt eigentlich die große Klotür in mein kleines Auge rein? – Erbarm dich! habe ich gesagt. Und weiter? Natürlich habe sein Vater ihm daraufhin eine exakte Zeichnung angefertigt: die Klotür, das Auge, in dem die Lichtstrahlen sich kreuzen, der Weg über den Sehnerv zum Sehzentrum im Gehirn. Und dass es die Sache des Gehirns sei, das winzig kleine Abbild im Bewusstsein des Empfängers wieder auf normale Klotürgröße zu bringen. – Und? Hat er sich zufriedengegeben? – Du kennst ihn doch. Weißt du, was er gesagt hat? Er hat gesagt: Und wie kann ich sicher sein, dass mein Gehirn mir die Klotür wirklich auf die richtige Größe bringt? – Tja, habe ich nach einer Pause gesagt. Du, übrigens: Wie kann man da wirklich sicher sein? – Jetzt hör du aber auf! hat meine ältere Tochter mich zurechtgewiesen.

Christa Wolf

- Untersuche das Problem, das der Sohn beim Nachdenken über seine Wahrnehmung der Klotür hat.
- Überzeugt dich die Beweismethode des Vaters? Kannst du das Problem lösen?

T R I N
K T O A U
G E N W A S D
I E W I M P E R H Ä L
T V O N D E M G O L D N E N Ü
B E R F L U S D E R W E L T

- Untersuche anhand des „Sehtests", was der Sehsinn kann und was nicht. Welche Fähigkeit des Menschen ist zu einem Verständnis des lyrischen Sehtests noch vonnöten?

AnschauungohneBegriffesindblind

Immanuel Kant

Trinkt o Augen, was die Wimper hält, von dem goldnen
Überfluss der Welt.
Gottfried Keller

Mit den Sinnen die Welt erfassen

Was siehst du?

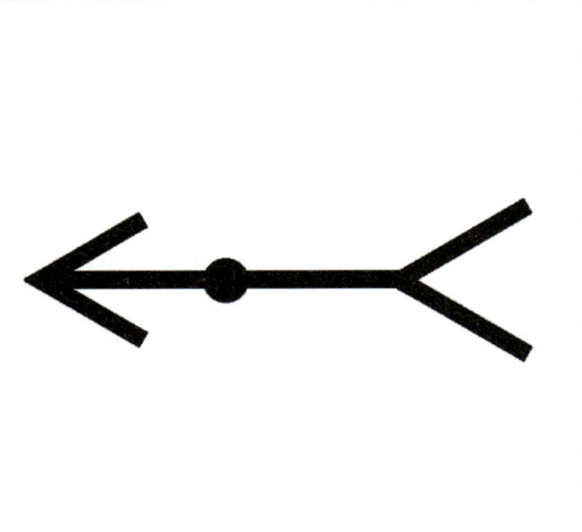
Die Länge der Strecken

Die Anzahl der Dreiecke

Die Linienführung

Verfolger und Verfolgter

- Tausche mit deinem Nachbarn oder deiner Nachbarin deine Reaktionen auf die Bilder aus. Was bedeutet deine Bildwahrnehmung für die Möglichkeit, mit dem Sehsinn die Welt zu erfassen?
- Analysiere den Bedeutungsgehalt des Wortes „wahrnehmen". Kann Erkennen mit Wahrnehmen gleichgesetzt werden? Vergleiche deine Überlegungen mit deiner These aus der Aufgabe von Seite 96 (Wie kommt die Welt in meinen Kopf?)
- Kennst du andere Beispiele für Illusionen des Sehens?

Junger Mann oder Schwiegervater?

Hier stimmt was nicht. Aber was?

▶ Erläutere die Behauptung: „Man sieht nur, was man weiß". Kann es auch andere Gründe als „Wissen" geben, wenn deine Sinne bei dem so genannten Kippbild eine bestimmte Wahrnehmung bevorzugen?

Alles Täuschung?

Gewöhnlich trauen wir unseren Sinnen, aber es gibt Zeiten, da sie uns in die Irre führen. So haben zum Beispiel die meisten von uns die peinliche Erfahrung gemacht, scheinbar einen Freund in der Entfernung zu erkennen, nur um zu entdecken, dass sie einem vollkommen Fremden zuwinken. Ein gerader Stock sieht, wenn er zum Teil in Wasser eingetaucht ist, geknickt aus; ein Apfel schmeckt sauer, wenn man gerade etwas sehr Süßes gegessen hat; von einem bestimmten Winkel aus betrachtet, sieht eine runde Münze oval aus; Eisenbahnschienen scheinen in der Ferne zusammenzulaufen [...]. Diese und ähnliche Sinnestäuschungen zeigen, dass die Sinne nicht immer ganz zuverlässig sind; es ist denkbar, dass die Außenwelt nicht wirklich so ist, wie sie zu sein scheint. Darauf beruht das Illusionsargument: Weil unsere Sinne uns gelegentlich irreführen, können wir in einem bestimmten Fall niemals sicher sein, dass sie uns nicht nur gerade in diesem Augenblick irreführen. Dieses Argument ist ein skeptisches Argument, weil es unsere Alltagsüberzeugung – den Realismus des gesunden Menschenverstandes –, dass die Sinne uns Kenntnis der Welt liefern, in Frage stellt.

Kritik des Illusionsarguments

Obgleich ich beim Anblick von weit entfernten Objekten oder unter ungewöhnlichen Bedingungen Fehler machen kann, gibt es gewiss einige Beobachtungen, an denen ich keinen vernünftigen Zweifel haben kann. Zum Beispiel kann ich nicht ernsthaft bezweifeln, dass ich jetzt an einem Tisch sitze und dies schreibe, dass ich einen Federhalter in der Hand habe und dass ein Schreibblock vor mir liegt. Ähnlich kann ich nicht ernsthaft bezweifeln, dass ich in England bin und nicht etwa in Japan. Es gibt einige nicht kontroverse Fälle von Erkenntnis, durch die wir den Begriff der Erkenntnis erwerben können. Nur weil wir diesen Hintergrund von Fällen wirklicher Erkenntnis haben, können wir andere Überzeugungen infrage stellen; ohne die unstrittigen Fälle hätten wir überhaupt keinen Begriff von Erkenntnis und nichts, womit wir die zweifelhafteren Fälle vergleichen könnten.

Nigel Warburton

▶ Stelle die Argumente zusammen, die für oder gegen die Vorstellung sprechen, dass die Welt eine Täuschung sei.

▶ Im Folgenden stellt Warburton die Frage: „Woher kann ich ... wissen, dass ich nicht träume, sondern schreibe?" Begründe die Anwort.

Mit dem Denken die Welt erfassen

Es ist unbestreitbar, dass uns die Sinne zuweilen täuschen und folglich Erkennen nicht mit Wahrnehmen gleichzusetzen ist. Wenn ich aber nicht sicher unterscheiden kann, ob ich träume oder wache, ist die Welt und meine eigene Existenz dann vielleicht nur ein gigantischer Traum?

Vom Zweifel zur Gewissheit

Auf der Suche nach sicherer Erkenntnis zweifelte auch der französische Philosoph René Descartes* an der Verlässlichkeit der Sinneswahrnehmung und der Möglichkeit, Wachzustand und Traum klar voneinander zu unterscheiden. Er nahm sogar einen allmächtigen und bösartigen Dämon an, der ihn täuschen würde. Dabei kam er zu der unbezweifelbaren Wahrheit:

**„Ich denke, also bin ich.
Denn wenn ich zweifle, dann muss ich als ein denkendes Wesen existieren, das zweifelt. „**

▶ Wodurch ist Descartes sich so sicher, dass er – und damit jedes reflektierende Ich – existiert?

Ausgehend von dieser Gewissheit beweist Descartes die Existenz eines gütigen allmächtigen Gottes aus der Idee von Gott: Zu ihr gehöre nämlich wesentlich die Vollkommenheit, und ein Gott, der nicht existiert, könne nicht vollkommen sein. Dieser Gott habe dem Menschen die Fähigkeit gegeben, durch klares und deutliches logisches Denken zur Wahrheit zu gelangen.

Logisch denken

Um Vorgänge in der Welt richtig deuten und verstehen zu können, benötigt der Mensch als unverzichtbares Hilfsmittel Logik. Die Logik als Lehre von den Gesetzen des richtigen Denkens dient uns als Prüfstein in Untersuchungs- und Beweisverfahren. Mit ihrer Hilfe können wir z. B. beurteilen, ob Argumente bzw. Schlussfolgerungen gültig sind. Mit den Regeln der Logik kann ich aus wahren Aussagen (Prämissen) auf vorher noch unbekannte wahre Aussagen schlussfolgern. Ein grundlegendes logisches Gesetz ist der Satz vom Widerspruch, nach dem es für jeden Satz A ausgeschlossen ist, dass sowohl A als auch Nicht-A gleichzeitig wahr sein können.

Wenn ich Philosophie studiere, verliere ich den Verstand. Ich habe Philosophie studiert. Ich habe den Verstand verloren.	Wenn ich Philosophie studiere, verliere ich den Verstand. Ich habe den Verstand verloren. Ich habe Philosophie studiert.	Wenn ich Philosophie studiere, verliere ich den Verstand. Ich habe meinen Verstand noch. Ich habe nicht Philosophie studiert.

▶ Welche der drei Schlussfolgerungen ist falsch? Erkläre, warum.
▶ „Wenn es regnet, wird die Straße nass. Nun regnet es. Also wird die Straße nass." Ist dies ein unbezweifelbarerer Schluss?
▶ Was ist für dich Logik? Welche Rolle spielt sie bei der Erkenntnis?

Reines Denken – wahr und grenzenlos?

Der rationalistischen Auffassung Descartes, nach der wahre Erkenntnis allein durch das Denken zu erlangen sei, widerspricht der schottische Philosoph David Hume.*

Nichts erscheint wohl auf den ersten Blick unbegrenzter als das Denken des Menschen, das sich nicht nur aller menschlichen Macht und Autorität entzieht, sondern sich nicht einmal in den Grenzen von Natur und Wirklichkeit halten lässt. Ungeheuer zu ersinnen und nicht zueinander passende Gestalten und Erscheinungen miteinander zu verbinden kostet die Einbildungskraft nicht mehr Mühe, als sich die natürlichsten und vertrautesten Gegenstände vorzustellen – und während der Leib an einen Planeten gefesselt ist, auf dem er unter Schmerzen und Beschwerden einherkriecht, kann uns das Denken im Nu in die entlegensten Regionen des Universums tragen – oder sogar über das Universum hinaus in das grenzenlose Chaos, wo sich die Natur, wie man annimmt, in totaler Unordnung befindet. Was niemals gesehen wurde und wovon man niemals gehört hat, kann dennoch vorgestellt werden, und nichts übersteigt die Macht des Denkens, mit Ausnahme dessen, was einen absoluten Widerspruch enthält.

Doch obgleich unser Denken diese unbegrenzte Freiheit zu besitzen scheint, werden wir bei näherer Prüfung finden, dass es in Wirklichkeit in sehr enge Grenzen eingeschlossen ist und dass diese ganze schöpferische Kraft des Geistes nur in dem Vermögen besteht, das uns durch die Sinne und Erfahrung gegebene Material zu verbinden, umzustellen, zu vermehren oder zu verringern. Denken wir uns einen goldenen Berg, so verbinden wir nur zwei vereinbare Vorstellungen, Gold und Berg, die uns von früher bekannt sind. Ein tugendhaftes Pferd können wir uns vorstellen, weil wir uns aus unserem eigenen Gefühl die Tugend vorstellen können; und diese können wir mit Gestalt und Aussehen eines Pferdes in Verbindung bringen, das ja ein uns vertrautes Tier ist. Kurz gesagt, der ganze Stoff des Denkens ist entweder aus der äußeren oder der inneren Sinnesempfindung abgeleitet: Aufgabe des Geistes und des Willens ist einzig und allein ihre Mischung und Zusammensetzung. [...]

Alle Vorstellungen, besonders die abstrakten, sind wesensmäßig blass und dunkel. [...] Im Gegensatz dazu sind alle Eindrücke, d. h. alle Wahrnehmungen, äußere wie innere, stark und lebhaft; ihre Grenzen untereinander sind genauer festgelegt und man kann in dieser Hinsicht nicht leicht einen Irrtum oder Fehler begehen. Wenn wir darum den Verdacht haben, dass ein philosophischer Begriff ohne feste Bedeutung oder Vorstellung gebraucht wird (was nur zu häufig geschieht), brauchen wir nur zu fragen: Welchem Eindruck entstammt diese angebliche Vorstellung?

nach David Hume

▶ Suche Beispiele von abstrakten Begriffen, für die sich keine nachprüfbaren Sinneseindrücke finden lassen.

BEGRIFFEOHNEANSCHAUUNGENSINDLEER

Immanuel Kant

▶ Was kann dieser Satz Kants für die Möglichkeit sicherer Erkenntnis bedeuten? Beziehe hierzu Kants zweite Aussage "Anschauungen ohne Begriffe sind blind" mit ein.

▶ Schreibe einen fiktiven Dialog zwischen Descartes und Hume über die Frage: Worauf kommt es bei der Erkenntnis an?

Die Lehre, dass die Hauptquelle der Erkenntnis das Denken sei, nennt man **Rationalismus**.

Die Lehre, dass die Hauptquelle der Erkenntnis die Sinneserfahrung sei, nennt man **Empirismus**.

Die Konstruktion von Wirklichkeit

Im normalen, unreflektierten Verhalten gehen viele Menschen wie selbstverständlich davon aus, dass andere Menschen genauso wahrnehmen, denken und fühlen wie sie selbst. Konflikte im Zusammenleben von Menschen zeigen aber, dass diese Annahme problematisch ist. Wenn schon bei zwei Menschen einer Kultur aufgrund unterschiedlicher Erfahrungen und Weltanschauungen Missverständnisse auftreten können, so erst recht zwischen Menschen verschiedener Nationen oder Kulturen.

Der folgende Text führt die Wirkung kultureller Prägungen für die Gestaltung privater Beziehungen beispielhaft vor Augen.

Was ist die „richtige" Reihenfolge?

Während der letzten Phasen des Zweiten Weltkrieges und in den unmittelbaren Nachkriegsjahren hielten sich Millionen amerikanischer Soldaten auf ihrem Weg zum europäischen Festland vorübergehend in Großbritannien auf. Dies bot die einmalige Gelegenheit, die Wirkungen einer solchen, für moderne Zeiten ungewöhnlichen Massendurchdringung zweier Kulturformen unmittelbar zu studieren. Einer der Aspekte dieser Studien war ein Vergleich des Paarungsverhaltens in den beiden Kulturen. Dabei ergab es sich, dass sowohl die amerikanischen Soldaten als auch die englischen Mädchen sich gegenseitig des Mangels an sexuellem Taktgefühl und Zurückhaltung bezichtigten. Dies schien zunächst sehr merkwürdig, denn wie konnten beide Seiten dasselbe von der anderen behaupten? Nähere Untersuchungen brachten ein typisches Problem der Stufenabfolge ans Licht: Das kulturspezifische Paarungsverhalten, vom ursprünglichen Kennenlernen bis zum Geschlechtsverkehr, durchläuft sowohl in England als auch in den USA ungefähr dieselben 30 Verhaltensstufen; die Reihenfolge dieser Verhaltensweisen ist aber in den beiden Kulturen verschieden. Während in den USA zum Beispiel Küssen relativ früh (etwa auf Stufe 5) kommt und recht harmlos ist, gilt es in England für sehr erotisch und nimmt daher einen viel späteren Platz im Verhaltensablauf (etwa Stufe 25) ein. Wenn also der Amerikaner annahm, es sei Zeit für einen unschuldigen Kuss, war dieser Kuss für die Engländerin durchaus kein unschuldiges, sondern ein sehr unverschämtes Benehmen, das für sie keineswegs in dieses Frühstadium der Beziehung passte. Sie fühlte sich daher nicht nur in undeutlicher Weise (diese kulturell bedingten Verhaltensregeln sind natürlich fast völlig außerbewusst) um einen großen Teil des „richtigen" Paarungsverhaltens betrogen, sondern hatte sich zu entscheiden, ob sie diese Beziehung an diesem Punkte abbrechen oder sich ihrem Freunde sexuell hingeben sollte. In diesem letzteren Falle war die Reihe nun am amerikanischen Soldaten, das Verhalten seiner Freundin auf Grund seiner außerbewussten Verhaltensregeln als nicht in das Frühstadium der Beziehung passend und daher schamlos zu finden. Ein typischer Fehler wäre nun, ausschließlich das Verhalten des Mädchens zu betrachten und zu folgender psychiatrischer Diagnose zu gelangen: Bricht sie die Beziehung nach dem ersten Kuss überstürzt ab und ergreift die Flucht, so könnte dies hysterisch genannt werden; beginnt sie dagegen sich auszuziehen, so scheint dies nymphomanisch (= mannstoll). Es kann kaum ausdrücklich genug betont werden, dass es sich hier und in allen ähnlichen Fällen um Konflikte handelt, die nicht auf einen der beiden Partner zurückgeführt werden können und dürfen, sondern die ausschließlich im Wesen der Beziehung liegen. Es ist typisch für solche Probleme, dass die Partner sie meist nicht von sich aus lösen können, da ihnen die zwischenpersönliche Natur des Konflikts verborgen bleibt und sie daher in einem Zustand fehlerhafter Information leben.

nach Paul Watzlawick

▶ Hast du selber schon einmal ähnliche Konflikte beim Sichkennenlernen erlebt, wie sie von Paul Watzlawick beschrieben werden?

▶ Kennt ihr weitere Beispiele von Missverständnissen, die auf kulturell unterschiedliche Verhaltensmuster zurückgehen?

▶ Welche Schlussfolgerungen ziehst du aus den Beispielen für die Frage, was „richtiges" bzw. „normales" menschliches Verhalten ist?

▶ Wie können solche zwischenmenschlichen Konflikte gelöst werden? Welche Haltung zu dem eigenen Wirklichkeitsverständnis ist vonnöten, um solche Konflikte zu vermeiden?

Die gesellschaftliche Erfindung der Wirklichkeit

▶ Dies ist eine Pappelallee in Frankreich. Schreibe spontan auf, was du hinter dieser Allee vermutest.

▶ Vergleiche deine Vorstellung mit denen der anderen in deiner Lerngruppe.

▶ Lege den Mitgliedern deiner Familie oder deinen Freunden oder Freundinnen das Bild mit der Aufgabe vor, sich die Pappelallee in Sibirien vorzustellen. Was sehen sie dahinter? Notiere ihre Phantasien.

▶ Vermutlich werdet ihr auf unterschiedliche Wirklichkeitsdeutungen stoßen. Diskutiert anhand eurer Ergebnisse die These, dass die soziale Wirklichkeit konstruiert wird und nicht einfach eine vorfindbare Realität darstellt.

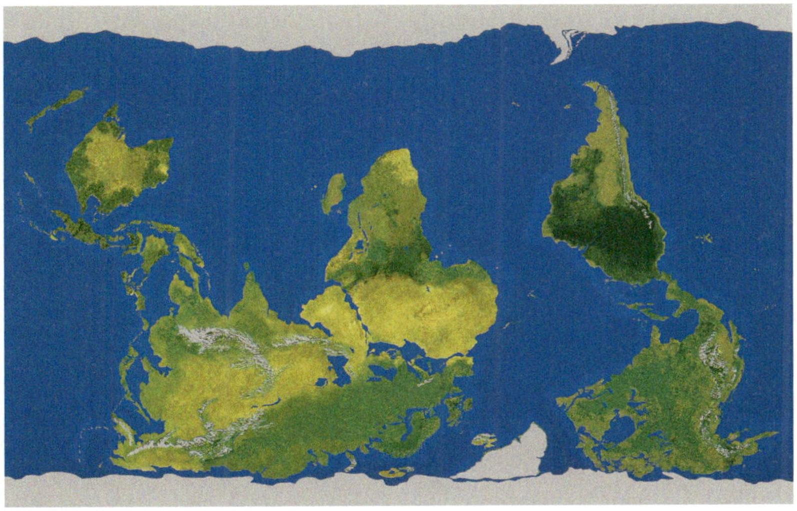

▶ Was fällt dir bei diesem Bild zum oben genannten Thema ein? Wieso scheint die Welt auf dem Kopf zu stehen?

Die Wirklichkeit der Außenwelt

Träume eines Flachländers

Flachland ist die Erzählung eines Bewohners einer zweidimensionalen Welt; also einer Wirklichkeit, die nur Länge und Breite, aber keine Höhe kennt; einer Welt, die flach wie ein Bogen Papier und von Linien, Dreiecken, Quadraten, Kreisen usw. bevölkert ist. Diese können sich frei auf oder, besser gesagt, in dieser Oberfläche bewegen, doch sind sie wie Schatten unfähig, sich über sie zu erheben oder unter sie abzusinken. Es braucht nicht betont zu werden, dass sie sich dieser Beschränkung unbewusst sind, denn die Idee einer dritten Dimension, der Höhe, ist für sie unvorstellbar.

Der Erzähler dieser Geschichte hat ein ihn völlig überwältigendes Erlebnis, dem ein sonderbarer Traum vorausgeht. In seinem Traum findet er sich plötzlich in einer eindimensionalen Welt, deren Bewohner entweder Striche oder Punkte sind, die sich alle auf ein und derselben Linie vor- oder rückwärtsbewegen. Diesen Strich nennen sie ihre Welt und für die Bewohner von Strichland ist die Idee, sich auch nach rechts oder links, statt nur nach vorne oder rückwärtszubewegen, vollkommen unvorstellbar. Vergeblich versucht unser Träumer also, dem längsten Strich in Strichland (ihrem Monarchen) die Wirklichkeit von Flachland verständlich zu machen. [...]

Im Laufe des Abends vernimmt das Quadrat (der Flachländer) plötzlich eine fremde Stimme. Es ist die Stimme eines sonderbaren Besuchers, der aus Raumland gekommen zu sein behauptet – einer unvorstellbaren Welt, in der die Dinge drei Dimensionen haben. Und ähnlich, wie das Quadrat selbst sich in seinem Traume bemüht hatte, versucht nun der Besucher, ihm die Augen dafür zu öffnen, wie eine dreidimensionale Wirklichkeit beschaffen und wie beschränkt Flachland im Vergleich zu ihr ist. Und genauso, wie das Quadrat selbst sich dem König von Strichland als Linie von Linien vorstellte, definiert sich der Besucher als Kreis von Kreisen, der in seinem Heimatland eine Kugel genannt wird. Dies aber kann das Quadrat natürlich nicht fassen, denn es sieht seinen Besucher als Kreis – allerdings als einen Kreis mit sehr befremdlichen, unerklärlichen Eigenschaften: Er wächst und nimmt wieder ab, schrumpft gelegentlich zu einem Punkt oder verschwindet völlig. Mit großer Geduld erklärt ihm die Kugel, dass an all dem nichts Merkwürdiges ist: Sie ist eine unendliche Zahl von Kreisen, deren Durchmesser von einem Punkt bis zu dreizehn Zoll steigt und die aufeinandergelegt sind. Wenn sie sich also durch die zweidimensionale Wirklichkeit von Flachland bewegt, ist sie für einen Flachländer zunächst unsichtbar, erscheint dann als Punkt, sobald sie die Fläche von Flachland berührt, wird dann zu einem Kreis mit stetig wachsendem Durchmesser, bis ihr Durchmesser wieder abzunehmen beginnt und sie schließlich ganz verschwindet. Dies erkläre auch die überraschende Tatsache, dass die Kugel das Haus des Quadrats trotz der verschlossenen Türen betreten konnte. [...]

Von diesem mystischen Augenblicke an nehmen die Ereignisse einen tragikomischen Verlauf. Trunken durch das überwältigende Erlebnis des Eintretens in eine völlig neue Wirklichkeit möchte das Quadrat nun die Geheimnisse immer höherer Weiten erforschen, der Reiche von vier, fünf und sechs Dimensionen. Doch die Kugel will nichts von diesem Unsinn wissen: „Ein solches Land gibt es nicht. Die bloße Idee ist völlig undenkbar." Da das Quadrat aber nicht aufhören will, darauf zu bestehen, schleudert es die erzürnte Kugel schließlich in die Enge von Flachland zurück.

nach Paul Watzlawick

- Versuche dir die Begegnung des Flachländers (des Quadrats) mit der Kugel (Raumländer) durch Zeichnungen vorzustellen. (Du kannst z. B. einen Kreis durch eine Linie einsinken lassen.)
- Was kann man aus diesem Gedankenexperiment zur Erkennbarkeit der Wirklichkeit lernen?
- Ist es gewiss, dass das Universum aus drei Dimensionen besteht?
- Kannst du den nachfolgenden Schlussfolgerungen von Paul Watzlawick zustimmen?

Flachland stellt die Relativität der Wirklichkeit schlechthin dar und aus diesem Grunde möchte man wünschen, dass das Buch von jungen Menschen gelesen werde. Die Geschichte der Menschheit zeigt, dass es kaum eine mörderischere, despotischere Idee gibt als den Wahn einer „wirklichen" Wirklichkeit (womit natürlich die eigene Sicht gemeint ist), mit all den schrecklichen Folgen, die sich aus dieser wahnhaften Grundannahme dann streng logisch ableiten lassen. Die Fähigkeit, mit relativen Wahrheiten zu leben, mit Fragen, auf die es keine Antworten gibt, mit dem Wissen, nichts zu wissen, und mit den paradoxen Ungewissheiten der Existenz, dürfte dagegen das Wesen menschlicher Reife und der daraus folgenden Toleranz für andere sein.

Stelle dir vor, dass letzte Nacht, als alle Menschen schliefen, im Universum alles doppelt so groß geworden ist. Könntest du das überhaupt feststellen?

▶ Projekt „Zeitreise": Wie verhält es sich mit der Zeit? Kann sie als feststehende Wirklichkeit der außermenschlichen Natur bezeichnet werden? Zur Frage „Was ist die Zeit?" könnte auch ein Projekt mit Beiträgen verschiedener Fächer deiner Schule organisiert werden.

Grüne Gläser statt Augen

Der Dichter Heinrich von Kleist (1777–1811) hatte Kants Philosophie kennen gelernt und mit ihr die auch später von Watzlawik vertretene Vorstellung, dass die endgültige Wahrheit nicht erkennbar sei. In einem Brief vom 22. März 1801 an seine Braut Wilhelmine von Zenge äußerte er sich darüber.

Vor kurzem ward ich mit der neueren so genannten kantischen Philosophie bekannt – und dir muss ich jetzt daraus einen Gedanken mitteilen, indem ich nicht fürchten darf, dass er dich so tief, so schmerzhaft erschüttern wird als mich. […] Wenn alle Menschen statt der Augen grüne Gläser hätten, so würden sie urteilen müssen, die Gegenstände, welche sie dadurch erblicken, sind grün – und nie würden sie entscheiden können, ob ihr Auge ihnen die Dinge zeigt, wie sie sind, oder ob es nicht etwas zu ihnen hinzutut, was nicht ihnen, sondern dem Auge gehört. So ist es mit dem Verstande. Wir können nicht entscheiden, ob das, was wir Wahrheit nennen, wahrhaft Wahrheit ist oder ob es uns nur so scheint. Ist das Letzte, so ist die Wahrheit, die wir hier sammeln, nach dem Tode nicht mehr – und alles Bestreben, ein Eigentum sich zu erwerben, das uns auch in das Grab folgt, ist vergeblich. – Ach Wilhelmine, wenn die Spitze dieses Gedankens dein Herz nicht trifft, so lächle nicht über einen anderen, der sich tief in seinem heiligsten Innern verwundet fühlt. Mein einziges, mein höchstes Ziel ist gesunken, und ich habe nun keines mehr.

▶ Kannst du Kleists Erschütterung nachvollziehen?

▶ Stelle dir vor, du hättest die Welt nie anders als durch eine Brille mit grünen Gläsern erblickt. Hättest du dann überhaupt ein Wort für grün? Welchen Schluss ziehst du aus dieser Vorstellung für die Erkennbarkeit der Außenwelt?

▶ Was kann Magritte mit dem Titel des Bildes gemeint haben? Denk darüber nach, auf welche Weise das Gezeigte kein Apfel ist.

Die Wahrheit über die Wahrheit

Entdecken oder erfinden? – Von Realisten und Skeptikern

In der Geschichte der Philosophie sind verschiedene Spielarten des Realismus aufgetreten. Gemeinsam ist ihnen die Vorstellung, dass es eine vom Erkennen unabhängige Wirklichkeit gibt und dass die wirkliche Welt ergründet bzw. entdeckt werden kann. ***Rationalisten*** *wie Descartes glauben, die Wirklichkeit durch Denken erkennen zu können,* ***Empiristen*** *durch Erfahrung. Die Vorstellung, dass die Sinne uns unmittelbar ein wahres Abbild der Wirklichkeit liefern, nennt man naiven Realismus. Der* ***Skeptiker*** *(= Zweifler) Pyrrhon (ca. 365–270 v. Chr.) grenzt sich von den ihm bekannten Realisten ab:*

- Überzeugt dich die Haltung von Pyrrhon und Anaxarchos? Sollte man sich eines Urteils über die Welt enthalten?
- Ist der Skeptizismus die letztgültige Wahrheit über die Wahrheit?

Als moderne Form des Skeptizismus behauptet der Radikale Konstruktivismus, dass unsere Ansichten über die Welt Erfindungen wären. Er bestreitet die Möglichkeit der menschlichen Erfahrung der objektiven Realität. Wir könnten allenfalls brauchbares (viables), nicht aber wahres Wissen über die Welt erlangen.

„Einfach ausgedrückt handelt es sich beim Radikalen Konstruktivismus um eine unkonventionelle Weise, die Probleme des Wissens und Erkennens zu betrachten. Der Radikale Konstruktivismus beruht auf der Annahme, dass alles Wissen, wie immer man es auch definieren mag, nur in den Köpfen von Menschen existiert und dass das denkende Subjekt sein Wissen nur auf der Grundlage eigener Erfahrung konstruieren kann. Was wir aus unserer Erfahrung machen, das allein bildet die Welt, in der wir bewusst leben“.

Ernst von Glasersfeld

- Ist der Standpunkt des Radikalen Konstruktivismus einleuchtend? Wann kann ein Wissen über die Welt als brauchbar, wann als unbrauchbar bezeichnet werden?

Vom Umgang mit der Wahrheit

Die Blinden und der Elefant

Es wird erzählt, dass Buddha von einem Mönch gefragt wurde, warum er auf letzte Fragen wie „Gibt es ein Leben nach dem Tode?" oder „Ist die Welt endlich oder unendlich?" keine Antwort gegeben habe. Buddha entgegnete ihm, dass sich einige Asketen und Brahmanen über solche Fragen in einen fruchtlosen Streit verwickelt und sich gegenseitig der Dummheit und Blindheit bezichtigt hätten. Und er fuhr fort:*

Es war einmal ein König von Benares, der rief zu seiner Zerstreuung etliche Bettler zusammen, die von Geburt an blind waren, und setzte einen Preis aus für denjenigen, der ihm die beste Beschreibung eines Elefanten geben würde. Zufällig geriet der erste Bettler, der den Elefanten untersuchte, an dessen Bein. Er betastete es von oben nach unten, überlegte lange und stellte dann fest: „Wie ein Baumstamm, groß und fest." Der zweite, der den Rüssel erfasste, meinte: „Der Elefant ist wie eine große Wasserpfeife, aber warm und weich." Der dritte, welcher ein Ohr ergriff, beteuerte, dass der Elefant einem Palmenblatt gleiche. Der vierte, der die Hand auf den Rücken des Elefanten gelegt hatte, war überzeugt: „Er ist wie ein Thron, hoch und erhaben über dem Boden."
Da nun jeder der vier ganz sicher war begriffen zu haben, was der Elefant sei, begannen sie untereinander zu streiten. Der König aber war überaus belustigt.
So sind auch die Brahmanen und Asketen, die diese und jene Lehrmeinungen vertreten, blind, ergänzte der Buddha. Sie bleiben unbeirrt auf einem Standpunkt stehen, weil sie nur einen Teil der Wahrheit sehen.

- Welche Botschaft vermittelt dieses Gleichnis?
- Beschreibe die Möglichkeiten und Grenzen der menschlichen Erkenntnisfähigkeit. Berücksichtige dabei möglichst viele der Erkenntnisse, die du aus diesem Kapitel gezogen hast.
- Schreibe deinem Freund oder deiner Freundin einen Brief, in dem du deine Erfahrungen mit dem Wahrheitsproblem mitteilst und die genauere Bedeutung des Begriffs Philosophie erklärst. (Vergleiche Jaspers, S. 95)
- Welche Bedeutung für zwischenmenschliche Beziehungen hat die Einsicht in die Unerkennbarkeit endgültiger Wahrheiten?

Virtuelle Realität

▶ Wie viel Zeit verbringst du wöchentlich im Internet? Berichtet euch gegenseitig, welche Adressen ihr am häufigsten ansteuert und was ihr dort sucht.

▶ Im Internet kann man sich nicht nur umfassend informieren, sondern auch einkaufen und Bankgeschäfte abwickeln. Darüber hinaus kann man virtuelle Urlaubsorte, Museen, Gärten und Naturlandschaften aufsuchen und dabei gefährliche Abenteuer erleben. Worin bestehen die Unterschiede zu einem Besuch wirklicher Orte?

Virtuelle Begegnungen

Peter S., 47 Jahre, ist Professor für Germanistik an der Universität Hannover und beschäftigt sich mit der Kommunikation im Internet. In einem Interview mit der ZEIT (Nr. 13, 2001) antwortet er auf die Frage, ob ***Chatten*** *ihm Spaß mache:*

Erst mal war das wissenschaftlich interessant. Aber es hat mir auch Spaß gemacht. Man chattet ja unter Pseudonym. Da hat meine Tochter erst eine Stunde gechattet, und dann hab ich mich rangesetzt und unter ihrem Pseudonym weitergechattet. […] Das war hochinteressant. Ich habe dann verschiedene Rollen durchprobiert – mal als chinesischer Student, mal als Yasmina, da reagieren sofort die männlichen Pseudonyme. Da gibt es Doppelagenten: Frauen, die vorgeben, Männer zu sein, die vorgeben, Frauen zu sein; man hat beliebige Spielmöglichkeiten. Und einmal habe ich mich auch als Professor aus Hannover vorgestellt, aber das hat mir keiner geglaubt. Da hieß es dann: „Haha, Schweine können fliegen."

Das Internet erlaubt nicht nur die Begegnung mit anderen, sondern auch die mit künstlichen Identitäten, z. B. so genannten ***Bots****.

Elvis lebt, und wer schon immer wissen wollte, wie sich Stars die Zeit im Jenseits vertreiben, kann den King of Rock 'n' Roll im Internet besuchen. Er residiert auf einer schlichten Homepage, begrüßt seine Besucher mit einem markigen „Howdy! I'm the King, let's talk!" und beantwortet bereitwillig Fragen aller Art. Elvis ist ein so genannter Bot, wobei man sich darunter weniger einen verchromten Roboter, sondern vielmehr ein Sprachprogramm vorzustellen hat, mit dem man sich unterhalten kann. Damit die Besucher auch tatsächlich das Gefühl haben, mit der Legende persönlich zu kommunizieren, wurde er mit original Elvis-Zitaten gefüttert. Gerät er dennoch ins Stocken, schindet er Zeit, indem er vorgibt, mal eben seinen Cheeseburger fertig essen zu müssen. […] Auch wenn sich mit Elvis jede Menge Geld verdienen ließe: Der Elvis-Bot gehört zur Gattung der Spaßmodelle. […]

Katja Schmid, DIE ZEIT Nr. 13, 2001

▶ Kann man sich durch Chatten verlieben oder einen Bot als Star verehren?

▶ Vergleicht die virtuellen mit den realen Begegnungen. Überlegt, wie sie sich gegenseitig beeinflussen können.

Alles Fake?

Von der Erzeugung und dem Verkauf künstlicher Wesen und Welten lebt die Computerindustrie, die inzwischen höhere Umsätze erzielt als die Filmindustrie Hollywoods. Ein Verkaufshit ist z.B. „Tomb Raider", in dem die mit ausgeprägten weiblichen Formen und einer starken Persönlichkeit ausgestattete Lara Croft die Hauptrolle spielt. Das Superweib scheint stärkere Phantasien hervorzurufen als wirkliche Frauen. Das brachte das Model Nell McAndrew auf die Idee, in die Rolle des virtuellen Vorbilds zu schlüpfen, um bei den Fans Aufmerksamkeit erregen und sich selbst besser vermarkten zu können. Eine Frau aus Fleisch und Blut hat dadurch Erfolg, dass sie eine künstliche kopiert. Ist das ein Zeichen dafür, dass heute schon Künstlichkeit mehr gilt als Natürlichkeit? Ist in Zukunft alles Fake[1]?

1 amerikanischer Slang: Täuschung, so tun, als ob

Ein neues Paradies?

Die Menschen träumen vom Paradies. Dieser Traum ist ein doppelter: Rückwärts bezieht er sich auf einen verlorenen Zustand vom Anbeginn der Zeiten, vorwärts zielt er auf einen neuen, utopischen Glückszustand, auf ein neues Paradies, das durch die menschliche Geschichte erreicht werden soll. Von Kleist stammt die berühmte Formulierung, dass wir ein zweites Mal „von dem Baum der Erkenntnis essen" müssten, um das Paradies wieder zu gewinnen; dies werde „das letzte Kapitel von der Geschichte der Welt" sein. Ist dieses Kapitel heute mit den elektronischen Medien angebrochen, das die verheißungsvolle Überschrift „elektronisches Paradies" trägt?
[…] Ihab Hassan erhoffte sich 1975 von der elektronischen Medienwelt die Erfüllung des alten Traums von einer universellen Kommunikation zwischen Mensch, Materie und Kosmos. Im neuen paradiesischen Zustand werde alles Materielle in Geistiges überführt sein. Wir Menschen werden nicht bloß zu ursprünglichen Menschen, sondern sogar zu Engeln, zu reinen Geistwesen geworden sein.
In eine solche Richtung zielen gegenwärtig auch die Überlegungen von Hans Moravec, dem Experten für Roboter der künstlichen Intelligenz. Er meint, dass wir unser Gehirn auf eine datenprozessierende Maschine übertragen sollten. Durch solches 'downloading' „könnte unser Denken vollständig von jeder Spur unseres ursprünglichen Körpers und überhaupt irgendeines Körpers befreit werden. Der so entstehende körperlose Geist wäre etwas Wunderbares im Hinblick auf die Klarheit seiner Gedanken und die Tiefe seiner Einsicht". Er wäre nicht mehr „menschlich", denn er hätte den Körper überwunden und einen rein geistigen Zustand erreicht.

nach W. Welsch

- Schreckensvision oder neues Paradies? Versetze dich in die Rolle eines Zukunftsforschers, der einen Beitrag zur Zukunft von Mensch und Computer im dritten Jahrtausend für eine Jugendzeitschrift schreibt. Inwieweit verändert der Computer Individuum und Gesellschaft?
- Diskutiert Chancen und Gefahren des heraufziehenden Computerzeitalters mit seinen virtuellen Welten.
- „Wir beginnen generell, zwischen unterschiedlichen Wirklichkeitsformen wie selbstverständlich hin- und herzugehen. […] Man sollte sich lustvoll in den elektronischen Welten bewegen – aber nicht nur in ihnen, sondern auch in älteren oder einfach anderen oder künftigen Welten". Hat Welsch mit dieser Behauptung recht?

7. Wozu brauchen wir Menschenrechte?

Was ist hier gerecht?

Geschieht dir ganz recht

Geht mich doch nichts an

Unversöhnliche Gegensätze?

Mohammad stürzte sich auf Freydoun mit einem Gebrüll, als sei er ein Staudamm, der mit Getöse bricht. Die ganze Wut auf Freydoun, die sich in den vergangenen Wochen angestaut hatte, brach aus ihm heraus.

„Aufhören! Auufhören!", schrie Farideh und sie spürte, wie ihr die Tränen aus den Augen schossen. Sie hatte entsetzliche Angst. Dann hörte sie, wie einer von den beiden mit dem Hinterkopf auf dem Asphalt des Schulhofes aufschlug. Sie sah vier Arme und Beine, zwei Körper, die sich auf dem Boden wälzten. Keiner von beiden gab noch einen Laut von sich. Sie kämpften stumm und verbissen. […]

Farideh hat Hamid nie so zornig erlebt wie an diesem Nachmittag. Er hatte sie alle vier ins Büro holen lassen. […] „Ihr seid alt genug, um zu wissen, wie viel Leid der Krieg zwischen dem Iran und dem Irak den Menschen in ihren Ländern zufügt. Ich verlange von euch, […] dass ihr begreift, was Feindschaft bedeutet! Ihr erfahrt es doch am eigenen Leib! Feindschaft bedeutet: Zerstörung, Flucht und Tod!"

Wenn sie nicht lernten, trotz aller Gegensätze miteinander zu leben, dann würde sich die Welt nie verändern. „Dann wird der Krieg zwischen unseren Völkern nie ein Ende haben. Dann werdet ihr, du, Freydoun, du, Mohammad, du, Cyrus, und hunderte anderer Jungen, die vor diesem Krieg geflüchtet sind, ihr Leben lang in der Fremde bleiben müssen. […] Ich will, […] dass es hier im Heim Freundschaft gibt und keine Feindschaft. Ich will, dass ihr alle darüber nachdenkt. Und ich wünsche mir, dass du, Freydoun, und du, Mohammad, dass ihr beide euch gegenseitig akzeptiert. Wenigstens das!"

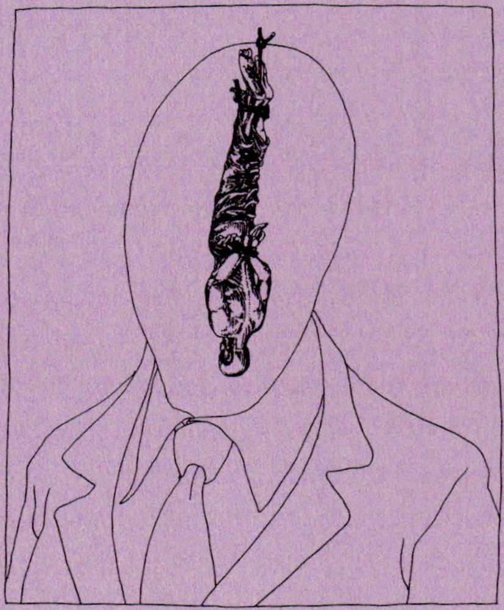

Innere Angelegenheit

Wenn ihr wissen wollt, ob Mohammad und Freydoun es schaffen, könnt ihr in folgendem Buch weiterlesen: Angelika Mechtel, Flucht ins fremde Paradies. Ravensburger Buchverlag Otto Maier GmbH, Ravensburg 1990, S. 69.

Dazu hast du kein Recht!

Das lasse ich mir nicht gefallen!

Alles, was recht ist

Woher nimmst du dir das Recht, mir das anzutun?

Kinder haben Rechte.

1 Gleichheit

2 Gesundheit

3 Bildung

4 Spiel und Freizeit

5 Freie Meinungsäußerung, Information und Gehör

6 Gewaltfreie Erziehung

7 Schutz im Krieg und auf der Flucht

8 Schutz vor wirtschaftlicher und sexueller Ausbeutung

9 Elterliche Fürsorge

10 Betreuung bei Behinderung

unicef

Kinderhilfswerk der Vereinten Nationen

(vgl. auch Anhang S. 262 ff.)

Auszug aus der Erklärung der Menschenrechte von 1789 in Frankreich:

Art. 1

Die Menschen sind und bleiben von Geburt an frei und gleich an Rechten ...

Art. 4

Die Freiheit besteht darin, alles tun zu können, was dem anderen nicht schadet ...

Art. 10

Niemand darf wegen seiner Meinung, selbst religiöser Art, belangt werden.

Art. 11

Freie Gedanken- und Meinungsfreiheit ist eines der kostbarsten Menschenrechte; jeder Bürger kann daher frei schreiben, reden und drucken ...

Hass und Gewalt sind oft Ursache für die Verletzungen von Menschenrechten. Häufig stehen religiöse und politische Konflikte dahinter.

- Zähle Menschenrechtsverletzungen auf. Beobachte dazu deine Umgebung und Berichte in Zeitungen und Fernsehen.
- Überlege, warum es nötig ist, auf die Rechte von Kindern aufmerksam zu machen.

Warum gibt es Kriege?

We didn't start the fire

Der amerikanische Rocksänger Billy Joel deutet in seinem Lied in Stichworten unzählige gewaltsame Konflikte und Kriege an, die sich in den letzten Jahren auf der Welt ereignet haben. Hört euch dieses Lied an und übersetzt die von uns ausgewählten Strophen in Arbeitsgruppen. Versucht herauszufinden, was sich hinter den einzelnen Namen und Ereignissen verbirgt, und sammelt Informationen darüber (z.B. Zeitungsausschnitte). Stellt anschließend eine Liste mit Gründen zusammen, warum Menschen eurer Meinung nach immer wieder Kriege machen.

We didn't start the fire
It was always burning
Since the world's been turning
We didn't start the fire
No we didn't light it
But we tried to fight it

Birth Control, Ho Chi Minh, Richard
Nixon back again
Moonshot, Woodstock, Watergate, Punk Rock
Begin, Reagan, Palestine, Terror on the airline
Ayatollah's in Iran, Russians in Afghanistan

Wheel Of Fortune, Sally Ride,
Heavy Metal, Suicide
Foreign debts, Homeless Vets, Aids*,
Crack, Bernie Goetz
Hypodermics on the shores,
China's under martial law
Rock and Roller Cola Wars, I can't take it
anymore

We didn't start the fire
It was always burning
Since the world's been turning on us
We didn't start the fire
But when we are gone
Will it still burn on, and on, and on,
and on ...

CD: Billy Joel, Storm Front

▶ Hat Billy Joel Recht, wenn er meint, dass das Feuer immer weiterbrennen wird?

Fernand Léger, Soldat mit Pfeife

▶ Kennst du die Redewendung „Eine Friedenspfeife rauchen"? Was könnte sie mit dem Bild zu tun haben?

Art. 38
Es gibt Länder, wo Kinder Soldaten sind und in den Krieg ziehen müssen. Krieg ist aber kein Spiel und Kinder müssen davor geschützt werden, als Soldaten teilzunehmen. Wenn in einem Land Krieg geführt wird, müssen die Kinder, die Frauen und die alten Menschen besonders geschützt werden.

UNO*-Konvention über die Rechte des Kindes

Das Ziel des Krieges

Carl von Clausewitz (1780–1831) war General in der preußischen Armee, die gegen Napoleon kämpfte, und Militärschriftsteller. Mit seinem Buch „Vom Kriege", aus dem der folgende Auszug stammt, wurde er zum Begründer der modernen Kriegstheorie.

Wir wollen hier nicht eine komplizierte Definition des Krieges liefern, sondern nur über ein Element des Krieges nachdenken, über den Zweikampf. Der Krieg ist nichts anderes als ein erweiterter Zweikampf. Wenn wir uns die unzähligen Zweikämpfe, aus denen er besteht, als Einheit vorstellen, so können wir sie mit zwei Ringenden vergleichen. Jeder versucht erstens den anderen durch physische Gewalt zur Erfüllung seines Willens zu zwingen. Zweitens versucht er den Gegner niederzuwerfen und dadurch unfähig zum Widerstand zu machen.

Der Krieg ist also ein Akt der Gewalt, um den Gegner zur Erfüllung seines Willens zu zwingen. Die Gewalt rüstet sich mit den Erfindungen der Wissenschaft aus, um der gegnerischen Gewalt zu begegnen. Unmerkliche, kaum nennenswerte Beschränkungen, die sie sich selbst im Namen des Völkerrechts setzt, begleiten sie, ohne ihre Kraft wesentlich zu schwächen. Der Zweck dieser physischen Gewalt ist es, dem Feind unseren Willen aufzuzwingen. Um diesen Zweck sicher zu erreichen, müssen wir den Feind wehrlos machen. Dies ist das eigentliche Ziel des Krieges.

nach Carl von Clausewitz

- Fasse mit eigenen Worten zusammen, welche Funktion Kriege haben.
- Was meint Carl v. Clausewitz damit, dass der Krieg ein „erweiterter Zweikampf" (Z. 4) ist? Lässt sich diese These angesichts der modernen Massenvernichtungswaffen (vgl. S. 184 f.) heute noch aufrechterhalten?

Pablo Picasso, Guernica.
Picasso malte dieses Bild nach der Bombardierung und der totalen Zerstörung der Stadt Guernica im spanischen Bürgerkrieg 1937.

- Informiert euch darüber, was damals in der baskischen Stadt Guernica geschah.
- Welche Rolle spielen die Tiere (Stier, Pferd, Pegasus) in Picassos Darstellung?
- In welchem Zusammenhang steht das Bild „Guernica" mit dem Text von Carl v. Clausewitz?

Welche Wege führen zum Frieden?

Paul Klee, Haupt- und Nebenwege

Ist Frieden möglich?

Von den zwei Wegen

Behandelt die Menschen so, wie ihr selbst von ihnen behandelt werden wollt [...]. Geht durch das enge Tor! Denn das Tor, das ins Verderben führt, ist breit und die Straße dorthin ist es auch. Viele sind auf ihr unterwegs. Aber das Tor, das zum Leben führt, ist eng und der Weg dorthin schmal! Nur wenige finden ihn.

Auszug aus der Bergpredigt*, Matthäus Kap. 7, Vers 12–14

- Der Text „Von den zwei Wegen" stammt aus einer Rede von Jesus. Er beschreibt hier seine eigentliche Aussage mit einem Bild. Zeichnet dieses Bild und schreibt dann eine kurze Interpretation des Textes.
- Betrachtet das Bild von Paul Klee und überlegt, was es mit Jesu Rat zu tun haben könnte.
- Welcher Weg zum Frieden wäre für euch ein Hauptweg, welcher Weg wäre ein Nebenweg?

Von der Liebe zu den Feinden

Ihr habt gehört, dass gesagt worden ist: Du sollst deinen Nächsten lieben und deinen Feind hassen. Ich aber sage euch: Liebet eure Feinde und betet für die, die euch verfolgen [...]; denn er lässt seine Sonne aufgehen über die Bösen und die Guten und er lässt regnen über Gerechte und Ungerechte. Wenn ihr nämlich nur die liebt, die euch lieben, welchen Lohn könnt ihr dafür erwarten?

Auszug aus der Bergpredigt, Matthäus Kap. 5, Vers 43–46

Streitet, aber bringt euch nicht um!

Zeichnung von Pablo Picasso
für amnesty international*

Das halten wir oft im Kopf nicht aus. Aber Jesus sagt es tatsächlich: Christen seid ihr erst, wenn die Nächstenliebe die Feindesliebe mit einschließt.

„Bei aller Liebe – irgendwo ist doch Schluss", reagiert normalerweise unser Verstand. Dagegen Jesus: Nein, das Wesen der Liebe ist ihre Grenzenlosigkeit. Nur Liebe, die vor keinem Bereich unserer Existenz Halt macht, ist Liebe. Also muss die Liebe auch die Politik durchdringen. Schon das Wort Feindesliebe wäre ein Widerspruch in sich, wenn Jesus seine Vorstellung von Liebe unpolitisch gemeint hätte. Jesus war nicht schizophren. Wir können Gott nicht lieben, wenn wir ihn nicht in den Menschen lieben. Wer aber Menschen wirklich liebt und Gott in ihnen liebt, darf der seinen Schwestern und Brüdern millionenfach mit atomarer Vernichtung drohen?

Gerade bei seiner Forderung nach Feindesliebe erweist sich Jesus als der große Realist. [...] Jesus erkennt zunächst an, dass wir immer Feinde haben werden. An Feinden wird man niemals Freude haben. Vor ihnen muss man auf der Hut sein. Ganz unchristlich ist mit Sicherheit jener sentimentale Pazifismus*, der das Böse als Tatsache leugnet. Hier wird Pazifismus mit Trottelhaftigkeit verwechselt, die mit Jesus nicht das Geringste zu tun hat. Genau diese ewige Verwechslung ist es, die vielen Menschen Jesus als eine unwirkliche Kitsch- und Kultfigur erscheinen lässt. Wer nicht von den Realitäten ausgeht, sollte sich besser nicht auf Jesus berufen. Pazifismus, der sich auf Jesus beruft, meint: Erkenne auch in deinem Feind deinen Bruder – aber es kann dennoch sein, dass er dein Feind bleibt. Streitet, aber bringt euch nicht um! Und vergiss nicht: Dein größter Feind sitzt in dir. Auch ihn sollst du lieben, das heißt annehmen und nicht verdrängen. Das Böse ist ein Teil von dir. Sei realistisch zu dir selbst. Feindesliebe heißt: Geh immer von den Realitäten aus, aber bleib niemals bei ihnen stehen!

Franz Alt, Fernsehjournalist

- ▶ Beschreibe mit eigenen Worten das Prinzip der Feindesliebe.
- ▶ „Dein größter Feind sitzt in dir" (Z. 33): Wie ist das zu verstehen?
- ▶ Gedankenexperiment: Carl von Clausewitz beabsichtigt, den Feind wehrlos machen. Diskutiert darüber, ob auch die Feindesliebe den Feind wehrlos machen kann.

Wie können wir gewaltlos handeln?

Nicht nur im Christentum, sondern auch in anderen Religionen gelten Liebe und Gewaltfreiheit als Prinzipien moralischen Handelns. Der indische Politiker Mahatma Gandhi organisierte in der 30er-Jahren die indische Unabhängigkeitsbewegung gegen die britische Kolonialmacht.*

Der friedliche Salzmarsch

Vom 12. März bis zum 4. April 1930 marschierte Gandhi mit 78 Gleichgesinnten 241 Meilen von Ahmedabad nach Dandi. Er wollte mit diesem Marsch, dem sich tausende Inder anschlossen, gegen eine von den britischen Behörden erhobene Salzsteuer protestieren, die von jedem Bürger Indiens im Jahr drei Tageseinkommen forderte. Gandhi kritisierte, dass diese Steuer vor allem die Ärmsten träfe, weil sie einen höheren Salzbedarf als die Reichen hätten, die nicht unter der dörrenden Sonne auf den Reisfeldern arbeiten müssten. Die britische Verwaltung blieb hart und so begann der Marsch, begleitet von unzähligen Journalisten.

In vollständigem Schweigen marschierten die Gandhileute auf und hielten etwa hundert Yards von der Einfriedung entfernt. Eine ausgewählte Schar löste sich aus der Menge, watete durch den Graben und näherte sich dem Stacheldrahtzaun … Plötzlich ein Kommando und Haufen von indischen Polizisten stürzten sich auf die herandrängenden Demonstranten und ließen Schläge mit ihren stahlbeschlagenen Lathis auf ihre Köpfe regnen. Nicht einer der Demonstranten erhob auch nur einen Arm, um die Schläge abzuwehren. Sie fielen um wie die Kegel. Dort, wo ich stand, hörte ich die krank machenden Schläge der Keulen auf ungeschützte Schädel. […] Die Niedergeschlagenen fielen mit ausgebreiteten Armen hin, bewusstlos oder sich krümmend mit gebrochenen Schädeln oder Schultern … Da gab es keinen Kampf, kein Handgemenge, die Demonstranten marschierten einfach vorwärts, bis sie niedergeschlagen wurden.

United Press

Das dauerte stundenlang, das dauerte tagelang. Hierbei verlor England das Gesicht. Es zeigte sich, dass seine Macht nicht unüberwindlich war und dass der Tag kommen würde, wo es die Regierung in die Hände derer würde abgeben müssen, die sich, ohne Widerstand zu leisten, seinen Stockschlägen stellten. Die Geschlagenen wurden die Sieger.

▶ Warum haben sich Gandhis Anhänger nicht gewehrt?

▶ Projekt: Gestaltet eine Wandzeitung über Gandhi.

Tipps für weitere Informationen:
- Volker Lange, Mahatma Gandhi – Der gewaltlose Rebell, dtv junior, München 1995.
- Video: Gandhi, auszuleihen bei Medienzentralen, 4300066.

Im politischen Kampf wurden gewaltsame Mittel seit jeher als legitim akzeptiert. Gandhi war bemüht diese Tradition mit Wort und Tat zu durchbrechen.

Gewaltlosigkeit als moralische Stärke

Die Idee des gewaltfreien Widerstandes (oft ziviler Ungehorsam genannt) hat ein starkes Echo in der Welt gefunden und wird heute auch von Menschen vertreten, die sich nicht mit Gandhi beschäftigt haben und die sich nicht auf Gandhi berufen. Verzicht auf Gewalt ist allmählich zum Postulat[1] vieler Einzelpersonen und Bewegungen geworden.

Meistens wird erwartet, dass Verzicht auf Gewalt im politischen Kampf auf irgendeine Weise gerechtfertigt wird, obwohl doch eigentlich das Umgekehrte richtig wäre: Die Anwendung von Gewalt, insbesondere das Töten und Verletzen von Menschen, müsste als etwas Ungeheures empfunden werden, das in jedem einzelnen Fall der Rechtfertigung bedarf …

Es soll auch dann auf Gewalt verzichtet werden, wenn der Gegner zu Gewaltmaßnahmen greift und wenn Menschen in der Lage wären, die Gewalt des Gegners mit überlegener Gewalt zu vergelten und einen Sieg über ihn zu erreichen. Der prinzipielle Gewaltverzicht soll ein Ausdruck der moralischen Stärke, nicht aber der Feigheit oder der taktischen Schwäche sein.

Beim prinzipiellen Gewaltverzicht kann das Motiv der Selbstvervollkommnung, des Reinbleibens von Schuld und Sünde sowie der eigenen personalen Integrität eine Rolle spielen. Motive dieser Art sollten nicht unterschätzt werden. Beim prinzipiellen Gewaltverzicht handelt es sich aber in erster Linie um die Einstellung zum anderen Menschen, zum politischen Gegner.

In diesem Fall haben wir es mit [der] folgenden ethischen Idee zu tun. Jeder Mensch, auch der Opponent, der Gegner, der Feind (Gandhi würde sagen „der sogenannte Feind", weil er niemanden zum Feind abwerten wollte) ist als Mitmensch unser Nächster. Er darf uns nie [so] dermaßen fremd werden, dass wir auf sein Schicksal keine Rücksicht nehmen. Sogar im Falle des schärfsten Konflikts dürfen wir das Gefühl einer ganz elementaren Verbundenheit mit dem politischen Gegner nicht verlieren. Auch sein Leben [hat] einen hohen Wert. In unserer Handlungsstrategie berücksichtigen wir demnach nicht nur das Wohl und Wehe unserer eigenen Gemeinschaft, sondern auch das des Gegners. Wir sind bereit auf gewisse technisch vohandene und eventuellen Erfolg versprechende Mittel zu verzichten, wenn sie zur physischen Vernichtung des Gegners oder sogar nur zu seiner psychischen Degradierung führen sollten.

Ija Lazari-Pawlowska, polnische Philosophin

1 Postulat: unbedingte (sittliche) Forderung

▶ Warum bedeutet Gewaltlosigkeit moralische Stärke?

Gewaltlosigkeit und ziviler Ungehorsam

Gewaltlosigkeit in jeder Situation?

Die relativ günstigen politischen Umstände zurzeit seines Wirkens wurden von vielen besonders stark hervorgehoben, als Gandhi sich 1938 an Juden in Deutschland mit dem Rat wandte, sie sollten gegen die Nationalsozialisten einen ähnlichen Widerstand leisten wie die Inder gegen die britische Regierung oder wie die indische Minderheit in Südafrika. In einem offenen Brief an Gandhi versuchte Martin Buber 1939 die wirkliche Situation der Juden darzustellen.*

An Mahatma Gandhi

Juden werden verfolgt, beraubt, misshandelt, gepeinigt, umgebracht. Und Sie, Mahatma Gandhi, sagen, ihre Lage in dem Lande, in dem ihnen dies widerfährt, entspräche genau der Lage der Inder in Südafrika zur Zeit, als Sie dort Ihre berühmte Kampagne des gewaltlosen Widerstandes eröffneten. [...] Aber wissen Sie, oder wissen Sie nicht, Mahatma, was ein Konzentrationslager* ist und wie es darin zugeht, [...] welches seine Methoden des langsamen und des schnellen Umbringens sind? [...] Die Inder wurden in Südafrika verachtet und verächtlich behandelt, aber rechtlos waren sie nicht, vogelfrei waren sie nicht. Und meinen Sie etwa, ein Jude könnte in Deutschland auch nur einen einzigen Satz eines Vortrags wie jenes von Ihnen öffentlich aussprechen, ohne niedergeschlagen zu werden?

Martin Buber

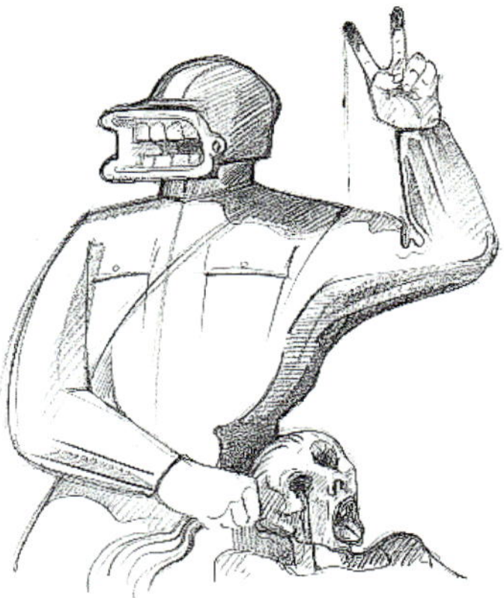

Über die Unmöglichkeit von Gewaltlosigkeit

Nein, wenn einer meine linke Wange schlägt,
halt ich ihm nicht noch die rechte hin
und es hat mich immer wieder aufgeregt,
wenn ich irgendwann erniedrigt worden bin.

Und ich seh nicht ein, dass ich
meinen Feind noch lieben soll,
wenn der seine Waffe auf mich richtet.
Und ich halte es durchaus für würdevoll,
wenn ein Sklave seinen Peiniger vernichtet.

Mensch, solange wir die Welt
mit unsern Feinden teilen,
darf man nicht mit bloßen Händen stehn,
dass die Wunden der Erfahrung uns nicht heilen
und nicht schlimmre Wunden uns entstehn.

Wenn du glaubst, Verzicht auf Kampf
wär höhere Gerechtigkeit
und du trägst dies alles mit Geduld,
sollst du wissen, an der schlimmsten Grausamkeit
trägst du selber ja die größte Schuld.

Bettina Wegner, Liedermacherin

- Was kritisieren Martin Buber und Bettina Wegner am Prinzip der Gewaltlosigkeit?
- Führt eine Pro-und-contra-Diskussion über den gewaltlosen Widerstand.
- Vorschlag für ein Referat: Informiert euch über die öffentliche Diskussion um das gewaltsame Eingreifen einer europäischen Friedenstruppe im Bürgerkrieg im ehemaligen Jugoslawien.
- Projekt: Schreibt an die demokratischen Parteien, die im Bundestag vertreten sind, und bittet um Informationsmaterial zu diesem Thema. Wertet dieses Material in Arbeitsgruppen aus und tragt es vor.

Deutscher Bundestag, Platz der Republik 1, 11011 Berlin,
Tel. (030) 227-0, Fax (030) 227-3 68 78,
E-Mail: mail@bundestag.de, http://www.bundestag.de

Was ist ziviler Ungehorsam?

Der amerikanische Philosoph John Rawls hat 1974 ein Buch mit dem Titel „Eine Theorie der Gerechtigkeit" geschrieben. Darin entwickelt er verschiedene Vorstellungen, wie eine gerechte Gesellschaft verwirklicht werden kann, von der auch die sozial Schwachen profitieren. Der zivile Ungehorsam ist für John Rawls ein Mittel, um mehr Gerechtigkeit zu erreichen. (Vgl. Kap. 8, S. 140 f.)*

Der zivile Ungehorsam ist eine öffentliche, gewaltlose und gewissensbestimmte Handlung. Politisch ist sie jedoch gesetzeswidrig. Sie soll eine Änderung der Gesetze oder der Regierungspolitik herbeiführen. Mit solchen Handlungen wendet man sich an die Mehrheit der Gesellschaft und erklärt, dass die Grundsätze der gesellschaftlichen Zusammenarbeit zwischen freien und gleichen Menschen (vgl. S. 133) nicht beachtet worden sind. Zur Rechtfertigung des zivilen Ungehorsams beruft man sich nicht auf die Grundsätze der persönlichen Moral oder auf religiöse Lehren. Dies wird auch dann nicht getan, wenn die persönliche Moral und die religiösen Lehren mit den aktuellen Forderungen übereinstimmen. Es ist selbstverständlich, dass sich ziviler Ungehorsam nicht allein mit Gruppen- oder Eigeninteressen begründen lässt. Man beruft sich stattdessen auf die gemeinsame Gerechtigkeitsvorstellung, die der politischen Ordnung zugrunde liegt. Ich nehme an, dass es in einem gerechten demokratischen System eine öffentliche Gerechtigkeitsvorstellung gibt, von der sich die Bürger in politischen Angelegenheiten leiten lassen und nach der sie die Verfassung interpretieren.

Ziviler Ungehorsam ist eine öffentliche Handlung. Sie bezieht sich nicht nur auf öffentliche Grundsätze, sondern sie findet auch in der Öffentlichkeit statt. Sie muss von vielen Menschen wahrgenommen werden. Man kann den zivilen Ungehorsam mit einer öffentlichen Rede vergleichen, mit einem Appell, der tiefe und gewissenhafte politische Überzeugungen ausdrückt. Deshalb findet der zivile Ungehorsam in der Öffentlichkeit statt und ist aus diesem Grunde gewaltlos.

nach John Rawls, amerikanischer Philosoph

- ▶ Was ist ziviler Ungehorsam? Schreibt in Stichpunkten seine Merkmale heraus.
- ▶ Wann sollte nach der Meinung von John Rawls ziviler Ungehorsam angewendet werden? Was hältst du davon?

Warum sind die Menschenrechte* entstanden?

Menschenrechte sind unteilbar

Nach dem Ende des Zweiten Weltkrieges wurden am 26. Juni 1945 in San Francisco die Vereinten Nationen gegründet. Damit wurde eine überparteiliche und überstaatliche Organisation geschaffen, die das friedliche Zusammenleben der Völker fördert und internationale Konflikte mit gewaltfreien Mitteln zu lösen versucht. Deshalb gehörte auch die Allgemeine Erklärung der Menschenrechte zu den ersten Deklarationen, die von der UNO am 10. Dezember 1948 ausgearbeitet und verabschiedet wurden. 1966 konnten sie durch den Pakt über wirtschaftliche, soziale und kulturelle Rechte ergänzt werden. Beide Vertragstexte bilden seitdem eine Einheit mit einer gemeinsamen Präambel[1]. Sie traten 1976 in Kraft und wurden bisher von 135 Staaten* ratifiziert[2].*

1 Präambel: Einleitung einer Urkunde oder eines Staatsvertrages
2 ratifizieren: einen völkerrechtlichen Vertrag in Kraft setzen

Die Menschenrechte gelten für alle Menschen gleichermaßen „aufgrund ihrer menschlichen Natur"; sie sind unteilbar, unersetzbar und können niemandem abgesprochen werden. Sie tragen allerdings keinen Gesetzescharakter und sind somit international gerichtlich nicht einklagbar. Auf nationaler Ebene wurden sie in Form von Grundrechten von den einzelnen Staaten mehr oder weniger als gesetzliches Recht in die nationalen Verfassungen aufgenommen und können somit von den Bürgerinnen und Bürgern der jeweiligen Staaten eingeklagt werden. In der Bundesrepublik Deutschland enthält das Grundgesetz* in den Artikeln 1–19 allgemeine Menschenrechte (Grundrechte), über deren Einhaltung das Bundesverfassungsgericht wacht.

Am 20. November 1989 verabschiedeten die Vereinten Nationen eine „Erklärung über die Rechte des Kindes", die bis 1994 von 160 Staaten ratifiziert wurde. Sie reicht über den in der „Allgemeinen Erklärung der Menschenrechte" festgelegten Schutz von Kindern und Jugendlichen hinaus und ist auf ihre speziellen Bedürfnisse und Interessen ausgerichtet.

Die Entwicklung der Menschenrechte

Magna Charta Libertatum (1215, England)
Art. 39: Unverletzlichkeit der Person und des Eigentums

Habeas Corpus Akte (1679, England)
Recht auf persönliche Freiheit des Einzelnen; Schutz vor willkürlicher Verhaftung

Bill of Rights* (1689, England)
Festlegung der Rechte des Parlaments

Virginia Bill of Rights (1776, USA)
„Alle Menschen sind von Natur aus gleichermaßen frei und unabhängig und besitzen gewisse angeborene Rechte", Art. 16: religiöse Gewissensfreiheit

Erklärung der Menschen- und Bürgerrechte, (1789 Frankreich)
Allgemeine Rechte, die auf Menschen im Allgemeinen und auf Bürger im Besonderen zutreffen (z. B. Wahlrecht)

Erklärung der Rechte der Frau und Bürgerin (1791, Frankreich) Gleiche Rechte für Mann und Frau

Allgemeine Erklärung der Menschenrechte, (UNO*1948)
Aufstellung individueller Freiheitsrechte (z. B. Meinungsfreiheit), sozialer Rechte (z. B. Recht auf Arbeit*) und gesellschaftlicher* Rechte (z. B. Recht auf Bildung von Gewerkschaften)

Europäische Menschenrechtskonvention (1950)

Die Rechte des Kindes – UNO-Konvention von 1989
Individuelle Freiheitsrechte, soziale und gesellschaftliche Rechte für Menschen bis 18 Jahre

Wiener Menschenrechtskonferenz 1993

▶ Seht euch die Rechte des Kindes auf Seite 111 und im Anhang Seite 262 ff. noch einmal an und diskutiert darüber, welche Rechte für euch besonders wichtig sind.

Wie sind die Menschenrechte entstanden?

▶ Das folgende Bild zeigt einen Gobelin[1] mit Ludwig XIV. bei seinem Einzug in die Bürgerstadt Dünkirchen. Beschreibe anhand des Bildes mit eigenen Worten, welche Funktion Menschenrechte für den einzelnen Bürger und für die einzelne Bürgerin haben.

1 Gobelin: Wandteppich mit Bildern

Der Begründer der stoischen* Philosophenschule Zenon (336–270 v. Chr.) in der Antike verurteilte die Einteilung der Menschheit in verschiedene Gruppierungen, die unterschiedlich viel wert sein sollten. Er berief sich auf den Grundsatz des natürlichen Rechts, wonach alle Menschen allein aufgrund ihres Menschseins als gleichwertig gelten und deshalb mit gleichen Rechten ausgestattet sein sollten.

Diese gleichen Rechte wurden jedoch den Menschen im Mittelalter von den Herrschern (Königen, Fürsten oder Lehnsherren) nicht zugestanden. So konnte z. B. ein Adliger oder Kaufmann in England von den königlichen Beamten willkürlich verhaftet und ohne Gerichtsurteil und die Prüfung der gegen ihn vorliegenden Beschuldigungen hingerichtet werden. Im 13. Jahrhundert kam es deshalb zu Unruhen in England, sodass sich König Johann gezwungen sah der Magna Charta Libertatum, einer Akte der Freiheitsrechte für den Einzelnen, zuzustimmen. Damit erhielt der Einzelne das einklagbare Recht auf die Unversehrtheit seines Körpers. Ihm war es jedoch immer noch nicht erlaubt, seine Meinung zu äußern und sich beispielsweise gegen Anschuldigungen vor Gericht persönlich zu wehren. Auch musste der Untertan den Glauben seines Herrschers annehmen, unabhängig davon, ob er selbst davon überzeugt war oder nicht. Dieses Recht bekam der einzelne Bürger erst durch die „Bill of Rights*“, die ihm Meinungs-, Gewissens- und Religionsfreiheit zusicherte.
Die individuellen Freiheitsrechte der Bürgerinnen und Bürger Europas wurden also durch eine lange Tradition der Auseinandersetzung zwischen den einzelnen Bürgern auf der einen Seite und staatlicher Autorität auf der anderen Seite hart und blutig durch Revolutionen erkämpft.

Frauen, wann hört ihr auf blind zu sein?

Art. 1: Die Frau ist frei geboren und bleibt dem Manne gleich in allen Rechten.

Art. 2: Alle Frauen haben das Recht auf Rechtssicherheit, Freiheit, Eigentum und besonders das Recht auf Widerstand gegen Unterdrückung.

Art. 6: Frauen haben das Recht auf Gleichheit vor dem Gesetz und das Recht auf Zugang zu allen öffentlichen Ämtern.

Art. 10: Die Frau hat das Recht, das Schafott zu besteigen, sie muss gleichermaßen das Recht haben, die Tribüne[1] zu besteigen.

Art. 13: Frauen haben gleiche Rechte und gleiche Pflichten: sie sollen Steuern zahlen und das Recht auf eigene Erwerbsquellen (Arbeit, hohe Ämter) erhalten.

Erklärung der Rechte der Frau und Bürgerin

1 Tribüne: hier: Rednertribüne

▶ Hat die Deklaration von 1791 heute ihre Gültigkeit verloren?

▶ Sollten deiner Meinung nach in das Grundgesetz* der Bundesrepublik Deutschland oder in internationale Menschenrechtserklärungen besondere Rechte für Frauen, wie Olympe de Gouges sie formuliert hat, aufgenommen werden? Warum wurden 1989 eigene Rechte für Kinder von der UNO* verabschiedet?

Olympe de Gouges

Die französische Schriftstellerin und Philosophin Olympe de Gouges (1748–1793) veröffentlichte 1791 während der Französischen Revolution eine Erklärung der Rechte der Frau und Bürgerin mit 17 Artikeln. Sie bezog sich in dieser Deklaration[1] auf Art. 1 der Erklärung der Menschen- und Bürgerrechte von 1789: „Die Männer (frz. les hommes) sind und bleiben von Geburt an frei und gleich an Rechten". Im Französischen hat das Wort l'homme eine doppelte Bedeutung: Es heißt sowohl Mann als auch Mensch. Olympe de Gouges kritisierte, dass sich der Begriff l'homme nur auf männliche Rechte bezog, während das Wort Frau (frz. femme) in der Deklaration von 1789 nicht genannt wurde. Sie forderte deshalb Freiheit, Gleichheit, Brüderlichkeit und Schwesterlichkeit.

In der Präambel[2] der Erklärung der Rechte der Frau und Bürgerin schreibt Olympe de Gouges: „Da die Missachtung der Rechte der Frauen die alleinigen Ursachen öffentlichen Elends und der Korruptheit der Regierungen sind, haben wir uns entschlossen in einer feierlichen Erklärung die natürlichen, unveräußerlichen und heiligen Rechte der Frau darzulegen ..."

1 Deklaration: öffentliche, grundlegende Erklärung
2 Präambel: Einleitung einer Urkunde oder eines Staatsvertrages

◀ Indische Frauen beim Leseunterricht

Entwicklungshilfe – nur für Frauen?

Das Wohlergehen der Familie ist in Afrika Frauensache. Die Frauen sind für die Erziehung der Kinder zuständig, holen Wasser und Brennholz und produzieren die Grundnahrungsmittel.
Wie das Land jedoch genutzt wird, welches Feld zuerst bebaut wird und welches Kind in die Schule gehen darf – das bestimmt der Mann. Fakt ist, die Frauen schuften in Entwicklungsländern weit mehr als ihre Männer, haben aber nicht halb so viele Rechte.
Eine Analyse der Kreditprogramme in fünf afrikanischen Ländern ergab, dass Frauen nur ein Prozent aller landwirtschaftlichen Kredite erhielten. Und von den 960 Millionen Analphabeten weltweit sind zwei Drittel weiblich.
Der Bildungsgrad der Frauen ist jedoch wichtig bei der Familienplanung. Höhere Schulbildung bedeutet durchschnittlich drei Kinder und eine stärkere Position gegenüber dem Mann. Frauen mit wenig Bildung bekommen im Schnitt sieben Kinder.
Lange Jahre haben Entwicklungspolitiker rollenspezifische Unterschiede übersehen und angenommen, dass Männer und Frauen von ihren Entwicklungsprojekten gleichermaßen profitieren würden. Unter Entwicklungsminister Carl-Dieter Spranger (CSU) ist die Einbeziehung der Frauen eine Vorbedingung für die Einrichtung von Entwicklungsprogrammen geworden.
So versucht die Deutsche Gesellschaft für Technische Zusammenarbeit (GTZ) die Politik der Partnerberatung auf wirtschaftlicher und sozialpolitischer Ebene einzubringen.
„Wir wollen mit unseren Projekten den Alltag der Frauen erleichtern. Wenn wir zum Beispiel einen Dorfbrunnen bauen, müssen die Frauen nicht mehr so weit laufen, um das Wasser zu holen", so Simone Westermann von der Deutschen Welthungerhilfe (DW). Zusätzlich haben DW und GTZ spezielle Kreditprogramme für Frauen eingerichtet, mit denen sie sich zum Beispiel eigene Gemüsefelder oder Handelsbetriebe einrichten können. Damit sichern sich die Mütter ein Zusatzeinkommen, das sie meistens in die Bildung und Versorgung der Kinder stecken. Bei diesen Kleinkreditprogrammen schließen sich mehrere Dorfbewohnerinnen zusammen.
„Die Frauengruppen sind wichtig, da sie stärker gegenüber den Männern auftreten können", sagt Westermann. Der individuelle Kredit liegt manchmal nur bei 50 Mark – das reicht für eine Ölpresse oder ein Schaf. Das Geld muss innerhalb eines festgelegten Zeitraums zurückgezahlt werden.

▶ Projekt: Erkundigt euch bei Kinderhilfsorganisationen wie UNICEF oder Plan International (vgl. Adressenverzeichnis) nach Hilfsprogrammen für Mädchen in Afrika, Asien oder Lateinamerika.

Einmischen oder schweigen?

Seit Beitritt zum Europarat

103 Todesurteile in Russland vollstreckt

Moskau (AFP) – In Russland sind seit dem Beitritt des Landes zum Europarat vor einem Jahr 103 zum Tode Verurteilte hingerichtet worden.

Mehr Kinderarbeit

epd **Berlin** – Die Kinderarbeit hat nach Angaben von „Terres des Hommes" weltweit drastisch zugenommen. Die Zahl der arbeitenden Mädchen und Jungen unter 15 Jahren ist auf mehr als …

Frauen ohne Stimme

dpa **Ankara** – Der türkische Ministerpräsident Necmettin Erbakan hat in Ankara auf einer Feier beim Singen der Nationalhymne, die Frauenstimmen in einem Jugendchor …

- Sammelt Zeitungsausschnitte mit Informationen über Menschenrechtsverletzungen aus aller Welt.
- Seht euch noch einmal die Kinderrechte im Anhang an und überlegt, ob es auch in eurer Umgebung (Schule/Wohnort) Kinderrechtsverletzungen gibt. Diskutiert anschließend in der Klasse darüber.
- Diskutiert darüber, warum einige Regierungen ihre politischen Gegner verschwinden lassen.

Kinder als Soldaten

„Kaum ein Tag vergeht in Mosambik, an dem nicht neue grauenvolle Renamo-Attacken die Menschen erschüttern. So am 19. November 1988, als etwa dreihundert Banditen die Alover-Sekundarschule in der Nähe der Stadt Manhica, 75 Kilometer nördlich von Maputo gelegen, angriffen. 22 Menschen wurden umgebracht, vier schwer verletzt und eine unbekannte Zahl verschleppt. Zeugen sagen aus: Die Angreifer seien vor allem bis an die Zähne bewaffnete vierzehn-, fünfzehnjährige Jungen gewesen […]." In den vergangenen Jahren hat die rechtsgerichtete Renamo verstärkt Kinder rekrutiert. Der Grund: In den Siebzigerjahren hatten die Bandenchefs immer häufiger erleben müssen, dass ihnen die Mitglieder wegliefen. Die verschleppten Bauern „desertierten" in den Busch und nahmen lieber das ungewisse Schicksal tagelanger Flucht auf sich, als weiter auf Befehl zu morden. Wegen der wachsenden Anzahl von „Deserteuren" ging die Renamo ab etwa 1980 dazu über, immer mehr Kinder und Jugendliche zu verschleppen […]. Die Parole lautete: Je jünger die Rekruten sind, desto leichter ist es, sie unter Androhung von Prügel und Erschießung zu Killern abzurichten. Kindern könne man leichter Angst einjagen. Kinder seien deshalb „gehorsamer".

- Warum sind Kinder „gehorsamer" als Erwachsene?
- Wie könnten Kinder, die als Soldaten missbraucht wurden, den Weg zurück in ein menschenwürdiges Leben finden? Stellt eine Liste mit Vorschlägen zusammen.

Menschenrechte* – eine innere Angelegenheit?

Demonstration auf dem unabhängigen Forum der Weltfrauenkonferenz in China im September 1995. Mit einem Schweigeprotest demonstrierten Exiltibeterinnen in traditionellen Gewändern und mit verbundenen Mündern.

Phuntsog Yangkyi, eine tibetische Nonne und gewaltlose politische Gefangene, ist Berichten zufolge im Juni 1994 in einem Polizeikrankenhaus gestorben. Ihr Tod soll auf Misshandlungen zurückzuführen sein. Sie gehörte zu mehreren Nonnen [...], die im Gefängnis nach dem Singen von Unabhängigkeitsliedern geschlagen worden waren.

▶ Welche Assoziationen habt ihr, wenn ihr dieses Bild betrachtet?

1950 besetzte die Volksrepublik China Tibet, das bis dahin ein unabhängiges Land gewesen war. Seit 1986 gibt es in Tibet immer wieder Demonstrationen und Proteste gegen die willkürliche Unterdrückung tibetanischer Kultur und ihrer religiösen Tradition, denen sich auch das Oberhaupt des Lamaismus, der Dalai-Lama*, angeschlossen hat.

▶ Diskutiert, ob die Unterdrückung einer kulturellen Tradition gegen die Menschenrechte verstößt. Begründet eure Meinung.

[Die Menschenrechte sind überall gültig und sie sind nicht teilbar.] Unteilbar ist auch die menschliche Freiheit: Wenn sie irgendjemandem auf der Welt bestritten wird, wird sie damit dem Menschen als solchem bestritten und damit indirekt allen Menschen. Deshalb ist es unmöglich, zu Bösem oder Gewalt zu schweigen; Schweigen ist deren Unterstützung.
Als ich zum Beispiel den tibetanischen Dalai-Lama einlud und das erste Staatsoberhaupt war, das mit ihm zusammentraf, haben viele pragmatische Politiker mir das als Torheit vorgeworfen und mich mit dem mahnenden Hinweis auf China erschrecken wollen. China hat uns wegen dieses Besuchers nicht überfallen, hat noch nicht einmal die Kontrakte aufgelöst, aber den Dalai-Lama haben nach mir noch viele Staatsoberhäupter empfangen. Ein gewisses Risiko war sicherlich dabei, doch ich spürte, dass es im Interesse der guten Sache möglich und richtig war, dieses Risiko einzugehen.

Václav Havel

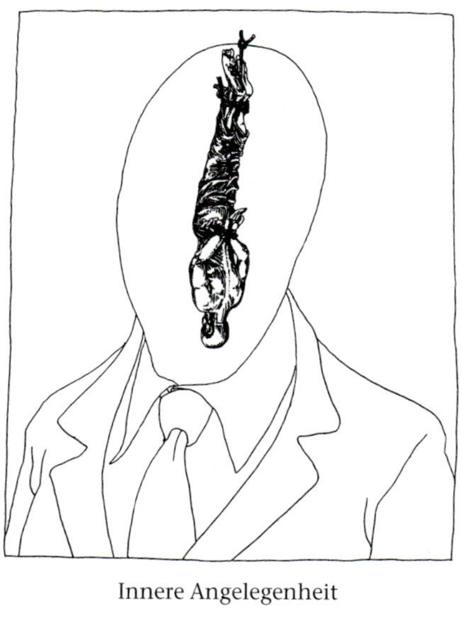

Innere Angelegenheit

▶ Warum war es für Václav Havel ein Risiko, den Dalai-Lama zu empfangen? Welche Rolle spielen wirtschaftliche Aspekte in Bezug auf die Einhaltung der Menschenrechte?

8. Leben in einer demokratischen Gesellschaft

Wenn ich von der Zukunft unserer Gesellschaft rede, spreche ich – wie schon gesagt – zwangsläufig von der Jugend. Unsere Jugend ist das größte Kapital, das wir haben. Wir müssen ihr nur Perspektiven geben. Dazu gehört nicht nur, dass wir keine Schuldenpolitik zu ihren Lasten betreiben, mit der wir ihr alle Spielräume verbauen …*

Roman Herzog

- Findest du die Einstellung von Roman Herzog zutreffend? Fühlst du dich und deine Generation als Zukunftsträger der Gesellschaft?
- Vergleiche die Vorstellungen Roman Herzogs mit den Beispielen der Lebenssituation heutiger Jugendlicher. Was fällt dir auf?

Der 16-jährige Mirco warf sich in Hamburg vor einen S-Bahn-Zug und starb, weil er von einer Bande erpresst und um seinen Lehrlingslohn beraubt wurde. Für die verbreitete Bandenkriminalität Jugendlicher wird die Neid und Gewalt schürende Wohnsituation verantwortlich gemacht: „Das Chaos der Trabantenstädte, in denen die Outlaw-Mentalität grassiert, ist zielstrebig konstruiert worden.“ Menschen unterschiedlicher Herkunft werden in Sozialwohnungen gesteckt. Unter den Sparzwang fallen auch die letzten Schlupfwinkel wie Spiel- und Bolzplätze, Schwimmbäder, Gruppenräume …

Straßenkinder in Rio, in Istanbul, in Mexiko-City oder New York – aber in Deutschland? Die Zahlen sind ernüchternd: Das Deutsche Jugendinstitut in München hat in einer kürzlich veröffentlichten Studie dargelegt, dass pro Jahr etwa 40 000 Kinder aus zerrütteten Familienverhältnissen in die Obdachlosigkeit flüchten. Sie suchen die Freiheit und verlieren sich im Elend. Überall in Deutschland.

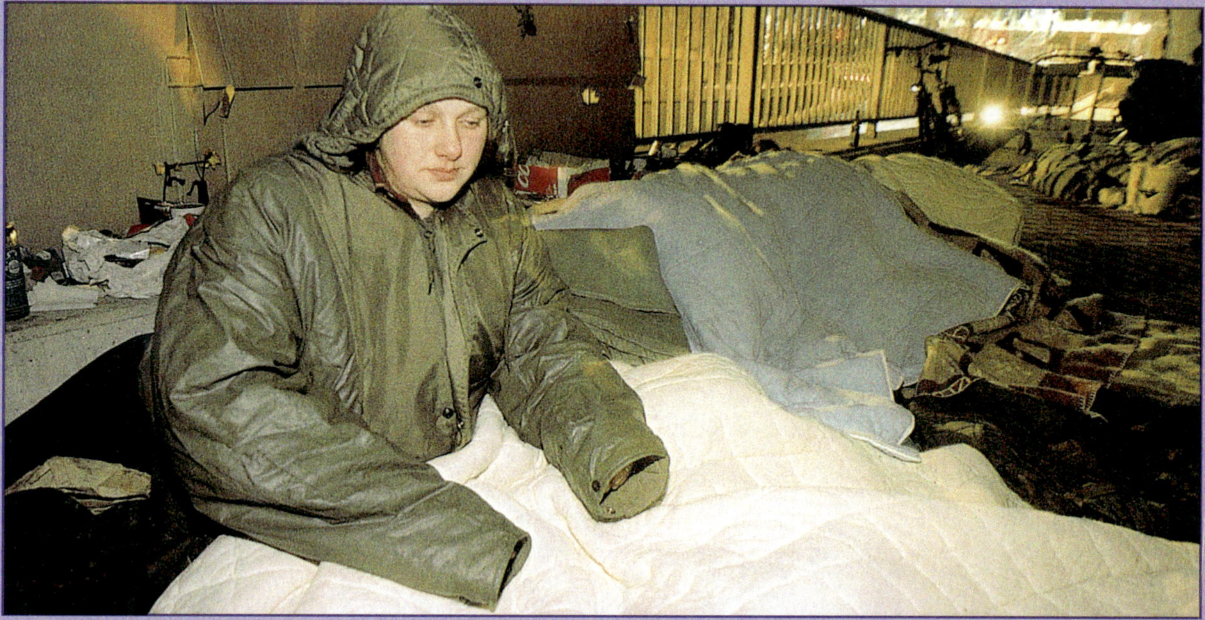

Noch 275 600 Jugendliche ohne Lehrstelle

Bonn (dpa) – Zwei Monate vor Beginn des neuen Ausbildungsjahres suchten Ende Juni bei den Arbeitsämtern 275 600 Jugendliche eine Lehrstelle. Für sie gibt es nur 111 600 freie Plätze.

Damit kommen bundesweit weiterhin auf zwei freie Lehrstellen fünf Bewerber. In [den neuen Bundesländern] sind dies sogar fast sieben Bewerber pro freiem Ausbildungsplatz. Bundesbildungsminister Jürgen Rüttgers (CDU) und der Präsident der Bundesanstalt für Arbeit Bernhard Jagoda riefen gestern zu weiteren Lehrstelleninitiativen auf. Der DGB verlangte ein Ausbildungsgesetz und eine Abgabe von nichtausbildenden Betrieben. Die Länder sollten an den Berufsschulen bereits jetzt mehr Ersatzausbildungsstellen einrichten, um im Herbst die nicht versorgten Jugendlichen unterzubringen.

Jagoda geht davon aus, dass sich von den [zurzeit] nicht versorgten 275 600 Jugendlichen in den nächsten Wochen ein großer Teil ersatzweise für weiterführende Schulen entscheidet. Dennoch müssten Wirtschaft und Verwaltungen in den nächsten beiden Monaten noch mindestens 50 000 zusätzliche Ausbildungsplätze anbieten, „wenn wir mit einem blauen Auge davonkommen wollen".

Das neue Ausbildungsjahr beginnt nach den Schulferien am 1. September. Am 30. September wird bundesweit Bilanz gezogen.

Rüttgers bezeichnete trotz einer leichten Verbesserung in den letzten Wochen die Situation am Lehrstellenmarkt als „nach wie vor unbefriedigend". 09.07.1997

Reaktionen auf die Gesellschaft*

Die Situation, in die Jugendliche heute hineinwachsen, macht es ihnen nicht immer leicht. Viele fühlen sich überflüssig und nutzlos und sehen kaum Perspektiven für ihre persönliche Lebensgestaltung. Manche reagieren aggressiv und manche resignieren, andere passen sich an, wieder andere wollen die Zustände, so wie sie sind, nicht akzeptieren.

Ich muss immer weg, ich kann es einfach nicht zu Hause aushalten. Man merkt beim Tanzen gar nicht, wie schnell die Zeit rumgeht.

Nicole

Über den normalen Weg kann man gegen niemanden etwas unternehmen. Das Einzige, was du machen kannst, du haust ihm immer eins auf die Schnauze.

Udo

Ich hab mir jetzt auch ein Messer zugelegt.

Marcel

Politik und Jugend

[Es gibt diese Behauptung, dass die Jugend politisch desinteressiert und unpolitisch sei. Stimmt diese Behauptung?] Aus eigener Erfahrung kann ich sagen, dass die Jugend [...] durchaus politisch interessiert ist. Man nehme nur die Diskussion um Mururoa und die Atomtests. Mit Parteien haben die Jugendlichen aber wenig am Hut. Die Gründe liegen im schlechten Image der Politik und im [...] langweiligen Parteileben. Was ist zu tun? Die Parteien [...] müssen offen auf die Jugend zugehen und ein Ohr für ihre Probleme [haben]. Dazu gehören eine moderne Parteiarbeit und mehr Mitsprachrecht (Jugendquote). Nur wenn die Jugend mehr Mitsprachrecht erhält, wird sie sich ernst genommen fühlen. Eine intensivere Debatte mit konkreten Maßnahmen zum Thema Jugend muss in den Parteien geführt werden.

Aus einem Redemanuskript von Kai

Politik ist für mich die Herausforderung, Ziele, die man sich setzt, auch durchzusetzen.

Kai

Im Fußballverein habe ich keine Probleme. Da zählen nur Einsatz und Kameradschaft.

Murat

Meine politische Meinung werde ich nie auf den Dachboden stellen und verstauben lassen.

Hanna, Stadtschulsprecherin von Darmstadt

Beim Engagement in den Parteien habe ich immer das Gefühl, dass man da in ein vorgefertigtes Raster reingepresst wird. Ein Modell, anders zu arbeiten, sind Projektwerkstätten, die ich bei einem AUFTAKT-Festival in Magdeburg kennen gelernt habe. Es gibt ganz unterschiedliche Projektwerkstätten, welche, die sich selbst versorgen auf einem richtigen Bauernhof, und manche, wo es nur ein Büro gibt und alle ein Auto fahren. Es gibt keine Vorschriften. Meistens bestehen die Projektwerkstätten aus Leuten, die sich kennen und absprechen, [welche] Projekte man macht.

Ingo

▶ Sind dir einige der hier vorgestellten Reaktionen aus deinem eigenen Umfeld bekannt? Sprecht in der Klasse darüber. Ergänzt die Auswahl durch weitere Beispiele.

▶ Vergleicht die unterschiedlichen Reaktionsformen und fragt nach ihren Ursachen.

▶ Wie reagiert ihr auf eure gesellschaftliche Situation?

Ein Traum von einem Staat*

Die Hutterer

Der Traum

Träume ich? Sitze ich hier wirklich in der Sonntagsschule und rolle mit scheinheiliger Miene spuckeverkleisterte Löschpapierkugeln? Sind dies etwa meine Mitschüler, die Jungen auf der linken Seite des schmucklosen Schulraums, die Schnürschuhe blitzblank? Und auf der rechten die Mädchen, ein Schneegestöber aus weiß gepunkteten Kopftüchern, kaum zu sehen die blassen Gesichter über den hoch geschlossenen Kragen, kaum zu sehen irgendetwas außer weiter, wallender Tracht – träume ich?

Ja, ich träume, aber dieser Traum ist wahr! Ich sitze hier wirklich im Einheitsjanker, mit Linealscheitel und blanken Schuhen, von meinen Nachbarn kaum zu unterscheiden, mir selber schon seit Wochen ein Fremder – ein Hutterer.

Denn schon seit Wochen, die mir wie Jahre erscheinen, lebe ich in der „Brudergemeinde Wilson" und entdecke mitten im nordamerikanischen Westen, nicht weit von den kanadischen Rocky Mountains, ein Stück lebendiger deutscher Vergangenheit: das in Deutschland längst vergessene Volk der Hutterer, Anhänger des 1536 in Innsbruck auf dem Scheiterhaufen verbrannten Wiedertäufers* Jakob Hutterer, seit 450 Jahren auf leidvoller Pilgerschaft durch die ganze Welt, „getrieben aufs Feld wie eine Herde Schafe", wie es in der Hutterer-Chronik heißt.

Bis heute sind die Hutterer ihren Mitmenschen vor allem deshalb ein Dorn im Auge, weil sie die Bibel* strikt beim Wort nehmen. Die Zehn Gebote sind ihnen wirklich Gebot, Kriegsdienst und Ehebruch ein Gräuel, Fluch und Neid vom Teufel. Damit sie ihren Nächsten lieben können wie sich selbst, haben die Hutterer 300 Jahre vor Karl Marx* das Privateigentum abgeschafft und leben seither nach dem Grundsatz: „Jeder gibt, was er kann, und kriegt, was ihm not ist." Das war im Reich Kaiser Karls V. eine ebenso provokante Lebensmaxime wie heute in der Welt von „General Motors" und „McDonalds". [...]

Doch zunächst und vor allem empfinden sie sich als Hutterer, als „Gottes heiliges Volk, das Er sich auf dem ganzen Erdenkreis auserwählet und berufen hat aus allen Völkern", wie es in einem hutterischen Kindergebet heißt, „darum wir auch von allen Menschen verschmähet, verfolget und verhasset sein".

Politische Utopie

Zu allen Zeiten und in allen politischen Systemen haben die Unzufriedenheit mit den bestehenden gesellschaftlichen Verhältnissen und die Kritik an ihnen zu politischen Gegenmodellen geführt. [...] Der Journalist Michael Holzach machte das Experiment und lebte ein Jahr in zwei Gemeinden deutscher Hutterer in der kanadischen Provinz Alberta am Fuß der Rocky Mountains. Dort verwirklichen sie seit über 100 Jahren ihren Traum von einer Gesellschaft*, die ohne soziale Ungerechtigkeit, ohne Konsumdenken und Gewalt auskommt. Die Gemeinschaft der Hutterer wurde im Mittelalter von dem Tiroler Hutmacher Jakob Hutterer gegründet, wanderte aber, weil sie wegen ihrer Prinzipien verfolgt wurde, zunächst nach Russland aus und von dort weiter nach Amerika. Ihre Muttersprache ist aber immer noch Deutsch.

Die Hutterer sind strenge Pazifisten und lehnen jede Form von Privateigentum ab. Alle pflegen Gütergemeinschaft und das, was jeder an persönlichen Dingen braucht, wie z. B. Kleidung, ist genau festgelegt.

Kein Aspekt des hutterischen Lebens fasziniert mich so wie die Verdammung des Eigentums […]. Von der Hoffnung, dass mit dem materiellen Wohlstand auch das Glück und die Erfüllung des Lebens erreicht wird, lebt man im Osten wie im Westen, […] eine Alternative aber ist es nicht. […] Besitz macht also nicht frei, er bindet.

Utopie oder Zukunftswerkstatt?

Der Philosoph Ernst Bloch sieht einen Unterschied zwischen dem normalen nächtlichen Traum und solchen bewussten Träumen, die sich auf wirkliche Ziele oder auf ein anderes Leben richten.*

Nicht nur nachts, sondern auch tagsüber wird geträumt. Sowohl nächtliche Träume als auch Tagträume werden von Wünschen und Sehnsüchten bestimmt und Versuchen, sie zu erfüllen. Aber sie unterscheiden sich dadurch, dass im Tagtraum das Ich noch bewusst da ist. Im Tagtraum malt sich eine Person bewusst Zustände oder Bilder eines besseren, zukünftigen Lebens für sich persönlich aus. Der nächtliche Traum dagegen bezieht sich meistens auf schon erlebte Ereignisse in der Vergangenheit. Das Tagträumen reicht von persönlichen Wünschen und Sehnsüchten bis zu weltverbessernden Plänen, die nicht mehr auf das Individuum alleine bezogen sind. Es bleibt jedoch leicht eine Schwärmerei, die die Realität überfliegt. Dieses Tagträumen kann uns aber trotzdem innerlich lebendig erhalten, indem wir ein Ziel in der Zukunft anstreben.

nach Ernst Bloch

- ▶ Utopie heißt im Wortursprung Nicht-Ort. Versuche ausgehend von Blochs Erklärung den Begriff zu erläutern. Informiere dich über den Unterschied von Illusion und Utopie.
- ▶ Viele politische Utopiemodelle haben nicht den Anspruch, sich direkt verwirklichen zu lassen. Worin siehst du dann den Sinn einer politischen Utopie?
- ▶ Ist die Gemeinschaftsform der Hutterer eine Utopie? Begründe deine Meinung.

Mit politischen Utopien können viele Leute nichts anfangen, da sie nur die Gedanken von einigen wenigen sind. Robert Jungk schlug deshalb vor, Zukunftswerkstätten zu gründen, bei denen jeder mitarbeiten kann. In der ersten Phase sollen alle Einwände und Vorwürfe gegen den vorherrschenden Zustand formuliert werden. Dabei muss man sich auf einen bestimmten Bereich konzentrieren, z. B. auf die Schule oder auf die Familie. In der zweiten Phase können alle Teilnehmer Ideen zur Veränderung des gegenwärtigen Zustands äußern. Diese Ideen werden gesammelt, unabhängig davon, ob ein Vorschlag machbar oder sinnvoll ist. In der dritten Phase wird über die Vorschläge diskutiert. In der vierten Phase überlegen sich alle Teilnehmer Strategien, die eine Verwirklichung ermöglichen.

- ▶ Bilde mit deiner Klasse eine Zukunftswerkstatt zu einem Thema, das euch besonders interessiert.
- ▶ Versuche nach dieser Methode ein eigenes utopisches Gesellschaftsmodell zu erstellen.
- ▶ Kennst du wichtige Utopievorstellungen Jugendlicher in der heutigen Zeit?

Der Staat* – was ist das?

Offensichtlich fühlen sich viele Menschen oder Gruppen durch den Staat nicht so vertreten, wie sie es wünschen oder sich erträumen. Leicht können sich da Gefühle wie Politikverdrossenheit und Ablehnung staatlicher Institutionen einstellen, was dazu führt, dass man sich gesellschaftspolitisch und politisch nicht so engagiert, wie es möglich wäre. Der so oft festgestellte Widerspruch zwischen unseren Utopien von gesellschaftlichem Zusammenleben und der politischen Wirklichkeit führt zu einer grundsätzlichen Frage: der Frage nach der Notwendigkeit des Staates und seiner Funktion. Darüber haben sich auch in der Vergangenheit Staatsphilosophen Gedanken gemacht, die nicht ohne Folgen für unser heutiges Staatsverständnis geblieben sind.*

Der englische Philosoph Thomas Hobbes (1588–1679) gilt als Begründer der modernen Staatsphilosophie. In seinem Werk „Leviathan" (1651) gibt er eine Antwort auf die Ursachen der Staatsbildung und definiert, was er unter Staat versteht. Der hier abgebildete Ausschnitt aus der Titelseite dieses Werks macht sein Verständnis vom Wesen des Staats ohne viele Worte, jedoch mit vielen Einzelheiten deutlich.

▶ Welche Staatsvorstellung wird hier allegorisch[1] gezeigt? Beschreibe das Verhältnis zwischen dem Regierenden und den Untertanen.

▶ Der Name „Leviathan" stammt aus dem Alten Testament*. Dort bezeichnet er ein Ungeheuer, ist aber auch das Symbol einer schützenden Gottheit. Findest du den Namen hier passend?

1 allegorisch: sinnbildlich

Hobbes geht in seiner Schrift davon aus, dass der Mensch von Natur aus eigentlich seine Freiheit liebt und dass er sich nur aus Gründen der Selbsterhaltung einer staatlichen Macht unterordnet. Denn ohne staatliche Gewalt kämpft jeder Einzelne nur für seine Interessen und gegen die Interessen der anderen. Diesen Zustand nennt Hobbes den „Krieg aller gegen alle". Um dem zu entkommen, übertragen die Menschen ihren Willen und ihre Macht auf einen Repräsentanten, der für Frieden und allgemeine Sicherheit sorgt.

Die wesentliche Funktion des Staats für den Einzelnen besteht nach Hobbes in seiner **Schutzfunktion**. Die zentrale Eigenschaft des Staats ist sein alleiniges **Gewaltmonopol**.

▶ Veranschauliche dir seine Begründung mithilfe eines Gedankenexperiments: Auf unbestimmte Zukunft werden alle staatlichen Organisationen (Polizei, Rechtswesen usw.) in deinem Land abgeschafft …

▶ Erkläre den Zusammenhang von Schutzfunktion für den Einzelnen und dem Gewaltmonopol des Staates.

Moderne Demokratie

▶ Wie erlebst du persönlich den Staat, in dem du lebst? Welche Erwartungen hast du an ihn? Welchen Vorstellungen müsste er entsprechen?

Im folgenden Text werden die Grundüberzeugungen unserer modernen Demokratie formuliert.

Wer von der Würde des Menschen überzeugt ist (vgl. GG Art 1), der wird dem Menschen ein Recht auf Freiheit zusprechen. Nur ein freier Mensch kann sich und seine Umwelt in eigener Verantwortung mitgestalten. Außerdem folgt aus diesem Menschenbild, dass alle Menschen in ihrem persönlichen Freiheitsraum und in ihrem Recht auf freie Entfaltung ihrer Persönlichkeit gleichbehandelt werden müssen.

Was bedeutet dies für die Politik?

Politische Macht und Herrschaft muss an der unantastbaren Würde jedes einzelnen Menschen ihre Grenzen finden. Politische Macht muss grundsätzlich begrenzt und kontrolliert werden und sie muss sich auf die Zustimmung der Bürger gründen. Unbegrenzte und unkontrollierte Macht würde den Einzelnen in seiner Würde und Freiheit verletzen und entmündigen.

Was ist die Aufgabe der staatlichen Macht?

Sie soll für alle Mitglieder eines Staates die Möglichkeit eines freien menschenwürdigen Lebens sichern und steigern.

Was ist Freiheit?

Freiheit bedeutet konkret Freiheit der persönlichen Lebensgestaltung, Religions- und Gewissensfreiheit, Freiheit der Berufswahl, freie Möglichkeit zur Gestaltung des Privatlebens, freie Verfügungsgewalt über das persönliche Eigentum, Freiheit und Unverletzlichkeit der Wohnung sowie des Brief- und Telefonverkehrs. Freiheit bedeutet außerdem Sicherheit vor willkürlicher Verhaftung, die Gewährleistung eines rechtsstaatlichen Verfahrens vor Gericht und Datenschutz. 1983 hat das Bundesverfassungsgericht in seinem Urteil zum Volkszählungsgesetz dem einzelnen Bürger ein Recht auf „informationelle Selbstbestimmung" zuerkannt.

Alle diese Freiheiten sind Voraussetzungen für den Anspruch auf ein menschenwürdiges und mündiges Leben. Dazu gehören auch das Recht der freien Meinungsäußerung, die Pressefreiheit, die Versammlungs- und Vereinigungsfreiheit und das Recht auf gleichberechtigte Teilnahme an der politischen Willensbildung. Diese Freiheiten muss jede demokratische Verfassung gewährleisten.

Die Freiheitsrechte des Einzelnen dürfen jedoch nicht absolut gesetzt werden. Sie finden ihre Grenze an den Freiheitsrechten der anderen.

Was ist also die Grundlage einer Demokratie? Die Grundlage ist ein Menschenbild, das die Würde des Menschen für unantastbar hält. Aufgrund dieses Menschenbildes muss eine Demokratie allen Bürgern in gleicher Weise die Freiheit zur Entfaltung ihrer Persönlichkeit und zu verantwortlicher Lebensgestaltung gewährleisten und dafür die sozialen Voraussetzungen schaffen.

▶ Von welchem Menschenbild geht die moderne Demokratie aus?

▶ Beschreibe die Beziehung zwischen dem Staat und dem Einzelnen. Welche Ziele und welche Grenzen hat die staatliche Macht? Welche Rechte hat der Einzelne? Gibt es auch Grenzen für den Einzelnen?

▶ Versuche ein demokratisches Staatsmodell bildlich darzustellen und vergleiche es mit dem des „Leviathan".

Die Gesellschaft* – was ist das?

„Alle Staatsgewalt geht vom Volke aus" heißt es in unserem Grundgesetz*. Aber nicht selten fühlen sich große Teile der Bevölkerung oder kleinere Gruppen durch politische Entscheidungen nicht repräsentiert. Dies liegt auch daran, dass in unserer parlamentarischen Demokratie die Abgeordneten nach ihrem Gewissen frei entscheiden können und nicht durch ein imperatives Mandat[1] gebunden sind, zum anderen daran, dass Mehrheitsentscheidungen es mit sich bringen, dass Minderheiten benachteiligt werden. Auch lassen die umfangreichen und immer komplizierter werdenden Staatsaufgaben in der heutigen Zeit eine direkte Demokratie nicht zu. Die Mehrzahl der Bürger kann zum Beispiel nicht sachkundig darüber entscheiden, ob und welche finanz- oder wirtschaftspolitische Entscheidung getroffen werden sollte. Dies ist nur auf der Grundlage genauer Informationen und Sachkenntnis möglich. Die Komplexität der heutigen politischen Aufgaben erfordert es, dass politische Entscheidungen in die Hände von Experten gelegt werden und für den normalen Bürger oft undurchschaubar sind. Frustration und das Gefühl politischer Ohnmacht bis hin zur Politikverdrossenheit sind häufig die Folge.

Besonders im letzten Jahrzehnt entstanden aber als Reaktion auf eine solche Situation viele neue Formen politischer Bürgereinmischung neben den etablierten Institutionen, z. B. Bürgerinitiativen und Selbsthilfeorganisationen. Diesen neuen Bereich [des] nichtstaatlichen, auf Eigeninitiative der Bürger gegründeten gesellschaftlichen Engagements bezeichnet man als *Zivilgesellschaft*. In der Zivilgesellschaft werden einerseits die Errungenschaften der Demokratie genutzt und zugleich versucht man deren Unzulänglichkeiten auszugleichen. Der Gedanke der Zivilgesellschaft gründet auf der Einsicht, dass das Recht auf Freiheit nicht nur Rechte beinhaltet, sondern auch Verantwortung, d. h. Pflichten für den Einzelnen. Oder positiv ausgedrückt: Möglichkeiten der gesellschaftlichen Mitgestaltung und Mitbestimmung. Hierin liegt auch eine Chance, die Interessen von Gruppen oder Minderheiten, die von den politischen Repräsentanten und vom Gesetzgeber nicht berücksichtigt werden, zu artikulieren und zu vertreten.

1 imperatives Mandat: Amt, das den Abgeordneten an den Auftrag seiner Wähler bindet

▶ Erkläre mit deinen eigenen Worten, was eine Zivilgesellschaft ist.

▶ Welche Gruppen oder Organisationen sprechen Jugendliche am meisten an? Woran beteiligst du dich?

▶ Welche außerstaatlichen Initiativen sind dir aus deiner direkten Umgebung bekannt? Informiere dich über Initiativen in deiner Nachbarschaft und in deinem Ort.

Mit Vollendung des sechzehnten Lebensjahres
- kann auf Antrag die Erlaubnis zur Eheschließung erteilt werden
- ist ein Jugendlicher auch bei Unterbringung außerhalb des Elternhauses nicht mehr „Pflegekind" im Sinne des Jugendwohlfahrtsgesetzes
- ist der Aufenthalt in Gaststätten und an öffentlichen Tanzveranstaltungen jeweils ohne Begleitung eines Erziehungsberechtigten bis 24.00 Uhr gestattet
- dürfen an Jugendliche alkoholische Getränke mit Ausnahme von Branntwein verkauft werden
- ist die Teilnahme an öffentlichen Filmveranstaltungen erlaubt, sofern der Film für diese Altersstufe freigegeben ist
- besteht die Pflicht zum Besitz eines Personalausweises
- ist ein Jugendlicher fähig vor Gericht einen Eid abzulegen
- kann die Fahrerlaubnis in den Kfz-Klassen 1b, 4 und 5 erworben werden.

Mit Vollendung des siebzehnten Lebensjahres
- darf das freiwillige soziale Jahr abgeleistet werden

Mit Vollendung des achtzehnten Lebensjahres
- tritt die Volljährigkeit und damit die volle Geschäftsfähigkeit ein
- besteht die volle Prozessfähigkeit
- hat der Jugendliche das aktive und passive Wahlrecht für die Wahl zum Bundestag sowie das aktive Wahlrecht zu allen Landtagen außer Bayern, Berlin, Hessen und Niedersachsen
- beginnt die Strafmündigkeit als Heranwachsender
- endet in den meisten Bundesländern die Schulpflicht
- endet der Jugendarbeitsschutz
- ist die Teilnahme an öffentlichen Filmveranstaltungen erlaubt
- kann der Führerschein der Kfz-Klassen 1a und 3 erworben werden.

Bürgeraktion Verfassung '93

Wir mischen uns ein! V'93

SIE sagen:	Viele Probleme, die uns alle betreffen, sind ungelöst! Schon wieder ein Skandal! Ich kann ja doch nichts machen.
SIE fragen sich:	Wer bietet Lösungen an? Wem soll ich vertrauen? Kann *ich* eigentlich etwas beitragen? Wie soll *ich* nur anfangen?
WIR meinen:	Politik(er)verdrossenheit ist nicht nur Schuld der Politiker – auch wir, die Bürgerinnen und Bürger, sind herausgefordert! Es gibt mehr Möglichkeiten der Beteiligung, als wir vermuten. Unsere Verfassung ist besser als die Verfassungswirklichkeit!
WER wir sind:	Wir sind Bürgerinnen und Bürger mit unterschiedlicher Ausbildung, aus allen Altersstufen und Berufsgruppen. Wir wirken aktiv an der Zukunft unseres Landes mit.
WAS wir wollen:	Als gemeinnützig und parteiübergreifende Bürgervereinigung verfolgen wir das Ziel, der Unzufriedenheit und den Ohnmachtsgefühlen durch Bildungsmaßnahmen zu begegnen.

Wissen ist Verantwortung, Wissen verändert!

Gabriele von Arnim – Gil Bachrach – Thea Bauriedl – Ulrich Encke – Amelie Fried – Hildegard Hamm-Brücher – Horst Haitzinger – Gert Heidenreich – Dieter Hildebrandt – Ernst-Maria Lang – Christoph Lindenmeyer – Giovanni di Lorenzo – Heribert Prantl – Peter Probst – Herbert Riehl-Heyse – Eleonore von Rotehan – Rachel Salamander – Richard Ch. Schneider – Hans-Jochen Vogel – Maria von Welser

Kinder- und Jugendparlament in St. Augustin bei Bonn

Alle Kinder und Jugendlichen im Alter von acht bis 16 Jahren in St. Augustin sind zugelassen. Die stimmberechtigten Abgeordneten sind Vertreter der Schulen, der Jugendgruppen und der Jugendeinrichtungen. Mit den Vertretern der Erwachsenenpolitik werden gemeinsam Themen und Probleme diskutiert und Konzepte entwickelt.

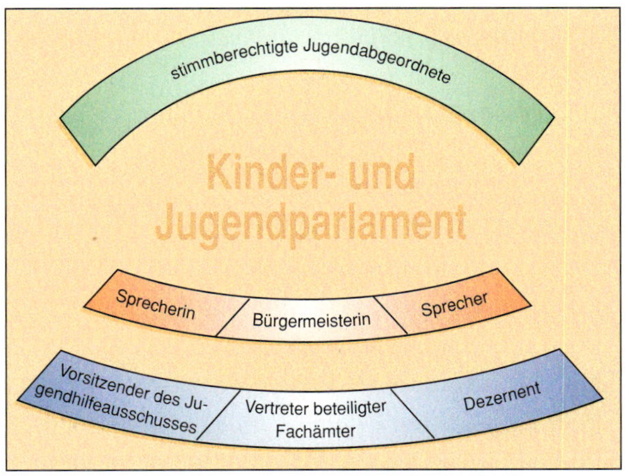

- Vergleiche die beiden Beispiele für Einwirkungsmöglichkeiten von Bürgern. Wo liegen Unterschiede, wo findest du Gemeinsamkeiten?
- Welches Menschenbild und welches Demokratieverständnis liegen diesen Beispielen zugrunde?
- „Mit bloßem Individualismus vernichtet der Individualismus sich selbst." Inwiefern reagieren beide Beispiele auf diese Einsicht?
- Erkläre den Unterschied von Staat* und Gesellschaft.
- Entwerft ein Programm für das Engagement von Jugendlichen in unserer Gesellschaft.

Oderflut – Gesellschaft* und Staat* auf dem Prüfstand

Juli 1997: Höchste Alarmstufe an der deutsch-polnischen Grenze. Ein „Jahrtausendhochwasser" droht das Oderbruch mit seinen 20 000 Einwohnern zu überschwemmen. Tagelanger Dauerregen von außergewöhnlicher Stärke brachte die Flüsse zum Überlaufen. Über Nacht stehen weite Teile Südpolens und Tschechiens unter Wasser. Der Weg der Fluten über die deutsche Grenze ist nur eine Frage der Zeit. Die Folgen: Über 100 Tote, tausende werden evakuiert, große Teile der landwirtschaftlichen Flächen überspült.

Doch die westliche Öffentlichkeit nahm die Opfer in Polen nur beiläufig zur Kenntnis – wie ein Zugunglück im fernen Pakistan. Selbst als das Hochwasser Deutschland erreichte, blieb das Interesse zunächst gering. Die Nation macht Urlaub. Hatte die Oder nicht immer wieder in den letzten Jahrzehnten ihr Flussbett überschritten? Anteilnahme kam erst auf, als binnen einer Woche die Grenzregion im Osten mit jedem Dezimeter, den die Oder anschwoll, mehr an den Rand des Ausnahmezustandes geriet.
Familien, die sich der Evakuierung widersetzten, wurden von der Polizei in Sicherheit gebracht. Allein 25 Hubschrauber des Bundesgrenzschutzes [...] leisteten Hochwasserhilfe. Tausende Freiwillige boten ihre Hilfe an, Feuerwehrmänner und Technische Hilfswerker stellten sich zur Verfügung. Bundesverteidigungsminister Volker Rühe schickte fast 10 000 Soldaten [...], die größte Hilfsaktion der Bundeswehr seit der Hamburger Flutkatastrophe 1962.
Einen Tag später beschloss das Bundeskabinett ein Hilfsprogramm. Hochwassergeschädigte sollen 20 Millionen Mark Aufbauhilfe und außerdem zinsverbilligte Kredite erhalten. Wie groß der volkswirtschaftliche Schaden ist, lässt sich noch gar nicht absehen. Allein die Landwirtschaft rechnet mit Milliardenverlusten.
Allmählich dämmerte auch den Zuschauern im Westen der Republik, die allabendlich die Bilder vom scheinbar trägen Grenzfluss konsumierten, die wahre Dimension der Naturkatastrophe. Hunderte von Häusern waren am Wochenende bereits von der Flut eingeschlossen. Bei Helfern und Behörden wuchs die Furcht, [dass] das in weiten Teilen unter Flusshöhe liegende 15 Kilometer breite und 55 Kilometer lange Oderbruch zwischen Lebus und Hohensaaten über Nacht wie eine gigantische Badewanne volllaufen könnte.
Was beim Sandschippen der Bewohner als riesiger Subbotnik – freiwilliger Arbeitseinsatz wie zu DDR-Zeiten – begann, geriet zur schleichenden Katastrophe mit Open End, zur gesamtdeutschen Herausforderung.

Staatliche Hilfsmaßnahmen allein reichen nicht aus. Im konkreten Fall reagieren Staat und Bürokratie nicht immer schnell und flexibel genug. Ohne die Initiative Einzelner droht die Naturkatastrophe auszuufern. Überall werden aus Dorfbürgermeistereien kleine Krisenzentren. Helfer müssen nicht zusammengetrommelt werden, sie melden sich freiwillig. Denn viele fühlen sich von den Behörden alleingelassen.

Zum Glück gibt es Männer wie Silvio Schäfer. „Da kommt ja unser ‚Dorfschulze' ", sagen die Leute grinsend und grüßen den 29-jährigen schlaksigen Lkw-Fahrer. Seit Freitag ist er „der Retter von Ziltendorf". Als die Einsatzzentrale das Dorf schon aufgegeben hatte, organisierte er sich einen Bagger. Dann hat er „geschindert": erst die Oder aus der Oderstraße ausgesperrt und dann die Gurkenfelder am nordöstlichen Dorfrand zu einem Wall zusammengeschoben. Und alle aus dem Dorf haben dann mit angepackt.

Asylbewerber aus Eisenhüttenstadt füllen Sandsäcke

Also nicht nur vor Ort wächst die Bereitschaft zum solidarischen Miteinander: Gemeinnützige Organisationen (Diakonisches Werk, Caritas, das Deutsche Rote Kreuz) greifen den Bedürftigen unbürokratisch unter die Arme. Zeitschriften richten ein Sonderkonto für sofortige Hilfsmaßnahmen ein. Das Fernsehen veranstaltet eine Benefizveranstaltung[1] für die Opfer.

1 Benefizveranstaltung: Veranstaltung für einen wohltätigen Zweck

▶ Liste die hier vorgestellten Hilfeleistungen auf und unterscheide zwischen staatlichen und gesellschaftlichen Hilfeleistungen.

▶ Zeige, wo staatliche Hilfsmaßnahmen einsetzen. Kannst du erklären, warum hier private Initiativen nicht ausreichen können?

▶ Beschreibe, wo staatliche Maßnahmen versagen können. Welche Bedeutung haben hier die Initiativen der Gesellschaft und welche Bedeutung haben die Initiativen von Einzelnen?

▶ Welche Beziehung zwischen Gesellschaft und Staat wird am Beispiel der Oderflut deutlich?
Welche Aufgaben übernimmt der Staat, welche die Gesellschaft? Diskutiert, ob ihr diese Aufgabenverteilung gut findet. Begründet eure Meinung.

▶ Informiert euch über die Wahrscheinlichkeit einer erneuten Überflutung. Was muss vorbeugend getan werden – individuell und vonseiten des Staates?

Sozialstaat und Individualismus – ein Widerspruch?

▶ Überlegt euch einen Titel für diese Karikatur.

Die vorangegangenen Beispiele zeigen, dass der Staat* auf den Handlungseinsatz Einzelner angewiesen ist, um sowohl mit außergewöhnlichen als auch mit alltäglichen Herausforderungen umzugehen. Viele fühlen jedoch ihren politischen Bewegungsspielraum durch die staatlichen Strukturen zu stark eingeschränkt. Sie beklagen ein Zuviel an staatlicher Macht und wünschen sich eine stärkere Position in der Gesellschaft*. Im 19. Jahrhundert zur Zeit des bürgerlichen Liberalismus glaubte man an die Trennung von Staat* und Gesellschaft. Die Aufgabe des Staates sollte sich auf die Rolle des Nachtwächters (Nachtwächterstaat) beschränken, der Sicherheit nach außen und Ruhe und Ordnung im Innern garantiert. Insbesondere sollte der Staat über die Grundrechte, d. h. über die Idee der freien, gleichberechtigten Staatsbürger wachen. Alle darüber hinausgehenden steuernden und regulierenden Maßnahmen waren nicht Aufgabe des Staates. Daher war sein Einfluss in der Wirtschaft und in der Gesellschaft eingeschränkt, denn man war der Überzeugung, dass die Gesellschaft im freien Spiel der Kräfte eigenständig Harmonie und Ordnung herstellen könne. Diese Überzeugung führte aber zu sehr großen sozialen Ungerechtigkeiten und zu wirtschaftlichen Krisen: Der Abstand zwischen den Armen und den Reichen wurde immer größer, Wirtschaftsmonopole verhinderten einen freien Wettbewerb. Die Erkenntnis, dass die Prinzipien des Liberalismus nicht zu gesellschaftlicher Gerechtigkeit führten, ließ die Idee des Sozialstaates entstehen. Diese hält immer stärker kontrollierende und regulierende Eingriffe des Staats im Dienste der sozialen Gerechtigkeit für notwendig.

▶ Erkläre die gesellschaftlichen Probleme des „Nachtwächterstaats" und nimm die Karikatur als Ausgangspunkt deiner Erklärung.

▶ Stellt die Eingriffe zusammen, die der Sozialstaat vollziehen muss, um die Idee von freien und gleichberechtigten Staatsbürgern zu verwirklichen.

Staat, Gesellschaft, Individuum

Den Staat über die Gesellschaft stellen heißt, ihm die Aufgabe zuzuweisen, die Gesellschaft von oben her autoritär zu ordnen und von sich aus zu bestimmen, welche der gesellschaftlichen Interessen und Ordnungsvorstellungen gut und welche schlecht sind. Damit aber würde der Staat zwangsläufig zur „Partei". In einer pluralistischen Gesellschaft, die auf der Mitgestaltung der sozialen Glieder an der staatlichen Willensbildung basiert, kann sich der Staat nur als Instrument zur Integration und zur Verwirklichung gemeinsamer Ziele verstehen. In den öffentlichen Instanzen und Institutionen schafft sich die Gesellschaft Organe, die sie mit höchster, aber nicht mit eigenständiger Autorität und Zwangsgewalt ausstattet, um dadurch die Aufgaben bewältigen zu können, die weder die einzelnen Bürger noch die gesellschaftlichen Gruppen aus eigener Kraft lösen können, die aber trotzdem für alle verbindlich geregelt werden müssen. Dazu gehören auch und vor allem die Formulierung und Durchsetzung von Regeln für das Austragen der gesellschaftlichen Konflikte und ihre Überwachung. Das Ringen der verschiedenen Gruppen in einer pluralistischen Gesellschaft um die Gestaltung der Zukunft kann nur dann ohne Gefahr für die Stabilität des Gemeinwesens frei ausgetragen werden, wenn es eine Regelung gibt, die das Fairplay dieses Kampfes sichert und notfalls den Kompromiss zwischen den partikularen[1] Kräften auch erzwingen lässt. Freilich, der Rahmen dieser Regeln muss offen und weit genug sein, um den Gruppen ausreichende Freiheit zu belassen, damit sie ihre Interessen und Anliegen vertreten können. Auch muss klar sein, dass es letztlich die Gesellschaft selbst ist, die sich durch das Medium des Staates diese Spielregeln setzt, deren Ziel die freiheitliche Ordnung des sozialen Lebens ist. Ordnung bedeutet deshalb hier immer nur Ordnung für die Freiheit, nie Ordnung um ihrer selbst willen.

1 partikular: einen Teil, eine Minderheit betreffend

- Wie unterscheidet sich die Rolle des modernen Sozialstaates in einer pluralistischen Gesellschaft von derjenigen des Staates im 19. Jahrhundert?
- Wie unterscheidet sich der demokratische Staat vom autoritären Staat?
- Welche Autorität und welche Kompetenzen hat der Staat in der modernen Demokratie? Welche die Gesellschaft?
- Welche Möglichkeiten siehst du allgemein und für dich persönlich, dich als Einzelnen in den „Tatort Gesellschaft" miteinzuschalten?

Das Verständnis der **Demokratie als Zivilgesellschaft** (vgl. S. 134) beinhaltet für den Einzelnen nicht nur die Möglichkeit, sich Nischen zur alternativen Mitgestaltung zu erschließen, sondern ebenso sich staatlichen und gesellschaftlichen Regeln zu widersetzen. Das Grundrecht der Freiheit sichert dem Einzelnen nach diesem Demokratieverständnis das Recht auf „zivilen Ungehorsam", z. B. in gewaltlosen Aktionen wie Straßenblockaden (vgl. S. 119).

- Diskutiert, unter welcher Bedingung die Ausübung „zivilen Ungehorsams" in einem demokratischen Staat legitim ist.
- Überlegt anhand des folgenden Textes, unter welchen Bedingungen der „zivile Ungehorsam" sinnvoll ist.

Es handelte sich um die gewiss nicht überraschende Einsicht, dass auch in der Politik die Unzufriedenheit zum stärksten Motor werden kann, weil sie zur Umgestaltung der Zustände und der Machtverhältnisse drängen kann. Ich sage: kann, denn sie kann unter anderen Bedingungen auch zur völligen Apathie[1] führen. [… Die Erziehung zielt darauf ab], jede neue Generation den von der älteren geschaffenen Zuständen anzupassen. Natürlich geschieht das in [guter Absicht], aber in ebenso [guter Absicht] suchen [Jugendliche einen Weg, um ihre Zukunft zu gestalten. Sie setzen der Realität der Gegenwart eine Utopie der Zukunft entgegen].

1 Apathie: Teilnahmslosigkeit, Gleichgültigkeit

Gibt es ein Recht auf Widerstand?

Eine der bemerkenswertesten Frauenfiguren der Weltliteratur ist Antigone, die Tochter des Ödipus, des Königs von Theben. Berühmt wurde sie durch die Tragödie des Sophokles (um 442 v. Chr.), die auch heute weltweit inszeniert wird und zum Vorbild für zahlreiche Werke, vor allem aus dem Bereich Literatur und Musik, geworden ist. Antigone begrub ihren toten Bruder Polyneikos trotz des Verbots des Königs Kreon und machte das durch die Götter begründete Recht auf Bestattung der Toten gegen staatliche Macht geltend. Antigone wurde so zur Symbolfigur für Zivilcourage und Widerstand gegen die Macht des Staates.

- Informiere dich über die Tragödie „Antigone" des Sophokles.
- Inwiefern ist der Konflikt heute noch aktuell?

Welcher Handlungsmaßstab ist übergeordnet: Recht oder Moral?

- Haben wir die unbedingte Pflicht, Gesetzen zu gehorchen, oder sind wir in erster Linie unserem Gewissen verpflichtet? Dürfen wir unter Berufung auf unser Gewissen gegen Gesetze verstoßen? Kannst du diese Fragen für dich persönlich beantworten? Entwickle zunächst schriftlich deine Position, z.B. in Form eines Essays oder eines Tagebucheintrags, und führe anschließend ein Streitgespräch in der Klasse.
- Welche Gründe gibt es für, welche gegen Gesetzesgehorsam? Diskutiere unter Einbeziehung der gegensätzlichen Positionen Henry Thoreaus und Peter Singers.

„Darf der Bürger niemals, auch nicht für einen kurzen Augenblick oder zu einem winzigen Teil, sein Gewissen an den Gesetzgeber abgeben? Wozu hätte denn dann jeder Mensch ein Gewissen? Ich finde, wir sollten erst Menschen sein und danach Untertanen. Es scheint mir nicht wünschenswert, einen Respekt vor dem Gesetz in demselben Maße zu pflegen wie vor der Gerechtigkeit. Die einzige Verpflichtung, die ich rechtmäßig eingehen darf, ist die, jederzeit das zu tun, was mir recht erscheint.

Henry Thoreau (1817–1862), amerikanischer Schriftsteller

Unter möglichen Kompromissen ist allein der für alle akzeptabel […], jedem eine Stimme zu geben. Existiert kein anderes Entscheidungsverfahren […], so bietet jenes, das jedem eine Stimme gibt, […] die sicherste mögliche Grundlage für ein friedliches Verfahren, um Streitigkeiten zu schlichten. Die Ablehnung des Majoritätsprinzips ist daher die Ablehnung der bestmöglichen Basis für eine friedliche Ordnung der Gesellschaft in einem egalitären Zeitalter. Was sollte man sonst ins Auge fassen? Etwa Privilegien nach Verdiensten […] Oder einen wohlgemeinten Despoten? Viele würden das akzeptieren – falls sie den Despoten wählen könnten. In der Praxis hat das Abweichen vom Majoritätsprinzip wahrscheinlich ein anderes Ergebnis: die Herrschaft derjenigen, die die größte bewaffnete Gewalt kommandieren.
Somit hat das Majoritätsprinzip ein substanzielles moralisches Gewicht. Wir sollten es uns lange überlegen, bevor wir irgendetwas tun, das auf einen Versuch hinausläuft, der Mehrheit Zwang anzutun; denn solche Versuche führen dazu, das Majoritätsprinzip zu verwerfen, und es gibt zu ihm keine akzeptable Alternative.

Peter Singer, *1946, australischer Philosoph

Wann ist Gesetzesbruch ein legitimes Mittel?

Im Folgenden setzt sich Peter Singer mit Problemen des zivilen Ungehorsams und den Konsequenzen für die Entscheidung des Einzelnen auseinander.

Ziviler Ungehorsam – Sprachrohr der Mehrheit

Bei einigen Problemen lassen sich die Parlamentarier allzusehr durch geschickt vertretene und gut bezahlte Spezialinteressen beeinflussen. Bei anderen Themen erfährt die Öffentlichkeit nur administrative und gar keine gesetzlichen Änderungen, und die Verwaltungsbürokratien lehnen es ab, damit behelligt zu werden. Vielleicht werden die legitimen Interessen einer Minderheit von voreingenommenen Beamten missachtet. In allen diesen Fällen sind die Formen des zivilen Ungehorsams, wie sie heute allgemein verbreitet sind – passiver Widerstand, Märsche oder Sit-ins –, angebracht. [...]

Ziviler Ungehorsam ist ein geeignetes Mittel zu solchen Zwecken, wenn legale Mittel versagt haben, weil er, obwohl illegal, nicht die Mehrheit bedroht oder ihr Zwang anzutun versucht. Indem sie sich der Macht der Gesetze nicht widersetzen, sondern gewaltfrei bleiben und die gesetzliche Strafe für ihre Handlungen akzeptieren, machen die zivil Ungehorsamen den Ernst ihres Protestes und ihren Respekt vor dem Rechtsstaat und den Grundprinzipien der Demokratie offenkundig.

So verstanden ist der zivile Ungehorsam nicht schwer zu rechtfertigen.

Wann ist ziviler Ungehorsam gegen die Meinung der Mehrheit gerechtfertigt?

Die Anwendung illegaler Mittel zur Verhütung von Handlungen, die unbestreitbar mit der Ansicht der Mehrheit übereinstimmen, ist schwerer, aber nicht unmöglich zu rechtfertigen. Wir mögen es für unwahrscheinlich halten, dass eine Politik des Völkermordes im Nazistil jemals von der wählenden Mehrheit gebilligt werden könnte, aber wenn es doch geschähe, hieße es, den Respekt vor dem Majoritätsprinzip ad absurdum treiben, wenn man den Entscheid der Mehrheit für sich als verbindlich betrachten würde. Um Übeln von solcher Größe zu wehren, sind wir praktisch zur Anwendung jedes Mittels berechtigt, das Wirkung verspricht. Völkermord ist ein extremes Beispiel. Wenn man einräumt, dass er die Anwendung illegaler Mittel selbst gegen eine Mehrheit rechtfertigt, so bedeutet das im Sinne praktischen politischen Handelns sehr wenig. Doch lässt man auch nur eine Ausnahme hinsichtlich der Pflicht, demokratische Beschlüsse zu befolgen, zu, so wirft man weitere Fragen auf: Wo ist die Trennungslinie zwischen Übeln wie Völkermord, bei denen diese Verpflichtung eindeutig zu verneinen ist, und weniger schwerwiegenden Fällen, bei denen die Pflicht weiter besteht? Und wer soll entscheiden, ob ein Fall diesseits oder jenseits dieser imaginären Linie anzusiedeln ist?

Um zu einem Entschluss zu kommen, müssen wir die Größe des Übels, dem wir Einhalt zu gebieten versuchen, gegen einen drastischen Niedergang der Achtung vor Gesetz und Demokratie abwägen. Auch ist die Wahrscheinlichkeit zu berücksichtigen, dass unsere Handlungen ihr Ziel verfehlen und eine Reaktion provozieren, die die Chance auf einen Erfolg mit anderen Mitteln verringert. (Terroristische Anschläge gegen ein tyrannisches Regime zum Beispiel liefern der Regierung gute Vorwände, um ihre gemäßigten politischen Gegner einzusperren.)

Peter Singer

- ▶ Unterscheide die beiden Möglichkeiten, illegale Mittel zu rechtfertigen, die Singer anführt.
- ▶ Veranschauliche dir den Ausspruch Singers „Die Entscheidung [...] ist kein echter Ausdruck der Meinung der Mehrheit", indem du Meinungsbildungsprozesse in deiner Klasse, Jugendgruppe oder Clique reflektierst.
- ▶ Welche grundsätzliche Schwierigkeit ergibt sich für Singer im zweiten Fall, wenn sich der zivile Ungehorsam gegen eine falsche Mehrheitsmeinung richtet?
- ▶ Welchen Vorschlag unterbreitet Singer, diesen grundsätzlichen Schwierigkeiten zu begegnen? Auf welche Instanz beruft sich letzten Endes der Ungehorsam Leistende und wie begründet er seine Entscheidung?

9. Begegnung mit dem Fremden

Valentin: Ja, ein Fremder ist nicht immer ein Fremder.
Karlstadt: Wieso?
Valentin: Fremd ist der Fremde nur in der Fremde.
Karlstadt: Das ist nicht unrichtig. – Und warum fühlt sich ein Fremder nur in der Fremde fremd?
Valentin: Weil jeder Fremde, der sich fremd fühlt, ein Fremder ist, und zwar so lange, bis er sich nicht mehr fremd fühlt, dann ist er kein Fremder mehr …

Karl Valentin

ausland beginnt nicht immer
erst hinter einer grenze,
ausland heißt nicht immer
eine fremde sprache sprechen,
ausland heißt nicht immer
weit von der heimat.

ich bin ausländer in diesem
land, das ich als kind
meine heimat nannte,
ich spreche die heimische sprache,
doch man versteht mich nicht.

Rudolf Mika

„Alle Religionen sind gleich und gut, wenn nur die Leute, die sich dazu bekennen, ehrliche Leute sind. Und wenn Türken und Heiden kämen und wollten das Land bevölkern, so wollten wir ihnen Moscheen und Kirchen bauen."

Friedrich II. im Edikt von Potsdam zur Einwanderung der Hugenotten nach Preußen

„Nicht Fremdheit macht aggressiv, sondern Aggression macht die anderen fremd. Fremdheit ist das Bemühen, sich den anderen vom Leib zu halten."

Birgit Rommelsbacher

„Gastarbeiter sind wir nicht, Fremde nicht, Ausländer schon lange nicht mehr. Knoblauchfresser auch nicht, denn viele Deutsche essen beim nächsten Italiener oder Griechen mehr Knoblauch als alle Türken gemeinsam. In der Türkei heißen wir ‚Deutschländer', also die, die aus Deutschland kommen, Arrogante, Überhebliche, Überzogene. In Deutschland sind wir Türken, die wir schon lange nicht mehr sind. Wir müssen aber irgendetwas sein. Vielleicht getürkte Türken. Oder türkische Deutsche. Oder deutsche Türken, ausländische Deutsche, fremde Deutsche."

Sinasi Dikmen, Kabarettist

„Es ist das Recht jeden Fremdlings, nicht feindselig behandelt zu werden und sich zur Gesellschaft* anzubieten."

Immanuel Kant*

„Wer meint, Rücksicht sei auf die Mitbürger zu nehmen, nicht aber auf Fremde, der trennt die gemeinsame Gesellschaft des Menschengeschlechts."

M. Tullius Cicero*

„Ohne Fremde sind wir allein."

Graffiti in Berlin

Heimat ist nicht da, wo man gemeldet ist.
Heimat ist da,wo man verstanden wird.

„Ich wünsche mir, dass ich mich als Deutscher unter Deutschen im Inland nicht als Fremder fühlen muss, nur weil ich es als selbstverständlich erachte, unsere ausländischen Mitbürger als Mitmenschen zu sehen."

Bruno Jonas, Kabarettist

- ▶ Denk dir zu dem Bild eine Geschichte aus, die mit der Kapitelüberschrift und den Texten auf dieser Seite in Verbindung steht.
- ▶ Stelle die unterschiedlichen Bedeutungen von „fremd" zusammen, die dieses Wort in den Zitaten auf dieser Seite hat.
- ▶ Erstelle eine „Gedankenkarte" mit Begriffen, die du mit „Heimat" und „Fremde" assoziierst.

René Magritte, Le modèle rouge, 1937 ▶

Dem Fremden auf der Spur

Was bedeutet es eigentlich, sich fremd zu fühlen oder von etwas befremdet zu sein? Die beiden folgenden Texte geben darüber Auskunft.

„So anders zu sein als alle anderen"

Als Hitler in Deutschland an die Macht kam, musste der berühmte deutsche Theaterkritiker Alfred Kerr wegen seiner jüdischen Herkunft und seiner politischen Einstellung mit seiner Familie das Land verlassen. Judith Kerr, seine damals zehnjährige Tochter, hat später in ihrem Roman „Als Hitler das rosa Kaninchen stahl" verarbeitet, was sie und ihr etwas älterer Bruder in dieser Zeit erlebt haben. In ihrem Roman nennt sie die Geschwister Anna und Max. Die Flucht führt sie zunächst in die Schweiz. Aber dort verdient der Vater nicht genug, um die Familie zu unterhalten. Er hofft, in Paris mehr Glück zu haben. Dort gehen Anna und Max nun auch zur Schule.

Ein kleines, dunkelhaariges Mädchen [...] namens Colette [...] führte [...] [Anna] in eine[n] großen Raum, der mit Pulten vollgestopft war. Es mussten wenigstens 40 Mädchen sein. Sie trugen alle schwarze Kittelschürzen, und dies, verbunden mit dem dämmrigen Licht in der Klasse, gab dem Ganzen etwas von einer Trauerszene. Die Mädchen [...] starrten sie an. Anna starrte zurück, und sie fing an, sich recht klein zu fühlen, und es stiegen plötzlich heftige Zweifel in ihr auf, ob es ihr an dieser Schule gefallen würde. [...]
In der nächsten Stunde schrieben sie ein Diktat. [...] Die Sätze waren lang, und Anna hatte keine Ahnung, was sie bedeuteten. Sie wusste nicht, wo der eine Satz aufhörte und der nächste anfing. Es schien hoffnungslos, sich darauf einzulassen. [...]
[In der] Pause [zog] Anna den Mantel an und folgte Colette auf den Schulhof – ein gepflastertes, von einem Eisengitter eingefasstes Viereck, das sich schon mit anderen Mädchen füllte. Es war kalt, und sie rannten und hüpften umher, um sich warm zu halten. Sobald Anna mit Colette auftauchte, scharten sich einige Mädchen um sie und Colette stellte sie vor. Da war Claudine, Marcelle, Micheline, Françoise, Madelaine ... Es war unmöglich, alle Namen zu behalten, aber alle lächelten und streckten Anna ihre Hand hin, und sie war für diese Freundlichkeit sehr dankbar. [...]
Als Mama sie um vier Uhr abholen kam, war Anna in bester Stimmung. Wie war es in der Schule?", fragte Mama. „Schön", sagte Anna. [...]
Zwei Tage später macht Anna mit Max einen Gang in die Stadt.
„Gefällt es dir in deiner Schule?", fragte Max auf dem Heimweg. „Ja", sagte Anna, „alle sind sehr nett, und es ist ihnen egal, wenn ich nicht alles verstehe. Warum? Gefällt es dir in deiner Schule nicht?"
„O doch", sagte Max, „sie sind auch nett zu mir, und ich fange an, Französisch zu verstehen." Sie gingen schweigend eine Weile nebeneinander her, dann platzte Max heraus: „Aber eins ist schrecklich für mich."
„Was?", fragte Anna.
„Macht es dir denn nichts aus?", fragte Max, „ich meine – so anders zu sein als alle anderen?"
„Nein", sagte Anna. Dann betrachtete sie Max. Er trug eine Hose, aus der er herausgewachsen war und die er an den Beinen noch umgeschlagen hatte, damit sie noch kürzer aussah. Seinen Schal hatte er elegant in den Jackenausschnitt hineingestopft, und das Haar war auf eine ihr unbekannte Weise zurückgebürstet.
„Du siehst genau aus wie ein französischer Junge", sagte Anna.
Max' Gesicht erhellte sich für einen Augenblick. Dann sagte er: „Aber ich spreche nicht so."

Judith Kerr

- Welche Erfahrungen machen Anna und Max in der Schule? Wie reagieren sie darauf?
- Was bedeutet das Fremdsein für Max? Diskutiert die Textüberschrift.
- Habt ihr schon jemals das Gefühl gehabt, anders zu sein als die anderen? Wie seid ihr damit umgegangen?
- Welchen Rat würdet ihr Max und Anna geben?

Komplizierte Verhältnisse

Eine deutsch-arabische Familie, bestehend aus Vater Karim, Mutter Margret und den Kindern Fatima und Michael, erhält Besuch von Opa Tanturi aus Jordanien. Vater Karim hat ihn gerade mit den Kindern vom Flughafen abgeholt, und sie sind auf dem Weg nach Hause. Michael erzählt:

Als Opa mit seiner Reisetasche aussteigt, wird Karim [...] kribbelig. „Mensch", ruft er, „ich habe völlig vergessen das Manuskript zur Post zu bringen. Es muss morgen im Verlag sein. Schnell raus mit euch beiden, in fünf Minuten macht die Post zu." Und schon ist er weg, samt Opas Koffern. Wir stehen da und glotzen dumm dem Auto hinterher.

Dann gehen wir ins Haus. Dort übernimmt Fatima die Vorstellung. „Das ist Michaels Mutter", sagt sie. Mama greift nach Opas Hand und gibt ihm [...] drei Küsse auf den Handrücken [...]„Ah, Margret", ruft er und zieht Mama in seine Arme [...] und schmatzt ihr drei Küsse auf jede Wange [...]. „Das ist die Oma", erklärt Fatima dann. Oma streckt dem Opa die Hand zur Begrüßung hin, doch der beachtet das gar nicht, sondern sagt nur: „Guten Abend, Oma. Ich gleich Salat machen." Beleidigt lässt Oma ihre Hand wieder fallen und faucht: „Den Salat mach ich schon selbst!" Abrupt dreht sie sich um und geht in die Küche. Ich finde Opas Verhalten auch sehr merkwürdig. Warum begrüßt er uns alle so herzlich, nur Oma nicht? [...]

Nach einiger Zeit kehrt Vater Karim vom Postamt zurück.

„Karim?" Mama platzt ins Zimmer. „Komm bitte mal her, du musst jetzt Klarheit schaffen. [...] Oma ist aufs Höchste erbost. Sie wollte dem Opa zur Begrüßung die Hand geben, aber er hat das gar nicht beachtet und nur gesagt: ‚Guten Abend, Oma, ich gleich Salat machen.' [...] Sie ist jetzt beleidigt." [...] „Was hat er gesagt?" Karim guckt Mama einen Moment an, dann prustet er los. [...] „Das habt ihr völlig falsch verstanden. [...] Für das Gebet muss man rein sein und deswegen hat er sich bereits an einer Raststätte gründlich gewaschen. Diese Waschung ist eine rituelle Handlung. Bis er gebetet hat, darf er keiner Frau die Hand geben, sonst muss er die ganze Prozedur wiederholen. Nicht einmal meine Mutter hat er dann berühren dürfen, da hast du Recht, Fatima. Doch das betrifft nur diese Situation."

„Und Margret ist wohl eine Ausnahme!", braust Oma wieder auf. „Ja, das ist sie", sagt Karim ganz leise. „Ihr vergesst doch nicht, dass Margret und ich für den Opa verheiratet sind?" Wieder mit normaler Lautstärke erklärt er: „Margret ist meine Ehefrau und daher für den Opa wie eine Tochter. Und seiner Tochter die Hand zu geben oder sie zu küssen beeinflusst die für das Gebet erforderliche Reinheit nicht." Puh, klingt das kompliziert! „Also kurz und gut", fährt Karim fort, „wenn man sich für das Gebet gereinigt hat, darf man keine Frau berühren, es sei denn, sie zählt zu den nächsten Verwandten, die man nicht heiraten darf. Hält man sich nicht daran, dann muss die Waschung wiederholt werden. Das gilt auch für die Frauen." [...]

„Wieso hat er nicht gleich gesagt, dass es wegen des Gebets war?", fragt Mama. „Dann wäre das Missverständnis gar nicht erst passiert." „Aber das hat er doch", erklärt Karim. „Nur wusste er das deutsche Wort für Gebet nicht. Gebet heißt auf Arabisch *Salat*."

„Na, so was!" Oma schüttelt den Kopf.

Gazi Abdel-Quadit

Zum Weiterlesen:
Spatzenmilch und Teufelsdreck, dtV, München 1999

- ▶ Warum stiftet Opa Verwirrung? Erläutere und begründe!
- ▶ Habt ihr selber schon einmal derartige Situationen erlebt? Tragt Beispiele zusammen.
- ▶ Worin unterscheidet sich das Fremdsein in den beiden Texten auf dieser Doppelseite?
- ▶ Welche anderen Formen von Fremdsein kennt ihr? Fertigt ein Cluster an: Fremdsein ist ...
- ▶ Diskutiert folgende Aussage: Das Fremde ist das Unverstandene. Überprüft die Gültigkeit dieser Aussage anhand des erstellten Clusters.

Menschen werden definiert

Was heißt hier deutsch?

- Was könnte der junge Mann links darunter verstehen, ein Deutscher zu sein?
- Was versteht ihr unter Deutschsein? Wer ist für euch ein Deutscher / eine Deutsche?
- Würdet ihr dieses T-Shirt in der Schule tragen? Begründet eure Entscheidung.
- Die Wirkung des Plakats oben beruht auf einem Mittel, das man „Reziprozität" (= Wechselseitigkeit) nennt. Erklärt, worin die Wechselseitigkeit besteht.
- Diskutiert, ob die Kinder im rechten Bild Fremde sind. Begründet eure Meinung.

Zum Beispiel: Mehmet K., Schüler

7,3 Millionen Ausländer leben in Deutschland – was wissen wir eigentlich über sie? Die Betrachtung ihrer Lebensgeschichten kann dazu beitragen, sie besser zu verstehen und die Distanz zwischen uns und ihnen zu überwinden.

Mehmet Kilic ist Türke, 20 Jahre alt und lebt in Berlin. Geboren ist er in einem kleinen Bergdorf in Ostanatolien. Mehmets Vater wollte sich in Deutschland eine Existenz aufbauen. Um hier bleiben zu können, heiratete er eine Deutsche. Mehmets Mutter willigte in die Scheidung ein, damit die Kinder in Deutschland ein besseres Leben haben. Nur Mehmets Bruder und eine Schwester blieben bei der Mutter und erlebten, wie sie von der traditionell geprägten Dorfgemeinschaft verstoßen wurde, weil eine Frau ohne Mann als Nutte galt. Mehmets Gedanken kreisen noch heute ständig um seine Kindheit. Er hat Schuldgefühle, weil er seine Mutter zurückgelassen hat und seinem Vater nach Berlin gefolgt ist.
Anfangs war ihm alles fremd. Er konnte überhaupt kein Deutsch. Das hat er dann aber schnell gelernt – in drei Monaten. Erst hatte er nur türkische Freunde. Heute ist sein bester Freund ein Deutscher.
Mit seinem Vater verbindet Mehmet eine Hassliebe. Mit sechzehn flog Mehmet zu Hause raus, weil er sich weigerte, dem Willen seines Vaters zu folgen und seine Cousine zu heiraten. Er lebte kurz im Obdachlosenheim und dann in einer eigenen Bude. In dieser Zeit bekam er Probleme mit den deutschen Behörden. Die wollten ihm seine Aufenthaltserlaubnis nicht verlängern und ihn abschieben, weil er nicht auf den Namen seines Vaters eingeschrieben war. Aber er konnte ihnen klarmachen, dass er schon lange in Deutschland lebte und Deutschland als seine Heimat betrachtet. Er hat die deutsche Staatsangehörigkeit beantragt und will seinen türkischen Pass abgeben, sobald das möglich ist. Er ist so stark durch die westliche Kultur geprägt, dass er in der Türkei wie ein Ausländer angesehen wird.
Probleme in der Schule hatte Mehmet nie. Er ging aufs Gymnasium, obwohl sein Vater nichts davon hielt. Er lernt gern, war Schulsprecher und büffelt nun fürs Abi. Was danach kommt, weiß er noch nicht so genau. Militärdienst kommt für ihn nicht in Frage; er will lieber Zivildienst machen oder als Entwicklungshelfer auf den Philippinen arbeiten. Sein Berufsziel war es einmal, Lehrer zu werden, aber da in den nächsten Jahren nur wenige Lehrer gebraucht werden, überlegt er, ob er Jura studieren soll. Schauspieler zu werden, findet er auch interessant. Vor allem aber will er das Leben genießen – dazu fehlt nur noch die passende Freundin und der Lottogewinn. Mehmets Traum: auf der Parkbank sitzen, Leute vollquatschen und – nach dem Sinn des Lebens suchen. So wie Diogenes.

- Was unterscheidet Mehmet von Deutschen, was hat er mit ihnen gemeinsam?
- Welche angenehmen und unangenehmen Erfahrungen hat er in Deutschland gemacht?
- Was hat sein Einleben in Deutschland gefördert?

Projektvorschlag:

Ausländische Jugendliche an unserer Schule / in unserer Stadt

Führt Interviews mit ausländischen Jugendlichen an eurer Schule oder in eurer Stadt und fertigt kurze Porträts an. Von Interesse könnte sein, woher sie bzw. ihre Familie stammen, warum sie nach Deutschland gekommen sind, wie sie hier leben und welche Erfahrungen sie hier gemacht haben, ob sie sich fremd fühlen. Wertet die Porträts aus und fasst die Ergebnisse zusammen, ggf. in einem Artikel für die Schülerzeitung.

Wie wäre unser Leben ohne Ausländer?

Fremdenfeindlichkeit

93 Todesopfer rechtsextremistischer Gewalt seit der Wiedervereinigung

So lautete die Überschrift einer Chronik, die Mitarbeiter des Berliner Tagesspiegels und der Frankfurter Rundschau im September 2000 veröffentlichten. Hier einige Auszüge:

Die Türkinnen Bahide Arslan (51) , Aysee Yilmaz (14) und Yeliz Arslan (10) sterben am 22. November 1992 in Mölln bei einem Brandanschlag auf das Haus, in dem sie leben. Das Oberlandesgericht spricht den 25-jährigen Rechtsextremisten Michael Peters und seinen 19 Jahre alten Kumpan Lars Christiansen am 8. Dezember 1993 des dreifachen Mordes in Tateinheit mit versuchtem Mord an sieben Menschen für schuldig. Peters erhält eine lebenslängliche Haftstrafe, Christiansen wird zu zehn Jahren Jugendhaft verurteilt.

Auf das Haus der in Solingen lebenden Familie Genc wird am 29. Mai 1993 ein Brandanschlag verübt. Dabei sterben fünf Familienmitglieder: Gürsün Ince (27), Hatice Genc (18), Gülüstan Öztürk (12), Hülya Genc (9), Saime Genc (4). Am 13.10.1995 verurteilt ein Strafsenat des Düsseldorfer Oberlandesgerichts vier junge Solinger, die zur Tatzeit 16, 17, 20 und 23 Jahre alt waren, wegen auf Ausländerhass basierenden fünffachen Mordes, 14-fachen Mordversuches und besonders schwerer Brandstiftung zu einmal 15 und dreimal zehn Jahren Haft.

Der 39-jährige Mosambikaner Alberto Adriano wird am 14. Juni 2000 in Dessau von drei Skinheads erschlagen. Das Oberlandesgericht Halle verurteilt den 24-jährigen Enrico H. am 30. September 2000 zu lebenslanger Haft. Der 16-jährige Christian R. und der gleichaltrige Frank M. erhalten eine Haftstrafe von jeweils neun Jahren.

Der Tagesspiegel, 14. 9. 2000

- Diskutiert über diese Fälle.
- Gibt es aus eurer Sicht eine Erklärung für das Verhalten der Täter? Worauf könnte ihre Aggressivität zurückzuführen sein? (Vgl. Kap. 8, S. 126–129)

Rechtsextremismus
ist ein Sammelbegriff für verschiedene Einstellungen, die in ihrem Kern demokratiefeindlich sind und die durch das Gesetz festgelegte demokratische Grundordnung (Freiheit und Gleichheit der Menschen, demokratische Herrschaft und Kontrolle durch Wahlen, Gewaltenteilung und Rechtsstaatlichkeit) ablehnen bzw. beseitigen wollen. Sie vertreten ein durch Rassismus und Nationalismus geprägtes Weltbild. Die Verbrechen der Nationalsozialisten werden in der Regel von den Rechtsextremisten in der Bundesrepublik verharmlost.

Rassismus
liegt immer dann vor, wenn Unterdrückung und Ungleichbehandlung von Menschen biologisch gerechtfertigt wird. Rassisten stellen bestimmte körperliche Merkmale und Eigenschaften von einzelnen Menschen oder Völkern als minderwertig dar und leiten daraus die Überlegenheit des eigenen Volkes her. Sie unterstellen auch, dass bestimmte historisch-kulturell bedingte oder erlernte Verhaltensweisen angeboren, d.h. unveränderlich sind. Im Namen der Reinerhaltung der so genannten arischen Rasse wurden in der Zeit des Nationalsozialismus Millionen von Menschen ermordet.

Nationalismus
Der Begriff Nation (von lat. „nasci" = geboren sein) dient zur Bezeichnung einer Gruppe, die durch gemeinsame Abstammung, Sprache und Sitte miteinander verbunden ist. Eine Wertschätzung der eigenen Nation im Sinne eines Stolzes auf das eigene Land ist völlig unbedenklich, solange die anderen Nationen geachtet werden. Der Nationalismus wird jedoch zu einer gefährlichen Ideologie, wenn er die eigene Nation als allen anderen Nationen überlegen betrachtet und diese deshalb bekämpft. Ein Auswuchs des Nationalismus war der Nationalsozialismus unter Adolf Hitler.

- Weitere Informationen über den Rechtsextremismus in der Bundesrepublik findet ihr unter http://www.verfassungsschutz.de/renetz
- Diskutiert über die Gefahren von Rechtsextremismus, Rassismus und Nationalismus.
- Entwerft Plakate gegen Fremdenfeindlichkeit.

▶ Diese Anzeige der „Aktion Gemeinsinn" erschien Anfang 2000 in verschiedenen Zeitungen. Was soll damit zum Ausdruck gebracht werden?

In der Fußgängerzone

[Nguyen betrachtet interessiert die Geräte im Schaufenster. Da hörte er von weitem das Gegröle von Fußballfans, die die Straße heraufzogen. „Bloß nicht hingucken", dachte er sich und starrte weiter auf die Auslage.] Doch zu spät, einer der Jungen [...] hat ihn schon entdeckt. „Kiekt mal, da hat eener die Gelbsucht!", schreit er und lacht über seinen Witz. Ein anderer, schon halb betrunkener Junge lacht nicht, sondern bedroht Nguyen sofort mit seiner Fahnenstange. „Ausländer raus!", schreit er dabei. „Deutschland den Deutschen." Ängstlich weicht Nguyen der Fahnenstange aus. „Macht doch keinen Mist! Lasst mich in Ruhe. Ich hab euch doch gar nichts getan." Es ist immer gut, seine Angst zu zeigen. Das beruhigt die Jungen vielleicht. Wer den Helden spielt, reizt sie nur noch mehr. An diesem Tag klappt das nicht. „Mist?" Ein rundes, sommersprossiges Gesicht verrät echte Empörung. „Wir machen Mist? Du willst wohl aufrechte Deutsche beleidigen, du asiatisches Stinktier." Nguyen erwidert nichts mehr. Auch dieser Junge ist schon angetrunken, und mit Betrunkenen kann man nicht reden. Jedes Wort macht die nur noch gereizter. „He! Du sprichst wohl nicht mit jedem?", ruft ein anderer Junge wütend. [...] Alle lachen, und der erste versetzt Nguyen einen Schlag vor die Brust. Und als sei das ein Signal oder eine Aufforderung für die anderen, prügeln nun auch sie auf ihn ein. Von allen Seiten hageln Schläge herab. Und da kommt auch schon, was Nguyen in der letzten Zeit so oft gehört hat: „Ihr macht euch hier breit, und wir finden keine Arbeit. Macht, dass ihr zurück in eure Erdlöcher kommt, ihr gelben Wanzen!" Nguyen wehrt sich nicht; das würde die Jungen nur noch wütender machen. Er hebt nur die Arme hoch, um seinen Kopf zu schützen. [...]

„Aufhören! Hört sofort auf!", ertönt da auf einmal eine Männerstimme neben ihm. [...] „Das ist doch Blödsinn, was ihr da macht. Der kann doch nichts dafür, dass er nicht so schön ist wie ihr. [...] Die einen sind weiß, die anderen gelb, wieder andere schwarz. Irgendwie stammen wir doch alle von Adam und Eva ab. Und dass es an Arbeit fehlt, daran sind doch nicht die paar Ausländer schuld, die es bei uns gibt." Die Jungen hören gar nicht richtig zu, das sieht Nguyen ihnen an. [...] Der Mann redet weiter auf die Jungen ein. Freundlich fragt er sie, ob sie etwa glauben, sofort Arbeit zu finden, wenn die Ausländer verschwänden. Und ob denn nicht alle Menschen irgendeine Arbeit bräuchten. „Spiel hier nicht den Messias!", schreit einer der Jungen. „Die Vietnamesen sind doch alles Ratten. Hocken vor den Bahnhöfen und verkaufen geschmuggelte Zigaretten, anstatt zu arbeiten."

„Was denn?", spottet der Mann neben Nguyen. „Ich denke, die sollen nicht arbeiten? Merkt ihr denn nicht, wie ihr euch selbst widersprecht?" Darauf wissen die Jungen nichts zu antworten. Hasserfüllt blicken sie den Mann an, der ihnen so eindeutig überlegen ist. Nguyen zögert einen Augenblick, dann fasst er sich ein Herz und sagt, viele Vietnamesen würden doch nur deshalb mit Zigaretten handeln, weil sie keine Arbeit mehr hätten. Von irgendwas müssten sie doch schließlich leben. Wütend wenden die Jungen sich wieder ihm zu, und dann trifft ihn auch schon ein Schlag mit der Fahnenstange quer über Nase und Stirn ...

Klaus Kordon

▶ Nehmt Stellung zu dem Vorfall in der Fußgängerzone.

▶ Spielt die Situation als Rollenspiel. Wie würdet ihr den Schluss gestalten?

▶ Diskutiert, welche Möglichkeiten es gibt, Gewalt gegen Ausländer zu verhindern, in eurer Schule, auf dem Sportplatz, in eurer Stadt.

Vorurteile gegenüber Fremden

Es ist leichter, einen Atomkern zu spalten als ein Vorurteil.
Albert Einstein

Vorurteile entstehen, wenn Ansichten, Meinungen und Erwartungen ohne eine differenzierte, persönliche Urteilsbildung und ohne ausreichende Kenntnisse und Erfahrungen unkritisch übernommen werden. Doch wie unterscheiden sich Vorurteile? Der englische Philosoph Francis Bacon (1561–1626) hat folgende Einteilung vorgenommen.

Vorurteile	**Vorurteile**	**Vorurteile**	**Vorurteile**
die entstehen, wenn sich Menschen zum einzigen Maßstab von Natur und Gesellschaft* erheben	des Einzelnen, die durch eine verzerrte Wahrnehmung der Wirklichkeit entstehen	die von bestimmten Gruppen oder der Gesellschaft als Ganzes entwickelt werden	die entstehen, wenn jemand ohne eigenes Nachdenken der Meinung von Autoritäten folgt

Wenn ihr mehr darüber wissen wollt,
könnt ihr in folgendem Buch nachlesen:
Francis Bacon, Novum Organum. Felix Meiner Verlag, Hamburg 1976.

Der Clan der Sesshaften

Zwei Passagiere in einem Eisenbahnabteil. Wir wissen nichts über ihre Vorgeschichte, ihre Herkunft oder ihr Ziel. Sie haben sich häuslich eingerichtet. [...] Die Tür öffnet sich und zwei neue Reisende treten ein. Ihre Ankunft wird nicht begrüßt. Ein deutlicher Widerwille macht sich bemerkbar zusammenzurücken, die freien Plätze zu räumen [...]. Dabei verhalten sich die ursprünglichen Fahrgäste, auch wenn sie einander gar nicht kennen, eigentümlich solidarisch. Sie treten den neu Hinzugekommenen gegenüber als Gruppe auf. Es ist ihr Territorium, das zur Disposition steht. Jeden, der neu einsteigt, betrachten sie als Eindringling. [...] Dennoch kommt es so gut wie nie zu offenen Auseinandersetzungen. [...] Also werden nur Blicke getauscht und Entschuldigungsformeln zwischen den Zähnen gemurmelt. Die neuen Fahrgäste werden geduldet.

Nun öffnen zwei weitere Passagiere die Tür des Abteils. Von diesem Augenblick an ändert sich der Status der zuvor Eingetretenen. Eben noch waren sie Eindringlinge, Außenseiter; jetzt haben sie sich mit einem Mal in Eingeborene verwandelt. Sie gehören zum Clan der Sesshaften, der Abteilbesitzer, und nehmen alle Privilegien für sich in Anspruch, von denen jene glauben, dass sie ihnen zustünden. Paradox wirkt dabei die Verteidigung eines „angestammten" Territoriums, das soeben erst besetzt wurde; bemerkenswert das Fehlen jeder Empathie (jedes Einfühlungsvermögens) mit den Neuankömmlingen, die mit denselben Widerständen zu kämpfen haben, denen sich ihre Vorgänger unterziehen mussten.

Hans Magnus Enzensberger

- Spielt den „Clan der Sesshaften" nach. Erläutert, warum die neu Hinzukommenden als Eindringlinge empfunden werden.
- Sucht zu jeder von Francis Bacon aufgestellten Kategorie von Vorurteilen ein Beispiel.

Erklärungsversuche zur Entstehung von fremdenfeindlichen Vorurteilen

1. Biologische Erklärungsmuster: Fremdenfeindlichkeit wird als natürliche, beinahe angeborene Eigenschaft, auf bestimmte Merkmale von Fremden zu reagieren (Fremdheit, Anzahl), erklärt. Dass Menschengruppen sich gegen „Andersartige" wenden, wird als biologisch „programmiert" an-gesehen.

2. Persönlichkeitsorientierte Erklärungsmuster: Diese Modelle gehen davon aus, dass vor allem die Erfahrungen mit Eltern und in der Familie in der frühen Kindheit eine Persönlichkeitsstruktur bedingen können, die eine religiöse und ethnische Diskriminierung anderer zur eigenen Stabilität benötigt.

3. Gruppensoziologische Erklärungsmodelle: Vorurteile können als Ausdruck der Konkurrenz um wirtschaftliche und politische Macht sowie um knappe Güter und Sozialprestige gesehen werden. Das Gefühl, selbst zu kurz zu kommen, korrespondiert dabei mit der Schuldzuweisung, dass die „Fremden" für die Knappheit der Güter, die politische Krise oder für den eigenen sozialen Abstieg verantwortlich seien. Der Fremde wird dabei zum Sündenbock.

4. Der Politikansatz: Dieser Ansatz geht davon aus, dass durch staatliche* Maßnahmen, die die Rechte der Ausländer einschränken und scheinbare „Begünstigungen" zurückschneiden, die Bevölkerung erst ermutigt und unterstützt wird, ihrerseits einschränkende und diskriminierende Handlungen vorzunehmen. Politische und rechtliche Vorgaben haben so entscheidenden Einfluss auf die vorurteilshaften Einstellungen zu nationalen Minderheiten.

- ▶ Beschreibe mit eigenen Worten die unterschiedlichen Erklärungsversuche. Vergleiche diese Erklärungen mit den Kategorien von Francis Bacon. Finde Beispiele aus deinem Alltag, die diesen Erklärungsmustern entsprechen.
- ▶ Vergleiche diese Erklärungen mit den Vorurteilen zwischen Ostdeutschen und Westdeutschen.
- ▶ Sieh dir noch einmal die Texte auf der Auftaktseite (S. 142) an. Vergleiche sie mit den hier aufgeführten Erklärungen für die Entstehung von Vorurteilen und Fremdenfeindlichkeit.
- ▶ Was kannst du selbst gegen die Verbreitung von Vorurteilen tun?
- ▶ Entwickelt Vorschläge, um über fremdenfeindliche Vorurteile und Diskriminierung von Fremden aufzuklären.

Fremde achten – warum?

Die folgenden Texte beschäftigen sich mit der Frage, wie man Ausländern begegnen soll.

Ein Alptraum

So was hab ich kürzlich geträumt: Ich war im Ausland. Es muss ein afrikanisches Land gewesen sein, denn die Leute dort waren Schwarze. [...] Ein Angsttraum. Denn wir – meine Eltern, mein Bruder Michael und ich – waren dort nicht als Touristen, sondern als Asylbewerber! [...] Ich fühlte es ganz deutlich: Wir waren Bittsteller. Und genau so wurden wir auch behandelt. [...] Als wir einen Laden betraten, wurden wir argwöhnisch beobachtet, als sei es sozusagen selbstverständlich, dass wir auf nichts anderes aus wären, als die Kasse auszurauben oder mindestens aus den Regalen allerlei heimlich mitgehen zu lassen.

In einem Restaurant wollten wir einen Teller Suppe essen. Aber sobald der Kellner unsere weißen Gesichter sah, stellte er ganz schnell auf alle Tische Schilder. Auf denen stand reserviert. Hungrig mussten wir wieder fortgehen. Eine Wohnung? Wir fanden keine. Überall, wo eine Wohnung angeboten worden war, bekamen wir zu hören: „Tut uns leid, sie ist schon vergeben ...“ Schließlich hatten wir doch noch Glück. Es waren nur zwei kleine Zimmer und eine Küche, aber besser als gar nichts. Das Bad mussten wir mit einer anderen Familie teilen. Im selben Haus wohnten noch Italiener, Franzosen, Engländer und Polen. Lauter Weiße. Und auf der Hauswand, gleich unter unserem Fenster, stand groß hingesprüht:

> AUSLÄNDER RAUS!
> WEISSE SIND SCHEISSE!

[...] In der Nacht, daheim, als wir schon schliefen, splitterte plötzlich die Fensterscheibe, gerade über meinem Bett, etwas flog herein, es krachte fürchterlich, und schon stand der ganze Raum in Flammen. Auch mein Bett. Auch ich selbst. Und ich schrie und schrie und hatte Schmerzen, wie ich sie im wirklichen Leben noch nie gehabt habe. Ich hörte meine Eltern und Michael „Nina! Nina!“ schreien, aber sie konnten mir nicht helfen, weil ich lichterloh brannte.

Und dann war ich tot. Ich konnte mich selber sehen, weil es ja ein Traum war. Ich lag ganz klein und schwarz in der Asche, und meine Eltern weinten. Michael aber rief: „Ich will nicht in diesem schrecklichen Land bleiben!“ [...] Ich wachte davon auf, dass mich Mutti schüttelte. „Was ist denn, Mäuschen?“, fragte sie erschrocken. „Du hast ja so geschrien! Hast du was Schlimmes geträumt?“ „Ich bin verbrannt!“, schluchzte ich. „Jemand hat mich angezündet!“ „Aber Ninakind“, sagte Mutti und nahm mich in den Arm, „so was Schreckliches macht doch niemand. Wie kommst du nur darauf? Alle haben dich lieb. [...]“

Dann zog sie die Rolläden hoch. Es wurde ganz hell in meinem Zimmer, das so groß ist wie die ganze Wohnung zusammen, die wir in diesem Traum hatten. Durchs Fenster sah ich Michael im Garten joggen, und durch das Haus zog Kaffeeduft.

Aber an der Wand des Asylantenheimes, an dem ich auf meinem Schulweg vorbeikomme, steht:

> AUSLÄNDER RAUS!
> SCHWARZE, VERPISST EUCH!

Gudrun Pausewang

- Welche Gründe könnte es geben, dass die Erzählerin und ihre Familie sich in Afrika aufhalten?
- Veranschaulicht die beiden Parolen durch Schaubilder.
- Was will Gudrun Pausewang mit dieser Geschichte zum Ausdruck bringen?

> **Die Goldene Regel**
> ist eine Regel für das Verhalten gegenüber Mitmenschen, die sich in fast allen Kulturen aller Zeiten nachweisen lässt. Sie lautet „Behandle andere so, wie du von ihnen behandelt werden möchtest.“

- Untersucht, ob es einen Zusammenhang zwischen dieser Geschichte und der Goldenen Regel gibt.
- Lest euch die Seiten über Menschenrechte (S. 111 und S. 262 ff.) durch und diskutiert die Frage, ob und wie Menschenrechte hier etwas ändern können..

Das Weltbürgerrecht

Die Idee des Weltbürgerrechts von Immanuel Kant gibt Inländern und Ausländern gleiche Rechte. Das folgende fiktive Interview veranschaulicht die Idee von Immanuel Kant.

Herr Kant, Sie haben in Ihrer Schrift „Zum ewigen Frieden" 1795 ein neuartiges Recht gefordert, das Weltbürgerrecht. Was für ein Recht ist das?

Es ist ein Recht, das jemandem nicht durch einen bestimmten Staat zugesprochen wird, sondern das ihm unabhängig von seiner Staatszugehörigkeit als Mensch, eben als Weltbürger, zukommt. Bis dahin kannte man zwei Arten von Rechten: das Völkerrecht, das sich auf die Staaten bezieht und deren Verhältnis regelt, und das Recht, das der Staat seinen Bürgern gewährt. Das führt zu dem, meiner Meinung nach, unerträglichen Zustand, dass bestimmte Rechte nur für Bürger dieses Staates gelten, aber nicht für Ausländer, die sich dort aufhalten. Das Weltbürgerrecht gilt dagegen noch vor dem staatlichen Recht; es enthält Ansprüche, die Individuen an Staaten richten können.

Und worin besteht dieses Recht?

Es besteht in dem, was man allgemeine Hospitalität nennt: Menschen aller Staaten müssen einander ein Besuchsrecht einräumen. Dieses Besuchsrecht verbietet es den Besuchern, das fremde Land zu plündern, wie es die Kolonialmächte bedauerlicherweise getan haben. Andererseits verpflichtet es die Besuchten, die Fremden nicht feindselig zu behandeln, solange diese friedlich sind.

Woraus leitet sich das ab?

Da wir alle körperliche Wesen sind, hat doch jeder ein Recht, irgendwo auf der Erde zu sein. Nun ist aber die Erdoberfläche auf Grund ihrer Kugelgestalt nicht unendlich groß und Menschen können sich nicht beliebig aus dem Weg gehen. Daher hat niemand ursprünglich mehr Recht, an einem bestimmten Ort zu sein als der andere, und jeder muss den anderen neben sich dulden. Wer zum Beispiel durch ein Schiffsunglück an das Ufer eines Landes getrieben wird, hat das Recht, sich dort aufzuhalten; er braucht ja den Boden unter seinen Füßen, sonst könnte er nicht existieren. Und wenn jemand in einem Land zu Unrecht verfolgt wird, hat er einen Anspruch, in einem anderen Land aufgenommen zu werden.

Gilt dieses Besuchsrecht auch für andere, die nicht gezwungen sind, sich im Ausland niederzulassen?

Ja, natürlich. Der Mensch ist ja ein gesellschaftliches Wesen; er ist auf andere Menschen angewiesen. Daher kann man es keinem verwehren, Beziehungen zu Menschen in anderen Ländern aufzunehmen, um mit ihnen Handel zu treiben, dort seine Arbeitskraft anzubieten usw.

Herr Kant, vielen Dank für dieses Gespräch.

- ▶ Stellt die Forderungen des Weltbürgerrechts zusammen und untersucht, wie Kant dieses Recht begründet.
- ▶ Beschafft euch den Text der Menschenrechtserklärung der Vereinten Nationen und der Genfer Flüchtlingskonvention (vgl. Adressenverzeichnis) und untersucht, inwiefern sich darin darin Kants Ideen wiederfinden.
- ▶ Untersucht, wieweit Ausländer in der Bundesrepublik Inländern gleichgestellt sind, wo Unterschiede gemacht werden. Dazu könnt ihr euch auch den Text des Ausländerrechts ansehen (www.info4alien.de)
- ▶ Woran könnte es liegen, dass die Verwirklichung der Idee Kants so schwierig ist?

Toleranz gegenüber anders Denkenden

Mehr als 200 000 Menschen demonstrierten am 9. November 2000 in Berlin gegen Rechtsextremismus und Fremdenfeindlichkeit.

- Informiert euch in einem Geschichtsbuch über die Ereignisse am 9.11.1938.
- Diskutiert, was die Demonstranten mit dem Spruchband am 9.11.2000 zum Ausdruck bringen wollen.

Streit um Gebetsaufruf

„Allah ist groß! Allah ist der Größte! Steht auf zum Gebet, steht auf zur Arbeit." So lautet – verkürzt – der Gebetsaufruf der Muslime. Seitdem zwei Duisburger Moschee-Vereine beantragten, das zweiminütige Ritual in arabischer Sprache lautsprecherverstärkt erklingen zu lassen, ist ein heftiger Streit in der Ruhrgebietsstadt entfacht. SPD und Grüne wiesen die Verwaltung an, den Antrag zu prüfen und Gespräche mit den insgesamt 37 Moschee-Vereinen zu führen.

Täglich knien sich Muslime fünfmal zum Gebet nieder. Der Gebetsaufruf soll aber nur einmal in der Woche in der Lautstärke eines vorbeifahrenden LKW erschallen – nur viel melodischer. Dennoch meinen nicht wenige Duisburger, dies sei einmal zu viel. [...] Die evangelische Kirche in Laar, wo die Sultan-Ahmet-Moschee [in der Nachbarschaft] angesiedelt ist, fordert in großen Zeitungsanzeigen: „Kein islamischer Gebetsaufruf über Lautsprecher." [...]

Dabei würden die Moschee-Vereine bei einer Klage wahrscheinlich Recht bekommen. Das deutsche Grundgesetz garantiert Religionsfreiheit. Allein das Emissionsschutzgesetz schreibt die Lautstärke des Aufrufes vor.

Den Konfrontationskurs wollen die Duisburger Muslime zunächst nicht einschlagen. Sie setzen wie Dezernent Bildau auf Einsicht: „Die meisten Deutschen sind tolerant. Ich werbe für Akzeptanz."

Die gibt es längst in Städten wie Lünen, Düren, Siegen und in Dortmund, wo alle 25 Moschee-Vereine per Lautsprecher zum Gebet rufen dürfen, aber nur sieben es tun. „Klagen von Nachbarn gibt es nicht", sagt Rainer Siemon aus dem Ausländerbeirat.

Westdeutsche Allgemeine Zeitung

- Wie würdet ihr über den Antrag der Moschee-Vereine entscheiden? Führt eine Pro-und-contra-Diskussion durch.
- Was meint der Dezernent Bildau, wenn er sagt: „Die meisten Deutschen sind tolerant."? Wie könnte diese Toleranz konkret realisiert werden?

Was verstehst du unter Toleranz?

Die Redaktion der Schülerzeitung „Denkpause" hat Jugendliche befragt, was sie unter Toleranz verstehen.

Friedrich: Politiker reden ja neuerdings häufig von Toleranz. Ich habe den Eindruck, das ist eine bloße Floskel.

Yvonne: Also, ich finde Toleranz ganz wichtig. Wenn wir alle tolerant wären gegenüber ausländischen Bürgern, dann würden solche schrecklichen Sachen wie Anschläge auf Ausländerwohnheime oder Synagogen nicht vorkommen.

Nils: Mir ist es völlig egal, was andere Menschen machen. Soll doch jeder so glücklich werden, wie er es für richtig hält.

Kerstin: Es ist doch wohl nichts Besonderes, andere zu dulden, wenn sie einem völlig gleichgültig sind. Zu Toleranz gehört doch mehr. Tolerant ist man, wenn man davon überzeugt ist, im Recht zu sein, und trotzdem die Meinung des anderen gelten lässt. Das ist nämlich nicht so einfach.

Cem: Ich denke, Toleranz hat mit Verstehen zu tun. Manche türkische Mädchen tragen immer ein Kopftuch. Das wirkt hier in Deutschland auf viele fremdartig. Ich meine, man muss verstehen, warum die Mädchen dies tun. Das hat nämlich mit dem islamischen Glauben zu tun.

Sebastian: Also, niemand hat die Wahrheit für sich gepachtet. Jeder kann nur mehr oder weniger gut seine eigene Ansicht vertreten. Was ich für richtig halte, muss nicht für alle anderen gelten; die können ihre eigenen Überzeugungen haben. Deshalb muss jeder Mensch die Überzeugungen anderer Menschen gelten lassen.

Gianna: Ich halte nichts von Toleranz. Wenn jemand rassistische oder sexistische Sprüche kloppt, dann ist es mir egal, ob er das aus einem Minderwertigkeitsgefühl heraus tut, dann will ich mir so eine Meinung nicht verständnisvoll anhören, sondern dagegenhalten. Oder wenn ein Mann meint, es sei in Ordnung, seine Frau und seine Kinder zu schlagen, dann finde ich das unerträglich. So etwas kann man nicht dulden.

Rosa: Irgendwo habe ich einmal gelesen: ‚Freiheit ist immer auch die Freiheit der Andersdenkenden.' Das finde ich richtig.

Michael: Ich sehe das so: Ohne Toleranz gibt es keinen Frieden. Wenn Menschen, die unterschiedliche Auffassungen haben, friedlich miteinander zusammenleben wollen, müssen sie tolerant sein.

- Diskutiert über die Aussagen der Jugendlichen. Mit welcher könnt ihr euch identifizieren, mit welcher nicht? Warum?
- Erstellt ein Cluster zu der Frage: Was ist Toleranz?
- Sucht Gründe dafür, warum Toleranz wichtig ist.
- Diskutiert darüber, ob man Intoleranten gegenüber tolerant sein soll.
- Findet einen Titel für die nebenstehende Abbildung. Versucht das Thema „Toleranz" grafisch darzustellen.

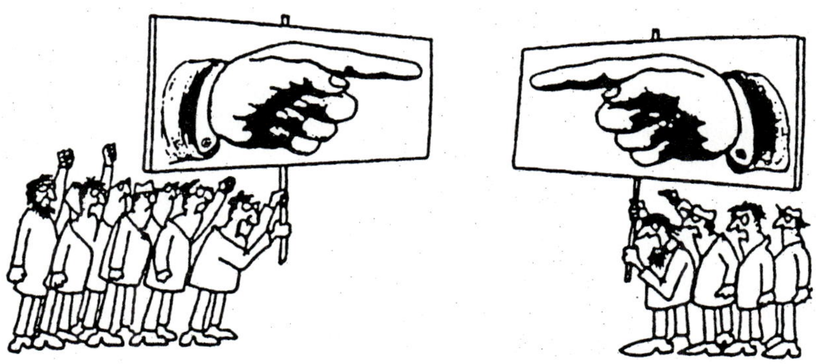

Schule ohne Rassismus

Wie überall in unserer Gesellschaft gibt es auch an Schulen bestimmte Probleme, die meistens dann entstehen, wenn sehr unterschiedliche Leute an einem Ort zusammenleben. Auf Konflikte wird oft mit Ablehnung, Ausgrenzung und Gewalt reagiert. Was können diejenigen, die nicht damit einverstanden sind, dagegen tun? Schülerinnen und Schüler der „Käthe-Kollwitz-Gesamtschule" in Lünen berichten, wie sie sich mithilfe des Projektes „Schule ohne Rassismus" gegen Vorurteile, Fremdenfeindlichkeit und Gewalt an ihren Schulen wehren.*

Aufgepasst, hier geht's um euch!

So fing alles an . . .

Vor fast zwei Jahren wurde die Schülervertretung (SV) unserer Schule durch die didaktische Leitung auf das Projekt „Schule ohne Rassismus" aufmerksam gemacht. Schnell bildete sich eine Initiativgruppe, die immer mehr Mitglieder gewann. Unsere Idee war es, Konflikte aufzudecken und das Zusammenleben innerhalb unserer Schule so angenehm wie möglich zu gestalten, weil es außerhalb der Schulen schon genug Hass und Gewalt gibt.

Was bedeutet „Schule ohne Rassismus"?

„Schule ohne Rassismus" ist ein europaweites Projekt, welches 1988 durch Jugendliche und Erwachsene in Belgien entwickelt worden ist. Durch die europäische Jugendkampagne „all different – all equal" ist „Schule ohne Rassismus" über Frankreich und über die Niederlande nach Deutschland gekommen. Hier wird das Projekt durch die „Aktion Courage – SOS Rassismus" koordiniert. 24 Schulen haben inzwischen den Titel „Schule ohne Rassismus" erworben und weitere Schulen sind auf dem Weg dorthin.

Das Projekt wird durch die jeweilige Schülervertretung an der Schule eingeführt und durch die Schülerschaft getragen. Lehrerinnen und Lehrer haben eine begleitende Rolle und können Hilfestellung leisten. Zuerst werden alle, die zur Schule gehören, über das Projekt informiert: die Schulleitung, alle Lehrerinnen und Lehrer, der Hausmeister, das Reinigungspersonal und natürlich alle Schülerinnen und Schüler in allen Klassenstufen. Als wir das Projekt an unserer Schule durchführten, riefen wir nach dieser Informationsphase zur Unterschriftensammelaktion auf, die zeigen sollte, dass mindestens 70 Prozent aller Schulbeteiligten, die oben erwähnt sind, das Projekt unterstützen. Da wir ein ehrliches Ergebnis erzielen wollten, dachten wir uns ein System aus, dass möglichst jeden Gruppenzwang verhindern sollte. Denn jeder Schüler und jede Schülerin sollte für sich entscheiden, ob er oder sie eine „Schule ohne Rassismus" will oder nicht. Wir bauten provisorische Wahlkabinen auf, in denen die Unterschriftenlisten in den Pausen auslagen. Betreut wurden die Kabinen durch Mitarbeiter der Initiativgruppe, sodass immer ein kompetenter Gesprächspartner anwesend war, wenn es noch Fragen gab.

Bei der „Multikulturellen Woche" der „Käthe-Kollwitz-Gesamtschule" in Lünen fanden die türkischen Spezialitäten reißenden Absatz im Schülercafé

Auf diesem Wege durchschritten wir wohl die schwierigste Phase des Projektes. Uns war klar, dass das Ergebnis der Unterschriftenaktion auf diesem Weg relativ knapp ausfallen würde. Dennoch bevorzugten wir diesen Weg. Nach sechs Wochen stand das Ergebnis fest und über 70 Prozent der

Schülerinnen und Schüler hatten dem Projekt zugestimmt. Es gab aber ein Problem, das wohl kaum lösbar ist: Sicherlich haben uns viele Leute an der Schule unterstützt. Doch es war ziemlich anstrengend, dass die Impulse und Anstöße immer von uns ausgehen mussten. Von alleine passiert einfach nichts.

Die Schulen, die den Titel „Schule ohne Rassismus" erhalten wollten, müssen sich auf gewisse Verhaltensregeln und Bedingungen einlassen. Die notwendigen Startinformationen können bei der „Aktion Courage" bestellt werden. Der wichtigste Punkt ist, dass man versucht Vorurteile abzubauen und die Menschenwürde ausnahmslos bei allen zu achten. Egal, ob schwarz oder weiß, grün oder gelb, groß oder klein, dick oder dünn, männlich oder weiblich, behindert oder nichtbehindert. Auch die Schulform spielt keine Rolle. Allein diesen Punkt einzuhalten, ist schon ein gewaltiger Schritt nach vorne.

Wie geht es weiter?

Zunächst ist es wichtig, dass alle Schülerinnen und Schüler laufend über die weitere Planung informiert werden. Es muss sich eine feste Kerngruppe aus Schüler/innen und Lehrer/innen bilden, die sich überlegen, welche Aktionen gestartet und welche Impulse gegeben werden können. Plakate an den Wänden, Gesprächsrunden in der Pause oder internationale Musik in den Schülercafés tragen dazu bei, dass das Gefühl der Gemeinsamkeit innerhalb der Schule nicht verloren geht. Wichtig ist: Wir sind eine Schule und können nur gemeinsam dafür sorgen, dass der Schulalltag möglichst gewaltfrei und antirassistisch vonstatten geht.

Marek Grzegorek, Sandra Hörter, Silvia Vogel

Materialtipp:
Projekthandbuch Schule ohne Rassismus.
Zu bestellen bei Aktion Courage:
Aktion Courage e.V., Postfach 2644, 53016 Bonn,
Tel. 02 28/21 30 61, Fax 02 28/26 29 78,
E-Mail: info@aktioncourage.org

Weitere Projektvorstellungen im Internet unter dem Suchbegriff „Schule ohne Rassismus", z. B.:
Schule für Toleranz: http://schule-fuer-toleranz.de
Weltkonferenz gegen Rassismus:
http://www.un.org/WCAR

Auch im Dreiländereck in Zittau an der polnischen und tschechischen Grenze wurde das Projekt durchgeführt. Die „Mittelschule am Burgteich" ist eine UNESCO-Projekt-Schule, die offiziell den Titel „Schule ohne Rassismus" erhalten hat. Dieser Titel wird verliehen, indem ein Schild mit der Aufschrift „Schule ohne Rassismus" übergeben wird, das die Schule an ihrem Eingang anbringt. Zwei Schülerinnen aus Zittau erzählen von dieser Übergabe.*

[...] Nachdem wir die Umfrage durchgeführt hatten, setzten wir uns erneut mit der „Aktion Courage" in Verbindung, um ihnen das Ergebnis mitzuteilen und um uns nach Schirmherren zu erkundigen. Unsere Wahl fiel auf die „Prinzen", die uns später den Titel überreichen sollten. Wir erfuhren den Termin, der uns sehr überraschte, denn wir hatten nur zwei Wochen Zeit, um die Feier vorzubereiten. Es gab viele Ideen für ein Programm und auch am Wochenende wurde geprobt und die Turnhalle wurde festlich geschmückt. Dann war es auch schon so weit. Wir verlebten einen lustigen Tag mit den Prinzen und die Feierstunde, zu der 400 Schüler, Schülerinnen und Gäste gekommen waren, wurde ein unvergessliches Erlebnis.

Patricia Paul, Urte Voigt

10. Natur als Um- und Mitwelt

▶ Die Bilder auf den Gewichten symbolisieren* den Umgang des Menschen mit der Natur und mit sich selbst. Diskutiert, ob der Mensch so verantwortlich mit der Natur umgeht, dass ein Gleichgewicht besteht. Begründet eure Meinung.

Ehrfurcht vor dem Leben?

Täglich sterben in Deutschland 25 000 Tiere im Versuchslabor.
Weltweit werden rund 100 Millionen Tiere jährlich von Industrie, Universitäten und Behörden verbraucht.

Bundesverband der Tierversuchsgegner, 1994

▶ Was wisst ihr über Tierversuche? Informiert euch beim Tierschutzbund (vgl. Adressenverzeichnis).
▶ Welche Tiere werden bei Tierversuchen eingesetzt? Versucht ein Plakat für eure Klasse zu gestalten mit Informationen und mit Bildern zu Tierversuchen.
▶ Was hältst du von Tierversuchen? Begründe deine Meinung.

Aus dem Tierschutzgesetz der Bundesrepublik Deutschland:

§ 1 „Zweck dieses Gesetzes ist es, aus der Verantwortung des Menschen für das Tier als Mitgeschöpf dessen Leben und Wohlbefinden zu schützen. Niemand darf einem Tier ohne vernünftigen Grund Schmerzen, Leiden oder Schäden zufügen."

▶ Was will das Tierschutzgesetz verhindern?
▶ Sucht Gründe, die im Sinne des Tierschutzgesetzes als vernünftige Gründe für Tierversuche angesehen werden könnten.
▶ Hältst du das Gesetz für ausreichend? Formuliere ein Tierschutzgesetz, das alle Punkte enthält, die deiner Meinung nach wichtig sind.

Das Great Ape Project*

Das Great Ape Project ist eine Bewegung, die versucht die Gültigkeit einiger Menschenrechte auf die Tierarten zu erweitern, die dem Menschen biologisch ähnlich sind.*

Wir sind Menschen und zugleich große Menschenaffen. Dass wir der menschlichen Spezies angehören, verleiht uns einen hohen moralischen Status: die Zugehörigkeit zum Kreis der moralisch Gleichen. […] Wir fordern, dass die Gemeinschaft der Gleichen so erweitert wird, dass sie alle großen Menschenaffen mit einschließt: […] Die Gemeinschaft der Gleichen ist die moralische Gemeinschaft, innerhalb derer wir bestimmte moralische Grundsätze oder Rechte anerkennen, […]. Zu diesen […] Rechten gehören die folgenden:

1. Das Recht auf Leben
Das Leben der Mitglieder der Gemeinschaft der Gleichen ist zu schützen. […]

2. Der Schutz der individuellen Freiheit
Mitglieder der Gemeinschaft der Gleichen dürfen nicht willkürlich ihrer Freiheit beraubt werden; […].

3. Das Verbot der Folter
Einem Mitglied der Gemeinschaft der Gleichen entweder böswillig oder für einen angeblichen Nutzen anderer wissentlich ernsthaften Schmerz zuzufügen gilt als Folter und ist Unrecht. […]

Derzeit gelten nur Angehörige der Spezies Homo sapiens* als Mitglieder der Gemeinschaft der Gleichen. Der Schimpanse, […] der Gorilla und der Orang-Utan […] sind die nächsten Verwandten unserer Spezies. Auch sie haben geistige Fähigkeiten und ein emotionales Leben, die hinreichend sind, ihre Einbeziehung in die Gemeinschaft der Gleichen zu rechtfertigen.

▶ Vergleicht die Forderung der Deklaration über die großen Menschenaffen mit den Menschenrechten (Kap. 7).
▶ Weshalb begrenzen die Initiatoren des Great Ape Projects ihre Forderungen auf drei zentrale Menschenrechte?
▶ Welche Folgen hätte die Durchsetzung des Great Ape Projects für die Affen, die zurzeit von den Menschen gefangen gehalten werden?

„Es geht nicht darum, ob sie denken können! Oder ob sie sprechen können! Es geht einzig und allein darum, ob sie leiden können!“

Jeremy Bentham*

- Sind die Forderungen des Great Ape Projects sinnvoll? Führt eine Pro-und-contra-Diskussion durch.
- Einige Vertreter des Great Ape Projects teilen die Überzeugung von Jeremy Bentham* (1748–1832). Als Konsequenz fordern sie die genannten Menschenrechte auf alle Tiere auszudehnen. Findet ihr diese Forderung sinnvoll? Begründet eure Meinung.

Ehrfurcht vor der Natur?

Der Arzt und Theologe Albert Schweitzer (1875–1965) hat sich sein Leben lang mit der Frage beschäftigt, ob und wie das Leben und die Natur erhalten werden können. Seine Theorie, die er entwickelte, fasste er mit der Bezeichnung „Ehrfurcht vor dem Leben" zusammen. Bei seinen Forschungen interessierte er sich sowohl für die Ordnung in der Natur als auch für die konkreten Vorgänge in ihr. Seine Erfahrungen beschreibt er in folgendem Text.*

Es ist für mich schmerzvoll und bleibt mir ein Rätsel: Einerseits habe ich Ehrfurcht vor dem Leben, andererseits lebe ich in einer Welt, in der die Natur sich teilweise selbst zerstört. Es ist schwer einzusehen, dass dies der Wille des Schöpfers sein soll, der diese Tiere und die ganze Natur erschaffen hat. [...]

Aber es gibt auch das Schöne in der Natur, durch das unser Wille zum Leben gestärkt wird. Ich freue mich über die morgendliche Sonne, über den Frühling mit den vielen Blüten, über das Wachsen und Reifen im Sommer und Herbst und ebenso über den Frieden eines stillen Wintertages. Ich freue mich auch über Vögel, die ihre Jungen füttern und über Falter, die im Sonnenschein umhergaukeln – diese Bilder in der Natur können ein glückliches Gefühl der Verbundenheit erzeugen. Es ist eine Verbundenheit mit dem starken Willen zum Leben, der in der Natur deutlich wird. Viele Tiere erhalten ihr eigenes Leben durch Vernichtung von anderem Leben. Mit raffinierter Grausamkeit, die sie als Erbgut in ihrem Instinkt haben, legen Insekten ihre Eier in bestimmte Lebewesen ab, damit diese nachher ihrer Brut als Nahrung dienen. Grauen vor dem Dasein erfasst uns, wenn wir in das, was um uns vorgeht, Einblick nehmen.

nach Albert Schweitzer

▶ Albert Schweitzer beschreibt die widersprüchliche Art der Natur. Nennt Beispiele für seine Beobachtungen.

▶ Formuliert mit eigenen Worten, welche zwei Möglichkeiten Albert Schweitzer im Umgang mit der Natur sieht.

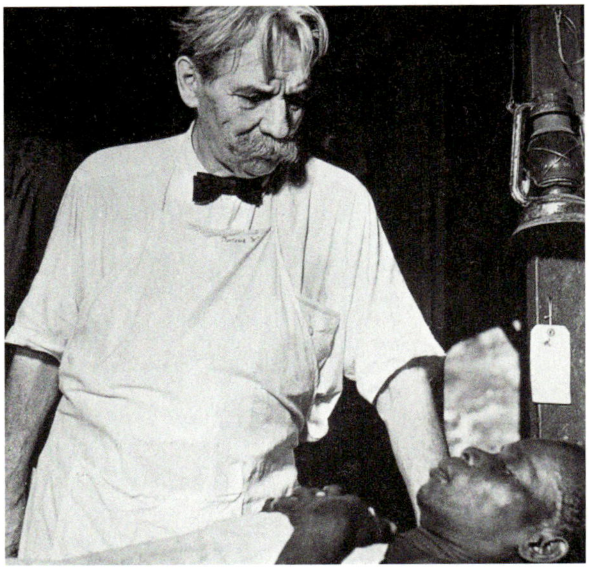

▶ Sucht für beide Möglichkeiten jeweils ein treffendes Beispiel.

▶ Welcher Umgang mit der Natur ist für Albert Schweitzer sinnvoll?
Wie sollten die Menschen eurer Meinung nach mit der Natur umgehen? Diskutiert darüber und begründet eure Gesprächsbeiträge.

▶ Lest 1. Mose, Kap. 1, 26–28 in der Bibel. Vergleicht den Umgang des Menschen mit der Natur, wie er an dieser Stelle beschrieben wird, mit den Aussagen von Albert Schweitzer.

Weitere Informationen über das Leben von Albert Schweitzer findet ihr in dem Film: Albert Schweitzer in seinem Urwaldhospital in Afrika. 42 01148. Beim Albert-Schweitzer-Zentrum können weitere Informationen angefordert werden. (Vgl. Adressenverzeichnis)

„Ziel aller Philosophie ist es, uns [...] begreiflich zu machen, wie wir [...] zu wirken haben.
Die erste Philosophie vermag den Menschen mit dem Universum zusammenzubringen, indem sie Natur und Welt vergewaltigt und den Menschen mit einer seinem Denken gebeugten Welt in Verbindung setzt. Die andere, die unscheinbare Naturphilosophie lässt die Welt und Natur, wie sie sind, und zwingt den Menschen, sich in sie hineinzufinden [...]."

Kritische Stimmen

SPIEGEL special führte ein Interview mit dem Philosophen Andreas Brenner. Sie sprachen über zwei gegensätzliche Theorien, die sich mit dem Verhalten des Menschen gegenüber Tieren befassen.

special: In der Frage des ethischen Verhaltens Tieren gegenüber gibt es seit langem zwei Extrempositionen. Die eine wurde wohl am krassesten von Albert Schweitzer formuliert, der sagte: „Jedes Leben ist Leben, das leben will, inmitten von Leben, das leben will."

Brenner: Daraus [folgerte] er die absolute Achtung vor allen Arten von Leben, dem menschlichen, dem tierischen, dem pflanzlichen. Diese Position mag manchem Tierschützer sehr sympathisch erscheinen, ist jedoch nicht widerspruchsfrei zu denken. Das hat Schweitzer selbst gemerkt. Er hatte als Arzt in Afrika natürlich vor allem mit der Krankheitsübertragung durch Tiere zu kämpfen. Das heißt, er musste Tiere töten, wenn er Menschenleben retten wollte. [...]

special: Dem Biozentrismus* von Schweitzer stehen die Verfechter des Anthropozentrismus* gegenüber: Der Mensch als Krone der Schöpfung könne frei über den Rest der Natur verfügen.

Brenner: Der Anthropozentrismus hat in unserer Kultur spätestens mit den großen Aufklärern [...] sein theoretisches Fundament erhalten. Das hat dazu geführt, dass die Tiere als zu vernachlässigende Größen angesehen wurden. [...] Personen sind alle [...] Wesen [,die Bewusstsein haben], also Menschen, und der Rest sind Sachen, also Stühle, Tische, Tiere und so weiter. [...]

special: Nun gibt es eine weitere Position, [...]. Die so genannten Utilitaristen* (vgl. S. 68) sagen, entscheidend sei, ob ein Wesen Schmerz empfinden könne – und nicht, ob es sich um Mensch oder Tier handele. [...]

Brenner: Tiere werden durch diesen Ansatz in die Rechtssphäre integriert. Die Position [...], die [...] die Leidensfähigkeit eines Wesens zum entscheidenden Kriterium macht, lässt keinerlei markante, relevante Unterschiede zwischen Mensch und Tier gelten. Diese Reduktion[1] auf die Leidensfähigkeit hat die unakzeptable Folge, dass menschliches mit tierischem Leiden verrechnet werden kann. [...] Ich denke, wir dürfen bei dem Vorhaben, Tiere in die Rechtssphäre zu integrieren, nicht in denselben Fehler verfallen wie bereits beim Ausschluss der Tiere, nämlich in Entweder-oder-Kategorien zu denken: entweder nur der Mensch oder nur das Tier. [...] Es geht darum, eine Ethik zu finden für Mensch und Natur. Wir müssen – um an einem alten Begriff der Philosophie anzuknüpfen – ein „gutes" Leben führen, nicht auf Kosten anderer, nicht auf eigene Kosten, sondern im Gesamtzusammenhang mit der Mitwelt.

1 Reduktion: Verringerung

- ▶ Das Interview mit Andreas Brenner nennt zwei unterschiedliche Grundeinstellungen für ethisches Verhalten Tieren gegenüber: Biozentrismus und Anthropozentrismus. Versucht die beiden Begriffe mit euren eigenen Worten zu erklären.
- ▶ Erläutert, was der Utilitarismus* an dieser Stelle fordert und ob man ihn dem Biozentrismus oder dem Anthropozentrismus zuordnen kann. Vergleicht diese Forderung auch mit der Aussage von Jeremy Bentham* auf dem Hintergrund der Informationen aus Kap. 4, S. 68.
- ▶ Welche Position vertritt demgegenüber Andreas Brenner? Erklärt, was er unter einem „guten" Leben versteht.
- ▶ Alle genannten Positionen haben für das Verhalten Tieren gegenüber Konsequenzen in der Praxis. Sucht Beispiele, die dies deutlich machen.
- ▶ In einem Streitgespräch müsst ihr andere Gesprächsteilnehmer von der Richtigkeit einer der beiden Grundpositionen überzeugen: Sammelt Argumente für diese beiden Theorien und führt das Streitgespräch mit zwei Gruppen: den Vertretern des Biozentrismus und den Vertretern des Anthropozentrismus.

Naturwissenschaft in der Antike

Die Natur gab den Menschen schon immer Rätsel auf, die sie dazu veranlassten, diese Rätsel zu lösen und ihre Neugier zu befriedigen. Dabei waren die Menschen im Laufe der Geschichte sehr erfinderisch bei der Auswahl ihrer Mittel. Sie reichten von der reinen Beobachtung oder Überlegung bis hin zu irreversiblen[1] Eingriffen in das System der Natur.

1 irreversibel: nicht wieder rückgängig zu machen

Der griechische Philosoph Platon* (427–347 v. Chr.), der im vierten Jahrhundert vor Christus in Athen lehrte, hat mit seinen Überlegungen zur Natur ein Fundament für die abendländische Naturphilosophie geschaffen. In seinem Dialog „Timaios" schildert Platon die Erschaffung der Welt. Ein Weltbaumeister formt die Welt aus Urmaterie, indem er die **Idee** des lebenden Wesens zum Vorbild nimmt. Nach der Fertigstellung ist die Natur ein Abbild der idealen Ordnung. Platon interessiert sich für das, was in der Natur ewig und unveränderlich ist. In dem Buch „Sofies Welt" erklärt der Philosophielehrer von Sofie ihr diese Theorie von Platon anhand eines Beispiels aus dem täglichen Leben.

Absolut alles, was der „Sinnenwelt" angehört, besteht aus einem Material, an dem die Zeit zehrt. Aber gleichzeitig ist alles nach einer zeitlosen Form gebildet, die ewig und unveränderlich ist. [...]
Wir stellen uns jetzt vor, du fällst aus dem Weltraum auf die Erde und hast noch nie eine Bäckerei gesehen. Also stolperst du in eine verlockende Bäckerei – und da siehst du fünfzig genau gleiche Pfefferkuchenmänner auf einem Tablett. Ich nehme an, du würdest dich am Kopf kratzen und dich fragen, wieso die alle ganz gleich sein können. Dabei ist es gut vorstellbar, dass einem ein Arm fehlt, ein anderer hat vielleicht ein Stück vom Kopf verloren und der dritte hat einen zu dicken Bauch. Aber nach gründlichem Nachdenken kommst du zu dem Schluss, dass alle Pfefferkuchenmänner einen gemeinsamen Nenner haben. Obwohl keiner von ihnen ganz vollkommen ist, ahnst du, dass sie einen gemeinsamen Ursprung haben müssen. Du begreifst, dass alle Pfefferkuchenmänner nach ein und derselben Form gebacken sind. [...]
Diese Form nannte Platon* Ideen. [...]
Platon glaubte an eine eigene Wirklichkeit hinter der „Sinnenwelt". Diese Wirklichkeit nannte er die Welt der Ideen. [...]

Wenn ihr mehr darüber wissen wollt, könnt ihr in folgendem Buch weiterlesen:
Jostein Gaarder, Sofies Welt. Carl Hanser Verlag, München 2000, S. 103.

Aristoteles (384–322 v. Chr.), der bekannteste Schüler Platons, löste sich von den Vorstellungen seines Lehrers und suchte einen neuen, eigenen Denkansatz:*

Als glühender Realist war er vor allem an der genauen Naturbeobachtung interessiert. Entsprechend organisierte er die Arbeit in seiner Schule. Botanik, Zoologie, Geologie, Astronomie: All diese Bereiche wurden systematisch und in allen Einzelheiten untersucht. Tiere wurden seziert und gesammelt und katalogisiert. […] Dass er diese praktischen Studien als wichtige Methode bei der Suche nach Wissen einführen […] konnte, […] war eine beachtliche Leistung. […] Aristoteles wies durch sein Werk darauf hin, wie wichtig die Sammlung und Klassifizierung[1] von Daten sind. Er war jedoch nicht daran interessiert, Tatsachen genauso wie ein moderner Wissenschaftler miteinander in Verbindung zu setzen. Außerdem unternahm er keinen Versuch, Experimente zur Überprüfung von Hypothesen* durchzuführen. Aristoteles suchte nicht nach Naturgesetzen, die Veränderungen verschlüsseln oder Ordnungen in der Kette von Ursache und Wirkung beschreiben. […]

1 Klassifizierung: etwas (z. B. Tiere, Pflanzen) in Klassen einteilen, einordnen

- Beschreibt die Methode des Aristoteles mit den im Text genannten Schlüsselbegriffen.
- Vergleicht das Vorgehen des Aristoteles mit euren eigenen Erfahrungen im Biologie-, Chemie- und Physikunterricht.
- Sucht Beispiele dafür, dass man durch Experimente Informationen bekommen kann, die durch Naturbeobachtung nicht zu erkennen sind.

Im Vatikan in Rom kann man das berühmte Gemälde „Die Schule von Athen“ besichtigen. Im Zentrum dieses Gemäldes stehen die beiden großen Philosophen Platon und Aristoteles. Der Maler Raffael wollte mit der Haltung des rechten Arms der beiden Philosophen auf die Unterschiede in der philosophischen Überzeugung bei Platon und Aristoteles hinweisen.

- Kannst du aufgrund der Texte über Platon und Aristoteles erklären, was die Armhaltung jeweils bedeutet?

Folgendes Beispiel zeigt euch, dass die Methode des Aristoteles auch Fehlschlüsse zuließ:

Aristoteles nahm an, dass sich Ungeziefer aus Unrat entwickelt.

- Sucht Gründe dafür, weshalb Aristoteles zu dieser Schlussfolgerung kam.
- Wie kann man heute diesen Irrtum vermeiden?

Moderne Naturforschung

Galileo Galilei (1564–1642 n. Chr.), Universitätsprofessor aus Padua, ist anders als die meisten Universitätsprofessoren des 17. Jahrhunderts. Für die meisten seiner Kollegen hat die Welt der Arbeit, der Handwerker oder der Seeleute nichts mit der Welt von Forschung und Lehre zu tun. In ihren Vorlesungen kommentieren die Professoren nur die Werke antiker Autoren, vor allem die des Aristoteles*, der im vierten Jahrhundert v. Chr. lebte.*

Doch Galilei denkt anders: Er ist der Meinung, dass die physikalischen Gesetze durch Experimente begründet werden müssen. Und wenn die Experimente, die er unternimmt, Aristoteles widersprechen, zögert er nicht, die Lehre […] infrage zu stellen. Schließlich ist die Tatsache, dass die Wissenschaft seit 2000 Jahren kaum Fortschritte gemacht hat, kein Grund, auf neue Ideen und Methoden zu verzichten. An einem Abend im Mai 1609 ist Galilei zu einem Empfang in Venedig geladen. Dort erfährt er eine wichtige Nachricht: In Holland hat ein Optiker das Fernrohr erfunden. Es wurde aus zwei Brillengläsern hergestellt und konnte Gegenstände, wenn auch unscharf und verzerrt, zwei- bis dreifach vergrößern. Die Leute verlieren schnell das Interesse daran. Doch wie kommt es, dass die holländischen und französischen Wissenschaftler, die von dem Fernrohr gehört haben, nicht vorhersehen, welche Möglichkeiten es bietet? Die Antwort ist verblüffend: Für sie ist ein optisches Instrument nicht von Interesse. Es gilt sogar als schädlich, da es nur „Illusionen", „Täuschungen ohne Bezug zur Wirklichkeit" hervorrufen würde.
Galilei kennt nur eine vage Beschreibung des Fernrohrs, als er beginnt, selbst eins zu bauen. Einerseits ist für ihn das Experiment das erste Mittel, um physikalische Gesetze zu entdecken und zu überprüfen, andererseits interessiert er sich für die Technik. Deshalb hat er nicht dieselben Vorurteile wie seine Kollegen. […]
Wenn das Fernrohr so viel einbringen würde, dass er aufhören könnte Privatstunden zu geben, hätte er endlich Zeit, um zu forschen und zu schreiben. Aber er hat noch einen anderen, wichtigeren Grund: Er will damit den Himmel beobachten.

Zu Beginn des 17. Jahrhunderts schwelt in den wissenschaftlichen Kreisen ein großer Streit. Dabei geht es um den Himmel: Die alten, seit 2000 Jahren unangetasteten Ideen werden durch eine neue Theorie infrage gestellt, durch das heliozentrische Weltbild des Kopernikus.*

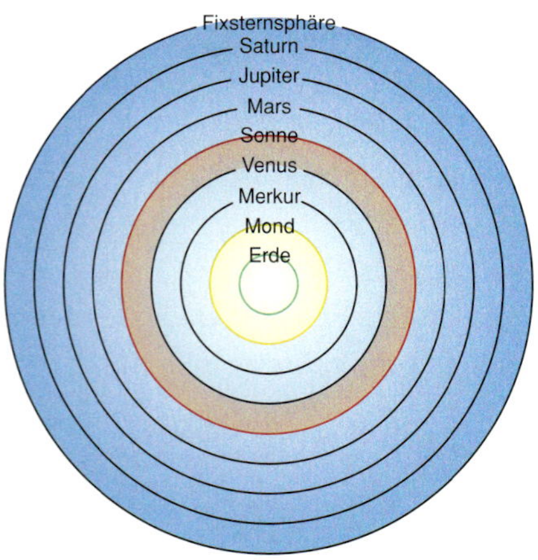

Weltbild des Aristoteles (384–322 v. Chr.)

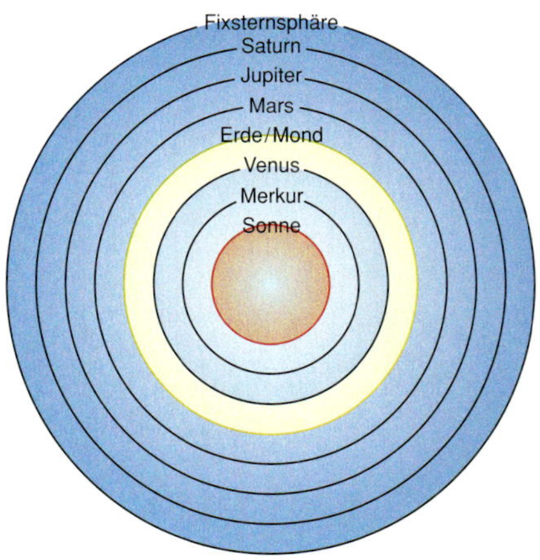

Weltbild des Kopernikus (1473–1543)

▶ Informiert euch genauer über die Kosmologien* des Aristoteles und des Kopernikus.

▶ Formuliert die wesentlichen Aussagen in Stichpunkten. Worin unterscheiden sich die beiden Modelle?

Galilei wird sich schnell darüber klar, dass Fernrohre, die aus Brillengläsern hergestellt werden, noch keinen Nutzen haben. […] Daher muss Galilei seine Linsen selbst zuschneiden und schleifen. […]
Inzwischen beobachtet Galilei jede Nacht den Himmel, während er tagsüber an einem noch besseren Fernrohr […] arbeitet. […] Damit macht er seine wichtigste Entdeckung. „Am 7. Januar dieses Jahres 1610, zur ersten Nachtstunde, als ich die Sterne mit dem Fernrohr ansah, zeigte sich mir Jupiter; und weil ich ein wirklich ausgezeichnetes Instrument gebaut hatte, sah ich nahe bei dem Planeten drei Sterne, zwar klein, aber sehr hell (die ich früher nicht bemerkt hatte, weil mein vorhergehendes Fernrohr weniger gut war“). […]
Einige Tage später entdeckt Galilei, dass es nicht drei, sondern vier Monde sind, die Jupiter umkreisen. […]. Es gelingt ihm, zweifelsfrei zu beweisen, dass sie Jupiter wirklich bei seiner Bewegung durch den Himmel folgen.
Nun ist einer der Einwände, die gegen die kopernikanische Lehre angeführt werden, dass der Mond der Erde in ihrer Bewegung nicht folgen könne, wenn diese sich um die Sonne drehe. Für Galilei ist es der beste Beweis, wenn man etwas mit seinen Augen beobachten kann. Er ahnt noch nicht, wie schwierig es sein wird, seine Gegner dazu zu bringen, zu glauben, was sie mit ihren eigenen Augen sehen.

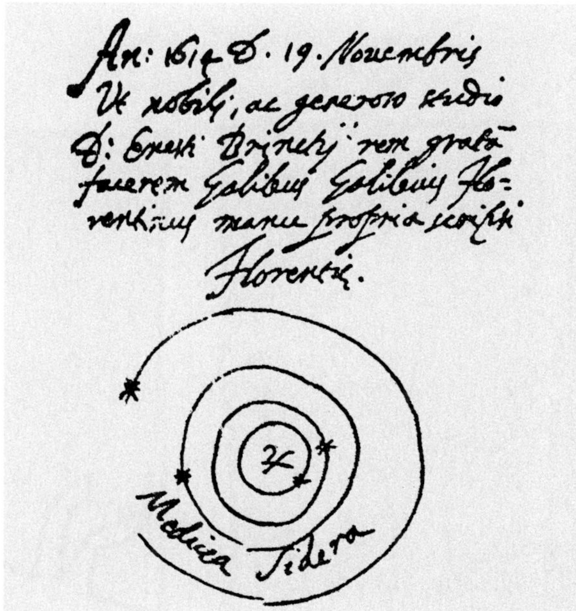

▶ Warum waren die Beobachtungen des Galilei von großer Bedeutung für das Weltbild des Kopernikus?
▶ Vergleicht die Methoden von Aristoteles und Galilei. Worin unterscheiden sich die beiden Forscher?
▶ Wenn ihr eine Vorstellung davon bekommen wollt, wie schwierig es für Galilei gewesen sein musste, seine neuen Methoden und Erkenntnisse durchzusetzen, könnt ihr die vierte Szene aus Brechts Drama „Leben des Galilei“ im Unterricht lesen oder nachspielen. Bertolt Brecht, Leben des Galilei, Suhrkamp Basisbibliothek I, Frankfurt/Main 1998. CD Bertolt Brecht, Leben des Galilei. TERZIO, ISBN 3-932992-41-5
▶ Welche Rolle spielte die Entdeckung und die Konstruktion des neuen technischen Hilfsmittels für die weitere Forschung und für unser heutiges Weltbild?

Weitere Informationen über das Weltbild des Aristoteles und des Kopernikus könnt ihr im Deutschen Museum in München erhalten. Dort sind die Modelle maßstabsgetreu nachgebildet und ihr könnt den Lauf der einzelnen Planeten am Modell simulieren. Bausätze einzelner Modelle werden auch verschickt.
Museumsladen Deutsches Museum, Museumsinsel 1
80306 München, Tel. (089) 2179-1, Fax (089) 2179-324,
E-Mail: info@deutsches-museum.de
http://www.deutsches-museum.de

Mensch und Natur

Francis Bacon und der Beginn der modernen Naturwissenschaft

Francis Bacon (1561–1626), ein englischer Wissenschaftler und ein Zeitgenosse Galileis*, legte ebenso wie dieser großen Wert auf die Erfahrung. Sammeln, Ordnen, Auswerten und Interpretieren von Beobachtungsdaten waren für Bacon grundlegende Merkmale einer organisierten Wissenschaft. Die Instrumente des Experimentierens richteten sich bei ihm jedoch wie Waffen gegen die Natur.

Man muss die Natur nur auf die Folter des Experiments spannen,
um ihr ihre Geheimnisse zu entreißen
und sie dem Menschen dienstbar zu machen.

Francis Bacon

▶ Welche Aufgabe hat die Naturwissenschaft nach der Meinung von Francis Bacon?

▶ Welche Bedeutung hat die Natur für Francis Bacon?

▶ Francis Bacon will mithilfe seiner Forschungsergebnisse die Natur beherrschen. Haltet ihr ein solches Ziel für realistisch?

▶ Glaubt ihr, dass der Naturwissenschaftler das Recht hat, die Rätsel der Natur „auf der Folterbank" zu lösen? Führt eine Pro-und-contra-Diskussion zur Lösung dieser Frage. Vier Schüler oder Schülerinnen vertreten die Position der Natur und vier Schüler oder Schülerinnen vertreten die Position der Naturwissenschaftler. Der Rest der Klasse übernimmt im Anschluss an die Diskussion die Position der Jury, die beurteilen muss, welches die überzeugendsten Argumente sind.

▶ Formuliert ethische Richtlinien, die eurer Meinung nach berücksichtigt werden müssen, wenn Experimente in der biologischen und medizinischen Forschung gemacht werden. Bezieht dazu auch die Aussagen zu den Tierversuchen zu Beginn dieses Kapitels ein.

Im Gleichgewicht mit allen Lebewesen

Die Indianer hatten eine völlig andere Art und Weise, mit der Natur umzugehen, als die Europäer.

Wenn ein Indianer die Natur anschaut, dann tut er es nicht mit dem Gedanken, ein Fernglas darauf zu richten oder sie von sich fortzuschieben, sodass er sich aus der Entfernung auf sie konzentrieren kann.
In seinem Verständnis ist die Natur nicht etwas, [das von ihm getrennt ist]. Er begreift sie mehr als ein Element, in dem er existiert [und in das er sich als Mensch einordnet].

Kiowa

Unser Anliegen ist es,
nach Frieden,
Harmonie
und dem Leben im Gleichgewicht
mit allen Lebewesen dieser Erde zu streben.
Wir definieren in unseren Sprachen die Welt
als eine ganze Familie
und unsere Beziehung zum Universum ist
verwandtschaftlicher Art.

- Beschreibt mit eigenen Worten, wie der Kiowaindianer die Natur sieht.
- Vergleicht dieses Bild der Indianer mit dem Bild, das Francis Bacon sich von der Natur gemacht hat. Beschreibt den zentralen Unterschied.
- Welche Aspekte dieses indianischen Naturbildes solltet deiner Meinung nach auch in unser Naturverständnis eingehen? Begründe deine Antwort.
- Was würde sich in deinem täglichen Umgang mit der Natur verändern, wenn du etwas von dem indianischen Verständnis übernimmst?

Naturwissenschaften – nein danke?

Können wir auf die Naturwissenschaften verzichten?

Stellen wir uns vor, die Naturwissenschaften würden das Opfer der Auswirkungen einer Katastrophe. Die Öffentlichkeit lastet den Wissenschaftlern mehrere verheerende Umweltpannen an. Es kommt verbreitet zu Unruhen. Labors werden niedergebrannt, Physiker gelyncht, Bücher und Geräte vernichtet. Schließlich übernimmt eine politische Bewegung des Nichtwissens die Macht und schafft mit Erfolg den naturwissenschaftlichen Unterricht an Schulen und Universitäten ab, indem sie die noch lebenden Wissenschaftler ins Gefängnis wirft und liquidiert. Später setzt eine Gegenströmung gegen diese zerstörerische Bewegung ein und einige aufgeklärte Menschen versuchen die Wissenschaften wiederzubeleben, wenngleich sie weitgehend vergessen haben, was das einmal war. Sie besitzen nur noch Bruchstücke: ein Wissen um Experimente ohne Kenntnis des theoretischen Zusammenhangs, der diesen Experimenten erst ihre Bedeutung verlieh; Teile von Theorien, die entweder zu den anderen Theoriefragmenten, die noch bekannt sind, oder zu den Experimenten keinen Bezug haben; Geräte, deren Verwendungszweck man vergessen hat; halbe Kapitel aus Büchern, einzelne Seiten von Artikeln, die nicht immer ganz lesbar sind, weil sie zerrissen wurden oder angekohlt sind.

Alasdair MacIntyre

- ▶ Entwerft die Vision von einer Gesellschaft* ohne Naturwissenschaften.
- ▶ Welche Vorteile und welche Nachteile hat die Kenntnis der naturwissenschaftlichen Forschungsergebnisse?

- ▶ Auf welchen physikalischen Gesetzen beruht die Funktion dieser Brücke und welche Vorteile hatte die Bevölkerung durch den Bau der Brückenkonstruktion?
- ▶ Ihr könnt eine Collage anfertigen zum Thema: Physik im täglichen Leben.

Kann oder darf die Naturwissenschaft alle Rätsel der Natur lösen?

Eine industrialisierte und technisierte Welt ohne die Gesetze der Naturwissenschaften scheint kaum realistisch zu sein. Wie sollten wir zum Mond fliegen, wenn die Bewegungen von Körpern und Planeten nicht berechenbar wären?
Die Physik des 18. Jahrhunderts war seit den bahnbrechenden Methoden und Erkenntnissen von Galilei in einem Entdeckerfieber. Es schien nur noch eine Frage der Zeit zu sein, bis alle Naturgesetze entdeckt und alle Probleme lösbar waren. Auf diesem Hintergrund beschrieb der französische Physiker und Mathematiker Pierre Simon de Laplace (1749–1827) seine Vision eines* ***Superhirns****, das die scheinbar momentanen Schwierigkeiten schon überwunden hatte.*

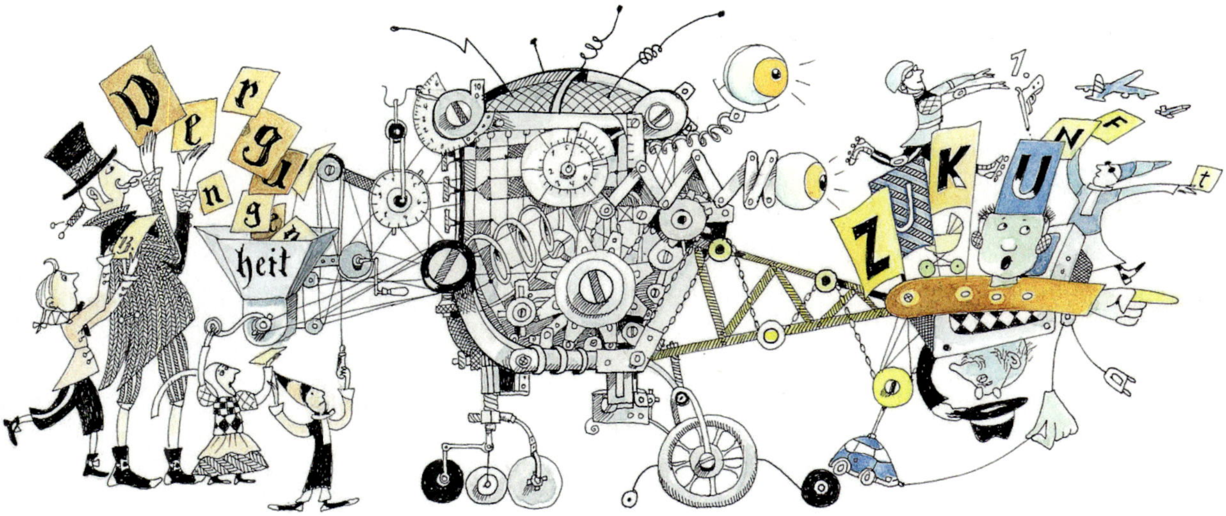

Der Zustand der Natur ist immer eine Folge dessen, was vorher war. D. h., die Natur entwickelt sich immer aus bestimmten Vorgängen in der Vergangenheit. Wenn wir uns eine Intelligenz vorstellen, z. B. einen Computer, der zu einem bestimmten Zeitpunkt alle Ereignisse der Vergangenheit verarbeiten kann, so könnte dieser Computer die Entwicklung in der Zukunft in allen Einzelheiten vorhersagen. nach Pierre Simon de Laplace

Die Vision von Laplace bezog sich auf die Physik – die Lehre von der unbelebten Natur. In ihr schien Ende des 18. Jahrhunderts alles berechenbar.

▶ Was ist jedoch mit der belebten Natur und dem Menschen mit seiner Zukunft – ist auch er durch den Laplace'schen Dämon berechenbar?
Was haltet ihr von der Idee, dass der Laplace'sche Dämon, der eure Vergangenheit kennt, schon heute weiß, wie eure Zukunft aussehen wird?

▶ Begründet, warum man eine solche Vision den Laplace'schen DÄMON nennt.

▶ Diskutiert darüber, ob ihr euch – wenn Laplace Recht hätte – noch frei entscheiden könntet, heute lieber ein Buch zu lesen oder ins Kino zu gehen.

▶ Könntet ihr zur Verantwortung gezogen werden für eine Fensterscheibe, die ihr beim Fußballspielen zerbrochen habt? Begründet eure Antwort.

Die Wissenschaft kann die letzten Rätsel der Natur nicht lösen. Und das ist so, weil wir letztlich selbst ein Teil des Rätsels sind, das wir zu lösen haben.

Max Planck*

▶ Erklärt mit euren eigenen Worten, wie Max Planck das Verhältnis von Wissenschaft, Natur und Mensch beschreibt.

▶ Welche Antwort kannst du auf die Frage geben: Kann oder darf Naturwissenschaft alle Rätsel der Natur lösen?

11. Technik – Nutzen oder Risiko?

Dädalos und Ikaros – ein Problem unserer Zeit?

Dädalos, ein Baumeister und Bildhauer aus Athen, tötete seinen Neffen Thalos aus Eifersucht. Als der hinterlistige Mord entdeckt wurde, floh Dädalos mit seinem Sohn Ikaros auf die Insel Kreta.

Indessen wurde dem Dädalos die lange Verbannung aus der geliebten Heimat doch allmählich zur Last und es quälte ihn, bei einem tyrannischen und selbst gegen seinen Freund misstrauischen König sein ganzes Leben auf einer vom Meer umschlossenen Insel verbringen zu müssen. Sein erfinderischer Geist sann auf Rettung. Nach langem Brüten rief er endlich freudig aus: „Ich habe den Weg gefunden ..."
Dädalos bezwang mit seinem Erfindergeist selbst die Natur. Er fing an Vogelfedern von verschiedener Größe zu ordnen, indem er mit der kleinsten begann und zu der kürzeren Feder stets eine längere fügte, sodass man glauben konnte, sie seien von selbst ansteigend gewachsen. Diese Federn verknüpfte er in der Mitte mit Leinfäden, unten mit Wachs. Dann krümmte er das Gebilde kaum merklich, sodass es ganz das Ansehen von Flügeln bekam. Dädalos hatte einen Sohn namens Ikaros. Der stand gern neben ihm und half mit seinen kindlichen Händen der künstlichen Arbeit des Vaters: Bald griff er nach dem Gefieder, dessen Flaum vom Luftzug bewegt wurde, bald knetete er mit Daumen und Zeigefinger das gelbe Wachs, dessen der Künstler sich bediente.
Der Vater ließ es sorglos geschehen und lächelte zu dem unbeholfenen Bemühen seines Kindes.
Nachdem er letzte Hand an seine Arbeit gelegt hatte, passte sich Dädalos selbst die Flügel an den Leib und schwebte leicht wie ein Vogel empor in die Lüfte. Dann senkte er sich wieder zu Boden und belehrte auch seinen Sohn Ikaros, für den ein kleineres Flügelpaar bereitlag. „Flieg immer, lieber Sohn", sprach er, „in der Mitte, damit nicht, wenn du den Flug zu sehr nach unten senkst, die Fittiche ans Meerwasser streifen und von Feuchtigkeit schwer dich in die Tiefe ziehen oder, wenn du zu hoch in die Lüfte steigst, dein Gefieder den Sonnenstrahlen zu nahe kommt und plötzlich Feuer fängt. Zwischen Wasser und Sonne fliege dahin und folge immer nur meinem Pfade durch die Luft."
Unter solchen Ermahnungen knüpfte Dädalos auch dem Sohne das Flügelpaar an die Schultern, doch zitterte seine Hand dabei und eine bange Träne tropfte herab. Dann umarmte er den Knaben und gab ihm einen Kuss, der auch sein letzter sein sollte.
Jetzt erhoben sich beide mit ihren Flügeln. Der Vater flog voraus, sorgenvoll wie ein Vogel, der seine zarte Brut zum ersten Mal aus dem Nest in die Luft führt. Doch schwang er besonnen und kunst-

voll das Gefieder, damit der Sohn es ihm nachzutun lerne, und blickte von Zeit zu Zeit rückwärts, um zu sehen, wie es diesem gelänge. Anfangs ging es ganz gut. Bald hatten sie die Insel Samos zur Linken, bald Delos und Paros, die Eilande, zur Rechten hinter sich gelassen.

Da verließ der Knabe Ikaros, voll Zuversicht durch den glücklichen Flug, seinen väterlichen Führer und steuerte in verwegenem Übermute mit seinem Flügelpaar einer höheren Zone zu.

Aber die Strafe blieb nicht aus. Die Sonne erweichte mit ihren heißen Strahlen das Wachs, das die Fittiche zusammenhielt, und ehe es Ikaros nur bemerkte, waren die Flügel aufgelöst und fielen auf beiden Seiten von seinen Schultern.

▶ Stellt einen Zusammenhang her zwischen dieser Geschichte und dem Umgang mit Technik.

Wie viel Technik brauchen wir wirklich?

Der Mythos von Dädalos und Ikaros ist schon mehr als 2000 Jahre alt. Trotzdem ist die Frage, die er an Dädalos stellt, eine aktuelle Frage. Sie betrifft uns alle und unseren Umgang mit der modernen Technik.*

Wie viel Technik benutzen wir täglich?

▶ Macht eine Aufstellung, welche technischen Geräte ihr im Laufe eures Tages benutzt.

▶ Kennzeichnet die technischen Geräte, die euch unverzichtbar erscheinen, und diejenigen, auf die ihr ohne besondere Mühe verzichten könntet.

▶ Begründet eure Entscheidung.

Wie sähe eine Welt ohne Technik aus?

▶ Entwerft eine Vision, wie eine Welt ohne Technik heute aussehen könnte.

▶ Sammelt Argumente, was in einer solchen Welt positiv und negativ wäre. Stellt in der Tabelle eure Pro- und Contra-Argumente einander gegenüber.

▶ Führt auf der Grundlage eurer eigenen Argumente eine Pro-und-contra-Diskussion mit radikalen Technikgegnern auf der einen Seite und Technikbefürwortern auf der anderen Seite.

▶ Verfasst einen Zeitungsartikel, der die Ergebnisse dieser Diskussion einem breiten Publikum vermittelt.

Lieber Tim,

heute hat es endlich geklappt. Papa ist heute Morgen operiert worden. Die Ärzte haben Mama und mir gesagt, es gehe ihm den Umständen entsprechend gut. Mama hat schon mit Papa reden können. [...]

Stell dir vor, diese Nacht um 2 Uhr hat man uns angerufen. Man hatte eine Spenderniere gefunden. Papa musste sofort ins Krankenhaus, um auf die Operation vorbereitet werden zu können.

Du weißt ja, dass er in den letzten acht Jahren in jeder Woche dreimal an die Dialysemaschine angeschlossen wurde, die sein Blut gefiltert hat. Seit zwei Jahren steht er auf der Warteliste und wir haben auf ein Wunder gehofft.

Schon zweimal haben wir gedacht, wir hätten Glück gehabt, aber immer wieder gab es Komplikationen.

Heute Morgen war es dann endlich so weit. Nach der Operation kann Papa fast ganz normal leben. Er muss nicht mehr ständig ins Krankenhaus.

Der Arzt hat mir gesagt, dass man erst seit 35 Jahren Nieren transplantieren kann.

Hätten wir vor 50 Jahren gelebt, hätte Papa sterben müssen. Du kannst dir gar nicht vorstellen, wie froh ich bin, dass wir heute leben.

Mach's gut Arno

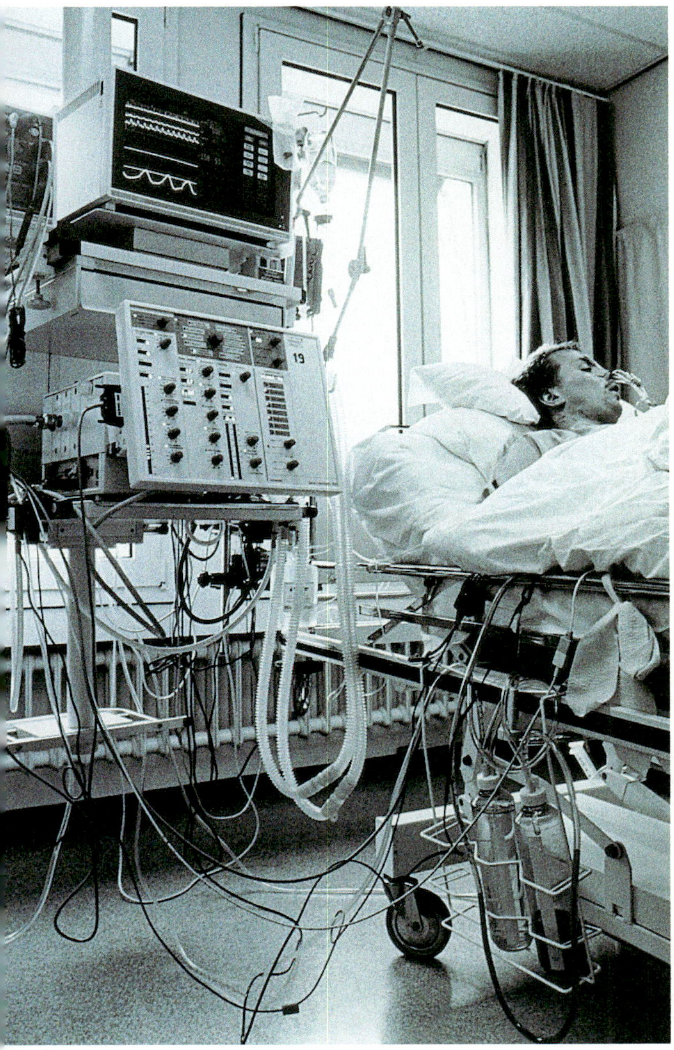

Medizinische Technik

- Welche technischen Hilfsmittel in der Medizin kennt ihr, die eingesetzt werden, um Leben zu retten?
- Informiert euch über die durchschnittliche Lebenserwartung der Menschen vor 500 Jahren.
- Sammelt aus der Perspektive Arnos Argumente für den Einsatz von technischen Hilfsmitteln in Krankenhäusern und in der medizinischen Forschung.

Arnos Vater liegt auf der Intensivstation. Er ist froh über die geglückte Operation und denkt daran, dass er Arno versprochen hat bald wieder mit ihm Fußball zu spielen. Man hat ihm auf seine Frage hin mitgeteilt, dass seine neue Niere von einem 18-jährigen Mädchen stammt, das bei einem Autounfall tödlich verunglückt ist. Arnos Vater möchte an die Familie dieses Mädchens schreiben.

- Sammelt Ideen für einen solchen Brief und schreibt ihn selber.
- In unserem Beispiel werden die positiven Aspekte der Medizintechnik in den Vordergrund gestellt. Kennt ihr auch Nachteile, die die Technisierung der Medizin für uns als Nutzer hat? Sammelt Argumente.

Seit wann gibt es Technik?

Antike

Ein Leben ohne Technik ist für uns heute unvorstellbar. Schon im alten Ägypten setzten die Menschen Technik ein, um sich die Arbeit zu erleichtern.

Ein Wandbild aus dem Grab des Sebenekht in al-Kab zeigt, wie 1800 v. Chr. in Ägypten ein Transportproblem gelöst wurde. Vor den Wagen wird eine Flüssigkeit auf den Weg geschüttet.

▶ Beschreibt den Einsatz von technischen Hilfsmitteln, die ihr auf der Darstellung erkennen könnt.

Beginn der Neuzeit

Andere Beispiele für den Einsatz der Technik vor der industriellen Revolution* finden wir bei Leonardo da Vinci (1452–1519).

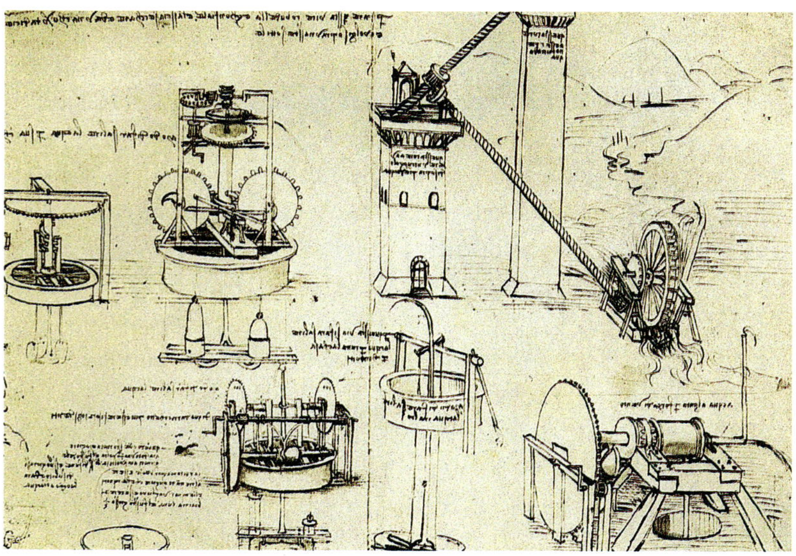

▶ Beschreibt die verschiedenen Teilskizzen im Hinblick auf ihren Zweck.

▶ Welche Bedeutung haben die Naturgesetze bei diesen Konstruktionen?

▶ Welche Vorteile ergaben sich durch den Einsatz der technischen Konstruktionen von Leonardo da Vinci für die Menschen?

▶ Schreibt einen Lexikonartikel zu der Frage: Was ist Technik?

Die Ambivalenz technischer Erfindungen

Fortschritt durch Technik – dies war eins der Ziele der industriellen Revolution. Eine Karikatur aus dem Jahre 1845 zeigt eine Vision, wie man sich die Zukunft bei entsprechender Unterstützung durch die Technik vorstellte.

- Was erhoffte sich der Karikaturist vom technischen Fortschritt?
- Informiert euch über die industrielle Revolution und erstellt eine Liste mit typischen Merkmalen.

Von der Industrialisierung erwarteten optimistisch gesinnte Zeitgenossen vor allem Wachstum: [...] Die tatsächlich eintretenden Wachstumsprozesse gingen aber auch mit einem tief greifenden ökonomischen Strukturwandel einher. Dieser setzte große gesellschaftliche Umwälzungen und schmerzhafte Anpassungsprozeduren in Gang und veränderte die Lebenswelt des Menschen innerhalb weniger Generationen bis zur Unkenntlichkeit.

- Welche Argumente sprechen für den Fortschritt durch technische Erfindungen und welche dagegen? Erstellt ein Poster, auf dem ihr die Pro- und Contra-Argumente aufführt und eure Argumente gleichzeitig mit Bildmaterial ergänzt.
- Die Situation im Zeitalter der industriellen Revolution beschreibt man heute mit dem Begriff Ambivalenz technischer Erfindungen. Informiert euch über die Bedeutung des Begriffs und erklärt ihn anhand der Informationen auf dieser Seite.
- Wie beurteilt ihr die Argumente für und gegen den technischen Fortschritt? Formuliert eure eigene Meinung und begründet sie.

Risikogesellschaft?

▶ Informiert euch über den Zauberlehrling in Goethes Gedicht (vgl. Anhang, S. 264 f.).

▶ Beschreibe, was der Künstler Ernst Barlach mit diesem Bild besonders hervorheben wollte.

Der Verhaltensforscher Konrad Lorenz hat in einem Interview Bilanz gezogen über die Situation von Wissenschaft und Technik in diesem Jahrhundert.*

Zauberlehrlinge mit Tunnelblick – unerfüllte Heilversprechen in Wissenschaft und Technik

Der Mensch [...] ist im Begriff, sich selbst zu vernichten. [...] Damals, in der Startphase des Industriezeitalters, einte ein gemeinsames Ethos die europäische Forschungselite. Die Wissenschaftler, so ihr Credo[1], haben dem Wohlergehen der Menschheit zu dienen. Wissenschaft und sozialer Fortschritt sollten sich im Gleichschritt voranbewegen. [...] Zur allgemeinen Verbesserung der Lebensverhältnisse wollten auch die Erfinder und Techniker beitragen. Ein riesiges Arsenal neuer Maschinen sollte die Menschen vom Fluch knochenbrechender Schwerarbeit erlösen. [...] Vom Polioimpfstoff bis zur Antibabypille, von der Herz-Lungen-Maschine bis zum Dialysegerät reichten allein die medizinischen Errungenschaften der Fünfziger- und Sechzigerjahre. [...] Die Monderoberung, vom Fernsehen live in alle Welt übertragen, wurde zu einem Massenerlebnis, das die Ehrfurcht vor den Wundern der Technik vorübergehend fast ins Rauschhafte steigerte. [...]

Dass der wissenschaftlich-technische Fortschritt ein Selbstgänger sei, sowieso nicht aufzuhalten und im Grunde ja auch wünschenswert, davon waren, Mitte der Sechzigerjahre, noch die [...] Studenten überzeugt.

1 Credo: Glaubensüberzeugung

▶ Fasse jede der beiden Positionen jeweils in einer These zusammen.

▶ Im Titel dieses Artikels werden die Wissenschaftler der letzten 50 Jahre mit Zauberlehrlingen verglichen. Weshalb hat Klaus Franke, der Autor des Artikels, diesen Vergleich gewählt? Wie ist eure Meinung dazu?

Beherrscht der Mensch die Technik oder beherrscht die Technik den Menschen?

Der Physiker Werner Heisenberg (1901–1976) erzählte in einem Vortrag, der sich mit dieser Frage beschäftigte, folgende Geschichte.*

Als Dsi Gung durch die Gegend nördlich des Han-Flusses kam, sah er einen alten Mann, der in seinem Gemüsegarten beschäftigt war. Er hatte Gräben gezogen zur Bewässerung. Er stieg selbst in den Brunnen hinunter und brachte in seinen Armen ein Gefäß voll Wasser herauf, das er ausgoss. Er mühte sich aufs Äußerste ab und brachte doch wenig zustande. Dsi Gung sprach: „Da gibt es eine Einrichtung, mit der man an einem Tag hundert Gräben bewässern kann. Mit wenig Mühe wird viel erreicht. Möchtet ihr die nicht anwenden?"

Der Gärtner richtete sich auf, sah ihn an und sprach: „Und was wäre das?"

Dsi Gung sprach: „Man nimmt einen hölzernen Hebelarm, der hinten beschwert und vorne leicht ist. Auf diese Weise kann man das Wasser schöpfen, dass es nur so sprudelt. Man nennt das Ziehbrunnen."

Da stieg dem Alten der Ärger ins Gesicht und er sagte lachend: „Ich habe meinen Lehrer sagen hören: ‚Wenn einer Maschinen benutzt, so betreibt er alle seine Geschäfte maschinenmäßig; wer seine Geschäfte maschinenmäßig betreibt, der bekommt ein Maschinenherz. Wenn aber einer ein Maschinenherz in der Brust hat, dem geht die reine Einfalt verloren. Bei wem die reine Einfalt hin ist, der wird ungewiss in den Regungen des Geistes. Ungewissheit in den Regungen des Geistes ist etwas, das sich mit dem wahren Sinn nicht verträgt.' Nicht, dass ich solche Dinge nicht kenne, ich schäme mich sie anzuwenden."

- Formuliert mit euren eigenen Worten: Was will die Geschichte verdeutlichen?
- Was meint der Alte, wenn er sagt „Ungewissheit in den Regungen des Geistes ist etwas, das sich mit dem wahren Sinn nicht verträgt"?
- Kannst du der Ansicht des Alten zustimmen? Begründe deine Meinung.

- Bezieht die Aussage der Geschichte auf dieses Bild.
- Vielleicht könnt ihr euch den Film „Moderne Zeiten" ansehen und dann die Frage diskutieren: Beherrscht der Mensch die Technik oder beherrscht die Technik den Menschen?

Charles Chaplin, Moderne Zeiten. USA 1936, Taurus-Film 540 1352

In Bangladesh

Nach uns die Sintflut?

Die Überschwemmungen in Bangladesh werden höher und häufiger. Ist das Zufall oder sind es erste Auswirkungen der sich erwärmenden Atmosphäre?

Der Begriff der Sintflut, der allgemeinen Flut, ist in den Sagen vieler Völker zu finden. Die Sintflut wird dabei verstanden als eine durch göttlichen Zorn verursachte Flutkatastrophe, durch die das Leben auf der Erde vernichtet werden soll. Die Geschichte um die Sintflut soll warnen vor verantwortungsloser Sorglosigkeit und die Menschen zu Wachsamkeit anhalten.

In der Bibel* wird von einer Sintflut in 1. Mose, Kap. 7 erzählt.

▶ Interpretiere die Redewendung „nach uns die Sintflut" und beziehe es auf die Überschwemmung in Bangladesh.

▶ Bei der Frage nach Ursachen für die moderne „Sintflut" stößt man immer wieder auf den Begriff der Klimaveränderung. Welchen Zusammenhang will die Karikatur herstellen?

2100 n. Chr. ...

Eingriffe des Menschen in die Natur und nicht natürliche Entwicklungen sind nach Erkenntnissen der Meteorologen Ursache für die Erwärmung des Erdklimas.

PROGNOSEN: Bei weiterer Untätigkeit der verantwortlichen Industriestaaten könnte es nach einem im Dezember 1995 vorgelegten Bericht des Intergovernmental Panel on Climate Change (zwischenstaatlicher Ausschuss über Klimawandel) im Jahr 2100 wie folgt aussehen: Die Temperatur wird um bis zu 3,5 °C gestiegen sein, der Meeresspiegel um bis zu einem Meter. Dadurch würden große Mengen Salzwasser in die Flüsse und das Grundwasser gelangen.

Regenwälder würden sich zu Steppen, Steppen sich zu Wüsten entwickeln, einstige Küstenlandschaften und Inseln würden überflutet. Außerdem stiege die Zahl der von Überschwemmungen bedrohten Menschen von 1996 ca. 46 Millionen auf 92 Millionen ...

AUSWIRKUNGEN: Die Folgen der Erwärmung der Erdatmosphäre sind bereits spürbar: Die globale Durchschnittstemperatur hat sich seit Ende des 19. Jahrhunderts zwischen 0,3 und 0,6 °C erhöht, der Meeresspiegel stieg um 10–25 cm an. Die vergangenen acht Jahre [seit 1989] zählen zu den wärmsten seit Beginn der Wetteraufzeichnungen im Jahr 1861; 1995 wurde ein vorläufiger Höchststand erreicht. Gletscher verschwinden, Schneegrenzen weichen zurück und vielerorts regnet es, statt zu schneien. Allein in den vergangenen zehn Jahren ist in den Alpen die Gletschermasse um 25 Prozent geschrumpft.

▶ Welche Konsequenzen hat diese Prognose?

▶ Welche Konsequenzen hat diese Prognose für die küstennahen Städte an Nord- und Ostseeküste und für die Urlaubsgebiete?

▶ Informiert euch darüber, z. B. im Erdkundeunterricht, welche Möglichkeiten es gibt, den Klimawandel und seine Auswirkungen zu bekämpfen.

▶ Diskutiert über die Verantwortung, die sich daraus ableitet.

Technik total?

Fortschritt oder Gefahr – Probleme der Risikogesellschaft

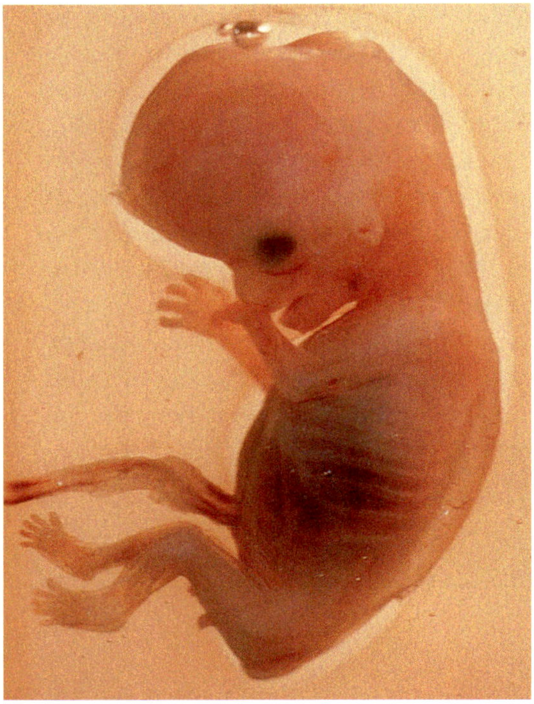

Dieser Embryo ist 6 mm groß und wenige Tage alt. Ist er ein genetisches Ersatzteillager oder ein Lebewesen mit Würde?

Der Tierzücher weiß jeweils, was er vom Tier will. Aber wissen wir auch, was wir vom Menschen wollen?
Hans Jonas, Philosoph

Wir übersehen den medizinischen Fortschritt durch Gentechnik und Biomedizin zum Wohle von Menschen nicht. Aber der Mensch darf nicht alles, was er will.
Kardinal Karl Lehmann, Vorsitzender der deutschen Bischofskonferenz

Wir befinden uns in einem Entwicklungsstadium der Forschung, in dem wir ernsthaft überlegen müssen: Dürfen wir die Möglichkeiten von Heilungschancen bewusst außer Acht lassen?
Ulrike Flach, Politikerin

Im Februar 1997 berichteten die Medien über das geklonte Schaf Dolly. Dem Embryologen Ian Wilmut vom Roslin-Institut in Edinburgh ist es gelungen, aus gewöhnlichen Körperzellen eines erwachsenen Schafes eine exakte Kopie dieses Schafes zu züchten.

Professor Ian Wilmut, Schöpfer des Klonschafs Dolly, will mit menschlichen Embryonen experimentieren und sagt gegenüber der Presse im März 2001: „Ich bin sehr glücklich darüber, dass das britische Parlament die Forschung an menschlichen Embryonen erlaubt hat."

Klonen
Als Klonen bezeichnen Wissenschaftler die Herstellung genetisch identischer Lebewesen mit biologischen Methoden. Grundsätzlich kommen diese Methoden, die die ungeschlechtliche Vermehrung einer Ausgangszelle ermöglichen, für Pflanzen, Tiere und Menschen gleichermaßen in Betracht.

Therapeutisches Klonen
Unter therapeutischem Klonen versteht man die Züchtung gesunder Zellen, die erkranktes Gewebe im Menschen ersetzen sollen. Das so gezüchtete Gewebe hat den entscheidenden Vorteil, dass es nicht vom Immunsystem der Patienten abgestoßen wird. Mithilfe des therapeutischen Klonens soll Zuckerkranken, Parkinson- und Alzheimer-Patienten geholfen werden.

§ 6
1. Wer künstlich bewirkt, dass ein menschlicher Embryo mit der gleichen Erbinformation wie ein anderer Embryo, ein Fötus, ein Mensch oder ein Verstorbener entsteht, wird mit Freiheitsstrafe bis zu fünf Jahren oder mit Geldstrafe bestraft.
2. Ebenso wird bestraft, wer einen in Absatz 1 bezeichneten Embryo auf eine Frau überträgt.

Embryonenschutzgesetz vom 13.10.1990

Einen Blick in die fiktive Zukunft bietet das Buch „Duplik Jonas 7" von Birgit Rabisch. dtv, München 1997.

▶ Sammelt Argumente für und gegen therapeutisches Klonen und nehmt begründet dazu Stellung.

▶ Bildet Arbeitsgruppen und denkt darüber nach, welche Überlegungen hinter der Forscherneugier von Ian Wilmut stehen.

▶ Führt eine Pro-und-contra-Diskussion zum Thema: Wollen wir den ersten Menschen klonen? Bezieht in eure Überlegungen Informationen aus Presse und Medien und dem Embryonenschutzgesetz mit ein.

Stellt euch vor, man könnte von jedem von euch eine jüngere Kopie herstellen. Entwerft eine Vision, wie das Leben in eurer Familie, in eurer Schule und in eurem Freundeskreis dann aussehen würde.

▶ Interpretiert diese Karikatur auf dem Hintergrund der heutigen Informationen.

▶ Wenn ihr die Möglichkeit hättet, ein Gesetz zu formulieren, das die Forschung im Bereich Genbiologie regelt, welche Forderungen müssten dann eurer Meinung nach auf jeden Fall aufgenommen werden?

▶ Unsere heutige Gesellschaft* wird oft als RISIKOGESELLSCHAFT bezeichnet. Sammelt typische Eigenschaften einer Risikogesellschaft.

▶ Schreibt einen Lexikonartikel zum Stichwort Risikogesellschaft.

Das Zeitalter des Atoms

Die Zähler tickten rascher, die vom Registrierstift gezeichnete Kurve verlief steiler und steiler. Erregt stellten die Physiker fest: Der kritische Punkt ist überschritten, die Kettenreaktion hat begonnen.

Die Zuschauer in der ehemaligen Squashhalle der Universität Chicago wagten kaum zu amten. Die drei jungen Männer auf dem Reaktor blickten auf Enrico Fermi*, bereit, auf das kleinste Zeichen von ihm, flüssiges Kadmium auszuschütten und so die Kettenreaktion gewaltsam zum Stillstand zu bringen.

Fermi stand ruhig. Seine Berechnungen stimmten. Der Neutronenfluss stabilisierte sich. Der Reaktor lieferte Energie. [...]

Fünfeinhalb Jahrhunderte zuvor hatte Christoph Kolumbus, der Italiener in spanischen Diensten, Amerika entdeckt und auf dieses Ereignis datierten später Historiker das Ende des Mittelalters und den Beginn der Neuzeit.

Die Entdeckung Fermis markierte ebenso den Anfang einer neuen Epoche, des „Zeitalters des Atoms", in dem die Kernenergie eine entscheidende Rolle spielt und die Menschen unsicher sind, ob ihnen die neue Energie zum Segen oder zum Fluch gereichen wird.

- Informiert euch über die Arbeit von Enrico Fermi (1921–1954).
- Weshalb wird Fermi in diesem Textausschnitt mit Kolumbus verglichen? Sammelt Argumente, die den Vergleich stützen können.
- Wie kann Kernenergie positiv genutzt werden?

Die Bombe

Am 16. Juli 1945 gelang es Wissenschaftlern in Amerika zum ersten Mal, eine Kernexplosion auszulösen. Tatort: Los Alamos im Staate* New Mexico, das amerikanische Kernforschungszentrum.

Die Atombombe war eine „revolutionäre Waffe", wie es in der offiziellen Verlautbarung hieß, „dazu bestimmt, den Krieg, so wie wir ihn kennen, zu ändern oder aller Kriege Ende herbeizuführen".

Am 6. August 1945 wurde die erste Atombombe auf Hiroshima abgeworfen. Es wurden 70 000 Menschen sofort getötet. Die zweite Bombe folgt am 9. August 1945. Sie wurde über Nagasaki abgeworfen.

- Informiert euch über den ersten Atombombenabwurf.
- Formuliert Pro-und Contra-Argumente in Bezug auf den Atombombenabwurf.

Der Schatten

In Hiroshima zeigt man einen Brückenbogen,
Daran der Schatten eines Menschen ist.
Der diesen Schatten warf, der fehlt, und wisst:
Seitdem die Überbombe kam geflogen.

Sie barst. Und einer Sonne Hitzewogen
Verdampften jenen schnell und ohne Frist
Für Abschiedsworte, die die Welt vergisst,
Und von ihm blieb, was in den Stein gezogen.

Doch wer der Unbekannte einmal war,
Weiß keiner, denn in seiner Todesstunde
Starb ebenfalls die Stadt mit Haut und Haar.

Dass nicht gleich ihm wir gehen so zugrunde,
spricht uns sein stummer Schatten von Gefahr:
Wir sind das Fleisch. Er ist die offne Wunde.

- Vergleicht diese Figur mit den Figuren in dem Bild „Guernica" von Pablo Picasso, S. 113, und stellt eine Verbindung zwischen beiden Bildern her.
- Schreibt aus eurer Perspektive einen fiktiven Brief an die verantwortlichen Wissenschaftler, in dem ihr aus eurer Perspektive gegen den Abwurf der Atombombe argumentiert.
- Ist die Atombombe aus eurer Sicht ein geeignetes Mittel, das Ende aller Kriege herbeizuführen? Begründet eure Meinung.

In folgendem Jugendbuch wird die Auswirkung von Atomexplosionen auf den einzelnen Menschen beschrieben:
Gudrun Pausewang, Die Wolke. Otto Maier Verlag, Ravensburg 2000.

Verantwortung der Wissenschaftler

Ein Gespräch zwischen Werner Heisenberg und Carl Friedrich von Weizsäcker* nach dem Abwurf der Atombombe über Hiroshima am 6. August 1945.*

v. Weizsäcker: Man kann ja verstehen, dass Otto Hahn* darüber verzweifelt ist, dass seine größte wissenschaftliche Entdeckung jetzt mit dem Makel dieser unvorstellbaren Katastrophe behaftet ist. Aber hat er Grund, sich in irgendeiner Weise schuldig zu fühlen? […] Sind wir alle an diesem Unglück mit schuld und worin besteht diese Schuld?

Heisenberg: Ich glaube nicht, […]. Otto Hahn und wir alle haben an der Entwicklung der modernen Naturwissenschaft teilgenommen. […] Wir wissen aus Erfahrung, dass dieser Prozess zum Guten und zum Schlechten führen kann. Aber wir waren überzeugt, dass mit wachsender Kenntnis das Gute überwiegen werde und dass man die möglichen schlechten Folgen in der Gewalt behalten könne. An die Möglichkeit von Atombomben hat vor der hahnschen Entdeckung weder Hahn noch irgendein anderer von uns ernstlich denken können, da die damalige Physik keinen Weg dahin sichtbar machte: An diesem Lebensprozess der Entwicklung der Wissenschaft teilzunehmen kann nicht als Schuld angesehen werden …

v. Weizsäcker: Die Aufgabe muss daher […] darin bestehen, diesen Entwicklungsprozess zum Guten zu lenken, die Erweiterung des Wissens nur zum Wohl der Menschen auszunutzen, nicht aber diese Entwicklung selbst zu verhindern. Die Frage lautet also: Was kann der Einzelne dafür tun? Welche Verpflichtung entsteht hier für den, der in der Forschung tätig mitwirkt? […] Man wird hier […] wohl einen grundsätzlichen Unterschied machen müssen zwischen dem Entdecker und dem Erfinder. Der Entdecker kann in der Regel vor der Entdeckung nichts über die Anwendungsmöglichkeiten wissen und nachher kann der Weg bis zur praktischen Ausnutzung noch so weit sein, dass Voraussagen unmöglich sind. […] Der Erfinder – und so will ich das Wort verwenden – hat ja ein bestimmtes praktisches Ziel vor Augen. Er muss überzeugt sein, dass die Erreichung dieses Ziels einen Wert darstellt, und man wird ihn mit Recht mit der Verantwortung dafür belasten. […] An den Einzelnen wird man also nur die Forderung stellen können, dass er sein Ziel im großen Zusammenhang sehen müsse; dass er nicht um des Interesses irgendeiner kleinen Gruppe willen andere, viel weitere Gemeinschaften unbedacht in Gefahr bringt. Was verlangt wird, ist also im Grunde nur die sorgfältige und gewissenhafte Berücksichtigung des großen Zusammenhangs, in dem sich der technisch-wissenschaftliche Fortschritt vollzieht. Dieser Zusammenhang muss auch dort beachtet werden, wo er dem eigenen Interesse nicht unmittelbar entgegenkommt.

Heisenberg: Wenn du in dieser Weise zwischen Entdecker und Erfinder unterscheidest, wohin stellst du dann dieses neueste und schrecklichste Ergebnis des technischen Fortschritts, die Atombombe?

- Formuliere eine prägnante Überschrift.
- Informiere dich, z.B. für ein Referat, über die Arbeit Otto Hahns und vergleiche sie mit der Arbeit Enrico Fermis*.
- Carl Friedrich von Weizsäcker unterscheidet bei der Frage nach der Schuld des Wissenschaftlers zwischen Erfinder und Entdecker. Ist diese Unterscheidung deiner Meinung nach sinnvoll?
- Stell dir vor, Otto Hahn und Enrico Fermi stehen vor Gericht und du bist der Ankläger von Otto Hahn oder Enrico Fermi. Formuliere eine Anklageschrift für Fermi und für Hahn. Worin müssen die beiden Anklageschriften sich nach Werner Heisenberg unterscheiden?
- Halte eine Verteidigungsrede für beide Wissenschaftler. Benutze dabei auch die Argumente, die Werner Heisenberg und Carl Friedrich von Weizsäcker dir zur Verfügung stellen.
- Spielt die Gerichtsverhandlung so nach, dass die Unterschiede in den Positionen gut zum Ausdruck kommen.

Der Sieg

Mit der Natur rechnen

▶ Beschreibe die Situation der Männer auf dem Floß und interpretiere die Karikatur.

„Mit der Natur rechnen" – ein feiner Doppelsinn. Erstens sollten die Menschen bei ihren Entscheidungen auch den Interessen der Natur Rechnung tragen und zweitens die Auswirkungen auf die Natur berücksichtigen, wenn sie sich über ihr Handeln Rechenschaft ablegen. Das klingt fast selbstverständlich – geschieht aber nicht. Trotz intensiver Diskussion über den notwendigen ökologischen Umbau der Gesellschaft* und trotz immer wieder ausgemalter Schreckensszenarien für die Zukunft der Menschheit werden die Umweltprobleme bis heute häufig nur wie Plagegeister behandelt, die man durch Alibimaßnahmen beschwichtigen könne. [...] Die globalen Verflechtungen von menschlichen Aktivitäten und Natur treten immer stärker in den Vordergrund.

▶ Beschreibe mit eigenen Worten den inhaltlichen Zusammenhang zwischen der Karikatur und dem Text.

„Handle so, dass die Wirkungen deiner Handlung nicht zerstörerisch sind für die künftige Möglichkeit echten menschlichen Lebens auf der Welt."

Hans Jonas*

▶ Interpretiere diese Forderung von Hans Jonas in Hinblick auf die Karikatur.

▶ Welche Konsequenzen hältst du für sinnvoll? Begründe deine Antwort.

Wissen und Verantwortung sind aneinandergekoppelt

- Beschreibt die Aussage dieser Karikatur.
- In diesem Kapitel geht es um die Frage: Darf der Mensch alles versuchen, was machbar erscheint? Schreibe eine Stellungnahme dazu.
- Diskutiert über die Behauptung „Wissen und Verantwortung sind aneinandergekoppelt". Begründet eure Meinung.

12. Arbeit und Freizeit

FREIZEIT
Sozial-
arbeiter
UNI

Welcher Weg führt mich zum Ziel?

Nach der Schule entscheidest du dich für einen Beruf und eine Ausbildung. Dir stehen viele Wege offen. Welche Kriterien helfen dir bei der Berufswahl?

▶ Was will der Zeichner mit dieser Karikatur deutlich machen?

Früher war die Wahl des Berufs relativ einfach – die Eltern bestimmten ihn und das Kind hatte sich dem [...] zu fügen. Auf Fähigkeiten, Interessen und Wünsche wurde meist wenig Rücksicht genommen. Oft gab der Beruf des Vaters für Jungen den Ausschlag; für Mädchen standen ohnehin kaum Berufe zur Selbstverwirklichung zur Verfügung. Später wurde man bei der Berufswahl dann viel sensibler und versuchte den Wünschen und Vorstellungen der Berufsanfänger weitgehend entgegenzukommen. [...] Inzwischen müssen sich wieder immer mehr Menschen – insbesondere jugendliche Berufsanfänger – mit einer Arbeit bescheiden, die ihren Erwartungen, Fähigkeiten und Vorstellungen kaum entspricht, weil sie andernfalls arbeitslos auf der Straße stehen.

Umso wichtiger ist es, herauszufinden, welche Berufe den persönlichen Fähigkeiten und Interessen entgegenkommen und welchen Ausbildungsweg man einschlagen könnte.

Was will ich?

Bei der Klärung dieser Frage geben die Mitarbeiter des Arbeitsamtes und der Berufsinformationszentren weiterführende Informationen. Die Bundesagentur für Arbeit findet ihr im Adressenverzeichnis. Sie erstellen im Vorfeld der eigentlichen Berufsberatung ein Persönlichkeitsprofil, das die allgemeinen Fähigkeiten, Interessen ebenso wie Charaktereigenschaften und Persönlichkeitsmerkmale berücksichtigt. Das Ergebnis gibt demfragenden Jugendlichen einen ersten Überblick, ist jedoch noch keine Einengung auf konkrete Berufsfelder. Zuerst muss man sich jedoch selbst über seine eigenen Fähigkeiten klar werden.

Was kann ich?

In Informatik habe ich gesehen, was man mit einem Computer alles machen kann. Ich habe Lust, mir einen Beruf zu suchen, bei dem ich mit dem Computer Probleme lösen kann.

Mathe macht mir Spaß. Ich hoffe, dass ich später als Betriebswirt damit gut zurechtkommen werde.

In der Schule gefällt es mir gut und mit Kindern arbeite ich auch in der Jugendgruppe. Vielleicht werde ich Lehrerin.

Ulrike, 16 Jahre

Felix, 16 Jahre

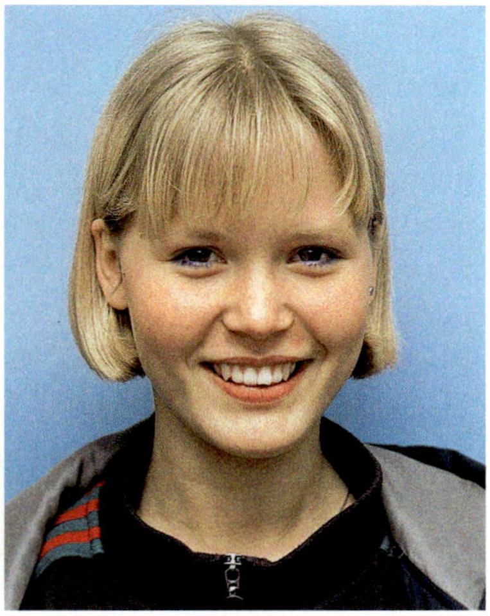

Tanja, 15 Jahre

- ▶ Wo liegen deine Stärken?
- ▶ Stelle eine Liste mit deinen Fähigkeiten zusammen. Folgende Checkliste kann dir dabei vielleicht helfen:
- – Welche Schulfächer machen dir am meisten Spaß?
- – Welche Fächer würdest du am liebsten abgeben?
- – Womit beschäftigst du dich in der Freizeit am liebsten allein?
- – Was machst du zusammen mit Freunden am liebsten?
- – Wofür hättest du gerne mehr Zeit?
- – Was würdest du gerne lernen?
- – Was tust du nicht gern?
- ▶ Versucht in Gruppen jeweils die Stärken der anderen Gruppenmitglieder zu beschreiben.

Was erwartet mich?

▶ Vergleiche die beiden Hindernisläufer in der Karikatur. Um welchen Test könnte es sich bei dem jeweiligen Hindernis handeln?

▶ Welche Möglichkeiten seht ihr, die weiteren Hindernisse erfolgreich zu nehmen?

▶ Was kann die Ursache für Prüfungsangst sein und was kann man dagegen tun? Überlegt euch Fragen, die in der Sprechblase stehen könnten, und schreibt einen Dialog, in dem die beiden Läufer über den Umgang mit Problemen beim „Hürdenlauf" während der Berufssuche sprechen.

Stefan

„Für einen Zweiradmechaniker wie mich ist es am wichtigsten, mit meinen Händen ruhig und ganz genau zu arbeiten. Beim Reparieren und Warten von Fahrrädern sind immer wieder andere Dinge zu tun: ein verbogenes Rad neu zentrieren, die Schaltung einstellen, Probleme an den Bremsen lösen. Dafür muss man mit Werkzeug gut umgehen können.

Die meisten Arbeiten erledige ich im Stehen, aber ich muss mich auch oft bücken. Das schafft nicht jeder, sich jeden Tag so anzustrengen. Abends bin ich manchmal ziemlich erledigt, wenn ich tagsüber feilen und angerostete oder verklemmte Teile erst mal mit viel Kraft auseinanderbekommen musste.

In einem so kleinen Fahrradladen stehe ich auch hinter der Verkaufstheke und bediene die Kunden. Da kommt es darauf an, freundlich zu sein und sie gut zu beraten."

Silke

„Ich muss absolut zuverlässig arbeiten. Schließlich gehe ich als Chemikerin in einem großen Chemieunternehmen mit Stoffen um, die gefährlich werden können, wenn etwas schiefläuft. Sollte eine Störung auftreten, und das kann bei den komplizierten Produktionsanlagen passieren, muss ich schnell eingreifen. Denn für die Sicherheit in einem Chemiebetrieb ist jeder Einzelne verantwortlich.

Um zum Beispiel Grundstoffe für ein Medikament herzustellen, müssen alle Stoffe in der richtigen Menge in die Produktionsanlagen hineingegeben werden. Außerdem rechne ich nach, ob die Maschinen auf die richtigen Werte eingestellt sind. Wer sich mit Zahlen schwertut, bekommt Probleme. Wichtig ist auch Teamgeist: Viele Anlagen laufen rund um die Uhr. Da ist es nötig, sich nicht nur mit Kollegen in derselben Schicht abzustimmen, sondern auch mit denen, die vor mir arbeiten und die nach mir kommen."

▶ Welche Fähigkeiten sind in den vorgestellten Berufen jeweils besonders wichtig?

▶ Überprüfe aufgrund der hier genannten Fähigkeiten noch einmal deine persönliche Hitliste auf Vollständigkeit.

Was wird von mir erwartet?

Sekretär/in / Assistent/in Niederlassung Magdeburg[1]

Teamarbeit ist bei uns kein Schlagwort – wir praktizieren sie. Als **Sekretär/in / Assistent/in** für unsere Niederlassung Magdeburg werden Sie nicht nur unsere Consultingmannschaft unterstützen, sondern sind auch Anlaufstelle für unsere Kunden in der Region Magdeburg. Die Erstellung von Angeboten sowie der gesamte Rechnungslauf gehören zu Ihren Aufgaben. Darüber hinaus machen Ihnen allgemeine Sekretariatstätigkeiten wie Büroorganisation, Terminplanung, eigenständige Korrespondenz und Koordination von Meetings Spaß. Auch in hektischen Situationen bewahren Sie einen kühlen Kopf und haben das notwendige Gespür für den Umgang mit Ihren Kollegen und unseren Kunden. Die Arbeit mit moderner Büro-EDV sowie Bedienungskenntnisse unserer MS-Produkte (Windows, Office) sind Ihnen aufgrund einer entsprechenden Ausbildung als **Sekretär/in oder Bürokaufmann/frau und mindestens 2–4 Jahre Berufserfahrung** vertraut. Sie verfügen über eine gute Allgemeinbildung, können sich gut in Deutsch und Englisch ausdrücken und sind gewandt im Umgang mit Gesprächspartnern unterschiedlichster Ebenen.
Sie passen gut zu uns, wenn Sie ein freundlicher, aufgeschlossener Typ mit Durchsetzungsvermögen sind, gerne Verantwortung übernehmen und hartes Arbeiten bei gleichzeitig viel persönlichem Freiraum eine Motivation für Sie ist. Interessiert? Dann senden Sie bitte Ihre aussagefähigen Unterlagen mit Angabe Ihrer Gehaltsvorstellung und des frühestmöglichen Eintrittstermins unter Kennziffer 100/17 an: …

Ev. Verein für Jugend- und Familienhilfe e.V.

Die Pädagogische Ambulanz des ev. Vereins für Jugend- und Familienhilfe e.V. in Dresden[1] sucht zum nächstmöglichen Zeitpunkt für den gruppenübergreifenden Dienst eine Fachkraft in Vollzeitanstellung (BAT IVb/IVa) mit den Schwerpunkten

Krisenintervention
Ambulante Erziehungshilfe

Die Teilnahme am Rufbereitschaftsdienst sowie eine vorhandene Zusatzausbildung (für Bewerberinnen aus dem pädagogischen Bereich) sind Voraussetzung.

Zum 01.09.97 suchen wir eine pädagogische Fachkraft (BAT Vb/IVb) für den

Gruppendienst

Die Bereitschaft zum Schichtdienst, zur Nachtarbeit und zu regelmäßigen Wochenenddiensten ist Einstellungvoraussetzung.

Wir wünschen uns Bewerberinnen mit Einfühlungsvermögen, Verantwortungsbewusstsein, Konfliktbereitschaft und Kreativität.
Bewerbungen richten Sie bitte an Herrn Stefan Meyer[1], Pädagogische Ambulanz, Dresden[1]

1 Namen wurden geändert

- Sucht weitere Stellenanzeigen in der örtlichen Presse und auch in überregionalen Zeitungen.
- Analysiert die Stellenanzeigen anhand der Frage: Welche Qualifikationen werden von mir erwartet?
- Sucht eine Stellenanzeige, die zu euren Stärken und zu eurem Berufsziel passt, und schreibt eine fiktive Bewerbung, in der ihr erklärt, warum ihr gerade diesen Berufswunsch habt.
- Erstellt eine Tabelle mit den beiden Spalten: berufsabhängige Qualifikationen/berufsunabhängige Qualifikationen.
- Die Qualifikationen der rechten Spalte sind in sehr unterschiedlichen Berufsbildern zu finden – man nennt sie auch Schlüsselqualifikationen. Welche Qualifikationen hältst du für besonders wichtig? Begründe deine Meinung.
- Welche Schlüsselqualifikationen sind für eure Klassengemeinschaft wichtig?
- Durch die bisherigen Überlegungen habt ihr schon erste Vorbereitungen für einen Besuch im BIZ getroffen. Informiert euch, ob ihr eine Exkursion ins BIZ unternehmen könnt oder ob ein Mitarbeiter zu euch in die Klasse oder Schule kommen kann.

Mobilität – pro und contra

▶ Beschreibt mit eigenen Worten die Aussage der Karikatur.

Stellt euch vor, eine der Jugendlichen ist Anja. Über ihre Stellensuche wird in diesem Zeitungsartikel berichtet.

„Warum gibt mir keiner eine Chance?"

Halle – Seit einem Dreivierteljahr schreibt sich Anja Muche aus Halle die Finger wund: Bei fast allen Modehäusern in der Saalestadt hat sie sich schon als Verkäuferin beworben. Jedes Mal eine Absage. Ihren Traumberuf Designerin hat die 17-Jährige schon nach dem ersten Besuch in der Berufsberatung des Arbeitsmarktbezirkes Halle abgehakt: kein Bedarf, ihre Träume zerplatzten wie eine Seifenblase.

Gestern dann der dritte Anlauf in der Beratungsstelle in Halle-Neustadt, 12. Stock, im Arbeitszimmer von Berufsberaterin Barbara Noack. Sie sagt: „Ich hab hier noch zwei Angebote von Kaufhof und Karstadt" und schiebt Anja die Adressen zu. „Du hast in Deutsch und Mathe 'ne zwei, Realschulabschluss hast du sowieso und Ehrlichkeit, das weißt du ja, ist im Verkäuferberuf das wichtigste Kriterium."

Anja hat beste Voraussetzungen, eigentlich. Sie wundert sich: „Bei denen hab ich mich doch schon mal beworben, warum gibt mir keiner 'ne Chance?" Barbara Noack kann da nicht helfen. Sie weiß: Einstellen kann letztlich nur die Firma und sie sagt: „Das liegt nicht in unserem Ermessen, das ist eben die freie Marktwirtschaft." Anja steckt die Adressen in ihre Jackentasche und sagt: „Wenn's diesmal nicht klappt, bleibt mir nichts anderes übrig: dann muss ich in den Westen gehen."

▶ Wie würdest du dich entscheiden?

▶ Schreibt einen Dialog, in dem ihr die Situation mit Anja besprecht. Welche Vor- und Nachteile haben die unterschiedlichen Entscheidungsmöglichkeiten?

Anja hat sich entschieden nach Düsseldorf zu gehen. Nach vier Wochen schreibt sie einen Brief an ihre Freundin Marion in Halle.

Hallo, Marion,

am Anfang war es gar nicht so schlimm. Ich hatte sehr viel zu tun. Die Umzugskisten mussten ausgepackt werden und ich konnte meine neue Wohnung einrichten. Außerdem habe ich viele neue Leute kennen gelernt.

Jetzt aber vermisse ich unsere Teestunde, unsere gemeinsamen Radtouren, unsere Clique.

Hier in Düsseldorf habe ich noch keine neuen Freundinnen gefunden. In den ersten Tagen haben mich alle mit Fragen überschüttet, wie es denn zu Hause in Halle war. Jetzt machen sie sich über mich lustig, nur weil ich eine andere Aussprache habe.

Ich fühle mich einsam. Am liebsten würde ich sofort meine Koffer packen und nach Halle zurückfahren.

Ganz allein in einer fremden Stadt, ohne Freunde, niemand, mit dem man abends mal ins Kino gehen könnte … es ist schrecklich … Wann besuchst du mich mal?

Mach's gut deine Anja

▶ Führt in der Klasse eine Pro-und-contra-Diskussion zum Thema: Mobilität bei der Suche nach einem Ausbildungsplatz. Bezieht eure Argumente jeweils auf das Beispiel von Anja.

▶ Sammelt die Pro-und Contra-Argumente und fertigt dazu ein Plakat an, das das Ergebnis der Diskussion widerspiegelt. Überlegt dabei, welche anderen Stichworte ihr noch dem Thema Mobilität zuordnen könnt. Berücksichtigt an dieser Stelle die Argumente aus dem Dialog mit Anja, den ihr geschrieben habt.

Im Laufe des Berufslebens werden jedoch vielfach noch andere Formen von Mobilität gefordert als bei der Suche nach dem ersten Arbeitsplatz.

Ich war gerade mit meiner Ausbildung zum Metallbauer fertig, als sich herausgestellt hat, dass ich auf Nickel allergisch reagiere. Das hätte kein Mensch vorher wissen können. Es blieb mir nichts anderes übrig, als umzuschulen.

Stefan, 21 Jahre

Im Außendienst war ich oft unterwegs und habe die Maschinen verkauft, die unser Unternehmen herstellt. Ständig auf Achse zu sein fand ich damals toll. Als ich dann aber meine Frau kennen lernte, wollte ich öfter zu Hause sein. Aber im Unternehmen war keine Stelle im Innendienst frei. Deshalb habe ich mir einen anderen Arbeitsplatz gesucht.

Ralf, 27 Jahre

Es ist mir nicht leichtgefallen, so weit wegzugehen. Aber als vor zwei Jahren das Angebot kam, für die Firma im Ausland zu arbeiten, habe ich die Chance ergriffen. Ich musste zwar noch mal auf die Schulbank, um mich in der Fremdsprache fit zu machen. Aber bisher habe ich es nicht bereut …

Susanne, 25 Jahre

▶ Welche Gründe für berufliche Mobilität beschreiben diese Beispiele?

▶ Fallen dir noch andere Situationen ein, in denen man mobil sein muss? Diskutiert die Gründe in der Klasse. Vervollständigt gegebenenfalls das Mobilitätsplakat in eurer Klasse.

Sinn und Zweck der Arbeit

Zum Manne sprach er: „Du hast auf die Stimme deiner Frau gehört und vom Baume gegessen, von dem zu essen ich dir streng verboten habe; darum soll der Ackerboden verflucht sein um deinetwillen; mühsam sollst du dich von ihm nähren alle Tage deines Lebens! Dornen und Gestrüpp soll er dir sprießen, und Kraut des Feldes sollst du essen! Im Schweiße deines Angesichtes sollst du dein Brot verzehren, […]

1. Mose Kap. 3, Verse 17–19

Durch Arbeit macht sich der Mensch frei, durch Arbeit wird er Herr der Natur, durch Arbeit zeigt er, dass er mehr ist als Natur.

Sören Kierkegaard

Wer nicht arbeitet, verschmachtet vor Langeweile, und ist allenfalls vor Ergötzlichkeit betäubt und erschöpft, niemals aber erquickt und befriedigt.

Immanuel Kant

Arbeit ist die Quelle allen Reichtums.

John Locke

Arbeit befreit uns von drei Übeln: Langeweile, Laster und Not.

Voltaire

Das Reich der Freiheit beginnt erst da, wo das Arbeiten, das durch Not und äußere Zweckmäßigkeit bestimmt ist, aufhört.

Karl Marx

Was dürfen wir anders in der Arbeitsnot all der Millionen finden, als den Trieb, um jeden Preis da zu sein, denselben allmächtigen Trieb, durch den verkümmerte Pflanzen ihre Wurzeln in erdloses Gestein stecken.

Friedrich Nietzsche

- Welche Gründe werden in den Aphorismen[1] für Arbeit genannt?
- Welchen Gründen könnt ihr zustimmen, welche würdet ihr ablehnen?
- Bereitet ein Streitgespräch zwischen Vertretern der einzelnen Positionen vor. In diesem Gespräch sollen die einzelnen Positionen miteinander verglichen und die Argumente kritisch überprüft werden.

[1] Gedanke, der eine Erkenntnis oder Lebensweisheit enthält

Arbeiten – aber wie?

- Sammelt zu jedem Bild charakterisierende Merkmale.
- Worin unterscheidet sich „arbeiten" auf den beiden Bildern?
- Wie stellt ihr euch eure Arbeit in Zukunft vor? Beschreibt euer Wunschbild.

Der Philosoph Karl Marx hat sich intensiv mit dem Begriff der Arbeit auseinandergesetzt. Für ihn ist Arbeit ein Wesensmerkmal des Menschen. Er stellt die Entfremdung des Menschen von der Industriearbeit fest.*

Der Mensch ist ein Wesen, das sein Leben durch Arbeit gestaltet. Dadurch kann er seine Natur entwickeln und sich verwirklichen. Mit der industriellen Revolution bekommt Arbeit für den Menschen eine neue Bedeutung. Der Mensch als arbeitendes Wesen wird bei fortschreitender Automatisierung und Arbeitsteilung vom Produkt seiner Arbeit getrennt. Seine Arbeit ist dann nicht mehr sein eigenes Werk, bei dessen Herstellung er die einzelnen Arbeitsschritte selber vollzieht oder wenigstens nachvollzieht, sondern der Industriearbeiter führt im Extremfall nur noch eine einzige Bewegung unzählige Male am Tag aus. Außerdem gehört das Produkt seiner Arbeit nicht ihm selbst, sondern einem anderen, der darüber verfügt und es verkaufen kann.

▶ Trifft Marx' Bestimmung der entfremdeten Arbeit auf die Arbeit mit modernen Technologien (Computer, Internet usw.) noch zu?

„Vita activa" oder „Vom tätigen Leben"

In ihrem Werk „Vita activa", das 1958 in Chicago publiziert wurde, setzt sich die Philosophin Hannah Arendt kritisch mit den menschlichen Grundtätigkeiten „Arbeiten, Herstellen, Handeln" auseinander.*

Die Tätigkeit der Arbeit entspricht dem biologischen Prozess des menschlichen Körpers, der in seinem spontanen Wachstum, Stoffwechsel und Verfall sich von Naturdingen ernährt, welche die Arbeit erzeugt und zubereitet, um sie als die Lebensnotwendigkeiten dem lebendigen Organismus zuzuführen. [...]
Das Herstellen produziert eine künstliche Welt von Dingen, die sich den Naturdingen nicht einfach zugesellen, sondern sich von ihnen dadurch unterscheiden, dass sie der Natur bis zu einem gewissen Grade widerstehen. [...] Das Handeln ist die einzige Tätigkeit der Vita activa, die sich ohne die Vermittlung von Materie, Material und Dingen direkt zwischen Menschen abspielt. Die Grundbedingung, die ihr entspricht, ist [...] die Tatsache, dass nicht ein Mensch, sondern viele Menschen auf der Erde leben und die Welt bevölkern.[...] Die Tätigkeit des Arbeitens als solche bedarf nicht der Gegenwart anderer Menschen, wiewohl ein in völliger Einsamkeit arbeitendes Wesen kaum noch ein Mensch wäre [...]. Ein Wesen, das Dinge herstellt und eine nur von ihm bewohnte Welt erbaut, wäre zwar noch ein Hersteller, aber schwerlich Homo faber*; es hätte seine spezifisch menschliche Eigenschaft verloren [...]. Handeln allein ist das ausschließliche Vorrecht des Menschen; [...] und nur das Handeln kann als Tätigkeit überhaupt nicht zum Zuge kommen ohne die ständige Anwesenheit einer Mitwelt. [...] Das Werk unserer Hände [...] verfertigt die schier endlose Vielfalt von Dingen, deren Gesamtsumme sich zu der von Menschen erbauten Welt zusammenfügt. [...]
Handeln, im Unterschied zum Herstellen, ist in Isolierung niemals möglich; jede Isoliertheit, ob gewollt oder ungewollt, beraubt der Fähigkeit zu handeln. So wie das Herstellen der Umgebung der Natur bedarf, die es mit Material versorgt, und einer Umwelt, in der das Fertigfabrikat zur Geltung kommen kann, so bedarf das Handeln und Sprechen der Mitwelt, an die es sich richtet. Das Herstellen vollzieht sich in und für die Welt, mit deren dringlichem Bestand es in ständigem Kontakt bleibt; das Handeln und Sprechen vollzieht sich in dem Bezugsgewebe zwischen den Menschen [...] und muss mit ihm in ständigem Kontakt bleiben.

▶ Bildet Arbeitsgruppen und klärt die zentralen Begriffe des Textes: Arbeiten, Herstellen und Handeln.
▶ Überprüft, inwieweit die drei Grundtätigkeiten in eurer eigenen Berufsvision enthalten sind.

Arbeitslos – was nun?

Der Traum vom tätigen Leben erweist sich für viele Menschen als Sackgasse. Ein Arbeitsloser beschrieb in der Wochenzeitung DIE ZEIT, wie er die Kündigung und die Arbeitslosigkeit erlebte.

Im Sommer sprach man vom Sommerloch, die Kollegen von einer leichten Absatzflaute. Im August noch wollte man gemeinsam den Karren aus dem Dreck ziehen. [...] Im September wussten wenige schon mehr als andere und der Betriebsrat verhandelte hinter verschlossenen Türen. Firmenzugehörigkeit, Ablösesummen, Kündigungsfristen, Entschädigungen, Auflösungsverträge waren die geflüsterten Worte, kaum einer ging in Urlaub.

Dann war alles klar. Mitte Dezember war Schluss, einige durften schon vorher, andere mussten bleiben bis zum Ende, um den Restkollegen die Arbeitsplätze zu sichern. Letzter Tag, du hattest schon dreimal dein Büro gewechselt, Büromiete sparen, kein eigenes Zimmer mehr, kein eigener Schreibtisch, kein eigenes Telefon, umso schneller war alles eingepackt, die letzte Runde durch den Betrieb, Feierabend.

Überstunden abfeiern, Resturlaub, Weihnachten, endlich etwas Ruhe, nachdenken.

2. Januar, der erste Tag arbeitslos, die Kinder haben Schulferien, die Frau noch Resturlaub, endlich hat man Zeit, kann auf Familie machen, schöne Tage.

Der erste Montag, allein, die Wohnung ist leer, das Haus wird leer, keine Arbeit, Aktivität ist gefragt. Einkaufen, Essen machen, Hausaufgaben, telefonieren, Bewerbungen schreiben, telefonieren, Abendessen. Wie war dein Tag im Büro? Schlafen. Aufstehen, allein, die Ruhe genießen, lesen, Zeit haben, entspannen.

Du wolltest doch noch, der Flur muss neu tapeziert werden, die Küche gestrichen, mein Gott, wie die Zeit vergeht, abends Muskelkater, ein bisschen körperliche Arbeit tut ganz gut. Mal wieder auf dem Arbeitsamt sehen lassen, Sie wissen doch, dass ich für Sie nichts habe, Geisteswissenschaftler, aber hier, EDV-Kurs, programmieren, die Zukunft, eine echte Alternative, machen jetzt viele, ja eben, danke, nicht in die nächste Arbeitslosigkeit programmieren, einmal reicht. Bis in drei Monaten.

Bewerbungen schreiben, Absagen, für den weiteren Lebenslauf wünschen wir Ihnen alles Gute, interne Gründe, tut uns leid, nicht persönlich nehmen, hausintern besetzt, laden wir Sie ein zu unserer Vorstellungsrunde, möchten Sie kennen lernen, lernen Sie uns kennen, Fahrtkosten werden gestellt, haben uns doch für die hausinterne Bewerbung entschieden, Stelle aus Kostengründen nicht besetzt, überqualifiziert, unterqualifiziert, zu wenig Berufserfahrung, zu jung.

Qualifikation, Weiterbildung, Arbeitsförderungmaßnahmen, passt für mich, gefällt mir, Weiterqualifikation möglich, Arbeitsamt stimmt zu, zwar erst im April, dafür aber genügend Zeit, um sein Englisch aufzufrischen, VHS-Kurse zu belegen, Aktivität zeigen, gut für weitere Bewerbungen. Ein Ziel, jeden Tag lernen, Englisch, BWL, VWL, kaufmännisches Rechnen, Schreibmaschine schreiben, Wissen auf Halde legen, abrufbereit, hoffentlich ruft einer an.

Die Tage gehen wieder schneller vorbei, man kann wieder besser schlafen.

Montag, erster „Schultag“, die Nacht vorher sogar schlecht geschlafen, wie vor einer Prüfung, Durchfall, überpünktlich ist eine vornehme Umschreibung, viel zu früh passt viel besser, nervös, sogar etwas hektisch, freudig erregt, neue Leute kennen lernen, [...].
Leider muss ich Ihnen mitteilen, dass die Maßnahme auf Ende Mai verschoben ist
Ins Auto, schnell nach Hause, Frau auf der Arbeit anrufen, durch die Wohnung laufen, Aktivität, nicht nachdenken, nicht denken, abschalten, ruhig werden, es ist nicht deine Schuld, ruhig werden. Die Stütze, Arbeitsamt anrufen, Kurs fällt aus, denkt daran, mein Arbeitslosengeld zu zahlen, geht in Ordnung. Wieder ruhig werden, ein neuer Orientierungspunkt muss her, wofür hast du eigentlich die ganze Zeit am Schreibtisch gesessen und gelernt, na ja, im Notfall für die Allgemeinbildung, du musst Essen machen, die Kinder kommen gleich aus der Schule, wofür bist du eigentlich in die Kurse gerannt, nicht darüber nachdenken, ruhig bleiben.
Das Geld wird knapp, ging wohl doch nicht so schnell mit der Umstellung wieder auf Stütze. [...]
Fang wieder an zu lernen, es fällt dir schwerer, die Konzentration lässt nach und abends denkst du, was hast du eigentlich den ganzen Tag gemacht, gespart, hoffentlich wird das keine Manie, du musst doch auch noch leben, und später?
Etwas gelernt, Essen gemacht, Wohnung aufgeräumt, Bewerbungen geschrieben, Schreibtisch, Post, besonders montags und donnerstags ganz wichtig, glaubt man, bis du die Post in Händen hast, du verlierst den Außenkontakt, Freunde, Arbeitskollegen besuchen dich seltener, zu viel Arbeit, du gehst nicht raus, sparen für später, aber die Post, du hast doch noch die Post, ja, Zweckpost, das ist alles, doch ein Besuch, Mensch, die Arbeit frisst mich auf, du hast es gut, bist ja arbeitslos, gib doch Arbeit ab, wie denn, geht doch nicht, ach so.
Es besteht die Möglichkeit, es ist sehr wahrscheinlich, dass die Maßnahme mangels Nachfrage ganz ausfallen muss und auf Oktober verschoben werden muss, Sie werden informiert, frohe Ostern. Die Feiertage, die Familie, du bist nicht allein, du bist abgelenkt, die Kinder freuen sich, alle haben Zeit, nicht nur du, schnell sind die Feiertage um, die Kinder spielen draußen, das Wetter spielt mit, du bist wieder allein, Pfingsten, die Maßnahme wieder verschoben, Sommeranfang, sechs Monate ist es schon her.

▶ Beschreibt die Folgen der Arbeitslosigkeit für den Betroffenen.

▶ Welche Entwicklungen zeigen sich bei seinen Aktivitäten für die Stellensuche, seiner Selbsteinschätzung, bei der Einschätzung seiner täglichen Aktivitäten, seinen Konsumeigenschaften, seiner sozialen Situation (Familie, Freunde, ...) und bei seiner Stimmung? Versucht jeweils Schlüsselworte aus dem Text zu übernehmen, wenn ihr die Fragen beantwortet.

▶ Schreibt eine Fortsetzung der Geschichte mit folgendem Ende: Die Maßnahme findet im Oktober statt und im Anschluss bekommt der Mann eine gute Arbeitsstelle – allerdings in einer 300 km entfernten Stadt.

▶ Es wird diskutiert, das Recht auf Arbeit* ins Grundgesetz* aufzunehmen, sodass man es einklagen könnte. Führt eine Pro-und-contra-Diskussion über die Vor- und Nachteile.

Arbeit (gerechter) verteilen?

Arbeitslosigkeit ist heute ein Phänomen, das einige betrifft und vor dem sich viele fürchten. Für wie viele ist es morgen ein Problem?

Das Ende der Arbeit?

Die Arbeit selbst verschwindet demnächst – jedenfalls in den hoch entwickelten Industriestaaten und in der Form der bisherigen Erwerbsarbeit. Das Kapital in Gestalt hochtechnologischer Maschinen, Roboter oder Computer verdrängt die Arbeiter aus den Fabrikhallen, die Angestellten aus den Büros. Immer mehr Wissen wird zu Macht, sind Ideen das Kapital der Zukunft. Es gibt viel zu tun und zu verdienen mit dieser neuen Wissensarbeit, aber längst nicht für alle. Nur ein Drittel der bisherigen Erwerbstätigen, schätzen manche Experten, werden dort künftig noch Arbeit finden.

Und was macht der Rest? […]

Irgendwann im 21. Jahrhundert könnte „das Ende der Arbeit", das der amerikanische Journalist Jeremy Rifkin in seinem Bestseller von 1995 schon ausrief, tatsächlich anfangen. Dann gibt es ein Problem: „Wir brauchen Alternativen zur Erwerbsarbeit, um die Kraft und das Talent zukünftiger Generationen nicht brachliegen zu lassen."

Der bisher besonders in Deutschland so beliebte Ausweg der Arbeitszeitverkürzungen ist dann wahrscheinlich ohnehin an seinem Ende angekommen. „Es geht längst nicht mehr um die Umverteilung von Arbeit", stellt schon jetzt der Soziologe Beck fest, „sondern um die Umverteilung von Arbeitslosigkeit." […]

Viele Tätigkeiten in […] sozialen und kulturellen Ehrenämtern sind sinnvoller als so mancher Mc-Job. Intelligent organisiert und mit der Arbeit von Profis kombiniert, könnte hier das wirkliche Wachstumsfeld für neue Beschäftigung liegen – wenn denn auch ein Einkommen damit zu erzielen wäre und nicht bloß ein Ehrensold. […]

Die Mobilisierung der […] Helfer kann professionell gesteuert werden, wie es nach niederländischem Vorbild dutzende von „Freiwilligen-Agenturen" nun auch in Deutschland versuchen. Ihre Devise lautet […]: „Ohne Geld, aber nicht umsonst."

Das Ziel ist, freiwillige Tätigkeiten als Anspruch für zusätzliche Rentenzahlungen oder Sozialleistungen aufzuwerten.

- ▶ Vergleicht die Aussagen der Karikatur und des Textes.
- ▶ Welche Gründe nennt der Artikel für „das Ende der Arbeit"?
- ▶ Was haltet ihr von der Lösung, die hier vorgeschlagen wird?
- ▶ Überlegt, welche weiteren Lösungsmöglichkeiten es geben könnte.

Welche Auswege gibt es aus der Arbeitslosigkeit?

Ihr könnt eine Umfrage starten zum Thema: Welche Auswege gibt es aus der Arbeitslosigkeit? Der folgende Fragebogen kann euch als Orientierung dienen. Ihr könnt ihn jederzeit ergänzen und verändern.

Befragung am .... in ....

1. Welche Aussage sagt Ihnen am meisten zu?
   - ❍ Arbeit ist wichtig für das Selbstwertgefühl
   - ❍ Arbeit muss halt sein, damit die Existenz gesichert ist
   - ❍ Arbeit mit Menschen ist interessanter als die mit Maschinen
   - ❍ Arbeit finden kann jeder, der will

2. Kennen Sie jemanden, der/die seine/ihre Arbeit verloren hat?
   ❍ Ja ❍ Nein

3. Wie können Freunde einem Arbeitslosen helfen?
   ❍ Gar nicht ❍ Auf diese Weise:
   ....
   ....
   ....

4. Wer ist an der hohen Zahl der Arbeitslosen schuld? Bitte nur eine Antwort ankreuzen.
   - ❍ Die Unternehmer, weil sie immer mehr Gewinne machen wollen.
   - ❍ Die Arbeitnehmer, weil sie mangelnde Bereitschaft zeigen, flexibel zu sein.
   - ❍ Die hohen Löhne, weil andere in der Welt billiger produzieren.
   - ❍ Die Politiker, weil sie der Wirtschaft nicht mehr Auflagen machen.
   - ❍ Oder: ....

5. Glauben Sie, dass es in Zukunft weniger Arbeitslose geben wird?
   ❍ Ja ❍ Nein ❍ Weiß nicht

6. Wie kann das Problem der Arbeitslosigkeit gelöst werden?
   ....
   ....
   ....

7. ❍ Männlich ❍ Weiblich ❍ Alter: ....

▶ Wertet eure Umfrage so aus, dass ihr eure Ergebnisse in Form einer Wandzeitung präsentieren könnt. Vielleicht organisiert ihr auch eine kleine Ausstellung in der Schule.

▶ Schreibt einen Leitartikel für eure Schülerzeitung, in dem ihr zu der Frage Stellung nehmt: Welche Auswege gibt es aus der Arbeitslosigkeit?

Arbeitszeit und Freizeit

▶ Wie sollte deiner Meinung nach das Verhältnis von Arbeitszeit und Freizeit verteilt sein?

Das Verhältnis von Arbeitszeit und Freizeit hat sich im Laufe der Geschichte gravierend geändert. Vor 150 Jahren betrug die tägliche Arbeitszeit 15 Stunden pro Tag, und zwar für Frauen, Männer und Kinder gleichermaßen – das sind 90 Stunden pro Woche.

Inzwischen ist die wöchentliche Arbeitszeit in vielen Bereichen auf 36 bis 38 Stunden gesenkt worden. Wir haben also mehr freie Zeit für uns selbst. Wie können wir sie sinnvoll gestalten?

Der Fragebogen auf der nächsten Seite ist in Anlehnung an eine Untersuchung der zwölften Shell-Jugendstudie entstanden.

▶ Füllt diesen Fragebogen in eurer Klasse und eventuell auch in anderen Klassen aus.
Im ersten Durchgang könnt ihr die Auswertung so vornehmen, dass ihr unabhängig von der Angabe männlich/weiblich die jeweiligen Angaben in Prozenten ermittelt. In einem zweiten Auswertungsschritt könnt ihr die Prozentangaben in Abhängigkeit vom Geschlecht errechnen.

Freizeitbeschäftigung	sehr oft	oft	selten	nie
Fernsehen				
Videos anschauen				
Sport treiben/Fitnesscenter/Sauna				
Auto/Motorrad/Moped / Fahrrad reparieren oder damit in der Gegend herumfahren				
Am Computer spielen				
An Spielautomaten spielen				
Sich beruflich weiterbilden, sich auf den Beruf vorbereiten				
Mit meiner festen Freundin/meinem festen Freund zusammen sein				
Mit der Familie zusammen sein				
Einkaufs-, Schaufensterbummel machen				
Mal ganz für sich allein sein und ausspannen				
Bücher lesen				
In die Disko gehen/tanzen				
Zeichnen/Malen/Fotografieren/Filmen				
Briefe/Tagebuch schreiben				
Theater/Museen, Ausstellungen, klassische Musikkonzerte besuchen				

- Diskutiert das Ergebnis der Umfrage in der Klasse.
- Habt ihr bestimmte Freizeitaktivitäten in der Umfrage vermisst? Wenn ja, welche?
- Was ist für euch eine sinnvolle Freizeitbeschäftigung und Freizeitgestaltung?

Frei für freie Zeit?

Wie gestalten wir unsere freie Zeit?

Anna hat Glück gehabt. Sie hat sofort einen Ausbildungsplatz bekommen bei einer In- und Exportfirma und ihre Arbeit macht ihr Spaß – vor allem der Kontakt mit Kollegen und Geschäftspartnern.
Immer öfter wird sie ans Telefon gerufen, wenn Auslandsgespräche ankommen.
Anfangs hatte Anna Herzklopfen und sich gefragt: Sind meine Englischkenntnisse wohl ausreichend? Dann hat sie sich für Sprachkurse entschieden. Die ersten Kurse waren rein zweckgebunden. Heute macht sie weiter, weil es ihr Spaß macht, über die Sprache Land und Leute immer besser zu verstehen. Die nächsten Ferien will sie nutzen, um ihre Englischkenntnisse im Land zu erproben.

Udo, 20 Jahre alt, verbringt den größten Teil seiner Freizeit bei der freiwilligen Feuerwehr. Wöchentlich übt die Einsatzabteilung und 30-mal pro Jahr wird seine Gruppe zu einem Einsatz gerufen. Wenn Udo seine Aktivitäten pro Jahr zusammenrechnet, kommen schnell 500 Stunden dabei heraus, aber das tut Udo gerne. Die freiwillige Feuerwehr ist für ihn ein Stück Heimat.

▶ Haltet ihr eine solche Freizeitgestaltung für sinnvoll? Begründet eure Meinung.

Michael geht in den letzten Monaten selten zum Fußballspiel. Vor fünf Monaten ist eine Aussiedlerfamilie in die Wohnung neben ihnen eingezogen. Die drei Kinder sprachen fast kein Deutsch. In der Schule gab es sofort Schwierigkeiten. Am Anfang wollte Michael nur aushelfen. Ein- oder zweimal hatte er sich angeboten den drei Jungen zu helfen, dann würde es schon klappen.
Nach 14 Tagen hatte er sich mit den Kindern angefreundet – und Freunde lässt man nicht im Stich. Heute macht es ihm Spaß zu sehen, wie gut seine neuen Freunde sich schon im Unterricht zurechtfinden – und Fußballspielen kann man anschließend auch gemeinsam.

Kerstin liest gerne. Kaum hat sie ihre Hausaufgaben erledigt, greift sie zum Buch. Lesen bedeutet für sie Abenteuer im Kopf zu erleben. Manchmal legt sie sich jedoch auch einfach auf ihr Bett und geht ihren eigenen Gedanken nach oder hört Musik. Einfach faulenzen und nichts tun tut ihr gut. Kerstin will in ihrer Freizeit in Ruhe gelassen werden. Diese Zeit gehört nur ihr selbst.

▶ Welche weiteren Möglichkeiten der Freizeitgestaltung kennt ihr, die so ähnlich sind wie die von Michael?

Freizeit – Leistungsgesellschaft?

Freizeit wird subjektiv als Muße- und Eigenzeit empfunden, als frei verfügbare Zeit und Zeit für sich selbst. [...] Freizeit ist für viele Ego-Zeit. Für drei Viertel der Bevölkerung wirkt Freizeit heute wie ein Zauberwort. Freizeit erzeugt eine Fülle von Wunschvorstellungen, die mehr von traumhaft-schönen Sehnsüchten als von der Realität des [Freizeitalltags] verraten.

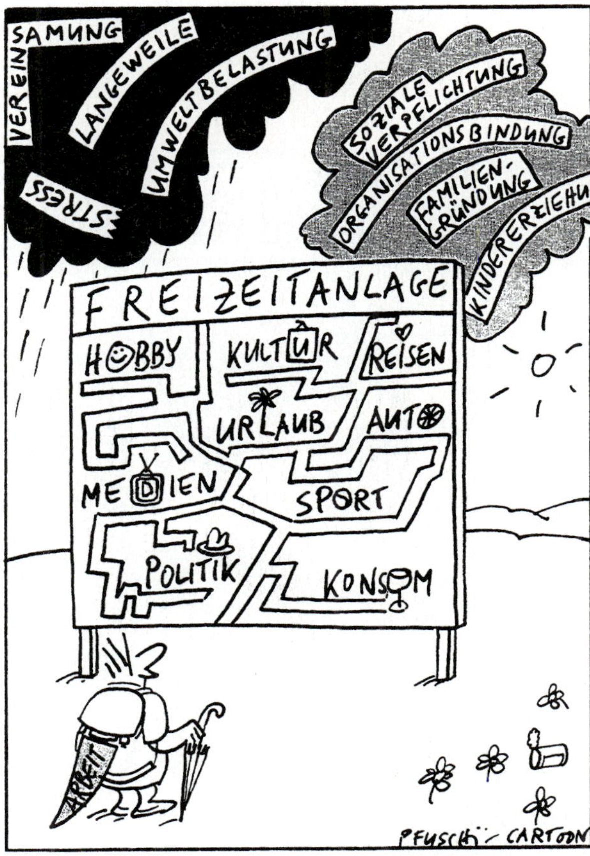

▶ Beschreibe die Aussage der Grafik mit deinen eigenen Worten.

Dreimal so viel Zeit für sich selbst, wie sie tatsächlich haben, wünschen sich die Bundesbürger. *Das Zur-Ruhe-kommen-Wollen ist derzeit der größte Defizitposten in der Freizeit.* Einfach mal nichts tun, faul sein, frei sein von Stress und Hektik, von nervlicher Belastung und ständiger Anforderung, relaxen und sich gehen lassen, sich Zeit nehmen und seinen Gedanken nachgehen, Ruhe finden und rumflenzen und gammeln – dies sind notwendige Lebensbedürfnisse in einer *arbeitsorientierten Leistungsgesellschaft* ebenso wie in einer zukünftig immer mehr *freizeitorientierten Erlebnisgesellschaft*, in der man sich dem pausenlosen Aktivsein und Erleben kaum mehr entziehen kann. Vorübergehend nicht gefordert und beansprucht sein, ungestört bleiben und Ruhe genießen. Mut zur Muße nach Maß haben und ohne Schuldgefühle und Gewissensbisse auch faulenzen können werden zur persönlichen Herausforderung und Aufgabe für jeden Einzelnen, [...]. Wer zeit seines Lebens hart arbeiten musste, wird sich automatisch langweilen, wenn er plötzlich untätig und müßig sein soll.

▶ Wie erklärt der Autor Horst Opaschowski den Wunsch nach immer mehr Freizeit bei den meisten Bundesbürgern? Wie ist eure Meinung dazu?

▶ Welche Herausforderungen sieht Horst Opaschowski für eine erfüllte Freizeit?

13. Glück als Ziel des Lebens

Zu allen Zeiten und an allen Orten dieser Welt waren und sind Menschen unterwegs auf der Suche nach dem Glück. Die Möglichkeiten, seine Glücksvorstellungen zu verfolgen, waren vielleicht niemals so groß wie heute in der westlichen Zivilisation. Gleichzeitig gibt uns unsere westliche Gesellschaft sehr viele* ***Leitbilder des Glücks*** *vor, die uns sagen, wie wir das Glück im Leben erreichen können.*

- Beschreibt mit eigenen Worten die Leitbilder von Glück, die in den Abbildungen und Texten deutlich werden.
- Überlegt weitere Möglichkeiten, wie ihr etwas über Leitvorstellungen des Glücks in unserer Gesellschaft erfahren könnt, und tragt die Vorstellungen zusammen. Welche scheinen bestimmend zu sein?
- Gestaltet in Gruppen eine Collage aus Illustrierten und Tageszeitungen, die gesellschaftliche Leitbilder des Glücks heute zeigt.

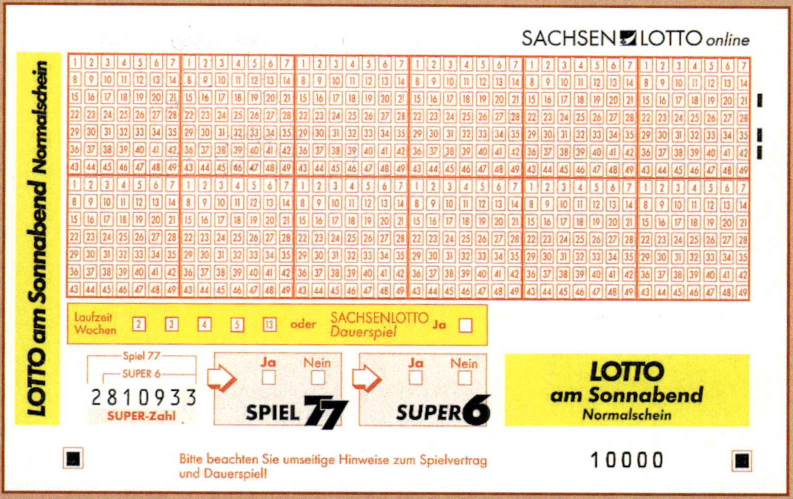

Glück – auch ich bin unterwegs

Als einzelner Mensch ist jeder von uns ein Teil der Gesellschaft, die unterwegs ist auf der Suche nach Glück. Meine eigene Suche nach Glück und meine Vorstellungen sind daher von der Gesellschaft und von den Leitbildern, die sie vorgibt, beeinflusst. Aber habe ich nicht auch eigene Spielräume, meine ganz persönlichen Glücksvorstellungen zu entwickeln und zu verwirklichen? In welcher Situation fühlt ihr euch am glücklichsten?*

▶ Überlege weitere typische Situationen, in denen du dich regelmäßig befindest. Versuche das erlebte Gefühl mit Worten zu beschreiben oder auf andere Weise, z. B. durch Malen oder durch Musik, auszudrücken.

▶ Erinnere dich an Situationen in deinem bisherigen Leben, in denen du dich besonders glücklich oder unglücklich gefühlt hast. Versuche deine Gefühle in einem Glücksdiagramm festzuhalten oder zu malen.

Fragebogen

Heute:

Glück bedeutet für mich:

- ☐ viel Geld zur Verfügung zu haben
- ☐ Reisen
- ☐ Lob und Anerkennung durch andere erhalten
- ☐ allein sein und meinen Hobbys nachgehen
- ☐ jemanden zu haben, auf den ich mich verlassen kann
- ☐ schlank und sportlich zu sein
- ☐ mit Freunden zusammen sein
- ☐ Feten feiern
- ☐ Kleidung nach der Mode
- ☐ gute Noten schreiben
- ☐ eigene Verantwortung für etwas übernehmen können
- ☐ in Frieden mit denen zu leben, die mir wichtig sind
- ☐ ______________________
- ☐ ______________________

▶ Bearbeite den Fragebogen, indem du die Antworten mit Ziffern in der Reihenfolge von eins bis zwölf versiehst (eins: besonders wichtig, zwölf: besonders unwichtig) und eigene Glücksvorstellungen, die nicht erwähnt werden, an der entsprechenden Stelle einfügst.
Erkläre die beiden höchsten und die beiden niedrigsten Werte sowie die eigenen Ergänzungen.

▶ Beschreibe deine Glücksvorstellungen für die Zukunft, z. B. für die Zeit in 25 Jahren, in einem zusammenhängenden Text.

56 Prozent der 16- bis 30-Jährigen, so eine Umfrage, geben Selbstverwirklichung als Lebensziel an, ebenso viele Freizeit. 32 Prozent streben nach Sozialprestige, 10 Prozent nach Macht. Der Spiegel, 19. 9. 1994

▶ In welcher Beziehung stehen deine persönlichen Glücksvorstellungen zu den gesellschaftlichen Leitbildern und welche eigenen Spielräume siehst du für dich auf der Suche nach Glück?

Über Glück und Sinn nachdenken

▶ Sucht Redewendungen und Sprichwörter, in denen das Wort „Glück" vorkommt, und beschreibt mit euren eigenen Worten, welche Art von Glück jeweils gemeint ist.

Das Wort „Glück" kann im Deutschen sowohl den günstigen Zufall als auch einen Zustand des Wohlergehens meinen; wir können „Glück haben" oder „glücklich sein" [...]. Gerade deswegen ist es wichtig, den Begriff „Glück" [...] für die Bezeichnung von Zuständen des menschlichen Wohlergehens zu reservieren und vom günstigen Zufall zu unterscheiden, der dieses Wohlergehen mehr oder weniger stark beeinflussen kann.

Martin Seel

Glücklich zu sein ist notwendig das Verlangen jedes vernünftigen, aber endlichen Wesens [...]. Denn die Zufriedenheit mit seinem ganzen Dasein ist nicht etwa ein ursprünglicher Besitz und eine Seligkeit, welche ein Bewusstsein seiner unabhängigen Selbstgenügsamkeit[1] voraussetzen würde, sondern ein durch seine endliche Natur selbst ihm aufgedrungenes Problem.

Immanuel Kant*

1 Selbstgenügsamkeit: Fähigkeit, mit sich selbst restlos zufrieden zu sein

▶ Kann man Glück haben und doch nicht glücklich sein? Erkläre mit deinen eigenen Worten die Behauptung, der Begriff „Glück" solle sich nur auf das menschliche Wohlergehen beziehen.

▶ Sucht weitere Begriffe und diskutiert, was im Leben am wichtigsten ist: Glück, Zufriedenheit, Sinn, Spaß ...

▶ Erklärt in eigenen Worten, weshalb Kant das Verlangen, glücklich zu sein, für Menschen als notwendig und unvermeidlich ansieht. Warum hätte ein Gott dieses Verlangen wohl nicht? Hat Kant mit seiner Behauptung Recht?

Die Frage nach dem gelingenden Leben

Bereits im Mittelalter stellte der Dichter Walther von der Vogelweide (ca. 1170–1230) die Frage nach dem richtigen und nach dem gelingenden Leben in dieser Welt. Über dieses Problem haben Dichter und Philosophen zu allen Zeiten nachgedacht und auch hier soll die Frage nach Glück, Zufriedenheit, Sinn usw. als Frage nach einem gelingenden Leben gestellt werden. Dabei macht diese Formulierung deutlich, dass es um das gesamte eigene Leben geht, in dem jeder selbst entscheiden muss, worauf es ihm ankommt.

Walther von der Vogelweide, der von der mittelalterlichen Denkweise beeinflusst war, hatte genaue Vorstellungen von einem gelingenden Leben: Ansehen bei anderen, eigener Besitz und Gottes Gnade. Unsere heutige Wertordnung ist nicht mehr so festgefügt wie die des Mittelalters und außerdem gibt es viel mehr Möglichkeiten, sein Leben nach den eigenen (?) Vorstellungen zu führen.

Ich saß auf einem Stein
und schlug ein Bein über das andere.
Darauf stützte ich den Ellenbogen.
Ich hatte in meine Hand geschmiegt
das Kinn und meine eine Wange.
So erwog ich in aller Eindringlichkeit,
wie man auf dieser Welt zu leben habe.

Peter Wapnewski,
nach einem Gedicht von
Walther von der Vogelweide

„Viel Geld verdienen,
oder noch besser:
Viel Geld zur Verfügung zu haben, ohne etwas dafür tun zu müssen, das bedeutet Glück. Denn so kann man sorglos leben und alles tun, was einem Spaß und Freude macht."

„Nur wenn man den richtigen Partner gefunden hat, der zu einem passt und der einen wirklich liebt, kann man ein glückliches und zufriedenes Leben führen."

„Wenn man sich klarmacht, dass man eines Tages sterben muss, kann das ganze Leben sinnlos werden. Glücklich kann man nur werden, wenn man sich mit dem Tod auseinandersetzt und seinem Leben dadurch Sinn verleiht."

„Glücklich kann man nur sein, wenn man einen Sinn für sein ganzes Leben gefunden hat, den allein Gott geben kann. Erst wenn man eine Beziehung zu Gott hat, kann man glücklich werden, weil man den Sinn seines Lebens gefunden hat."

„Sinn findet man nur, wenn man etwas für andere Menschen tut und gebraucht wird. Der dankbare Blick eines alten Menschen, der Hilfe erhielt, eines Kindes, dem seine Angst genommen wurde, bedeutet mehr, als nur Spaß zu haben."

??????????????
????????????????
????????????????
??????????????????
?????????????????
???????????????
????????

„Es gibt kein Glück ohne Unglück. Nur Menschen, denen schweres Leid zugestoßen ist, können wirklich glücklich sein. "

„Glück – das bedeutet bis an die Grenzen zu gehen, alles auszutesten und zu riskieren, selbst wenn man dabei umkommt. Ansonsten ist das Leben langweilig, gerade heute, wo man an Zufriedenheit erstickt."

- Entscheidet euch spontan für eine der abgedruckten Vorstellungen und begründet eure Wahl.
- Welche unterschiedlichen Begriffe werden zur Beschreibung eines gelingenden Lebens in diesen Zitaten verwendet? Versucht die Bedeutungsunterschiede zu erklären. Was ist euch im Leben am wichtigsten?

Geld, Vergnügen, Spaß?

▶ Was ist auf diesem Bild die Ursache des Glücks? Vergleicht die Aussage dieses Bildes mit der Comicfigur „Onkel Dagobert“. Welche Bedeutung hat das Geld für „Onkel Dagobert“?

Die Wünsche der Menschen sind hauptsächlich auf Geld ausgerichtet. Es wird ihnen oft zum Vorwurf gemacht, dass sie das Geld über alles lieben. Es ist jedoch ganz natürlich …, das zu lieben, … durch das man sich jeden Augenblick einen Wunsch oder ein Bedürfnis erfüllen kann. Jeder andere Besitz kann nämlich nur *einen* Wunsch oder *ein* Bedürfnis erfüllen: Nahrung ist nur für den Hungernden gut, Wein nur für den Gesunden, Medikamente nur für den Kranken … usw. Folglich sind sie alle nur relativ gut. Geld allein ist das absolut Gute: weil es nicht nur die Erfüllung eines konkreten Bedürfnisses ermöglicht, sondern die Erfüllung aller Bedürfnisse.

nach Arthur Schopenhauer*

▶ Erklärt, warum Arthur Schopenhauer einzig und allein das Geld für „das absolute Glück“ hält, wenn er über die Wünsche des Menschen nachdenkt.

▶ Könnt ihr ihm zustimmen? Bezieht bei euren Überlegungen die Aussage der Karikatur mit ein.

*„Mami!
Mir ist langweilig …“*

Geld und menschliche Bedürfnisse

Der amerikanische Psychologe Abraham Maslow versuchte durch Umfragen unter gesunden und erfolgreichen Menschen herauszubekommen, welche Bedürfnisse sie haben und was für sie Glück bedeutet. Dabei entwickelte er die Theorie, dass die menschlichen Bedürfnisse stufenweise angeordnet sind. Seiner Meinung nach versucht der Mensch erst dann die Bedürfnisse einer bestimmten Stufe zu befriedigen, wenn die Bedürfnisse der darunterliegenden Stufe gestillt sind. Das Bedürfnis, das auf der nächsthöheren Stufe liegt, ist immer am wichtigsten.

Abraham Maslow: Die Bedürfnispyramide

▶ Stellt die wichtigsten menschlichen Bedürfnisse zusammen und bringt sie in eine Stufenfolge. Vergleicht eure Resultate anschließend mit der Bedürfnispyramide von Abraham Maslow.

▶ Diskutiert an Beispielen, ob diese Theorie der Stufenfolge menschlicher Bedürfnisse überzeugend ist.

▶ Was bedeuten diese Einsichten von Abraham Maslow für die Wichtigkeit von Geld und Besitz beim Streben nach Glück? Ist das menschliche Streben nach dauerhaftem Glück realistisch?

Das Bedürfnis nach Spaß

Glücksforscher haben den Botenstoff Dopamin entdeckt. Er soll das so genannte Belohnungssystem im Kopf aktivieren, ein Netzwerk von Nerven, das das Gehirn durchzieht. Der Stoff soll auf dieses System wirken und möglicherweise ein dauerhaftes Wohlgefühl auslösen. Das System wurde bei Rattenversuchen entdeckt: Die Tiere konnten Elektroden, die in ihren Schädel eingepflanzt waren, selbst einschalten und drückten dann wie rasend auf bestimmte Tasten, offensichtlich deshalb, um auf diese Weise ein Hochgefühl zu bekommen. Sie vergaßen dabei sogar Nahrung und Schlaf.

▶ Falls Dopamin eines Tages als (unschädliches) Medikament auf den Markt käme: Würdest du es regelmäßig nehmen?

▶ Führt das folgende Gedankenexperiment durch und vergleicht das Ergebnis mit der Behauptung, Glück würde allein in dem Gefühl von Freude und Spaß bestehen.

Stellen wir uns einen Menschen vor, der in einem Operationssaal auf einem Tisch festgeschnallt ist. Er steht unter Narkose. In seine Schädeldecke sind einige Drähte eingeführt. Durch diese Drähte werden genau dosierte Stromstöße in bestimmte Gehirnzentren geleitet, die dazu führen, dass dieser Mensch sich in einer Dauereuphorie befindet. Sein Gesicht spiegelt den Zustand äußersten Wohlbehagens. Der Arzt, der das Experiment leitet, erklärt uns, dass dieser Mensch weitere zehn Jahre in diesem Zustand bleiben wird. Wenn es nicht mehr möglich sein wird, diesen Zustand zu verlängern, werde man ihn mit dem Abschalten der Maschine unverzüglich schmerzlos sterben lassen. Der Arzt bietet uns an uns sofort in die gleiche Lage zu versetzen. Und nun frage sich jeder, ob er freudig bereit wäre sich in diese Art von Seligkeit versetzen zu lassen.

Robert Spaemann

Einmal alles riskieren?

Am 7. August 1988 war der 17-jährige Tommy mit seinem Freund Michael auf einer Sommerparty eingeladen. Ein lauer Sommertag ging zu Ende, es herrschte ausgelassene Ferienstimmung und das Bier floss reichlich an diesem Abend. Auch Tommy und sein Freund tranken nicht nur Mineralwasser.

Das Fest hatte schon seinen Höhepunkt überschritten, als Tommy auf die Idee kam, eine kurze Spritztour mit dem Auto seines Vaters zu unternehmen. Einige Tage zuvor hatte er mit ihm auf einem Übungsplatz für den Kurs bei der Fahrschule geübt, für den er sich nächstes Jahr anmelden wollte.

Aber diese Fahrerei auf dem Übungsplatz war langweilig. Tommy wollte richtig fahren, das Tempo spüren und allen zeigen, dass er auch ohne Führerschein in der Lage ist, ein Auto zu beherrschen.

Sein Freund Michael war schnell überredet. Und ebenso schnell waren sie zu Hause in der nur wenige 100 Meter entfernten Wohnung von Tommys Eltern, die an diesem Abend ebenfalls eingeladen waren. Der Autoschlüssel lag griffbereit im Schreibsekretär des Vaters. Tommy zögerte noch einen Moment, doch dann nahm er den Schlüssel an sich. Michael stand in der Tür und sie gingen nun beide nach unten, um in den fast neuen BMW einzusteigen. Tommy setzte sich ohne Zögern ans Steuer und fuhr los: direkt auf die B 184 Richtung Magdeburg.

Dort holte er das Letzte aus dem Wagen heraus, überholte alles riskierend mehrere Pkws. Michael bekam Angst, traute sich aber nichts zu sagen. In einer Kurve verlor Tommy die Kontrolle über das Fahrzeug und prallte mit 90 Stundenkilometern frontal gegen einen Baum. Er wurde schwer verletzt und ist bis heute stark gehbehindert. Wie durch ein Wunder kam sein Freund Michael mit heiler Haut davon …

- Berichtet von ähnlichen Situationen.
- Was ist deine Meinung zum Verhalten von Tommy?

Stellung beziehen

▶ Entwerft einen Brief an Tommy im Krankenhaus aus der Sicht seiner Mutter, seines Vaters, seiner Freundin und seines Freundes Michael, der im Auto mitgefahren ist.
Bildet dazu Gruppen, die jeweils aus einer Perspektive schreiben. Versucht die Briefe so abzufassen, dass sie jeweils eine der folgenden Äußerungen von Philosophen über das Glück wiedergeben.

Wer ein möglichst glückliches Leben
führen will, muss seine Begierden
so groß wie möglich werden lassen.
Nicht, um sie zu bändigen,
sondern um diese Begierden,
wie groß sie auch sein mögen,
zu befriedigen und sich das in Fülle
zu verschaffen, was er gerade begehrt.

nach Kallikles/Platon*

Glück ist kein einmaliges Gipfelerlebnis,
das schnell endet, sondern ein
gefühlsmäßiger Zustand, der auftritt,
wenn ein Mensch die ihm eigenen
Fähigkeiten frei und produktiv entfaltet.
Glück ist nicht die Ekstase,
nicht das Feuer des Augenblicks,
sondern das, was wir erleben,
wenn wir uns selbst verwirklichen.

nach Erich Fromm*

Nur wer nicht in der Zeit,
sondern in der Gegenwart lebt,
ist glücklich.

Ludwig Wittgenstein

Glücklich ist,
wer ein richtiges Urteil hat,
wer mit dem Bestehenden […]
zufrieden ist und an die eigenen
Verhältnisse sich gern gewöhnt hat;
glücklich ist der, dessen ganze Lage
von seiner Vernunft gutgeheißen
werden kann.

Seneca*

▶ Was könnte Tommy auf die Briefe antworten?

▶ Diskutiert über die Berechtigung der in den Briefen vertretenen Glücksauffassungen. Bezieht dabei auch andere riskante Formen der Glückssuche wie Drogenmissbrauch oder Extremsportarten mit ein.

Glück in der Antike

[Es war eine wichtige Erkenntnis der alten griechischen Philosophen], dass das Glück, das die Menschen suchen, nicht nur von den äußeren Ereignissen abhängt, sondern auch von den Wünschen und Erwartungen der Menschen. Wer übertriebene Wünsche hat, der wird eher enttäuscht als derjenige, der bedürfnislos ist. Aus der Antike sind uns eindrucksvolle Beispiele von Bedürfnislosigkeit überliefert, so die Geschichte von Diogenes*, der in einem alten Fass lebte und den Weltherrscher Alexander den Großen verblüffte. Als der ihm nämlich anbot, er werde ihm einen Wunsch erfüllen, antwortete Diogenes: „Dann geh mir bitte aus der Sonne.“
Berühmt geworden sind auch die Stoiker*, die der Ansicht waren, man könne das Unglück vermeiden, wenn man sich selbst und seine Wünsche und Leidenschaften vollkommen [beherrschen würde]. Den Zustand, den sie anstrebten, nannten sie Apathia. Unser Wort apathisch[1] ist davon abgeleitet. Wer teilnahmslos ist, der ist zumindest nicht unglücklich, weil er nicht enttäuscht werden kann. Man könnte sagen, dass die Stoiker eine Seelenruhe als Glück anstrebten, indem sie sich weigerten das normale „Spiel des Lebens“ mitzuspielen. Sie wollten alles selbst bestimmen, auch das Ende ihres Lebens. Von vielen ist uns daher berichtet, dass sie ihrem Leben freiwillig ein Ende setzten, quasi als endgültigen Beweis, dass nicht *sie dem Leben* unterworfen sind, sondern *das Leben ihnen*. Das Wort „stoisch“, von der Lebensauffassung der Stoiker hergeleitet, kennzeichnet daher für uns heute noch die Haltung einer Person, die durch nichts zu erschüttern ist und alles mit „stoischem Gleichmut“ erträgt.
Epikur* hingegen [...] vertrat die Ansicht, der Mensch solle versuchen alles Schöne, was das Leben zu bieten habe, maßvoll zu genießen und sein Leben zugleich bescheiden einzurichten, quasi im Verborgenen lebend, fern von den großen Ereignissen, damit er sein privates Glück unbehelligt von den Wechselfällen der Politik und der Gesellschaft* [finden könne].

Roland Simon-Schäfer

1 apathisch: frei von Leidenschaften, teilnahmslos

Der Philosoph Diogenes* von Sinope* war der Überzeugung, dass Luxus und Reichtum unglücklich machen würden. Diogenes soll in einer Tonne gelebt und auch noch sein Trinkgefäß weggeworfen haben, als er einen Jungen aus der hohlen Hand Wasser trinken sah. Am bekanntesten ist seine Begegnung mit Alexander dem Großen, der ihm einen Wunsch gewähren will. Nach Diogenes' Antwort (vgl. Z. 13) soll Alexander geantwortet haben: „Wäre ich nicht Alexander, so möchte ich wohl Diogenes sein.“

- Was wollte Alexander mit seiner Antwort wohl sagen?
- Diskutiert die Tragfähigkeit von Diogenes' Glücksauffassung vor dem Hintergrund unserer Gegenwart.

Seneca (4 v. Chr.–65 n. Chr.) war der Erzieher des römischen Kaisers Nero und gehörte zur einflussreichen Philosophenschule der Stoa*. In den Jahren 54 bis 59 n. Chr. stieg er zum Staatslenker auf. Als er die maßlose Politik seines ehemaligen Schülers, des Kaisers Nero, kritisierte, verurteilte ihn dieser zum Tode. Seneca ließ aber das Urteil nicht an sich vollstrecken, sondern gab sich vorher selbst den Tod.*

Nichts verwickelt uns in größere Probleme, als wenn wir uns nach dem Gerede der Leute richten und das für das Beste halten, was den größten Beifall bekommt. […] In diesem Fall richten wir uns nicht nach der eigenen Vernunft […], sondern nach Vorbildern. So entsteht eine Ansammlung von Menschen, von denen immer einer über den andern stürzt. […]
Darum muss man sich durchringen zur Freiheit. Frei wird man jedoch nur durch Gleichgültigkeit und Gelassenheit gegenüber dem Schicksal. Durch diese Gleichgültigkeit entsteht eine unschätzbare Charaktereigenschaft: die Ruhe und Erhabenheit einer Seele, die ihren festen Standpunkt gefunden hat, die frei von Furcht aus der Erkenntnis der Wahrheit eine hohe, bleibende Freude gewinnt sowie Freundlichkeit und Heiterkeit des Gemüts. An diesen Eigenschaften wird die Seele eine besondere Freude haben, weil sie in ihr selbst entstanden sind und ihr nicht von außen aufgedrückt wurden. Nur derjenige kann glücklich genannt werden, der von der Vernunft geleitet wird und sich nichts mehr wünscht und vor nichts mehr fürchtet. Steine und Tiere sind zwar auch frei von Furcht und Traurigkeit, glücklich wird sie aber niemand nennen, weil ihnen das Bewusstsein des Glücks fehlt. […] Glücklich ist deshalb derjenige, der ein richtiges Urteil hat, der mit dem Bestehenden zufrieden ist und der sich gern an die eigenen Verhältnisse gewöhnt hat. Glücklich ist der, dessen ganze Situation von seiner Vernunft gutgeheißen werden kann.

nach Seneca

Auch Epikur (342–270 v. Chr.) begründete eine eigene Philosophenschule. Er war ein Hedonist, für den das lustvolle Leben am wichtigsten war. Epikur war der Meinung, dass nur durch einen beherrschten und gemäßigten Umgang mit den eigenen Begierden dauerhaftes Glück zu erreichen ist.*

Für Menschen, die denken können, ist die Lust des Fleisches die höchste und sicherste Freude. Man muss das Edle, die Tugenden und ähnliche Dinge schätzen, wenn sie Lust verschaffen. Tun sie das nicht, kann man auf sie verzichten. […] Darum nennen wir auch die Lust Anfang und Ende des glücklichen Lebens. […] Lust ist eine angeborene Eigenschaft. Wir entscheiden uns nicht für jede Lust, sondern es kommt vor, dass wir auf viele Lustempfindungen verzichten, wenn es so viele sind, dass sie lästig werden. Wir ziehen auch viele Schmerzen den Lustempfindungen vor, wenn auf das lange Ertragen von Schmerzen eine größere Lust folgt. Jede Lust ist also gut, weil sie unserer Natur entspricht, aber nicht für jede Lust müssen wir uns entscheiden. Genauso ist jeder Schmerz ein Übel, aber nicht jeden Schmerz müssen wir vermeiden. Durch genaues Überlegen der Vor- und Nachteile kann man beurteilen, wofür man sich entscheiden soll. […] Wenn wir also die Lust für das Ziel des Lebens halten, so verstehen wir darunter, dass man weder körperlichen Schmerz noch Beunruhigung in der Seele empfindet.

nach Epikur

▶ Welche Rolle spielt die Vernunft in Epikurs und in Senecas Glückskonzept?

▶ Vergleicht Epikurs Glückskonzept mit Senecas und diskutiert die Tragfähigkeit beider Ansätze. Welches Konzept hat sich heute stärker durchgesetzt? (Vgl. Kap. 4, S. 66 ff.)

Glück in Liebe und Partnerschaft?

Der Wunsch nach Liebe

▶ Beschreibt, was das Ungewöhnliche bei dieser Kontaktanzeige ist.

▶ Sammelt Heirats- oder Kontaktanzeigen aus Zeitschriften und Zeitungen und untersucht,

a) welche Eigenschaften die betreffenden Personen bei sich und dem Wunschpartner in den Vordergrund stellen,

b) welche Vorstellungen von Liebesglück deutlich werden.

▶ Versucht im Vergleich mit den ausgewerteten Texten die Absicht der abgedruckten Anzeige zu beschreiben, die 1997 als Kunstplakat im Berliner U-Bahnhof Alexanderplatz hing.

Für viele Menschen ist die Suche nach Glück identisch mit der Suche nach Liebe oder nach einer Partnerschaft, die lange hält. Der Philosoph und Psychologe Erich Fromm behauptet, dass man Liebe erlernen müsse, wenn sie wirklich glücklich machen soll. Seiner Meinung nach verfehlen die Menschen in den westlichen Industriegesellschaften das Wesen der Liebe.*

Unsere gesamte Kultur gründet sich auf die Lust am Kaufen, auf die Idee des für beide Seiten günstigen Tauschgeschäfts. Schaufenster anzusehen und sich alles, was man sich leisten kann, gegen bares Geld oder auf Raten kaufen zu können – in diesem Nervenkitzel liegt das Glück des modernen Menschen. Er (oder sie) sieht sich die Mitmenschen auf ähnliche Weise an. Der Mann ist hinter einem attraktiven jungen Mädchen und die Frau ist hinter einem attraktiven Mann her. Dabei wird unter „attraktiv" ein Bündel netter Eigenschaften verstanden, die gerade beliebt und auf dem Personalmarkt gefragt sind. […] Man will ein Geschäft machen; der erwünschte Gegenstand sollte vom Standpunkt seines gesellschaftlichen* Wertes aus begehrenswert sein und gleichzeitig auch mich aufgrund meiner offenen und verborgenen Pluspunkte und Möglichkeiten begehrenswert finden. So verlieben sich zwei Menschen ineinander, wenn sie das Gefühl haben, das beste Objekt gefunden zu haben, das für sie in Anbetracht des eigenen Tauschwerts auf dem Markt erschwinglich ist. Genau wie beim Erwerb eines Grundstücks spielen auch bei diesem Geschäft oft noch entwicklungsfähige, verborgene Möglichkeiten eine beträchtliche Rolle. In einer Kultur, in der die Marketingorientierung vorherrscht, in welcher der materielle Erfolg der höchste Wert ist, darf man sich kaum darüber wundern, dass sich auch die menschlichen Liebesbeziehungen nach den gleichen Tauschmethoden vollziehen, wie sie auf dem Waren- und Arbeitsmarkt herrschen.

▶ Beschreibt den Zusammenhang zwischen der Aussage von Erich Fromm und der oben abgebildeten Kontaktanzeige.

▶ Diskutiert, ob Fromm mit seiner Kritik an der Gestaltung von Liebesbeziehungen in modernen Gesellschaften Recht hat. Bezieht dabei auch die Kontaktanzeigen aus Zeitschriften mit ein.

Liebe: Glück oder Leid?

Sachliche Romanze

Als sie einander acht Jahre kannten
(und man darf sagen:
sie kannten sich gut),
kam ihre Liebe plötzlich abhanden.
Wie anderen Leuten ein Stock oder Hut.
Sie waren traurig,
betrugen sich heiter,
versuchten Küsse, als ob nichts sei,
und sahen sich an und wussten nicht weiter.
Da weinte sie schließlich.
Und er stand dabei.

Vom Fenster aus konnte man Schiffen winken,
Er sagte, es wäre schon Viertel nach vier
und Zeit, irgendwo Kaffee zu trinken.
Nebenan übte ein Mensch Klavier.
Sie gingen ins kleinste Café am Ort
und rührten in ihren Tassen.
Am Abend saßen sie immer noch dort.
Sie saßen allein und sie sprachen kein Wort
und konnten es einfach nicht fassen.

Erich Kästner

▶ Versucht die Atmosphäre darzustellen, die in diesem Gedicht deutlich wird, z. B. durch ein Bild oder durch eine gespielte Szene.
▶ Wie würdet ihr dem Paar erklären, dass „ihre Liebe plötzlich abhanden" kam?
▶ Bringt Gedichte oder Lieder mit, in denen das Ende einer Liebesbeziehung im Mittelpunkt steht.

Jemanden zu lieben
ist nicht nur ein starkes Gefühl,
es ist auch eine Entscheidung,
ein Urteil,
ein Versprechen.

Erich Fromm*

Erich Fromm behauptet, dass auch die Menschen, die sich von der Marketingorientierung befreit haben, oft eine Enttäuschung nach der anderen erleben. Seiner Meinung nach liegt das daran, dass sie Liebe und Verliebtheit für dasselbe halten und meinen, beides müsste ewig anhalten (vgl. Kap. 2, S. 32 f.). Der Künstler Friedensreich Hundertwasser hat demgegenüber in einem Bild dargestellt, dass es nicht einfach ist, den Weg zum anderen zu finden.

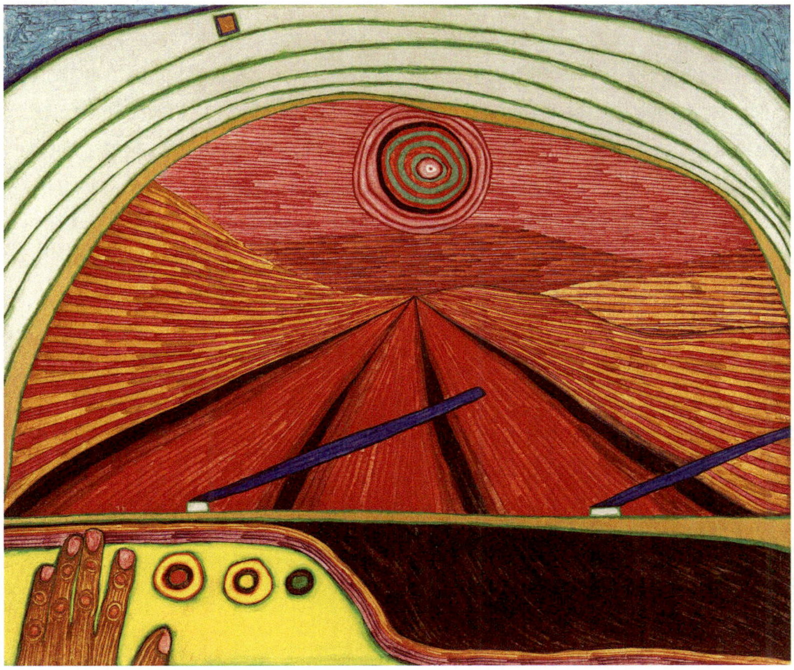

◀ Friedensreich Hundertwasser. (626) Der Weg zu dir

▶ Versucht dieses Bild zu interpretieren. Wie ist der Blick des Fahrenden und welche Möglichkeiten hat er, um zum Du zu gelangen?
▶ Sprecht anschließend über die Möglichkeit, in partnerschaftlicher Liebe Glück und Zufriedenheit zu erleben. (Vgl. dazu und zum Glück in Freundschaften Kap. 2, S. 22 ff.)

Glück im Dasein für andere?

An vielen Schulen gibt es in der neunten oder zehnten Klasse berufsorientierte Praktika, bei denen die Schülerinnen und Schüler einige Wochen außerhalb der Schule in einem Betrieb verbringen, um die Arbeitswelt kennen zu lernen. Die 16-jährige Martina hat sich als Praktikumsplatz eine integrative Grundschule ausgesucht. Bevor Martina ihr Praktikum beginnt, soll sie ihre Motive für die Wahl und ihre Erwartungen aufschreiben.

Nachdem ich erfahren hatte, dass wir im Januar ein Praktikum machen werden, war für mich klar, dass ich eine soziale Tätigkeit ausüben will. Ich will einmal erleben, wie es ist, Verantwortung für andere, die auf einen angewiesen sind, zu übernehmen. Ich kam zu dem Schluss, dass dieses Verantwortungsgefühl gut in Behindertenintegriertenschulen erlebt werden kann. Dort würde ich lernen mit körperlich und teilweise geistig behinderten Kindern umzugehen und so vielleicht meine Befangenheit verlieren, die ich habe, wenn ich Behinderten begegne. Auch könnte ich etwas dafür tun, dass Kinder schon früh, ob behindert oder nicht, zusammen aufwachsen und so für später ein ganz normales Verhältnis zueinander entwickeln.

Allerdings bin ich selbst noch unsicher. Ich weiß nicht, wie ich mich verhalten werde gegenüber Problemen, die ich bisher nicht gekannt habe: täglich mit behinderten Kindern umzugehen und ihnen sogar noch etwas beizubringen. Werde ich diesen Anforderungen gerecht werden können?

▶ Was würdet ihr Martina antworten? Schreibe deine eigenen Motive und Erwartungen an ein sozial ausgerichtetes Praktikum auf.

Martina und Caroline haben an derselben Grundschule ihr Praktikum gemacht. Sie erzählen von unterschiedlichen Erfahrungen.

Ich war vom ersten Tag an für drei behinderte Kinder zuständig, die am schwersten behindert waren. Bei dieser Arbeit merkte ich, dass ich sie für jemand tat, der sich selbst nicht helfen kann, und das Kind zeigte mir mit einem Lächeln oder einer Geste seine Dankbarkeit. Im Unterschied zur Schulzeit fehlte ich keinen Tag wegen Krankheit. Hier tat ich ja etwas Sinnvolles. Zum ersten Mal hatte ich das Gefühl, sinnvoll zu leben: einerseits wegen der Kinder, indem ich ihnen half mit ihrer Behinderung und mit den anderen Nichtbehinderten zusammen zu leben und zu lernen, andererseits durch das Gefühl: Hier wirst du gebraucht. Auch lernte ich, dass das Zurückstellen eigener Wünsche wichtig ist, um Glück erleben zu können.

Martina, 16 Jahre

Ich fand meine Aufgaben in der Arbeit mit behinderten Kindern ziemlich langweilig und unbefriedigend. Die drei Wochen habe ich richtig „abgesessen", nachdem ich merkte, dass ich mit den meisten Problemen in der Klasse überfordert war. Besonders wenn einige nichtbehinderte Kinder keine Rücksicht auf die behinderten nahmen und sie sogar noch beschimpften, fühlte ich mich überfordert. Es ist doch erwiesen, dass Fehler im sozialen Umgang mit Menschen, erst recht mit behinderten, zu schweren Schäden führen können. Dafür wollte ich nicht die Verantwortung übernehmen, außerdem bin ich auch nicht dafür ausgebildet.

Caroline, 16 Jahre

▶ Überlegt, weshalb Martina und Caroline unterschiedliche Erfahrungen gemacht haben.

▶ Informiert euch über das Leben und die Ideale von Menschen, die für andere gelebt haben, wie Friedrich von Bodelschwingh, Martin Luther King, Mahatma Gandhi* (vgl. Kap. 7, S. 116 f.), Mutter Teresa oder Albert Schweitzer* (vgl. Kap. 10, S. 162). Ihr könnt über die verschiedenen Biografien Referate halten.

▶ Diskutiert über die Möglichkeit, im Einsatz für andere Glück und Sinn zu erfahren.

Integrative Erziehung – was ist das?

Aus dem Prospekt einer Elterninitiative für integrative Erziehung.

Behinderte Mitmenschen haben ein durch das Grundgesetz* verbrieftes Recht auf ein gleichberechtigtes Leben in allen Bereichen der Gesellschaft* – auf ein Leben

- wie die anderen
- zusammen mit anderen.

Diesem „Normalisierungsprinzip" steht jedoch die geltende Praxis der Aussonderung entgegen.

Die Zuweisung an

- Sonderkindergärten
- Sonderschulen
- Sonderwerkstätten

führt erfahrungsgemäß zur dauerhaften Ausgliederung.
Deshalb wollen wir umdenken!

Integration kann nur gelingen durch ein gemeinsames Leben und Lernen von behinderten und nichtbehinderten Kindern – und zwar von Anfang an!

- im Kindergarten
- in der Schule
- in der beruflichen Ausbildung

Alle Kinder profitieren
Langjährige Erfahrungen zeigen:
Eine so praktizierte Integration erweist sich als vorteilhaft für alle Kinder – für die behinderten wie für die nichtbehinderten.
Geben wir unseren Kindern diese Chance!

▶ Sprecht über die Ziele und die Schwierigkeiten des gemeinsamen Lebens und Lernens von Behinderten und Nichtbehinderten. Erkundigt euch nach ähnlichen Initiativen oder Einrichtungen in eurer Umgebung.
▶ Stellt weitere soziale Einrichtungen zusammen, an denen man ein Praktikum absolvieren kann. Was haltet ihr von dem Entschluss, als Praktikumsplatz eine solche Einrichtung auszuwählen?

Glück und Unglück

Einen Menschen verlieren

Stefanie ist 18 Jahre alt. Nach dem Realschulabschluss macht sie eine Lehre als Verlagskauffrau. Bis sie 16 wurde, führte sie ein glückliches und unbeschwertes Leben. Zwar fühlte sie sich öfter gegenüber ihrem 5-jährigen Bruder zurückgesetzt, denn er war aus ihrer Sicht begabter und beliebter als Stefanie. Dennoch hatte sie zu ihm eine enge Beziehung und liebte ihn sehr. Während einer Urlaubsreise mit den Eltern passierte Folgendes.

Wir waren an einer Tankstelle, um meinem Bruder ein Eis zu kaufen. Nachdem er sein Eis bekommen hatte, ging er strahlend mit dem Eis in der Hand zwischen mir und meinen Eltern. [...] Dann geschah es, genau um 20.15 Uhr auf einem Zebrastreifen, 20 Meter vom Bus entfernt [...]. Dort überquerten wir die Straße. Mein Bruder wie immer vorneweg, dann folgte ich und ganz zum Schluss gingen meine Eltern. Weit und breit kein Auto zu sehen und vorsichtshalber hatten wir vorher alle nach links und rechts geschaut. Was konnte jetzt noch passieren? Doch als mein Bruder die Straße gerade halb überquert hatte, glitt ein schwarzer Strich auf ihn zu. Ich schrie! NEIN! NEIN! Das ist nicht mein Bruder, der wie eine Schlenkerpuppe über den Wagen fliegt. NEIN! Das ist ein Sack oder ein Ast, der auf der Straße liegt. Ein Lebewesen kann doch nie so wenig Gewalt über seinen Körper haben. Das Etwas, das da drüberfliegt, hat ja gar keine Gelenke. NEIN! Das kann er nicht sein. Er wird frech lachend auf der anderen Straßenseite stehen und fragen, was wir denn hätten. Anders kenne ich ihn ja nicht. Uns kann so etwas doch nicht passieren, warum denn gerade uns? Wie besoffen war mir zumute. Wie ein Fernseh- oder Kinofilm spielte sich alles vor mir ab.

Wackelnd schwenkte die Kamera über die Straße und visierte ein Kind an, das mit vollkommen verdrehten Gelenken auf der Straße lag. Ich erschrak, als ich merkte, dass mein Bruder die Leiche in diesem Film spielte. [...]

▶ Versetzt euch in Stefanies Lage und schreibt auf, was ihr wohl in den folgenden Wochen und Monaten empfunden und was ihr getan hättet.

Stefanie selbst beschreibt ihre weiteren Reaktionen so:

Die erste Zeit versuchte ich einfach alles zu verdrängen. Eine ganze Zeit lang ließ ich mich einfach hängen und zerfloss vor Selbstmitleid. War ja auch typisch für mich, wie ich damals war.

Aber irgendwann fing ich dann an mir meine Gedanken über alles zu machen, über das Leben und so. Dabei kam ich zu dem Schluss, dass ich so auf keinen Fall weitermachen konnte und wollte. Ich musste hart an mir arbeiten und mich ändern. Ich wollte in Zukunft so leben, dass mein Bruder stolz auf mich gewesen wäre. Und so, dass ich selbst glücklich bin. Ich arbeitete hart an mir. Viele Personen halfen mir dabei, andere wiederum haben mir Steine in den Weg gelegt. Es war bestimmt nicht leicht, mich zu ändern, aber ich habe es geschafft. Ich legte mir meine eigene Lebensphilosophie zu, kam aus mir heraus und baute mir nach und nach einen eigenen neuen Freundeskreis auf. Von den Leuten, mit denen ich vor dem Tod meines Bruders zusammen war, ist mir niemand geblieben. Ich fing an positiv zu denken und lebe inzwischen nur so, wie ich es für richtig halte.

Wenn ich mal sterbe, will ich nicht sagen müssen, ich war mir eine Qual, ich war anderen eine Qual, ich war überflüssig.

Man kann anderen Menschen nur helfen, wenn man mit sich selbst zufrieden ist. Alles, was man tut, muss aus einem selbst kommen. Das habe ich gelernt. Ich lebe jetzt sehr bewusst und *versuche* allem etwas Gutes abzugewinnen. [...]

Meinen Bruder werde ich nie vergessen. Alles, was ich tue, tut er mit mir. Er ist in mir drin. Da wird er auch immer bleiben. Bei allem, was ich tue, ist er dabei und begleitet mich. Es ist ein schönes Gefühl, das ich nicht missen will. Ich glaube, mein Bruder Marco wäre stolz auf mich.

- Vergleiche Stefanies Beschreibung mit deiner eigenen.
- Nehmt Stellung zu Stefanies Entwicklung nach dem Unfall: Hat sie eurer Meinung nach einen angemessenen Weg für ihr Leben eingeschlagen?

Glück und Leid gehören zusammen

- Die beiden Bilder stammen von einer Person, die eine lebensbedrohliche Krise durchgemacht und sie schließlich überwunden hat. Sucht für jedes Bild einen passenden Titel und einen Titel für beide Bilder gemeinsam.
- Vergleicht die beiden Bilder. Was kann man an ihnen über das Verhältnis von Glück und Unglück im Leben ablesen?

- Das Gedicht „Glück" schrieb Sandra zwei Wochen vor ihrem Tod. Hätte es auch von Stefanie sein können? Begründe deine Meinung.
- Welche Auffassung von Glück liegt dem Gedicht zugrunde? Könnt ihr dieser Auffassung aus eigener Erfahrung zustimmen? (vgl Kap. 14, S. 230 f.)

Glück

Ich sehe gute wie schlechte Seiten
in meinem Leben,
versuche zu entdecken,
was sie bewirkt haben in mir,
wie sie mich verändert haben
und auch noch verändern.
Und so lerne ich dazu.
Ich wäge ab,
spüre Stolz über
durchstandene Tiefen,
fühle Glück
über solch Erlebtes.
... dann schaue ich auf,
lausche meiner
Umgebung,
sehe in die Zukunft
mit vermeintlich
großer Kraft.

Sandra Wagner, 17 Jahre

Wenn du glücklich sein willst …

Das Modell vom Schlaraffenland

◀ Pieter Bruegel, Schlaraffenland

Wenn du eine Stunde glücklich sein willst,
dann betrinke dich.
Willst du drei Tage glücklich sein,
dann schlachte ein Schwein und iss es auf.
Willst du ein Jahr glücklich sein, dann heirate.
Willst du aber ein ganzes Leben glücklich sein,
dann befasse dich mit einem Garten.
Chinesisches Sprichwort

▶ Beschreibt die Einzelheiten des Bildes und informiert euch über das Märchen vom Schlaraffenland. Worauf legt Pieter Bruegel in seiner künstlerischen Darstellung dieses Motivs besonderen Wert?
▶ Vergleicht die Glücksvorstellungen vom Bild und vom Sprichwort.

Nach Glück kann man nicht suchen

Die Weisheit des chinesischen Sprichworts wird auch durch den folgenden Text des ungarisch-amerikanischen Psychologen Csikszentmihalyi bestätigt. Seine theoretischen Ausführungen zum Glück basieren auf Gesprächen mit Menschen, die sich bei ganz unterschiedlichen Tätigkeiten glücklich fühlten.

Momente des Glücks

Wir können das Glück nicht erreichen, indem wir bewusst danach suchen. „Frage dich, ob du glücklich bist", schrieb J. S. Mill, „und du hörst auf, es zu sein." Glück finden wir, wenn wir vollständig eins sind mit jeder Einzelheit unseres Lebens, gleich, ob gut oder schlecht, nicht, indem wir direkt danach suchen. […] Es ist das, was ein Segler auf richtigem Kurs fühlt, wenn der Wind sein Haar peitscht und sein Boot wie ein junges Pferd durch die Wellen prescht – Segel, Kiel, Wind und Meer summen in Harmonie, die in den Adern des Mannes am Steuer vibriert. Es ist das, was der Maler fühlt, wenn die Farben auf der Leinwand eine magnetische Spannung zueinander aufbauen, und etwas Neues, ein lebendiges Wesen, nimmt vor den Augen seines erstaunten Schöpfers Gestalt an. […]

Unser Anteil am Glück

Gegen unsere Überzeugung sind solche Momente, die besten Momente im Leben, nicht passiv, rezeptiv, entspannend – obwohl auch solche Erfahrungen nach schwerer Anstrengung erfreulich sein können. Die besten Momente ereignen sich gewöhnlich, wenn Körper und Seele eines Menschen bis an die Grenzen angespannt sind, in dem freiwilligen Bemühen, etwas Schwieriges und etwas Wertvolles zu erreichen. Optimale Erfahrung ist daher etwas, was wir herbeiführen. Ein Kind etwa erlebt das, wenn es mit zitternden Fingern die letzten Klötze auf einen Turm legt, der höher als jeder andere ist, den es bislang gebaut hat; für einen Schwimmer ist es vielleicht der Versuch, den eigenen Rekord zu brechen, für einen Geiger, eine komplizierte Passage zu beherrschen. Für jeden Menschen gibt es tausende von Gelegenheiten – Herausforderungen –, über sich selbst hinauszugehen.

Solche Erlebnisse sind aber nicht notwendigerweise angenehm. Die Muskeln des Schwimmers haben vielleicht in dem denkwürdigen Rennen stark geschmerzt, seine Lungen fühlten sich der Explosion nahe und ihm war vielleicht schwindlig vor Erschöpfung – dennoch können dies die besten Momente seines Lebens sein. Es ist niemals leicht, Kontrolle über das Leben zu gewinnen, und manchmal ist es sogar eindeutig schmerzhaft. Doch auf längere Sicht geben optimale Erfahrungen einem ein Gefühl von Kontrolle über sich selbst. […]

Selbststeuerung als Grundlage des Glücks

Es gibt praktisch tausende solcher Rezeptbücher, in denen erklärt wird, wie man reich, mächtig, geliebt oder schlank wird. Wie Kochbücher geben sie Hinweise, wie man ein bestimmtes begrenztes Ziel erreicht, und manch einer folgt diesen Rezepten tatsächlich. Doch selbst wenn alle diese Ratschläge Erfolg hätten, was erreicht man schon, wenn man sich anschließend in eine schlanke, geliebte, mächtige Millionärin verwandelt? Gewöhnlich findet sich der oder die Betreffende wieder am Anfang, mit einer neuen Wunschliste und ebenso unzufrieden wie zuvor. […]

Alle Anzeichen deuten darauf hin, dass die meisten Menschen in der frustrierenden Tretmühle steigender Erwartungen gefangen werden, doch viele haben einen Ausweg daraus gefunden. Es handelt sich um Menschen, die unabhängig von ihren materiellen Voraussetzungen ihre Lebensqualität verbessern konnten, die zufrieden sind und auch die Personen in ihrer Umgebung ein wenig glücklicher machen können.

Solche Menschen führen ein anstrengendes Leben, das einer Reihe von Erfahrungen offensteht; sie lernen bis zur Stunde ihres Todes und haben enge Bindungen und Verpflichtungen an andere und an ihre Umwelt. Sie haben an allem, was sie tun, Spaß, gleich wie öde oder schwierig es ist; sie sind nur selten gelangweilt und werden mit allem fertig, was das Leben ihnen bietet. Ihre größte Stärke liegt vielleicht darin, dass sie ihr Leben selbst steuern.

▶ Ordnet diese Gedanken in Sinnabschnitte und erklärt sie mit euren eigenen Worten. In welchen Situationen habt ihr selbst passives oder aktives Glück erlebt?

▶ Diskutiert aufgrund eurer Erfahrungen die These von Csikszentmihalyi, die Selbststeuerung des Lebens sei die wichtigste Grundlage, um Glück und Sinn zu erreichen.

Die Dichterin Marie Luise Kaschnitz schrieb zehn Jahre vor ihrem Tod das folgende Gedicht. Es enthält eine Art Lebensvermächtnis.

Interview

Wenn er kommt, der Besucher,
Der Neugierige und dich fragt,
Dann bekenne ihm,
Daß du keine Briefmarken sammelst,
Keine farbigen Aufnahmen machst,
Keine Kakteen züchtest.
Daß du kein Haus hast,
Keinen Fernsehapparat,
Keine Zimmerlinde.
Daß du nicht weißt,
Warum du dich hinsetzt und schreibst,
Unwillig, weil es dir kein Vergnügen macht.
Daß du den Sinn deines Lebens immer noch nicht
Herausgefunden hast, obwohl du schon so alt bist.
Daß du geliebt hast, aber unzureichend,
Daß du gekämpft hast, aber mit zaghaften Armen.
Daß du an vielen Orten zu Hause warst,
Aber ein Heimatrecht hast an keinem.
Daß du dich nach dem Tode sehnst
Und ihn fürchtest.
Daß du kein Beispiel geben kannst als dieses:
Immer noch offen.

Marie Luise Kaschnitz R

▶ Interviewt euch über eure Vorstellungen vom gelingenden Leben.
Ihr könnt das Interview auch so anlegen, dass sich einer 40 Jahre in die Zukunft denkt und von dort aus die Fragen des anderen beantwortet. Danach werden die Rollen getauscht.

14. Sterben, Tod – und was danach?

Sterben und Tod sind immer mehr aus dem Leben verdrängt und tabuisiert worden. Um das Sterben in unser Leben zu „re-integrieren", müssen wir dem Tod, der unabänderlich jedem von uns bevorsteht, seinen ihm angemessenen – und in unserer Gesellschaft verloren gegangenen – Platz zurückgeben. Max Frisch* unternimmt hierzu einen Versuch mit seinem Fragebogen.*

Eigene Fassung

FRAGEBOGEN

1. Haben Sie Angst vor dem Tod und seit welchem Lebensjahr?
2. Was tun Sie dagegen?
3. Haben Sie keine Angst vor dem Tod, aber Angst vor dem Sterben?
4. Möchten Sie unsterblich sein?
5. Haben Sie schon einmal gemeint, daß Sie sterben, und was ist Ihnen dabei eingefallen:
   a. was Sie hinterlassen?
   b. die Weltlage?
   c. eine Landschaft?
   d. daß alles eitel[1] war?
   e. was ohne Sie nie zustande kommen wird?
   f. die Unordnung in den Schubladen?
8. Möchten Sie wissen, wie Sterben ist?
10. Wem gönnen Sie manchmal Ihren eigenen Tod?
12. Was stört Sie an Begräbnissen?
14. Haben Sie Freunde unter den Toten?
18. Möchten Sie lieber mit Bewußtsein sterben oder überrascht werden von einem fallenden Ziegel, von einem Herzschlag, von einer Explosion usw.?
19. Wissen Sie, wo Sie begraben sein möchten?
20. Wenn der Atem aussetzt und der Arzt es bestätigt: Sind Sie sicher, daß man in diesem Augenblick keine Träume mehr hat?
22. Wenn Sie an ein Reich der Toten (Hades) glauben: Beruhigt Sie die Vorstellung, daß wir uns alle wiedersehen auf Ewigkeit, oder haben Sie deshalb Angst vor dem Tod?
23. Können Sie sich ein leichtes Sterben denken?
24. Wenn Sie jemand lieben: warum möchten Sie nicht der überlebende Teil sein, sondern das Leid dem andern überlassen?
25. Wieso weinen die Sterbenden nie?

1 eitel: hier: vergänglich

gekürzt R

▶ Beantwortet den Fragebogen und besprecht in Zweiergruppen eure Antworten.

▶ Kopiert den Fragebogen und gebt ihn mit der Bitte um Beantwortung an eure Familie weiter. Vielleicht könnt ihr über die Fragen ein „Roundtablegespräch" in eurer Familie und/oder mit Freunden führen.

Abschied – mitten im Leben

Leben bedeutet immer auch Abschied zu nehmen. Ohne Abschiede gibt es kein inneres Wachstum. Jede menschliche Entwicklung bedeutet, dass sich etwas verändert, sich wandelt, und mit jeder Wandlung lassen wir etwas hinter uns, von dem wir Abschied nehmen. Abschied von der Kindheit, Abschied vom Elternhaus, Abschied von Hoffnungen und Träumen, die sich nicht erfüllt haben, Abschied vom Jungsein, Abschied von Freunden und von der vertrauten Umgebung, Abschied von Gesundheit, Abschied vom Partner und von den Eltern …

Das menschliche Leben beinhaltet eine Summe von Trennungen: gewollten und ungewollten, verschuldeten und erzwungenen, heilsamen und tragischen. Fast jede Trennung löst eine Krise aus, die, wenn sie bearbeitet und in das Leben integriert wird, zu neuer Identität, zu innerem Wachstum und Reife verhilft. Krisen sind Zeiten, in denen Menschen in ganz besonderer Weise geöffnet sind, um sich auf Wesentliches zu konzentrieren, Neues zu wagen, Herausforderungen anzunehmen und in Veränderungen – innerlich und äußerlich – hineinzuwachsen. (Vgl. Kap. 13, S. 224 f.)

▶ Beschreibt die Gemeinsamkeiten und Unterschiede von Abschied, Trennung und Sterben.

▶ Stellt ein Trennungsmosaik her. Schreibt jeder auf ein farbiges Blatt, was euch zum Thema „Trennung – Verlust – Trauern" einfällt. Heftet dann die bunten Blätter wie ein Mosaik an eine Pinnwand.

Den Tod besiegen?

Memento mori – Bedenke, dass du sterben musst

Nur ein Schilfrohr, das zerbrechlichste in der Welt, ist der Mensch, aber ein Schilfrohr, das denkt. Nicht ist es nötig, dass sich das All wappne, um ihn zu vernichten: ein Windhauch, ein Wassertropfen reichen hin, um ihn zu töten.
Aber, wenn das All ihn vernichten würde, so wäre der Mensch doch edler als das, was ihn zerstört, denn er weiß, dass er stirbt, und er kennt die Übermacht des Weltalls über ihn; das Weltall aber weiß nichts davon.

Blaise Pascal

„Das schauerlichste Übel, der Tod, geht uns nichts an; denn solange wir existieren, ist der Tod nicht da, und wenn der Tod da ist, existieren wir nicht mehr."

Epikur*

- ▶ Überlegt, in welchem Zusammenhang diese Äußerung des französischen Mathematikers und Philosophen Blaise Pascal (1623–1662) mit dem Handtuchhalter steht. Welches Verhältnis zum Tod wird im Bild und im Text deutlich?
- ▶ Diskutiert, ob ihr dem Zitat des römischen Philosophen Epikur (342–270 v. Chr.) zustimmen könnt.

Das Bewusstsein, sterben zu müssen, war den Menschen früherer Epochen sicher viel näher als uns heute. Starb man früher meistens zu Hause, begleitet und betreut von den Familienangehörigen, so findet das Sterben heute oft hinter verschlossenen Türen in Krankenhäusern oder in Sterbehospizen statt. Das macht es leicht, sich um den eigenen Tod nicht zu kümmern und so zu tun, als würde man ewig leben.

Kryonik – oder: Dem Tod ein Schnippchen schlagen?

„Zu sterben, darin kann ich keinen Sinn erkennen", sagt Klaus Reinhard. Der Diplominformatiker ist fünfunddreißig Jahre alt und wirkt mit seinen schlanken Ein-Meter-achtzig alles andere als gebrechlich. […] Die meisten Männer in seiner Situation würden sich statt aufs Sterben mehr aufs Leben konzentrieren. Doch Reinhard ist Kiels einziger Kryoniker. […] Er gedenkt dem Tod ein kühl kalkuliertes Schnippchen zu schlagen. „Kryos" ist griechisch und heißt kalt. Für rund sechzigtausend Mark will Klaus Reinhard sich von einer US-Organisation namens Alcor einfrieren lassen, um unbehelligt von den Beschwernissen unserer rückständigen Gegenwart mit seinem Leben fortzufahren.
„Ich würde, wenn es irgendwie geht, in meinen letzten Lebenstagen nach Arizona fliegen", sagt Klaus

Reinhard. Und falls der Tod ohne jede Vorwarnung kommt? „Dafür habe ich hier in Kiel mit einem Bestattungsinstitut eine Vereinbarung geschlossen. Die legen mich sofort auf Eis, um weitere Schäden zu verhindern, und befördern mich in einem mit Trockeneis gefüllten Behälter in die USA."
[Dann] begänne dort, in Alcors Lager der lebenden Leichen, Klaus Reinhards „kryonische Suspension". Suspension heißt [...] „zeitweilige Aufhebung". Sie findet nach vorheriger Abkühlung des „Patienten" in einem Bad aus flüssigem Stickstoff statt. Kryoniker vergleichen die Suspension mit einer Rettungsaktion, die den Sterbenden statt ins Hospital um die Ecke, wo man ihm nach heutigem Wissensstand nicht mehr helfen kann, in die Zukunft transportiert.

In einer Werbebroschüre der Kryoniker wird beschrieben, wie Klaus Reinhards weiteres Schicksal während und nach seinem Tiefkühlzustand aussehen könnte.

Außerhalb der eisigen Heimstatt des Patienten läuft das Leben weiter. Jahre verstreichen, Jahrzehnte, vielleicht Jahrhunderte. Krankheiten, die heute noch unheilbar sind, werden heilbar. Den Genforschern gelingt es, das Wachstum von Zellen zu kontrollieren. Der Alterungsprozess kann angehalten werden. Nanotechniker entwickeln winzige Bioroboter. Sie vermögen beschädigte Zellen innerhalb des Körpers zu reparieren. Bereits vollzogene Alterung kann nun rückgängig gemacht werden. Forever young und unrettbar gesund, erinnern sich die Menschen der Zukunft – allen voran natürlich (über-)lebende Alcor-Mitglieder – [an die] kryonautischen Zeitreisenden aus unserer Gegenwart. Damit schlägt auch Klaus Reinhards Stunde.
Die Rekonstruktion seines Gehirns beginnt in der „Revival Unit", einer halb organischen, halb anorganischen Maschine. [...] Gleichzeitig liefern die Zellanalysen alle notwendigen Informationen, um für Klaus Reinhard im Biolabor einen neuen Körper heranwachsen zu lassen, [der teilweise mit seinem alten Körper identisch, teilweise aber auch genetisch verbessert ist]. Sobald die Reparatur der Gehirnzellen abgeschlossen ist, wird der verjüngte Schädel mit dem rekonstruierten Körper vereinigt.
In einem Raum, der weitgehend jenem Kieler Krankenzimmer gleicht, in dem Klaus Reinhard Jahrzehnte oder Jahrhunderte zuvor seine letzten Atemzüge tat, wacht er sanft wie aus einer Narkose auf. Die Rekonstruktion der vertrauten Vergangenheit soll den Zukunftsschock mindern. Im Bestfall erblicken die Augen des Reanimierten zuerst, wen sie vor ihrer Kryokonservierung zuletzt gesehen haben. [...]
So erfährt der reanimierte Kryonaut, in dessen Bewusstsein nur Stunden vergangen sind, seit er in Kiel entschlief, wo und wann er sich befindet: am Ende des 21. Jahrhunderts und in einer Station, die um die Erde kreist.

In der gegenwärtigen Schulmedizin wird das Konzept der „kryonischen Zeitmaschine" überwiegend skeptisch beurteilt. Bis heute ist es noch nicht gelungen, komplette Organe wie Nieren oder Herzen so tiefzukühlen, dass sie nach dem Auftauen wieder funktionsfähig sind. Daher glauben viele Ärzte, dass die Kryoniker mit ihren Gefrierverfahren eher ein lebloses Gehirngewebe als eine winterschlafende Persönlichkeit mit Gedächtnis konservieren. Ihnen ginge es daher in erster Linie ums Geld.

„Wir werden kein hilfloses Vieh mehr sein, das sich von einem gleichgültigen Universum zur Schlachtbank führen lässt."

Aus einer Kryonik-Werbebroschüre

▶ Würdest du dich wie Klaus Reinhard nach dem Tod einfrieren lassen, wenn du genug Geld zur Verfügung hättest? Begründe deine Entscheidung.

▶ Kreuzverhör: Sammelt kritische Fragen, die ihr Klaus Reinhard stellen wollt. Dann schlüpfen zwei oder drei von euch in seine Rolle und beantworten die Fragen.

Was wäre, wenn die Menschen nicht mehr sterben würden?

Walk beside me

Don't walk in front of me –
I may not follow.
Don't walk behind me –
I may not lead.
Walk beside me –
and just be my friend.

Albert Camus

Dieser Ausspruch beschreibt genau das, um was es in der Sterbebegleitung gehen sollte. „Regie" hat immer der Betroffene, d. h., die Menschen, die einen Sterbenden begleiten, sollten akzeptieren, dass der Sterbende eine tiefere Wirklichkeit sieht und berührt als die, die diesen Weg noch nicht gegangen sind. Die Begleitung sterbender Menschen ist – ebenso wie die Begleitung Trauernder – eine sehr anspruchsvolle Aufgabe unserer menschlichen Gemeinschaft und setzt voraus, dass die Menschen, die begleiten, sich mit ihrer eigenen Endlichkeit auseinandergesetzt und „angefreundet" haben.

Ängste auf beiden Seiten

Sterbende müssen Abschied nehmen von allem, was in unserer Gesellschaft* „zählt": von ihrer Gesundheit und Leistungsfähigkeit, von ihrer Schönheit und Anerkennung und von ihrem Besitz. Übrig bleibt die Frage: Wer sind wir, wenn wir all das ablegen müssen?

„Ein Mensch wird kein Mensch, ein Mensch ist ein Mensch" – auch und besonders ohne all diese von unserer Gesellschaft so positiv besetzten Statussymbole*. Sterbende begleiten heißt: in jedem Menschen – unabhängig von Alter und Hautfarbe, von Titel und Besitz – den Mitmenschen zu sehen und seine Würde zu schützen.

Die Qualität der Pflege und eine optimale Schmerztherapie sind entscheidende Voraussetzungen, um die Würde des sterbenden Menschen zu gewährleisten. Was Sterbende darüber hinaus benötigen, ist ein Arzt, der sein Mitempfinden zeigen kann und bereit ist, auf technische Geräte zu verzichten, wenn der oder die Sterbende darum bittet.

Eine junge Krankenschwester hat ihre Wünsche und Bedürfnisse im Krankenhaus beschrieben, als sie selber im Sterben lag: „Ich weiß, Sie fühlen sich unsicher und wissen nicht, was Sie sagen sollen. […] Geben Sie einfach zu, dass Sie mitfühlen. Das ist es, was wir suchen. Wir fragen vielleicht nach dem Warum und Wofür, aber wir erwarten keine wirklichen Antworten. Laufen Sie nicht weg, warten Sie – ich möchte ja nur wissen, dass jemand da sein wird, der meine Hand hält, wenn es nötig ist. Ich habe Angst. Vielleicht ist für Sie der Tod allmählich Routine, aber für mich ist er neu.

Sie sehen in mir sicher keinen einzigartigen Fall, aber ich bin noch nie gestorben und das erste Mal ist für mich durchaus einzigartig. Sie sprechen flüsternd von meiner Jugend, aber wenn jemand im Sterben liegt, ist er dann wirklich noch so jung? […] Wenn wir nur ehrlich miteinander sein und beide unsere Ängste zugeben könnten. Wenn Sie wirklich mit mir fühlen […], Würden Sie wirklich so viel von Ihrer kostbaren Professionalität verlieren, wenn Sie [Ihre Gefühle zeigen würden]? Nur so von Mensch zu Mensch? Dann wäre es vielleicht nicht so schwer, zu sterben … in einem Krankenhaus …, wenn ein Freund in der Nähe wäre."

- ▶ Welche Eigenschaften und Fähigkeiten sollte ein Mensch deiner Meinung nach haben, der Sterbende begleitet?
- ▶ Fragt in euren Familien nach, ob jemand schon einmal einen Sterbenden begleitet hat.
- ▶ Warum ist es wichtig, Sterbende zu begleiten?
- ▶ Informiert euch über die Hospizbewegung* in Europa und in den USA. (Vgl. Adressenverzeichnis: „Hospiz Stuttgart")
- ▶ Sterbe- und Trauerbegleitung: Überlegt Gemeinsamkeiten und Unterschiede. (Vgl. S. 224 f.)

Die Nähe eines Menschen

Wusstest du schon ...?

Wusstest du schon
dass die nähe eines menschen
gesund machen
krank machen
tot oder lebendig machen kann

wusstest du schon
dass die nähe eines menschen
gut machen
böse machen
traurig und froh machen kann

wusstest du schon
dass das wegbleiben
eines menschen
sterben lassen kann
dass das kommen
eines menschen
wieder leben lässt

wusstest du schon
dass die stimme eines menschen
einen anderen menschen
wieder aufhorchen lässt
der für alles taub war

wusstest du schon
dass das wort oder
das tun eines menschen
wieder sehend machen kann
einen
der für alles blind war
der nichts mehr sah
der keinen sinn mehr sah
in dieser welt
und in seinem leben

wusstest du schon
dass das zeithaben
für einen menschen
mehr ist als geld
mehr als medikamente
unter umständen mehr
als eine geniale operation

wusstest du schon
dass das anhören eines menschen
wunder wirkt
dass das wohlwollen zinsen trägt
dass ein vorschuss an vertrauen
hundertfach
auf uns zurückkommt

wusstest du schon
dass tun mehr ist als reden
wusstest du das alles schon
wusstest du auch schon
dass der weg vom wissen
über das reden
zum tun
unendlich weit ist?

Wilhelm Willms

- Suche dir eine Strophe aus diesem Gedicht aus und schreibe eine Geschichte, die die Situation aus dieser Strophe darstellt.
- Wie erklärst du dir die unterschiedlichen Auswirkungen, die die Gegenwart eines Menschen auslösen kann?
- Stelle einen Zusammenhang her zwischen dem Gedicht und dem Bild.

Marc Chagall ▶

Mit dem Tod umgehen

„Der Kult des Todes ist, wenn er tiefgründig und vollkommen ist, auch ein Kult des Lebens. Beide sind untrennbar. Eine Kultur, die den Tod verleugnet, verleugnet auch das Leben."

Octavio Paz

- Betrachtet das nebenstehende Plakat aus dem Schaufenster eines Bestattungsunternehmens. Wie unterscheidet sich diese Werbung (Hinweisschilder, Broschüren etc.) von der anderer Unternehmer?
- Besucht gemeinsam einen Friedhof oder erinnert euch an den letzten Besuch: Was erfahrt ihr dort über die Gestorbenen? Beschreibt, wie einzelne Gräber auf euch wirken.
- Im Mittelalter war der an der Kirche gelegene Friedhof ein Mittelpunkt öffentlichen Lebens: Dort gab es Geschäfte, Kneipen und auch Prostitution. Heute bilden die Friedhöfe parkähnliche, vom täglichen Leben abgegrenzte Bereiche. Inwiefern hat sich dadurch die Beziehung der Lebenden zu den Toten gewandelt?

Lassen Sie uns heute offen über ein Thema von morgen reden

Mit unseren Vorsorge-Konzepten ersparen Sie Ihren Angehörigen Mühe und finanzielle Belastungen.

Wir sagen Ihnen, wie Sie bereits zu Lebzeiten alles nach Ihren Wünschen regeln können.

Informieren Sie sich – am besten gleich hier!

In seinem Buch „Die Lebenden und der Tod" macht sich der Schweizer Schriftsteller und Soziologe Jean Ziegler (geb. 1934) Gedanken über die Beziehung, die wir Lebenden zu den Toten haben. Dabei geht er zuerst auf den Umgang mit den Toten in der abendländischen Gesellschaft ein, um sich dann den Totenkulten in anderen Gesellschaftsformen zuzuwenden.

Diese Gesellschaft, die diese „Fremden" so wirkungsvoll vertreibt, die ihr plötzlich nicht mehr gehorchen, vertraut die psychologische Behandlung von Sterbenden ihren Spezialisten an. […] Ein geheimer Schrecken kennzeichnet die Beziehungen, die sie mit diesen „Fremden" unterhält. Da sind Körper, die plötzlich aufhören zu produzieren und zu konsumieren. Da sind Masken, die keinem Aufruf antworten, allen Verführungen widerstehen, sich hartnäckig und gleichsam triumphierend den Befehlen widersetzen. […] Schlimmer noch: Die Toten bezeigen untereinander eine strenge Solidarität. Sie sind in der Tat einander vollkommen gleich. Diese eigenartigen Zeitgenossen lassen sich nirgendwo einordnen, und ihr Verhalten stört die schöne Produktionsmaschine unnützer Güter gewaltig. […]
Als gleichsam unerlaubtes Ereignis wird der Tod unserer Mitmenschen von der Gesellschaft in die hinterste Ecke der kollektiven Existenz gedrängt. In den Industriestädten sterben die Menschen verschämt, im Verborgenen. Alles wird ins Werk gesetzt, damit die Lebenden sich des Todes ihrer Mitmenschen nicht bewusst werden. In wenigen Stunden ist die Gegenwart der Toten ausgelöscht, ihr Körper weggeschafft, ihr Andenken erstarrt. Der Lärm der Stadt überlagert den Schrecken. Im Verkehrsgewühl durchquert ein Leichenwagen die Stadt. Ein eingefriedetes Gelände empfängt ihn. Hinter der Hecke: ein offenes Grab. Ein paar Worte am Sarg […]. Eine Eintragung im Sterberegister, die einfache oder komplizierte Verteilung der hinterlassenen Güter, das ist alles. Der Friedhof selbst stellt Probleme, der städtische Boden ist teuer. […] Um Platz zu gewinnen, zieht es die Warengesellschaft auch vor, die Toten zu verbrennen. Vielleicht kommt einmal der Tag, an dem eine neue Technik erlaubt, auf die Urne zu verzichten und damit auch auf die paar Quadratzentimeter Erde, die sie braucht.

- Sucht Beispiele, die Zieglers Behauptungen bestätigen oder widerlegen, und diskutiert, ob er Recht hat.

Wie Mexikaner ihrer Toten gedenken

Keine Angst! Die fotografierten Totenschädel sind aus Zuckerguss. An den „Tagen der Toten“, wie in Mexiko die ersten Novembertage genannt werden (christlich: Allerheiligen/Allerseelen), lässt man seinen Namen auf sie schreiben und verschenkt sie als Glücksbringer an Freunde und Verwandte. Diese essen die Schädel und zeigen damit, dass die Freundschaft über den Tod hinaus halten soll. Man kann sich auch selbst einen Verstorbenen einverleiben, indem man einen Zuckergussschädel mit Namen isst.

Prächtige Ofrenda, die zu Ehren des Künstlers Diego Rivera in dem nach ihm benannten Museum in Mexiko-City aufgebaut ist.

Die Schädel werden auch auf den zu diesem Fest meist zu Hause errichteten Altären aufgestellt. Diese so genannten „Ofrendas“ sind eine Art Gabentische, die für die Seelen der Verstorbenen errichtet werden. Von ihnen glaubt man, dass sie einmal jährlich am Allerheiligenfest zurückkommen, um mit den Lebenden zwei fröhliche Tage mit Tanz und erlesenen Speisen zu verbringen. Neben den Zuckerschädeln finden sich auf den „Ofrendas“ Kerzen, Fotos der Verstorbenen und ihre Lieblingsspeisen sowie weitere Symbole für Leben und Tod. Die mexikanischen „Tage der Toten“ vereinigen spanisch-christliche Traditionen mit der aztekischen Vorstellung von Leben und Tod als sich abwechselnde Stadien eines kosmischen Kreislaufes.

nach Maria Harmer

▶ Beschreibt die Unterschiede im Umgang mit dem Tod in Mexiko und bei uns. Bezieht das Zitat von Octavio Paz in eure Überlegungen mit ein.

▶ Welche besondere Beziehung haben die Mexikaner zum Tod? Schreibt einen Brief aus der Perspektive eines europäischen Austauschschülers, der die „Tage der Toten“ in Mexiko mitgefeiert hat.

Letzte Ruhe im Weltraum?

Zu Haus

Eine kleine Kirche auf einem Hügel
mit einem einsamen Kirchhof
winkt dir zu.
Du wägst ihren Gruß
wie eine Einladung,
die man eines Tages
– noch ungewiss, wann –
vielleicht gerne annehmen möchte.

Und daran erkennst du,
dass du
hier ein wenig mehr
als an andern Stätten
zu Haus bist.

Hilde Domin

▶ Wovon „erzählt" dieser Grabstein? Von wem könnten die abgebildeten Motive sein?

Erste Bestattung im All **Star-Trek-Erfinder: Letzte Ruhe im Weltraum**

dpa **Houston** – Zwei tote Stars kommen in den Himmel. Die letzte Reise des legendären TV-Autors Gene Roddenberry („Star-Trek") und des LSD-Gurus der 60er-Jahre, Timothy Leary, führt in den Weltraum! Jeweils sieben Gramm ihrer Asche werden heute mit einer Pegasus XL-Rakete ins All geschossen.
Der Countdown für diese erste Weltraumbestattung erfolgt von den Kanarischen Inseln aus. Neben der Asche der beiden 1991 und 1996 gestorbenen Kultstars sollen auch die Überreste von 22 weiteren Toten auf die Weltraumreise gehen, unter ihnen ein Raumforscher, ein Gastwirt, ein fünfjähriger Junge, ein Handelsvertreter und ein Lastwagenfahrer.
Die Angehörigen zahlen 4800 Dollar (4218 Euro) für die lippenstiftförmige Urne und den Transport – nicht mehr als für eine gewöhnliche Beisetzung. Nach Angaben des Bestattungsinstituts wird der Flugkörper mit den 24 Miniurnen zwischen 18 Monaten und zehn Jahren in einer Umlaufbahn um die Erde kreisen. Als „letzte Ehre" werde die Rakete bei ihrem Wiedereintritt in die Erdatmosphäre schließlich wie eine Sternschnuppe verglühen.

▶ Vergleicht das Gedicht und den Zeitungsartikel. Was kann der Ort der Bestattung über den Menschen aussagen?

Erde, Feuer oder Meer?

Bestattungsriten und Gräber gehören unaufgebbar zur menschlichen Kultur. Die Bestattung der Toten ist seit der mittleren Altsteinzeit nachweisbar. Nahezu alle Gesellschaften kennen bestimmte feststehende Beerdigungsrituale.*

Die Entwicklung der Bestattungskultur

Über viele Jahrhunderte christlicher Kultur hinweg wurden festgelegte Rituale von der Familie, von Verwandten, Freunden und Nachbarn akzeptiert. Der mittelalterliche Kirchhof im Zentrum eines Dorfes war mit seiner geweihten Erde die letzte Ruhestätte, die Heimat der Menschen.

Alte Friedhöfe legen mit ihren unterschiedlichen, individuellen Grabstätten Zeugnis ab, „erzählen" geradezu von einer eindrucksvollen Trauer- und Bestattungskultur. Jedes Grab hält das Andenken an eine bestimmte Person fest gegen Vergänglichkeit und Vergessen.

Das 20. Jahrhundert machte dann – parallel zur Tabuisierung des Todes in unserer Gesellschaft – den Friedhof zur Begräbnisanstalt. Auf unseren neueren Friedhöfen sind hauptsächlich genormte Gräber zu sehen.

Nur noch selten sieht man Grabsteine, die vom Leben, von den Sehnsüchten und Hoffnungen der Verstorbenen erzählen.

Die Erdbestattung

Grundsätzlich besteht eine Entscheidungsmöglichkeit zwischen Wahl- und Einzelgrab. Beim Kauf eines Einzelgrabes erwirbt man lediglich die Nutzungsrechte für einen bestimmten Zeitraum. Nach Ablauf dieses Zeitraumes besteht die Möglichkeit, die Nutzungsdauer zu verlängern.

Wer sich für ein Wahlgrab entscheidet, kann die Lage und Größe (die Zahl der Grabstellen) des Grabes bestimmen. Grabfelder ohne Gestaltungsvorschriften bieten im Rahmen einer persönlichen Gestaltung die größten Freiheiten bei der Auswahl von Stein und Bepflanzung. Ausgefallene Wünsche wird man bei Feldern mit Gestaltungsvorschriften nicht immer durchsetzen können.

Die Feuerbestattung

Mit Feuerbestattung bezeichnet man die Verbrennung (Einäscherung) des Verstorbenen im Sarg und spätere Beisetzung der Asche in einer Urne. Auch in diesem Fall kann eine Grabstätte ausgewählt werden. Für die Feuerbestattung muss eine schriftliche Willenserklärung des nächsten Angehörigen oder eine Verfügung, die der Verstorbene frühzeitig erstellt hatte, vorgelegt werden.

Die Seebestattung

Bei der Seebestattung wird nach der Einäscherung eine Urne mit der Asche dem Meer übergeben. Die Urnen für eine Seebestattung müssen aus Materialien gefertigt sein, die sich später im Meerwasser auflösen, um ein Wiederauffangen der beigesetzten Urnen zu verhindern. Die Seebestattung, früher nur bei Seeleuten möglich, ist heute eine Bestattungsform, für die sich jeder entscheiden kann. Die Urnen werden nach einer kurzen Zeremonie außerhalb der Dreimeilenzone ins Meer versenkt. Die Stelle, an der die Beisetzung erfolgte, wird schriftlich festgehalten. Die Angehörigen bekommen später einen Ausschnitt der Seekarte, auf der der genaue Ort markiert ist.

Die anonyme Bestattung

Die anonyme Bestattung ist eine Feuerbestattung mit anschließender Urnenbeisetzung auf einem Gemeinschaftsfeld, ohne dass Einzelgrabstätten und Grabbeete auf die Verstorbenen hinweisen.

Der Zeitpunkt und die Stelle der Beisetzung wird in der Regel selbst den nächsten Angehörigen nicht bekannt gegeben, da hierin ein Widerspruch zum Prinzip der anonymen Bestattung gesehen wird. Nur die Friedhofsverwaltungen halten zur Kontrolle die notwendigen Daten in ihrem Archiv fest.

▶ Vergleicht diese unterschiedlichen Bestattungsformen. Was können sie über den Menschen aussagen, der gestorben ist?

Leben – auch nach dem Tod?

Eine große Zahl ganz alltäglicher Menschen, die am Rande des Todes gestanden haben, berichten von wundersamen Einblicken in eine jenseitige Welt; eine Welt, die von Liebe und gegenseitigem Verstehen erfüllt ist und die man erst nach einer aufregenden Reise durch einen Tunnel oder Durchgang erreicht.

In dieser Welt trifft der Mensch bereits verstorbene Verwandte wieder, die in ein herrliches Licht gehüllt sind. Sie werden von einem höheren Wesen geleitet, das dem Neuankömmling sein bisheriges Leben in einer Rückschau vorführt, bevor es ihn auf die Erde zurückschiebt, damit er dort weiterlebt.

Nahtoderlebnis

Eine Person, die klinisch tot war und dann doch weiterlebte, erzählt von ihrem Erlebnis.

„Ich wusste, dass ich starb und dass es nichts gab, was ich dagegen hätte tun können, weil mich doch keiner mehr hörte … Ich befand mich außerhalb meines Körpers, ganz ohne Zweifel. Ich konnte ihn da auf dem Operationstisch liegen sehen. […] Zunächst drückte mich all das furchtbar nieder, aber dann erschien dieses gewaltig helle Licht. Am Anfang war es wohl ein bisschen matt, aber dann schwoll es zu einem Riesenstrahl – es war einfach eine enorme Lichtfülle, mit einem großen hellen Scheinwerfer überhaupt nicht zu vergleichen, wirklich ungeheuer viel Licht. Außerdem strahlte es Wärme aus; ich konnte sie deutlich spüren. Als das Licht erschien, wusste ich zuerst nicht, was vorging. Aber dann – dann fragte es mich, es fragte mich irgendwie, ob ich bereit sei zu sterben. Es war, als spräche ich mit einem Menschen – nur dass eben kein Mensch da war. Es war wahrhaftig das Licht, das mit mir sprach, und zwar mit einer Stimme.
Inzwischen glaube ich, dass die Stimme, die mit mir gesprochen hatte, tatsächlich merkte, dass ich noch nicht zum Sterben bereit war. Wissen Sie, es ging ihm wohl vor allem darum, mich zu prüfen. Dennoch habe ich mich von dem Augenblick an, in dem das Licht zu sprechen begann, unendlich wohl gefühlt, geborgen und geliebt."

- Unterscheide bei dieser Darstellung, wo die Person ihr Erlebnis beschreibt und wo sie es deutet.
- Informiert euch über weitere Nahtoderlebnisse und beschreibt die Gemeinsamkeiten.
- Diskutiert, ob diese Nahtoderlebnisse Hinweise auf ein Leben nach dem Tod sein können. Bezieht dabei die folgenden Einwände von Skeptikern ein.

Die Nahtoderlebnisse entstehen durch rauschgiftähnliche Stoffe, die der Körper in Extremsituationen ausschüttet.

Keine von diesen vorübergehend klinisch toten Personen hat die Schwelle zum Jenseits endgültig überschritten, sodass diese Erlebnisse nichts über ein Leben nach dem Tod aussagen können, sondern nur etwas über die Fantasien des Unbewussten.

Materialtipps:

R. A. Moody, Leben nach dem Tod. Rowohlt, Reinbek 1999.
J. C. Hampe, Sterben ist doch ganz anders, Kreuz Verlag, Stuttgart 1995.
Video: FLATLINERS, Columbia Pictures, 40129 09061088

Knockin' On Heaven's Door

Der Mensch ist das einzige Lebewesen, das sein eigenes Ende denken und sich dementsprechend damit auseinandersetzen kann. Grenzenlos sind daher auch die menschlichen Fantasien, die sich um das Ende des Lebens ranken. Und auch die seit der Zeit der Aufklärung* einsetzenden Versuche einer rationalen Todesbewältigung haben die früheren Deutungen vom jenseitigen Leben in Mythen und Bildern nicht auslöschen können. Weltweit gesehen findet sich kein Volk damit ab, dass der Tod das Leben endgültig beendet. In Deutschland z. B. bejahen 50 % der Bürger in den alten Bundesländern die Frage: „Gibt es ein Leben nach dem Tod?“

Repräsentative Spiegelumfrage

Die Antwort auf diese Frage ist letztlich eine Sache des persönlichen Glaubens. Die Fantasien darüber, wie ein Leben nach dem Tod aussehen könnte, sind bis in unsere Zeit lebendig. Ein Beispiel findet ihr in dem Film „Knockin' On Heaven's Door“.

▶ Bildet zwei Arbeitsgruppen zu dieser und zu der folgenden Vorstellung vom Leben nach dem Tod. Sammelt Pro- und Contra-Argumente und gestaltet ein eigenes Bild oder/und einen eigenen Text von eurer jeweiligen Überzeugung, Vorstellung, Hoffnung …

Weißt du denn nicht, wie das ist,
wenn du in den Himmel kommst?
Im Himmel – da reden die über nichts anderes als über
das Meer. Und darüber, wie wunder-wunderschön es ist.
Sie reden über den Sonnenuntergang,
den sie gesehen haben.
Sie reden darüber, wie die Sonne blutrot wurde,
bevor sie ins Meer eintauchte.
Und sie reden darüber, wie sie spüren konnten, wie die
Sonne ihre Kraft verlor und die Kühle vom Meer herauf-
zog und das Feuer nur noch in ihrem Inneren glühte.

CD: The Original Soundtrack
„Knockin' On Heaven's Door“,
Original-Filmdialog Til Schweiger 06301 78502

Die Toten bei den Lebenden?

Karsten Falk verlor seinen Bruder und schrieb seine Gedanken darüber auf, ob er auch nach dem Tod als Teil seiner Familie „lebendig“ ist.

Leben ist Teil eines Systems zu sein, aktiv an großen und kleinen, an globalen und individuellen Prozessen teilzunehmen. […]

Auch Totes ist Teil eines oder mehrerer Systeme, jedoch nimmt Totes passiv an Prozessen teil, ob an großen oder kleinen. […]

So wie mein Bruder nicht mehr körperlich und aktiv an Prozessen im System Familie und vielleicht auch im System Erde teilnimmt, so ist er doch Teil einiger Prozesse in der Familie. Das Erinnern an ihn und das Wissen, das er zuvor einbrachte, fördern die aktiven Prozesse im System Familie und in anderen Systemen, eventuell auch im System Erde. Ich selbst kann daran Weiteres lernen, ich kann daran wachsen. Auch wenn diese Prozesse um seinen Verlust schmerzen, aber vielleicht wachse ich daran umso mehr. Karsten Falk

▶ Karsten Falk vertritt hier eine Auffassung von Unsterblichkeit, die über einen bloßen Materialismus hinausgeht. Klärt den Begriff Materialismus und erläutert dies am Text. Genügt euch ein solches Leben nach dem Tod?

Nirwana – das Jenseits des Buddhismus

▶ Beschreibt zuerst die abgebildete Figur und ihre Wirkung.

Die Abbildung stellt das Sterben des historischen Buddha Gautama (5./4. Jh. v. Chr.) dar.*

Aus den überlieferten Quellen hat ein Biograph unserer Zeit die letzten Lebensstunden Buddhas rekonstruiert:

Der Buddha war inzwischen 80 Jahre alt geworden. Aber an Geist und Körper frisch und rüstig schien ihm das Alter nichts anhaben zu können. Dennoch […] erkrankte er plötzlich […]. Fieber befiel ihn, und er fühlte, dass er sterben würde. Liebevoll bereitete Ananda, der Lieblingsjünger, das Lager für den Meister. […] Im Lotossitz setzte sich der Buddha auf das Lager. Sein Körper war schwach, aber sein Geist klarer denn je. Um ihn drängten sich seine Anhänger […]. Als der Buddha sah, dass Ananda weinte, sagte er vorwurfsvoll: „Wie kannst du nach allem, was ich dich gelehrt habe, dich noch so dem Schmerz hingeben? Ist es wirklich so schwer für einen Menschen, sich über alles Leid zu erheben?“ Und er fuhr fort: „Lasse dich nicht täuschen, Ananda. Das Leben ist ein langer Todeskampf, es ist nichts als Leid. Das Kind hat Recht, wenn es weint, sobald es auf die Welt gekommen ist. Das ist die erste Wahrheit.“

„Die zweite Wahrheit ist, dass das Leid aus dem Durst, der Begehrlichkeit entsteht. Der Mensch hängt sich an Schatten. Er stützt sich auf ein falsches Ich und richtet sich in einer bloß eingebildeten Welt ein. Wenn er stirbt, ist er gesättigt von einem vergifteten Trank und wird wiedergeboren, um von neuem von diesem Trank zu trinken.“

„Die dritte Wahrheit sagt, dass es ein Ende des Leids gibt. Du wirst dieses Ende aber nicht finden, wenn du nicht alle Wünsche und Leidenschaften aus deinem Herzen verjagst … Nun höre die vierte Wahrheit vom achtfachen Pfad zum Heil. Achte zuerst auf das Karman[1], von dem deine künftige Existenz abhängt. Sodann sorge dafür, dass du nur gute Gefühle hegst und deinen Zorn überwindest, endlich bewache deine Lippen […]. Danach richte deine Handlungen so ein, dass du das Übel ausrottest, [die Gier], den Hass und die Verblendung; so wirst du in der nächsten Existenz fähig sein, die vier übrigen Stufen des achtfachen Pfades zu durchlaufen: rechtes Leben, rechtes Denken, rechtes Streben, rechte Versenkung. So wirst du ganz von selbst dem Nirwana nahekommen. […] Als er fühlte, dass sein Leib kalt wurde, streckte er sich aus. Mit einer Gebärde schickte er die Umstehenden hinaus. Nur die durften bei ihm bleiben, die er für würdig befunden hatte, sein Werk fortzusetzen. […] Und noch einmal zeigte er ihnen, dass alles vergehen muss …[…]. Dann legte er sich auf die rechte Seite und versank in tiefe Meditation. Niemand bemerkte den Augenblick, in dem der Buddha aus der Versenkung in das ewige Schweigen des Nirwana hinüberging.

nach Maurice Percheron

1 Karma(n): Gesetz, nach dem sich die Taten im Leben bei der Wiedergeburt (Reinkarnation) auswirken

▶ In der Lehre von den vier Wahrheiten arbeitet der Buddha wie ein Arzt, der die Menschen von der Krankheit des Lebens heilen möchte. Erst beschreibt er die Symptome, dann stellt er die Diagnose und empfiehlt Therapie und Medikamente. – Ordnet die vier Wahrheiten den Heilungsschritten zu und diskutiert ihre Umsetzbarkeit.

Buddhas Tod als Eingang ins Nirwana

Nach der Lehre Buddhas besteht die endgültige Heilung bzw. Erlösung im Eingang in das Nirwana. Dieses alte Wort aus der Sanskrit-Sprache bedeutet so viel wie Verwehen, Verlöschen und meint besonders den Ausstieg aus dem Rad des Lebens und der Wiedergeburten. Zu unterscheiden ist zwischen einem diesseitigen und einem jenseitigen Nirwana. Durch die Einhaltung des achtteiligen Pfades, besonders durch tiefe Versenkung (Meditation), hat der Buddha das diesseitige Nirwana schon vor seinem Tod erreicht. Deshalb vollzieht sich sein Sterben auch so unmerklich. Aufgrund karmischer Schuld aus früheren Existenzen muss er aber als Erleuchteter (Buddha) noch weiterleben. Im jenseitigen Nirwana (pari-nirwana) verlöschen dann Gier, Hass und Unwissenheit und mit ihnen das Ich endgültig. (Vgl. Kap. 15, S. 250 f.)*

Nirwana – was ist das?

Die Ursache allen Übels ist nach buddhistischer Auffassung die Gier oder der Durst nach Leben (2. Wahrheit). Der Durst ist einer Flamme vergleichbar, die eine Kerze, den Körper, verbrennt, um nach dem Tod auf eine andere Kerze überzugehen und auch sie abzubrennen usw. Nicht nur den eigenen Körper, auch sonst verzehrt sie alles und bekommt nie genug. Dieser Kreislauf kann nur unterbrochen werden, wenn ihm die Grundlage entzogen wird. Diese wiederum hat zwei Komponenten: die (falsche) Vorstellung eines Ich (vgl. Kap. 1, S. 17) und die mit dem Ich notwendig verbundenen subjektiven Grundübel: Gier, Hass und Verblendung. Der Buddhismus stellt sie allegorisch als Hahn, Schlange und Schwein dar.

Buddha über das Nirwana

Das Nirwana ist nur dem zugänglich, der sein Karma verbraucht hat. In seinen Lehrreden beschreibt der Buddha das Nirwana als etwas Unfassbares, das sich jedem rationalen Verstehen entzieht.

Es gibt, ihr Mönche, einen Bereich, wo weder Erde noch Feuer, noch Wasser, noch Wind ist, wo die Sphäre der Unendlichkeit des Raumes und des Bewusstseins nicht mehr besteht. Wo nicht irgendetwas mehr ist, weder die Sphäre des Unterscheidens noch die des Nichtunterscheidens, nicht diese Welt noch die jenseitige Welt, wo beide, Sonne und Mond, nicht mehr sind. Dies erfahrt von uns, ihr Mönche: Ich verkündige euch ein Nichtkommen und Gehen, die Freiheit von der Wiedergeburt; ein Nichtstillstehen und ein Nichtweitergehen. Keinen Grund gibt es mehr für das Sehnen nach dem Leben. Dies ist das Ende des Leides.

Aus dem 2. Korb des Pali-Kanon: Udana Vilol 1

- „Darin besteht die Wonne des Nirwana, dass dort nichts empfunden wird." Erkläre diesen dem historischen Buddha zugeschriebenen Ausspruch.
- Nach Auffassung der Buddhismus-Forschung ist es leichter zu sagen, was das Nirwana nicht ist, als festzulegen, was es ist. Sucht solche negativen Begriffe, welche das Nirwana umschreiben.
- Erörtert: Ist die buddhistische Vorstellung vom Leben nach dem Tod für euch akzeptabel?

Auferstehung von den Toten – die christliche Hoffnung

Das Sterben Jesu

Matthias N. Grünewald, Detail aus dem Isenheimer Altar (ca. 1515).

Dann kreuzigten sie ihn. Sie warfen das Los und verteilten seine Kleider unter sich. […] Es war die dritte Stunde. […] Und eine Aufschrift (auf einer Tafel) gab seine Schuld an: Der König der Juden. […] Auch die Hohenpriester und Schriftgelehrten verhöhnten ihn und sagten zueinander: Anderen hat er geholfen, sich selbst kann er nicht helfen. Der Messias[1], der König von Israel. Er soll doch jetzt vom Kreuz herabsteigen, damit wir sehen und glauben. […]
Als die sechste Stunde kam, brach über das ganze Land eine Finsternis[2] herein. Sie dauerte bis zur neunten Stunde. Und in der neunten Stunde rief Jesus mit lauter Stimme: Eloi, Eloi, lema sabachtani?, d. h. übersetzt: Mein Gott, mein Gott, warum hast du mich verlassen?[3] Einige von denen, die dabeistanden, sagten: Hört, er ruft nach Elija. Einer lief hin, tauchte einen Schwamm in Essig, steckte ihn auf einen Stock und gab Jesus zu trinken. Dabei sagte er: Lasst uns doch sehen, ob Elija kommt und ihn herabnimmt.[4] Jesus aber schrie laut auf. Dann hauchte er den Geist aus.
Da riss der Vorhang im Tempel von oben bis unten entzwei.[5]

Markus, Kapitel 15, Vers 24–38

- Schreibt einzeln auf, wie die Kreuzigungsdarstellung auf euch wirkt. Vergleicht sie mit der Abbildung des Buddha Gautama auf S. 240.
- Vergleicht Jesu Sterben mit dem von Buddha Gautama (vgl. S. 240). Dazu könnt ihr in der Bibel im Markus-Evangelium Kapitel 15, Vers 20 bis Kapitel 16, Vers 8 genauer nachlesen.
- Informiert euch über das Leben und Wirken des historischen Jesus.

1 griech. für Christus
2 Die Finsternis ist ein Zeichen des Gerichts Gottes über die Welt.
3 Jesus betet hier den 22. Psalm, das Gebet eines Frommen, der in der Not zu Gott fleht.
4 Die Umstehenden verstehen Jesu letzte Worte falsch und glauben, er ruft den jüdischen Propheten Elija zu Hilfe.
5 Der Riss im Vorhang zeigt, dass damit der Zugang zum Allerheiligsten, das bisher nur die jüdischen Hohepriester betreten durften, für alle Menschen offen steht.

Die Entwicklung der christlichen Auferstehungsvorstellung

Nach Jesu Tod waren seine Jünger zunächst verzweifelt. Hatten sie auf den falschen Mann als den von Gott auserwählten Befreier Israels gesetzt? Die folgende Übersicht hilft euch nachzuvollziehen, wie sich aus diesen und weiteren Anfragen die christliche Auferstehungsvorstellung als Antwort entwickelt hat.

ca. 30 n.Chr.

Historisch wahrscheinliche Grundlage (vgl. Markus, Kap. 15, Vers 20 ff.)
Jesus stirbt wie ein Schwerverbrecher am Kreuz. Anklagepunkt: Politischer Aufrührer gegen die römische Besatzung („König der Juden"); es kommt zu rätselhaften Erscheinungen vor seinen Jüngern.

Anfrage der Jünger: *Ist nach dem Tode Jesu unsere Hoffnung auf die Befreiung Israels durch einen von Gott Erwählten erledigt?*

1. Deutungsstufe (urchristlich nach 1. Brief des Paulus an die Korinther, Kap. 15, Verse 1–5)
Jesus ist von Gott am dritten Tage (apokalyptisches* Datum) auferweckt worden; sein Tod geschah, um unsere Sünden hinwegzunehmen. Er wird bald zum letzten Gericht über die Welt wiederkommen.

ca. 50 n.Chr.

Anfrage aus den ersten Gemeinden: *Inzwischen sind einige aus unserer Gemeinde gestorben, das Gericht aber noch nicht gekommen. Was geschieht mit denen, die im Glauben an Jesus gestorben sind?*

2. Deutungsstufe (frühchristlich nach 1. Brief des Paulus an die Korinther, Kap. 15, Verse 12–23, 51 f. sowie Brief des Paulus an die Römer, Kap. 5, Verse 12–19)
Weil Jesus von den Toten auferweckt wurde, können alle, die glauben, auferweckt werden. Christus hat für uns die Strafe für die Erbsünde*, den Tod, getilgt und so die Gnade Gottes für die Menschen erlangt.

ca. 60 n.Chr.

Nachfragen früher Christen: *Wie kann man auferstehen, wenn doch der Leichnam verwest? Bei Jesus war ja das Grab leer, wie die Evangelisten berichten; die Leichname unserer Toten aber verschwinden nicht.*

3. Deutungsstufe (frühchristlich nach 1. Brief des Paulus an die Korinther, Kap. 15, Verse 35–50)
Wir werden am bald kommenden Tag des Gerichts mit einem neuen himmlischen und unvergänglichen Körper auferstehen und dabei als Individuen weiterleben.

Weitere Nachfragen: *Christus ist zum Gericht immer noch nicht wiedergekommen. Was geschieht mit den Verstorbenen bis dahin? Wie muss man sich überhaupt das Gericht und das ewige Leben vorstellen?*

ca. 100 n.Chr.

4. Deutungsstufe (apokalyptisch-gnostisch* nach Matthäus, Kap. 25, Verse 31–46; Johannes Kap. 5, Verse 19–30; Offenbarung des Johannes, Kap. 20–21)
Nach dem Tod trennt sich die Seele vom Leib (Platonismus*) und wird persönlich gerichtet. Sie kommt dann vorläufig in den Himmel zu Gott oder in die Hölle zum Teufel. Am jüngsten Tag zum Weltgericht werden die Seelen mit einem neuen überirdischen Leib zusammengefügt und für immer gerichtet. Sie kommen nun an ihren endgültigen Ort der Qual oder Freude.

Moderne Theologen distanzieren sich vom biblischen Bild der Hölle und betonen die Hoffnung auf eine personale Begegnung mit Gott und auf ein ewiges Leben. Im Gegensatz dazu steht der folgende Text eines buddhistischen Gelehrten:

„Der gekreuzigte Christus ist ein schrecklicher Anblick. Christen werden sagen, die Kreuzigung stelle eben das Kreuzigen unseres Selbst dar, weil ohne Unterwerfung keine Vollkommenheit erreicht werde. Der Buddhismus hingegen erklärt, dass es von Anbeginn kein Selbst gibt, das zu kreuzigen wäre. Anzunehmen, dass es ein Selbst gäbe, ist für ihn der Anfang aller Übel. Dass Christus aufrecht am Kreuz starb, während der Buddha liegend verschied, zeigt das nicht den Unterschied zwischen Buddhismus und Christentum? ‚Aufrecht' bedeutet Aktion, Streitbarkeit, Ausschließlichkeit, indes ‚waagerecht' Frieden, Duldsamkeit und Weitherzigkeit meint."

Dasietz T. Suzuki (1833–1969), buddhistischer Gelehrter

▶ Nehmt Stellung zu dieser Äußerung und vergleicht im Anschluss buddhistische und christliche Jenseitsvorstellung. (Vgl. Gedicht von Marie Luise Kaschnitz im Anhang, S. 266.)

Gründe für ein Leben nach dem Tod

Die Vorstellung eines individuellen Weiterlebens nach dem Tod, wie auch immer dies näher aussehen mag, hat etwas Tröstliches und ist ein Wunsch vieler Menschen. Zugleich leugnen aber viele die Möglichkeit eines solchen Weiterlebens. Hier geraten wir an die Grenzen unseres Wissens und sollten jedem seine eigene Glaubensentscheidung zugestehen. Dennoch lassen sich philosophische Begründungen für die eine wie die andere Überzeugung angeben. Der zeitgenössische Philosoph Thomas Nagel (geb. 1937) meint:

Jeder stirbt, doch nicht alle sind sich darüber einig, was der Tod ist. Einige glauben, sie würden den Tod ihres Körpers überleben, in den Himmel, die Hölle oder sonstwohin auf- oder niederfahren [...], oder in einem anderen Körper auf die Erde zurückkehren, womöglich noch nicht einmal als menschliches Wesen. Andere sind der Meinung, dass sie aufhören werden zu existieren – dass das Ich „ausgelöscht“ wird, wenn der Körper stirbt. Und unter jenen, die glauben, dass sie zu existieren aufhören werden, glauben einige, dass dies eine schreckliche Tatsache ist, andere nicht. [...] Die Frage des Lebens nach dem Tode hängt mit dem Leib-Seele-Problem zusammen. Wenn der Dualismus[1] wahr ist und jede Person aus einer Seele und einem mit ihr verbundenen Körper besteht, so lässt sich denken, wie ein Leben nach dem Tode möglich sein könnte. Die Seele müsste bloß allein existieren und auch ohne die Hilfe des Körpers ein inneres Leben haben können: Sie könnte dann den Körper verlassen, wenn dieser stirbt, und würde nicht mit ihm zerstört. Zwar wäre sie nicht in der Lage, ein psychisches Leben des Handelns und der sinnlichen Wahrnehmung zu haben, da dies von ihrer Verbindung mit dem Körper abhinge (es sei denn, sie würde mit einem neuen Körper verbunden), doch sie hätte möglicherweise ein Innenleben anderer Art, das vielleicht von anderen Ursachen und Einflüssen abhinge – etwa von direkter Kommunikation mit anderen Seelen.

Ich sage, ein Leben nach dem Tode *könnte* möglich sein, falls der Dualismus wahr wäre. [...] Falls der Dualismus jedoch nicht wahr ist und sich psychische Vorgänge im Gehirn abspielen, also gänzlich vom biologischen Funktionieren des Gehirns und des übrigen Organismus abhängen, so ist ein Leben nach dem Tod des Körpers nicht möglich. Oder genauer formuliert: Ein psychisches Leben nach dem Tode würde die Wiederherstellung eines biologischen, körperlichen Lebens erfordern; es würde erfordern, dass der *Körper* wieder zu leben beginnt. So etwas könnte eines Tages technisch möglich werden. Es könnte möglich werden, jemandes Körper bei seinem Tod einzufrieren, später durch moderne medizinische Verfahren zu reparieren, was an ihm nicht in Ordnung war, und ihn anschließend wiederzubeleben.

Doch selbst wenn dies möglich würde, gäbe es noch das Problem, ob die Person, die mehrere Jahrhunderte später wiederbelebt würde, sie selbst oder ein anderer wäre. [...] Doch auch wenn eine Wiederbelebung desselben Ich im selben Körper nach dem Tode möglich werden sollte, so meint man gewöhnlich nicht dies mit der Rede von einem Leben nach dem Tode. Ein „Leben nach dem Tode“ besagt normalerweise ein Leben ohne unseren alten Körper.

Es ist schwer zu sagen, wie man entscheiden können soll, ob wir solche ablösbaren Seelen besitzen. Sämtliche Daten zeigen, dass das bewusste Leben *vor* dem Tod gänzlich davon abhängt, was im Nervenzentrum vorgeht. Halten wir uns lediglich an die Beobachtung und nicht an religiöse Lehren oder an spiritualistische Versicherungen, mit den Toten zu kommunizieren, so gibt es keinen Grund, an ein späteres Leben zu glauben. Reicht dies jedoch als Grund aus für den Glauben, dass es *kein* Leben nach dem Tod gibt?

1 Dualismus: Vorstellung, dass der Mensch aus zwei unterschiedlichen Substanzen (Seele/Geist und Körper) besteht

- Erläutert das Argument des Dualismus und beantwortet die Schlussfrage aufgrund eurer eigenen Überzeugung.
- Nagel unterscheidet eingangs vier verschiedene Glaubensvorstellungen; versuche eine Zuordnung zu Buddhisten, Christen, Atheisten und Anhängern der Reinkarnationslehre.

Die Wette

Mit der Frage eines Weiterlebens nach dem Tod hat sich ebenfalls der christliche Philosoph und Mathematiker Blaise Pascal (1623–1672) auseinandergesetzt. Für ihn hängt die Möglichkeit eines solchen Weiterlebens mit der Gottesfrage zusammen: Existiert Gott, dann wird auch der Mensch seinen physischen Tod überleben und im Jenseits für sein irdisches Leben zur Verantwortung gezogen: Hat er an Gott geglaubt und ist seinen Geboten gefolgt, so wird er belohnt; hat er, ohne Gottes Weisungen zu beachten, nur seinen Eigennutz gesucht, so wird er bestraft.

Mathematisch ist weder Gottes Existenz noch ein Weiterleben nach dem Tod beweisbar. Die Entscheidung des Menschen für oder gegen die Existenz Gottes gleicht vielmehr einer Wette. Bei ihr kommen grundsätzlich zwei Möglichkeiten in Frage, die den beiden Seiten einer Münze (Kopf oder Zahl) entsprechen. Entweder setzt der Mensch auf die Existenz Gottes oder er setzt auf dessen Nicht-Existenz. Daraus ergeben sich vier verschiedene Möglichkeiten des Ausgangs der *Wette*, je nachdem, ob die gesetzte Annahme zutrifft oder nicht.

▶ Spielt die vier Möglichkeiten der Wette durch, indem ihr euch die jeweiligen Konsequenzen für den Einzelnen in diesem und im jenseitigen Leben verdeutlicht. Geht dabei wie Pascal davon aus, dass mit der Existenz Gottes auch das menschliche Weiterleben im Jenseits verbunden ist und man dort für sein irdisches Leben zur Verantwortung gezogen wird.

1. Ich setze auf Gottes Nicht-Existenz, Gott existiert tatsächlich nicht.
2. Ich setze auf Gottes Nicht-Existenz, Gott existiert aber in Wirklichkeit.
3. Ich setze auf Gottes Existenz, Gott existiert aber in Wahrheit nicht.
4. Ich setze auf Gottes Existenz, Gott existiert auch wirklich.

▶ Vergleicht eure Ergebnisse und erörtert, welcher Entschluss für Pascal der alleinig vernünftige sein kann.

Nun, was könnte Ihnen Schlimmes geschehen, wenn Sie diesen Entschluss fassen? Sie werden treu, rechtschaffen, demütig, dankbar, wohltätig, freund, aufrichtig, wahrheitsliebend sein. Allerdings die verderblichen Vergnügungen, Ruhm, Genüsse werden Sie nicht haben, aber werden Sie nicht anderes dafür haben? Ich sage Ihnen, Sie werden dabei in diesem Leben gewinnen und mit jedem Schritt, den Sie auf diesem Wege tun, immer mehr die Gewissheit des Gewinnes und die Nichtigkeit des Einsatzes erkennen, so dass Sie endlich begreifen, dass Sie auf eine unendlich sichere Sache setzen und dass Sie nichts dafür gegeben haben.

Blaise Pascal

▶ Ist Pascals Wette für euch persönlich überzeugend? Was haltet ihr von seiner Voraussetzung, dass man nur nach Gottes Geboten ein rechtschaffenes Leben führen kann? (Vgl. Kap. 15, S. 254 f.)

▶ Versucht ein Streitgespräch zwischen Pascal und Nagel zur Frage der Unsterblichkeit der Seele.

Memento

Vor meinem eignen Tod ist mir nicht bang.
Nur vor dem Tode derer, die mir nah sind.
Wie soll ich leben, wenn sie nicht mehr da sind?

Allein im Nebel tast ich todentlang
Und lass mich willig in das Dunkel treiben.
Das Gehen schmerzt nicht halb so wie das Bleiben.

Der weiß es wohl, dem Gleiches widerfuhr;
– Und die es trugen, mögen mir vergeben.
Bedenkt: Den eignen Tod, den stirbt man nur,
Doch mit dem Tod der andern muss man leben.

Mascha Kaléko

▶ Teilt ihr Kalékos Meinung? Versucht, ein eigenes Gedicht zu schreiben, das eure Beziehung zum Tod ausdrückt.

15. Religiös leben?

Die christliche Religion spielte in der westlichen Zivilisation jahrhundertelang eine bedeutende Rolle und tut dies bis zum heutigen Tag. Auf dieser Doppelseite findet ihr die Definitionen verschiedener Dichter und Denker zum Thema Religion. – Was haben die Stadtbilder mit Religion zu tun?

Die allgemeine, die natürliche Religion bedarf eigentlich keines Glaubens: denn die Überzeugung, dass ein großes, hervorbringendes, ordnendes und leitendes Wesen sich gleichsam hinter der Natur verberge, um sich uns fasslich zu machen, eine solche Überzeugung dringt sich einem jeden auf; […]

Johann Wolfgang von Goethe 1749–1832

Und was wird heutigentags nicht alles Religion genannt? Die „Religion der Liebe", die „Religion der Freiheit", die „politische Religion", kurz jeder Enthusiasmus. So ist's auch in der Tat.

Max Stirner 1806–1856

Drei Arten von Menschen

Es gibt nur drei Arten von Menschen: die einen dienen Gott, da sie ihn gefunden haben, die andern bemühen sich ihn zu suchen, da sie ihn noch nicht gefunden, die dritten endlich leben, ohne ihn zu suchen und ohne ihn gefunden zu haben. Die ersten sind vernünftig und glücklich, die letzten sind töricht und unglücklich, die in der Mitte sind unglücklich und vernünftig.

Blaise Pascal 1623–1662

Woran du dein Herz hängst, das ist dein Gott.

Martin Luther 1483–1546

Die Religion ist der Seufzer der bedrängten Kreatur, das Gemüt einer herzlosen Welt, wie sie der Geist geistloser Zustände ist. Sie ist das Opium des Volks.

Karl Marx 1818–1883

In der obersten Wissenschaft ist alles eins und ursprünglich verknüpft, Natur und Gott, Wissenschaft und Kunst, Religion und Poesie, [...]

Friedrich Wilhelm Schelling 1775–1854

Die Religion ist der Traum des menschlichen Geistes. Aber auch im Traume befinden wir uns nicht im Nichts oder im Himmel, sondern auf der Erde [...] Die Religion beruht auf dem wesentlichen Unterschiede des Menschen vom Tiere – die Tiere haben keine Religion.

Ludwig Feuerbach 1804–1872

Die Frage, ob es einen Gott gibt

Einer fragte Herrn K., ob es einen Gott gäbe. Herr K. sagte: „Ich rate dir, nachzudenken, ob dein Verhalten je nach der Antwort auf diese Frage sich ändern würde. Würde es sich nicht ändern, dann können wir die Frage fallen lassen. Würde es sich ändern, dann kann ich dir wenigstens noch so weit behilflich sein, dass ich dir sage, du hast dich schon entschieden. Du brauchst einen Gott."

Bertolt Brecht 1898–1956

In den Schulen müssten alle Religionen Erlaubnis haben, ihren Glauben und Aberglauben zu lehren.

Georg Christoph Lichtenberg 1742–1799

Die Zeugen Jehovas

Zwei Zeugen Jehovas

Hausmission

„Guten Tag."

Vor der Tür stehen zwei Frauen unterschiedlichen Alters. Die eine etwa 25, die andere vielleicht 50. Sie sind normal gekleidet, ungeschminkt, lächeln mich an. Spontan überkommt mich der Gedanke: So, wie die dastehen, könnten sie auch meine Mutter und meine Schwester sein.

„Guten Tag. Bitte?"

„Wir sind Angehörige der Zeugen Jehovas und würden uns gerne mit Ihnen unterhalten. Zum Beispiel darüber, warum es heute in so vielen Familien kriselt."

Die Ältere sagt dies, die Jüngere steht einfach nur da. Etwas im Hintergrund. So, als wenn sie nicht direkt beteiligt wäre. Dabei verrät ihr Blick jedoch, dass sie sehr wohl beteiligt ist: gespannt, fest, offen schaut sie mich an.

„Ja ... nun ... ich weiß nicht", sage ich.

„Ich könnte mir schon vorstellen, dass das Thema Sie interessiert. Vielleicht könnten wir uns ja drinnen etwas näher verständigen?"

Ich zögere. Soll ich die beiden hereinlassen?

- ▶ Hast du schon einmal mit Zeugen Jehovas gesprochen? Wie reagierst du, wenn Zeugen Jehovas bei euch an der Haustür auftauchen? Warum?
- ▶ Was würdest du auf folgende Fragen antworten, die sie dir vielleicht stellen würden:
  - Wann hast du das letzte Mal in der Bibel gelesen?
  - Glaubst du auch, dass Gott die Welt geschaffen hat?
  - Was würdest du tun, wenn morgen die Welt unterginge?
  - Hättest du Zeit, mit uns über Gott und Jesus Christus zu sprechen?
- ▶ Wie sind dir Vertreter anderer religiöser Gruppen begegnet, die dich zu missionieren versucht haben? Berichte von deinen Erlebnissen!

Was ist Harmagedon?

Einer der zentralen Glaubensinhalte der Zeugen Jehovas ist „Harmagedon":

Der Begriff „Harmagedon" ist von einem Wort abgeleitet, das in dem für seine symbolische Sprache bekannten Bibelbuch Offenbarung des Johannes auftaucht.[1] [...] Harmagedon oder Har-Magedon ist eine Transliteration[2] der griechischen Entsprechung des hebräischen Ausdrucks Har Meghiddón, der „Berg von Megiddo" oder „Berg der Truppensammlung" bedeutet. Es wird mit dem „Krieg der großen Tage Gottes, des Allmächtigen", in Verbindung gebracht. Demnach ist Harmagedon kein politischer Kampf, keine wirtschaftliche Katastrophe, kein nuklearer Holocaust, ja kein von Menschen geführter Krieg, sondern der Krieg Gottes.

1 Dieses letzte Buch der Bibel wird auch Apokalypse* genannt. Es handelt vom Jüngsten Gericht bzw. vom Ende der Welt.
2 hier: Übersetzung

Wer sind die Beteiligten? Was ist der Zweck?

Auf der Seite Jehovas steht im Krieg von Harmagedon ein riesiges Heer von unsichtbaren Geistermächten unter der Führung des Königs Jesus Christus. [...] Die Gegner sind Satan, seine Dämonenhorden und die Könige der ganzen bewohnten Erde. Was den sichtbaren Bereich betrifft, sollten wir jedoch nicht nur an die Herrscher der Welt denken, denn auch die Menschen, über die sie herrschen, werden beteiligt sein. [...] Harmagedon wird jede Spur der irdischen Organisation Satans auslöschen. Außerdem werden der Teufel und seine Dämonen in den Abgrund geworfen (Offenbarung Kapitel 20, Vers 1–3). Welche Segnungen werden dem Volk Jehovas, den freudigen Überlebenden seines großen Krieges von Harmagedon, doch dann zuteil! Glücklich werden sie sich an den Wiederaufbau machen und die ganze Erde in ein Paradies verwandeln, in dem es Umweltverschmutzung, Schmerz, Trauer, Tränen und Tod nicht mehr gibt.

Aus: Der Wachturm

▶ Gibt es in diesem Text Aspekte, die dich interessieren? Welche? Warum? Oder lehnst du den Text kategorisch ab? Wenn ja, warum?

Ganz gleich, wie du dich bei einem Besuch der Zeugen Jehovas verhältst, ob du höflich, abweisend, reserviert oder gar unverschämt bist, eines wirst du nicht erleben: dass sie laut, grob, unhöflich oder beleidigend reagieren. Vielleicht verblüfft es dich, dass die Zeugen Jehovas scheinbar so bereitwillig „kuschen". Vielleicht bringt es dich aber auch ins Nachdenken: Warum sind die bloß so? Warum schreien sie nicht zurück, wenn ich sie anschreie? Was steckt hinter diesen stets gleichbleibend freundlichen Mienen? Vielleicht bringen dich aber auch die Probleme, die sie mit dir besprechen möchten, ins Nachdenken – schließlich geht es um „Gott und die Welt"!

Religiosität – der Wunsch, ganz zu sein

Auch Dorothee Sölle, evangelische Theologin und Schriftstellerin, ist der Auffassung, dass jeder Mensch ein solches religiöses Bedürfnis hat. Dieses erläutert sie folgendermaßen:

Aber was ist eigentlich der Inhalt dieses religiösen Bedürfnisses? Wonach sehnen sich Menschen? Es ist der Wunsch, ganz zu sein, das Bedürfnis nach einem unzerstückten Leben. Das alte Wort der religiösen Sprache „Heil" drückt genau dieses Ganzsein, Unzerstücktsein, Nicht-kaputt-Sein aus. Dass die kaputten Typen – und wer rechnet sich zuzeiten nicht dazu? – den Wunsch haben, ganz zu sein, ist nur verständlich. Es ist zugleich der Wunsch nach einem Leben ohne Berechnung und ohne Angst, ohne äußere oder bereits verinnerlichte Erfolgskontrolle, ohne Absicherung. Vertrauen können, hoffen können, glauben können – alle diese Erfahrungen sind mit einem intensiven Glücksgefühl verbunden, und eben um dieses Glück des Ganzseins geht es in der Religion. [...] Das religiöse Bedürfnis ist das Bedürfnis, Sinn zu erfahren und Sinn zu stiften. Es gibt keine Existenz ohne die Suche nach Sinn. Gerade weil ich den Sinn und das Ganz-Sein nicht finde, sondern mich immer wieder am Sinnlosen, am Absurden, am Nicht-Deutbaren verletze, darum kann es mir nicht genügen, mich als ein Objekt zu verstehen, das in deterministische[1] Ketten gelegt ist. [...]
Religion ist der Versuch, keinen Nihilismus zu dulden und eine unendliche (endlich nicht widerlegbare) Bejahung des Lebens zu leben.

1 hier: unfrei machende

▶ Ist dir der hier angesprochene „Wunsch, ganz zu sein", auch vertraut? Wenn ja: In welchen Situationen hast du ihn als besonders stark erlebt?

▶ Was verstehst du unter dem „Bedürfnis, Sinn zu erfahren und Sinn zu stiften"?

▶ Informiere dich in einem Lexikon über den Nihilismus, und erläutere daraufhin den letzten Satz des Textes!

Aberglaube und Reinkarnationsvorstellung: ungewöhnliche Religiosität

In den Jahren 1973, 1990 und 2000 führte das Institut Allensbach eine Umfrage über den Aberglauben durch mit jeweils derselben Frage: „Auch wenn Sie selbst nicht abergläubisch sind – wenn Sie sich diese Liste einmal durchlesen: Bei was davon glauben Sie, dass es vielleicht eine Bedeutung haben könnte, worauf geben Sie selbst auch immer Acht?“ Drei Beispiele aus der Liste (Angaben in Prozent):

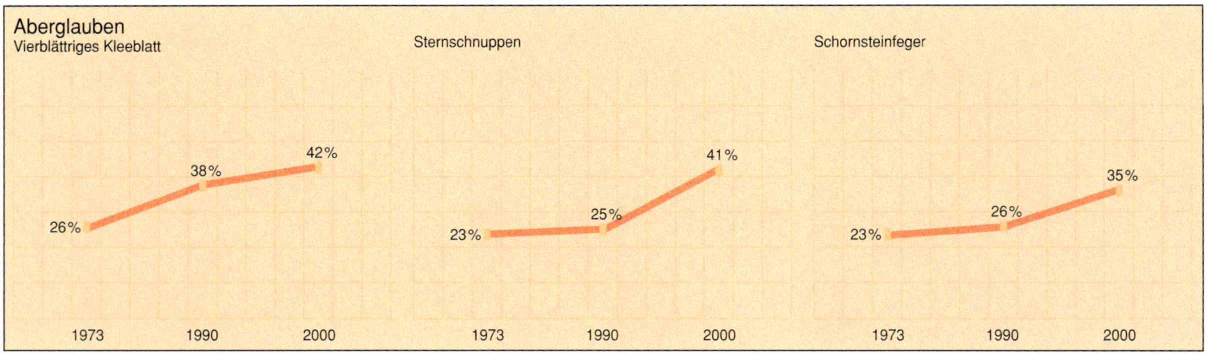

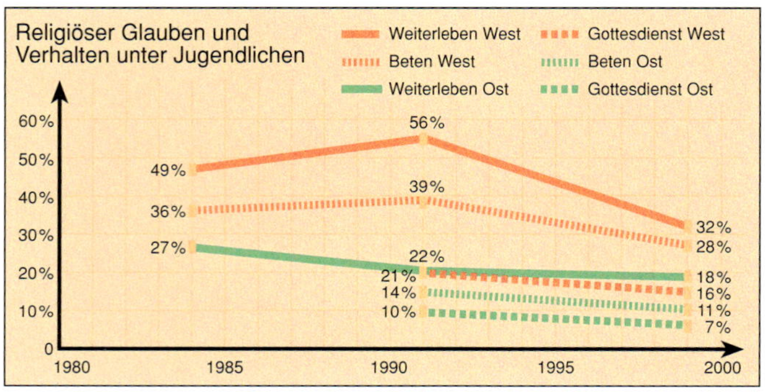

In drei Shell-Studien wurden Jugendliche nach ihrem religiösen Glauben und Verhalten befragt. Bei Jugendlichen aus den alten und neuen Bundesländern ergaben sich unterschiedliche Tendenzen.

▶ Werte die beiden Grafiken aus: Was fällt dir auf? Welche Entwicklung kannst du feststellen, wenn du beide miteinander vergleichst?

Reinkarnation muss nicht bewiesen werden

Leben und Totsein ist ebenfalls nur ein Rhythmus wie Ein- und Ausatmen, Wachen und Schlafen – lediglich die größere Dimension erschwert dem Menschen die Überschaubarkeit. Die Erfahrung bestätigt auch hier die Gültigkeit des Gesetzes, dass ein Pol seinen Gegenpol erzwingt: Leben erzwingt Sterben. Das einzig Sichere bei der Geburt eines Lebewesens ist die Tatsache, dass es einmal sterben wird. Tod folgt dem Leben mit der gleichen Sicherheit wie das Ausatmen dem Einatmen. Doch nach dem gleichen Gesetz erzwingt das Totsein mit Sicherheit wieder Leben. So sehen wir, dass der Wechsel von Leben und Tod und Leben das gleiche rhythmische Bild ergibt wie der Wechsel von Wachen, Schlafen, Wachen und so weiter. Leben und Totsein sind Polaritäten, die durch ihren unaufhörlichen Wechsel sich rhythmisch in die Existenz aller Daseinsformen einordnen. Alle Erscheinungsformen gehorchen diesem Gesetz der Schwingung: die Gezeiten des Meeres, die Jahreszeiten, die Elektrizität, die Perioden von Krieg und Frieden, die Tageszeiten – überall zeigt uns die Beobachtung das gleiche rhythmische Spiel des polaren Wechsels. Warum sollte ausgerechnet die Polarität Leben–Tod eine Ausnahme darstellen, warum sollte eine Gesetzmäßigkeit, die überall nachweisbar ist, ausgerechnet vor dem Phänomen Leben Halt machen?
Diesen rhythmischen Wandel der Seele durch Leben und Tod nennt man seit alten Zeiten Seelenwande-

rung oder Reinkarnation (= wiederholte Fleischwerdung). Plato wusste um sie genauso wie Goethe. Ich sage absichtlich „wusste“ und nicht „glaubte“ – denn Reinkarnation ist keine Frage des Glaubens, sondern eine Frage philosophischer Erkenntnisfähigkeit. [...] Wer weiß, braucht nicht zu glauben und wird unabhängig von Beweisen. Eine Behauptung wie beispielsweise: „Mit dem Tod ist alles vorbei“, bedarf eines Beweises, weil diese Behauptung kein Teil der Wirklichkeit ist und daher auch nicht zur Erfahrung werden kann. Innerhalb der Wirklichkeit lässt sich kein Bereich entdecken, in dem man aufzeigen könnte, dass die Natur Prozesse kennt, die schlagartig im Nichts enden.

Thorwald Dethlefsen

▶ Wie begründet Thorwald Dethlefsen, dass die Reinkarnation nicht bewiesen werden müsse? Scheint dir seine Begründung stichhaltig?

▶ Das Buch, aus dem dieser Text stammt, hat von 1979 bis 1990, also in nur elf Jahren, 29 Auflagen erlebt. Hast du für den enorm großen Verkauf eine Erklärung? Du kannst bei deinen Überlegungen auch den Untertitel einbeziehen: „Das Urwissen zur Vollkommenheit des Menschen“.

„Reinkarnation“ wird oft mit „Seelenwanderung“ übersetzt. Gemeint ist damit die Vorstellung, dass die Seele des Menschen sich nach seinem Tod vom Körper trennt und in einem anderen Körper „wieder geboren“ wird. Daher spricht man besser von „Wiederverkörperung“.
Die Reinkarnationsvorstellung ist ein wichtiger Bestandteil des Hinduismus und Buddhismus. Anders als in der westlichen Esoterik, die die Lehre von der Wiederverkörperung oft aus dem Zusammenhang gerissen hat, meint sie dort eine schmerzliche Erfahrung: Die „Seele“ des Gestorbenen muss so lange in andere Existenzformen, sogar in die Körper von Tieren, zurückkehren, bis sie sich durch eine sittliche Lebensführung als würdig erwiesen hat, in die endgültige Ruhe, das „Nirwana“, einzugehen.

Shirley MacLaine

REINKARNATION

Affäre mit Karl dem Großen?

Dass die Hollywood-Diva *Shirley MacLaine* von der Seelenwanderung überzeugt ist, hat sie häufig betont und in ihren Büchern („Tanz im Licht“) dargelegt.

In einem Interview in der TV-Sendung „60 Minutes“ wurde sie jetzt konkret. Vor rund 1200 Jahren will sie in ihrer damaligen Inkarnation eine Affäre mit *Karl dem Großen* (re.) gehabt haben. Aber nicht nur das. Sogar in ihrem derzeitigen Leben habe sie die Freuden der Liebe mit dem Frankenkaiser genossen: in seiner späteren Inkarnation als *Olof Palme*, der 1986 ermordete schwedische Ministerpräsident.

▶ Wie wirkt der oben stehende Zeitschriftenrtikel auf dich? Hältst du ihn für glaubhaft?

Es geht um Unsterblichkeit, nicht um Götter

Wenn unser Leben endlos und schmerzlos wäre, würde es vielleicht doch keinem einfallen zu fragen, warum die Welt da sei und gerade diese Beschaffenheit habe; sondern eben auch sich alles von selbst verstehen. Dem entsprechend finden wir, dass das Interesse, welches philosophische oder auch religiöse Systeme einflößen, seinen allerstärksten Anhaltspunkt durchaus an dem Dogma[1] irgendeiner Fortdauer nach dem Tode hat: und wenn gleich die letzteren das Dasein ihrer Götter zur Hauptsache zu machen und dieses am eifrigsten zu verteidigen scheinen; so ist dies im Grunde doch nur, weil sie an dasselbe ihr Unsterblichkeitsdogma geknüpft haben und es für unzertrennlich von ihm halten: nur um dieses ist es ihnen eigentlich zu tun. Denn wenn man ihnen dasselbe anderweitig sicherstellen könnte; so würde der lebhafte Eifer für ihre Götter alsbald erkalten. [...]

Arthur Schopenhauer*

1 religiöser Lehrsatz

▶ Warum versteht sich nach Schopenhauer für den Menschen nicht „alles von selbst“?

▶ Worin sieht er die entscheidende Gemeinsamkeit aller Religionen?

▶ Welche Rolle spielen für ihn die Götter in den Religionen? Beurteilst du das ähnlich?

What's good for me? Lifestyle-Religiosität

Religiöse Elemente in Werbetexten

▶ Woran erinnert dich die Mobiltelefon-Werbung? Wenn du deine spontanen Einfälle notiert hast, lies „Der Teufel versucht Jesus" auf S. 258.

Wenn du darauf bewusst achtest, wirst du tagtäglich auf Werbung stoßen, die religiöse Elemente verwendet. Hier folgen weitere Beispiele:

„Geistliche mahnen nach Ostern zur Bescheidenheit. So reiche es völlig aus, im T-Punkt nur ein T-Scall zu erwerben. Der neue T-Scall."
(Rundfunkspot der Telecom nach Ostern 1998)

„Himmlisch weich. Das neue Tempo plus."

„Sündhaft schön und himmlisch komfortabel" (Ford)

„In den 3,9 Millionen Bausparverträgen, die bei uns bestehen, sehen wir nicht nur ein Ja zur Bausparkasse, sondern auch ein JA zum Sinn des Lebens"
(BHW)

Erste Männerstimme (dunkel, sonor, getragen): *„Und so frage ich euch: Gibt es eine Erlösung für 25 Euro?"*
Zweite Männerstimme (heller, freundlicher, lebendiger): *„Ja, bei ATU!"*
Dritte Männerstimme: *„Erlösen Sie Ihren Wagen von den Strapazen des Winters ... mit einem Frühjahrscheck für nur 25 Euro bei Auto-Teile-Unger!"*
(Rundfunkspot)

„Eternity"

„Be"

Produktnamen zweier Eaux de Toilette von Calvin Klein

▶ Auf welche Aspekte von Religion wird in den einzelnen Werbetexten angespielt?
▶ Suche selber ähnliche Werbungen aus Zeitungen, dem Fernsehen oder dem Radio. Werden bestimmte religiöse Aspekte oder Themen bevorzugt?
▶ Warum verwenden heute viele Werbeagenturen solche Anspielungen und religiösen Elemente?

Kirchen-Experte verweist auf Parallelen zwischen Sport und Religion

Fußball eine „tiefe Kommunion“

Berlin (epd). Das Fernsehen stilisiert große Sportveranstaltungen nach Auffassung kirchlicher Experten immer mehr zu quasi-religiösen Ereignissen.

Den Spielen der bevorstehenden Fußball-WM falle die Rolle zu, „emotionale Höhe- und Haltepunkte in einem umfassenden Unterhaltungsprogramm zu sein“, so der Leiter der Berliner Evangelischen Zentralstelle für Weltanschauungsfragen, Michael Nüchtern. Die Parallelen zwischen Sport und Religion lägen auf der Hand, sagt Nüchtern. Schon im antiken Olympia sei der Wettkampf eine religiöse Veranstaltung zu Ehren der Götter gewesen. Die Fans reisten heute „wallfahrtsähnlich“ in Gruppen an und trügen wie Priester entsprechende liturgische Gewänder, bevor das Spiel „auf heiligem Rasen im Stadiontempel“ beginne.

Die Fußballgemeinde erlebe „eine tiefe Kommunion“: Sie leidet oder triumphiert Nüchtern zufolge mit und verlässt das Stadion verwandelt. Die Gesellschaft klammere sich an große Wettkämpfe, „in denen das Einmalige garantiert zu sein scheint“, betont der Weltanschauungsexperte. Die an Mythen anknüpfende Erzählstruktur schaffe „Heilsereignisse wie das Wunder von Bern“, den WM-Sieg 1954, und folge ständig wiederkehrenden Ritualen. Religiöse Bedürfnisse würden nicht nur in Kirchen befriedigt, so Nüchtern. „Religiöses ist nämlich nicht zerstört, sondern zerstreut.“

Neue Westfälische

- ▶ Welche Merkmale bzw. Elemente von Religion finden sich im Fußball?
  Befragt Mitschüler, Lehrer, Eltern und andere Erwachsene, 1. ob sie mit dem Besuch einer Sportveranstaltung noch etwas anderes verbinden, als Spaß und Zeitvertreib zu haben,
  2. welche Gefühle sie haben, wenn sie als Zuschauer auf dem Fußballplatz oder bei einer anderen Sportveranstaltung sind.
- ▶ Welche Äußerungen bestätigen den Zeitungsartikel, welche ergänzen ihn, welche stimmen mit ihm nicht überein?
- ▶ Thema für ein Referat: Gibt es ähnliche religiöse Elemente auch in der Rockmusik?
- ▶ Vergleiche: Welche äußeren Gemeinsamkeiten siehst du zwischen einem Rockkonzert und einem Gottesdienst?

Liebe als Religion?

Viele reden von Liebe [...] wie frühere Jahrhunderte von Gott. Die Sehnsucht nach Erlösung und Zärtlichkeit, das Hickhack darum, die unwirkliche Schlagertext-Wirklichkeit in den versteckten Kammern des Begehrens – alles das hat einen Hauch von alltäglicher Religiosität, von Hoffnung auf Jenseits im Diesseits. Der irdische Glaube der religionslosen, scheinbar rationalen Gegenwartsmenschen ist das Du, die Suche nach der Liebe im anderen. Oft nicht eingestandenermaßen, da dadurch jeder sich an etwas ausliefert, das den Prinzipien des kalkulierten Lebens widerspricht. Aber gleichzeitig doch mit einer Ausschließlichkeit, weil nur durch die bewahrte und versteckte Wirklichkeit dieser Sehnsucht alles Selbstbehaupten und Kalkulieren von einer Flamme Sinn erhellt wird. [...] Die diesseitige Rest- und Neureligion der Liebe führt im individualistischen Gegeneinander zu erbitterten Glaubenskriegen, nur dass diese in den vier Wänden oder vor Scheidungsrichtern und Eheberatern ausgetragen werden. Die Sucht nach Liebe ist der Fundamentalismus der Moderne.

Ulrich Beck und Elisabeth Beck-Gernsheim

- ▶ Die Autoren verwenden in diesem Text die Bezeichnung „diesseitige Rest- und Neureligion“. Was stellst du dir darunter vor?
- ▶ Was drückt jemand eigentlich damit aus, wenn er seine Freundin „mein Engel“ nennt? Oder wenn jemand vom „Wunder der Liebe“ spricht? Suche weitere Beispiele für solch religiös geprägte Formulierungen.

Atheismus: Abschied von der Religion

Machen sich die Menschen ihre Götter selbst?

Xenophanes (ca. 570–ca. 475 v. Chr.), ein antiker griechischer Philosoph, hat schon zu einer Zeit, als große Teile der Bevölkerung noch an die überlieferten Mythen glaubten, erhebliche Zweifel an dem Bild, was die Menschen sich von den Göttern machen:

Doch die Sterblichen wähnen, die Götter würden geboren und hätten Gewand, Stimme und Gestalt ähnlich wie sie selber. Die Äthiopier stellen sich ihre Götter schwarz und stumpfnasig vor, die Thraker dagegen blauäugig und rothaarig.

Wenn Kühe, Pferde oder Löwen Hände hätten und damit malen und Werke wie die Menschen schaffen könnten, dann würden die Pferde pferde-, die Kühe kuhähnliche Götterbilder malen und solche Gestalten schaffen, wie sie selber haben.

▶ Fasse die Religionskritik des Xenophanes in eigenen Worten zusammen! Hat er Recht?

Positive Auswirkungen des Atheismus

In seinem Roman „Niels Lyhne" erzählt der dänische Dichter Jens Peter Jacobsen (1847–1885) die Lebensgeschichte eines Mannes, der sowohl beruflich als Schriftsteller wie auch sonst im Leben scheitert. Die Titelfigur versteht ihren Atheismus als einzige Möglichkeit, das Welt- und Menschenbild positiv zu verändern:

„Es gibt keinen Gott, und der Mensch ist sein Prophet!", entgegnete Niels bitter, doch zugleich traurig. „Ja, nicht wahr?", spottete Hjerrild und sagte bald darauf: „Der Atheismus ist doch grenzenlos nüchtern, und sein Ziel ist doch zu guter Letzt nichts anderes als eine Menschheit ohne alle Illusionen. Der Glaube an einen alles lenkenden, richtenden Gott ist der Menschheit letzte große Illusion, und wenn sie den verliert, was hat sie dann? Klüger ist sie geworden; aber ob reicher, glücklicher? Das sehe ich nicht ein."

„Aber", rief Niels Lyhne aus, „begreifen Sie denn nicht, dass an dem Tage, an dem die Menschheit frei aufjubeln kann: es gibt keinen Gott!, wie mit einem Zauberschlage ein neuer Himmel und eine neue Erde entstehen würden? Erst dann wird der Himmel der freie, unendliche Raum, anstatt ein drohendes Späherauge zu sein. Erst dann wird die Erde unser und werden wir der Erde zu eigen sein, wenn jene dunkle Welt der Seligkeit und der Verdammnis wie eine Luftblase geplatzt sein wird. Die Erde wird unser wahres Vaterland, unseres Herzens Heimat sein, wo wir nicht wie fremde Gäste eine armselige Spanne Zeit, sondern alle unsere Zeit zubringen würden. Und welche Intensität wird es dem Leben verleihen, wenn alles darin Raum finden und nichts nach außen hin verlegt werden wird. [...] Begreifen Sie nicht, welchen Adel es der Menschheit verleihen wird, wenn sie in voller Freiheit ihr Leben leben und ihren Tod sterben kann, ohne Furcht vor der Hölle und ohne Hoffnung auf das Himmelreich, aber sich selber fürchtend und auf sich selber hoffend? Wie wird das Gewissen wachsen, und welche Festigkeit wird es geben, wenn tatenlose Reue und Demut nichts mehr sühnen können und wenn keine andere Vergebung möglich ist, als das Böse, das man mit Bösem verbrochen hat, durch das Gute gutzumachen."

„Sie müssen einen wunderbaren Glauben an die Menschheit haben; der Atheismus wird ja noch größere Forderungen an sie stellen als das Christentum."

„Natürlich."

▶ In welcher Weise verändert die Haltung des Atheismus die Menschen?

▶ Welche positiven Auswirkungen des Atheismus glaubt Niels Lyhne feststellen zu können?

▶ Erkläre, inwiefern der Atheismus an die Menschheit „noch größere Forderungen" stellt als das Christentum!

Atheismus als Verurteilung zur Freiheit

Jean-Paul Sartre (1905–1980) verteidigt in seinem kurz nach dem Zweiten Weltkrieg verfassten Aufsatz „Ist der Existentialismus ein Humanismus?" den Existentialismus, eine der wichtigsten philosophischen Strömungen des 20. Jahrhunderts, vor dem Vorwurf, dieser sei nicht menschlich, nicht „human". Der Vorwurf war vor allem daraus entstanden, dass man Sartre unterstellte, ein Atheist könne eigentlich nur verantwortungslos denken und handeln.

Dostojewski hatte geschrieben: ,,Wenn Gott nicht existierte, so wäre alles erlaubt." Da ist der Ausgangspunkt des Existentialismus. In der Tat, alles ist erlaubt, wenn Gott nicht existiert, und demzufolge ist der Mensch verlassen, da er weder in sich noch außerhalb seiner eine Möglichkeit findet, sich anzuklammern. Vor allem findet er keine Entschuldigungen. [...] Wenn wiederum Gott nicht existiert, so finden wir uns keinen Werten, keinen Geboten gegenüber, die unser Betragen rechtfertigen. [...] Wir sind allein, ohne Entschuldigungen. Das ist es, was ich durch die Worte ausdrücken will: Der Mensch ist verurteilt, frei zu sein. Verurteilt, weil er sich nicht selbst erschaffen hat, anderweit aber dennoch frei, da er, einmal in die Welt geworfen, für alles verantwortlich ist, was er tut.

- ▶ In welch eine Situation kommen die Menschen, „wenn Gott nicht existiert"?
- ▶ Sartre schreibt: „Wir sind allein, ohne Entschuldigungen." Welche Auswirkungen hat dies auf das Denken und Handeln eines überzeugten Existentialisten?

Atheist zu sein, was bedeutet das für mich?

Zu dem Problem des Atheismus schreibt im Jahre 2001 Björn Köster, ein 17-jähriger Schüler aus Bielefeld:

Ich gehe nicht in die Kirche, um mir eine Predigt anzuhören, ich bete zu keinem Gott und ich erhoffe mir keine Hilfe von einem. An einem Glauben festzuhalten bringt mir nur etwas, wenn ich auch daran glaube ... Doch warum sollte ich? Hilft mir Gott in der nächsten Klausur, wann tritt Gott in Erscheinung? [...] Wenn ich das Bedürfnis habe, jemandem mitzuteilen, was mich bedrückt, dann kann ich dies in einem Gebet tun. Kriege ich dann eine Antwort darauf? Nein. Wenn ich mich dann besser fühle, heißt es, Gott hat mir geholfen. Dies wird mir dann mitgeteilt von Menschen, die sich für die Vertretung Gottes auf Erden halten. [...] Diese Menschen erzählen mir, dass unser Leben eine Prüfung sei, in der wir uns bewähren sollen, doch was kommt danach? Warum soll ich mein Leben nicht so leben, wie ich es möchte, wer garantiert mir, dass ich danach nicht wirklich zu Staub zerfalle? Oder werde ich dann doch weiter leben, im Paradies? Wenn ein Gott diese Macht hat, warum nutzt er sie dann nicht? Will er warten, bis wir uns gegenseitig um alles bringen? Sind die Kriege, in denen Zivilisten sterben, nur eine Prüfung? Werden Menschen, die verhungern, auch nur geprüft? [...]
Wenn es einen Jesus gab, war er tatsächlich Gottes Sohn, oder war er nur ein rednerisch äußerst begabter Tischler? Schon seit Ewigkeiten versuchen Wissenschaftler diese Rätsel zu lösen, sie decken jedoch meistens nur neue Widersprüche oder weitere Rätsel auf. Vor kurzer Zeit haben sie erwiesen, dass Menschen, die an Gott glauben, glücklicher sind als andere ...
Nur, sind sie das auch, wenn ihre Verwandten an Krebs sterben, in sinnlosen Kriegen verstümmelt werden oder von einem Auto überfahren werden? Sie sind sich sicher: Gott hätte es verhindern können. Er hat die Macht dazu. Er hat es jedoch nicht getan.
Ist man mit einer solchen Überlegung glücklich, freut man sich dann darüber, einen Gott zu haben, der allmächtig ist? *Ich denke, man ist es nicht ...*

- ▶ Liste auf: Welche Gründe führt der Autor für seinen Atheismus an?
- ▶ Björn war zu dem Zeitpunkt, als er diesen Text schrieb, nur wenig älter als du. Findest du dich in seinen Überlegungen wieder? Welchen Aspekten kannst du zustimmen, welche erscheinen dir problematisch?

Satanismus – eine neue Religion?

Wie kommen Jugendliche zum Satanismus?

In ihrem Buch „Ricarda S. – Satanspriesterin" erzählt eine junge Frau, wie sie in satanistische Kreise gerät, vom einfachen Mitglied zur Priesterin wird, und schließlich davon, dass sie es nur unter erheblichen Schwierigkeiten geschafft hat, sich von der Gruppe wieder zu lösen. Hier berichtet sie, wie der Kontakt zum Satanisten Krischan zustande kam.

Bis ich fünfzehn Jahre alt war, hatte ich mit Okkultismus überhaupt nichts zu tun. Na klar, ich hatte schon mal einen „Dracula"-Film oder die „Rocky-Horror-Picture-Show" gesehen und auch schon von alten Tanten gehört, die aus der Hand lesen können sollten, aber sonst?

Angefangen hat alles in den großen Ferien auf der Achterbahn. Meine Clique war auf der „Domkirmes", ein gemeinsamer Ausflug. Mit der Clique haben wir so einiges angestellt. Aber auf der Achterbahn, da war er plötzlich: Krischan. Er war einfach da. Und obwohl er über zehn Jahre älter war als wir, war er trotzdem irgendwie einer von uns. Gar nicht so einer von den „Erwachsenen". Deswegen wurde er von uns so schnell akzeptiert. [...] So richtig überzeugt von den Geistern waren wir noch nicht. Krischan schien das zu spüren und sagte zu mir (zu mir!): „He, Ricky, wenn ihr noch mehr sehen wollt, dann fahr doch mal schnell nach Hause, hole ein Schreibheft und Kerzen, vier Stück, und einen Füller." [...]

Krischan nahm nun das Heft und fing an zu zeichnen. Er malte ein Kreuz mit Hörnern, merkwürdigen Zeichen ringsherum, er murmelte wieder unverständliches Zeug, Augen kamen aufs Bild, geheimnisvolle Zeichen und die Anfangsbuchstaben unserer Vornamen. Und da war sie wieder; diese merkwürdige Stimmung. Als Krischan fertig war; legte er das Heft auf den Boden, stellte die vier Kerzen an allen vier Ecken auf. Wir mussten uns wieder einhaken, und Krischan legte los: Er ließ irgendwelche schwarzen Körner auf das Bild fallen, bewegte sich wie in Trance – den Kreis hatte er längst verlassen –, und alles ging ab wie vorhin: Er schrie wieder auf, und wieder war Blut an seiner Hand! Diesmal ließ er es auf das Bild tropfen, nahm mich – mich – aus dem Kreis und bei der Hand, wir setzten uns vor das Bild, und er nahm meinen rechten Zeigefinger und zog damit, den Finger mit dem Blut benetzend, das Kreuz in dem Heft nach. Ich hatte eine fürchterliche Angst! Aber ich ließ es geschehen, und während es geschah, begann ich mich immer besser zu fühlen. Mich hatte er genommen. Er hatte genau gesehen, dass ich es war, die ihn verstanden hatte, und nicht Petra oder Sabine. Ich fühlte mich ihm so nahe, ich verstand ihn und fühlte mich von ihm verstanden. Endlich mal jemand, der mich verstand, endlich jemand, der mich ernst nahm.

Ich saß und starrte auf das Bild, Krischan war neben mir, und da war er plötzlich, dieser rote Punkt vor Augen. Ich konnte ihn deutlich sehen. Krischan sagte zu mir: „Steh auf." Aber ich konnte es nicht. Eine andere Ricarda saß da, ich stand ein Stückchen neben mir und staunte über die Ricarda, die da saß und nicht mehr aufstehen konnte. Es ging wirklich nicht.

Ich weiß nicht mehr, wie lange ich da saß, auf das Bild starrend, den roten Punkt vor Augen. Es kann eine Stunde gewesen sein, vielleicht waren es nur fünf Minuten, ich weiß es wirklich nicht mehr. Irgendwann konnte ich schließlich doch aufstehen, und als ich mich umguckte, da waren Petra und Sabine verschwunden, nur Krischan war noch da. Er schaute mich prüfend an. Dann begann er leise zu sprechen. Er sagte mir, dass das, was wir gemacht hatten, keine einfache Geisterbeschwörung gewesen sei, sondern eine Anrufung Satans. Ich war sehr erschrocken.

Wenn du weiterlesen möchtest, ist hier der Buchtitel: Ricarda S., Satanspriesterin, Meine Erlebnisse bei der Schwarzen Sekte. Frankfurt/M., Eichborn 1989

- ▶ Mit welchen Praktiken arbeitet Krischan? Beschreibe die Einzelheiten genau!
- ▶ Welche Gefühle und Stimmungen hat Ricarda? Liste auf und versuche, die Veränderungen zu erklären!

Ein teuflisches Gesetz

Aleister Crowley (1875–1947), Sohn religiös-fundamentalistischer Eltern, schloss sich nach Anfängen als Schriftsteller mehreren okkulten Gruppen an und übernahm schließlich die Präsidentschaft des Orientalischen Templer-Ordens (O.T.O.). In den zwanziger Jahren gründete er in Sizilien die „Abtei Thelema", in der nach dem „Gesetz von Thelema" gelebt wurde. Crowley hielt sich selbst für die Verkörperung des „Tiers 666" aus der Apokalypse (Offenbarung, Kapitel 13, Vers 18), welches seitdem eines der populärsten Symbole des modernen Satanismus ist.

Das Gesetz von Thelema

Das Gesetz des Starken: Das ist unser Gesetz und die Freude der Welt. Tue, was du willst, sei das ganze Gesetz.

Du hast kein Recht, als deinen eigenen Willen zu tun.

Tue dies, und keiner soll nein sagen.

Jeder Mann und jede Frau ist ein Stern.

Es gibt keinen Gott außer dem Menschen.

1. Der Mensch hat das Recht, nach dem eigenen Gesetz zu leben – zu leben, wie er will; zu arbeiten, wie er will; zu spielen, wie er will; zu ruhen, wie er will; zu sterben, wann und wie er will.

2. Der Mensch hat das Recht, zu essen, was er will; zu trinken, was er will; zu wohnen, wo er will; sich auf dem Antlitz der Erde umherzubewegen, wie er will.

3. Der Mensch hat das Recht, zu denken, was er will, zu sagen, was er will; zu schreiben, was er will, zu zeichnen, malen, schnitzen, ätzen, formen, bauen, was er will; sich zu kleiden, wie er will.

4. Der Mensch hat das Recht, zu lieben, wie er will: „Erfüllt euch nach Willen in Liebe, wie ihr es wollt, wann, wo und mit wem ihr wollt."

5. Der Mensch hat das Recht, jene zu töten, die ihm diese Rechte streitig machen wollen.

„Die Sklaven sollen dienen." –

Liebe ist das Gesetz, Liebe unter Willen.

Aleister Crowley

Vertrag mit dem Teufel

Dieser Vertrag ist mit dem eigenen Blut zu schreiben.

Er ist im Beisein eines Hexers oder Magiers als des Teufels Stellvertreter zu schließen.

Der Unterzeichnende muss dem Glauben abschwören, welchem auch immer er bis jetzt angehangen hat.

Der Unterzeichnende leistet als Novize dem Teufel den Unterwerfungs- und Gehorsamseid und verpflichtet sich,
- niemals mehr zum christlichen Glauben zurückzukehren
- keine Gebote zu halten
- nur dem Satan untertan zu sein
- seine Sabbate* so oft wie nur möglich zu besuchen

Er verspricht, mit aller Kraft dafür Sorge zu tragen, weitere weibliche sowie männliche Diener dem Satan zuzuführen.

Satans Diener versprechen, zu bestimmten Zeiten Opfergaben und Präsente darzubieten und in einer feierlichen Zeremonie mindestens einmal im Monat ein Kind zu opfern und dessen Blut darzubringen. Dieses Blut soll zur Zeit des Vollmondes den Vampiren, Werwölfen und Dämonen zur Nahrung dienen.

Satans-Symbole werden angebracht bei Männern unter den Augenlidern, in den Achselhöhlen, auf den Lippen oder den Schultern und auf dem Gesäß, bei den Frauen auf Brüsten und Schamlippen.

▶ Was in diesem Vertrag würdest du als „böse" bezeichnen? Begründe deine Entscheidung!

▶ Welche Parallelen zu einer „normalen" Religion entdeckst du in diesem Vertrag?

▶ Überlege: Stell dir vor, welchen Umgang die Anhänger Crowleys in der „Abtei Thelema" pflegten, wenn sie sich nach diesem Gesetz gerichtet haben. (Vgl. Kap. 4, S. 60 f.)

▶ Das Wort „Thelema" kommt aus dem Altgriechischen und bedeutet „Wille". Warum wird dies im Titel so hervorgehoben?

▶ Es kommt immer wieder vor, dass Jugendliche aus satanistischen Kreisen Selbstmord begehen oder zu Tode kommen. Wie mag es wohl dazu kommen?

Satan – *der* Böse oder *das* Böse?

Der Heilige Augustinus und der Teufel, Gemälde von Michael Pacher von 1483

▶ Schau dir das Bild genau an und stelle die äußeren Merkmale des Teufels zusammen. Welche sind dir bekannt? Welche sind neu für dich?

Die Gestalt des Satans in der Bibel und im Koran

In fast allen Religionen gibt es Wesen oder Kräfte, die „böse" sind oder „das Böse" repräsentieren. In Christentum und Islam ist dies der Teufel. Dieser Name wie auch die arabische Bezeichnung „Iblis" gehen auf das griechische Wort „diábolos" zurück, was wörtlich „der Durcheinanderbringer" bedeutet.

Der Teufel versucht Jesus

Dann wurde Jesus vom Geist in die Wüste geführt; dort sollte er vom Teufel in Versuchung geführt werden. Als er vierzig Tage und vierzig Nächte gefastet hatte, bekam er Hunger.

Da trat der Versucher an ihn heran und sagte: „Wenn du Gottes Sohn bist, so befiehl, dass aus diesen Steinen Brot wird." Er aber antwortete: „In der Schrift heißt es: Der Mensch lebt nicht nur von Brot, sondern von jedem Wort, das aus Gottes Mund kommt."

Darauf nahm ihn der Teufel mit sich in die Heilige Stadt, stellte ihn oben auf den Tempel und sagte zu ihm: „Wenn du Gottes Sohn bist, so stürz dich hinab; denn es heißt in der Schrift: Seinen Engeln befiehlt er, dich auf ihren Händen zu tragen, damit dein Fuß nicht an einen Stein stößt." Jesus antwortete ihm: „In der Schrift heißt es auch: Du sollst den Herrn, deinen Gott, nicht auf die Probe stellen."

Wieder nahm ihn der Teufel mit sich und führte ihn auf einen sehr hohen Berg; er zeigte ihm alle Reiche der Welt mit ihrer Pracht und sagte zu ihm: „Das alles will ich dir geben, wenn du dich vor mir niederwirfst und mich anbetest."

Da sagte Jesus zu ihm: „Weg mit dir, Satan! Denn in der Schrift steht: Vor dem Herrn, deinem Gott, sollst du dich niederwerfen und ihm allein dienen."

Darauf ließ der Teufel von ihm ab, und es kamen Engel und dienten ihm. Matth. Kap. 4, Vers 1–11

▶ Verständigt euch in Partnerarbeit darüber, wie ihr zu zweit die Geschichte als „Standbild" darstellen würdet. Führt eure Darstellung der Klasse vor!

Die Verstoßung des Teufels durch Allah

Und Wir haben euch erschaffen. Dann haben Wir euch gestaltet. Dann haben Wir zu den Engeln gesprochen: „Werft euch vor Adam nieder." Da warfen sie sich nieder, außer Iblis [= Satan]: Er gehörte nicht zu denen, die sich niederwarfen. Er sprach: „Was hat dich daran gehindert, dich niederzuwerfen, als Ich es dir befohlen habe?" Er sagte: „Ich bin besser als er. Du hast mich aus Feuer erschaffen, ihn aber hast du aus Ton erschaffen." Er sprach: „Geh aus ihm [= dem Paradies] hinunter. Dir steht es nicht zu, dich darin hochmütig zu verhalten. Geh hinaus. Du gehörst zu den Erniedrigten." Er sagte: „Gewähre mir Aufschub bis zu dem Tag, da sie erweckt werden." Er sprach: „Du sollst nun zu denjenigen gehören, denen Aufschub gewährt wird." Er sagte: „Weil du mich hast abirren lassen, werde ich, ich schwöre es, ihnen auf deinem geraden Weg auflauern. Dann werde ich zu ihnen treten von vorn und von hinten, von ihrer rechten und von ihrer linken Seite. Und du wirst die meisten von ihnen nicht dankbar finden. Er sprach: „Geh aus ihm [= dem Paradies] hinaus, verabscheut und verstoßen. Wer auch immer von ihnen dir folgt, füllen werde Ich die Hölle mit euch allen."

Sure 7, 11–18

- Warum verstößt Allah Iblis? Worin besteht dessen Bosheit?
- Erkennst du zwischen Iblis und dem Teufel der vorigen Geschichte Ähnlichkeiten?
- Überlegt, ob die Vorstellung vom Bösen als einer übermenschlichen Person (Teufel, Iblis) immer noch aktuell ist. Woher kommt sie wohl?

Ist das Böse ein Gegengott?

Die Vorstellung vom Bösen als personale übermenschliche Macht ist im abendländischen Denken, besonders seit der Aufklärung zurückgegangen. Es wird eher als eine negative Eigenschaft des Menschen angesehen.

Das Böse – Definition eines Philosophen

Wenn ein Mensch, sobald Veranlassung da ist und ihn keine äußere Macht abhält, stets geneigt ist Unrecht zu tun, nennen wir ihn böse. Nach unserer Erklärung des Unrechts heißt dieses, dass ein solcher nicht allein den Willen zum Leben[1], wie er in seinem Leibe erscheint, bejaht; sondern in dieser Bejahung so weit geht, dass er den in andern Individuen erscheinenden Willen verneint; was sich darin zeigt, dass er ihre Kräfte zum Dienste seines Willens verlangt und ihr Dasein zu vertilgen sucht, wenn sie den Bestrebungen seines Willens entgegenstehen. Die letzte Quelle hiervon ist ein hoher Grad des Egoismus [...]

Arthur Schopenhauer*

1 Für Schopenhauer ist der Wille zum Leben eine Kraft, die allem in der Welt zugrunde liegt. Beim Menschen kann man diesen Willen zum Leben in etwa dem Selbsterhaltungstrieb gleichsetzen.

- Wann ist für Schopenhauer ein Mensch „böse"?
- In welchem Verhältnis steht ein böser Mensch zu seinen Mitmenschen?
- Gibt es einen Zusammenhang zwischen dem Bösen und dem Egoismus? Erläutere deine Auffassung.

Wie hängen Gott und das Böse zusammen?

Auf diese Frage einer Zeitung antwortete der Bischof von Stockholm:

„Das Böse" ist zunächst eine namenlose Macht, der wir machtlos gegenüberstehen. Deshalb hat es einen guten Grund, dass der christliche Glaube das Böse benennt. Was ins Bewusstsein gehoben und benannt wird, ist aufgedeckt und hat damit einen Teil seiner Macht verloren. [...] Das Böse ist ein Geist der Eigenmächtigkeit, der sich gegen Gott richtet. Das biblische Wirklichkeitsverständnis rechnet mit unsichtbaren geistigen Mächten, das Nizäische Glaubensbekenntnis* nennt Gott den Schöpfer „alles Sichtbaren und Unsichtbaren". Damit drückt es aus: Auch die unsichtbare böse Macht ist kein Gegengott, sie ist von Gott geschaffen, aber sie wendet sich gegen ihn. Und doch kann sie letztlich nicht gegen ihn handeln. Diese Möglichkeit zum Bösen lässt sich nicht befriedigend erklären.

- Ist nach dem Urteil dieses Textes das Böse eine übermenschliche Person oder eine unpersönliche Macht?
- Wie würdest du selbst abschließend die Frage beantworten? Formuliere eine Begründung!

Woher kommt das Böse in der Welt?

Der amerikanische Schriftsteller Elie Wiesel, in Ungarn aufgewachsen, wurde als Jude 1944 in das Konzentrationslager Auschwitz deportiert. Außer den Massenhinrichtungen – insbesondere an Juden – wurden dort nahezu täglich auch einzelne Hinrichtungen vorgenommen, bei denen die Lagerinsassen Zeugen sein mussten. Eine, bei der ein Kind aufgehängt wurde, ist Elie Wiesel in besonders schrecklicher Erinnerung geblieben.

Als wir eines Tages von der Arbeit zurückkamen, sahen wir auf dem Appellplatz drei Galgen. Antreten. Ringsum die SS mit drohenden Maschinenpistolen, die übliche Zeremonie. Drei gefesselte Todeskandidaten, darunter der kleine Pipel, der Engel mit den traurigen Augen. Die SS schien besorgter, beunruhigter als gewöhnlich. Ein Kind vor Tausenden von Zuschauern zu hängen, war keine Kleinigkeit. Der Lagerchef verlas das Urteil. Alle Augen waren auf das Kind gerichtet. Es war aschfahl, aber fast ruhig und biss sich auf die Lippen. Der Schatten des Galgens bedeckte es ganz.
Diesmal weigerte sich der Lagerkapo[1], als Henker zu dienen. Drei SS-Männer traten an seine Stelle. Die drei Verurteilten stiegen zusammen auf ihre Stühle. Drei Hälse wurden zu gleicher Zeit in die Schlingen eingeführt.
„Es lebe die Freiheit!", riefen die beiden Erwachsenen. Das Kind schwieg.
„Wo ist Gott, wo ist er?", fragte jemand hinter mir. Auf ein Zeichen des Lagerchefs kippten die Stühle um. Absolutes Schweigen herrschte im ganzen Lager. Am Horizont ging die Sonne unter.
„Mützen ab!", brüllte der Lagerchef. Seine Stimme klang heiser. Wir weinten.
„Mützen auf!"
Dann begann der Vorbeimarsch. Die beiden Erwachsenen lebten nicht mehr. Ihre geschwollenen Zungen hingen bläulich heraus. Aber der dritte Strick hing nicht reglos: der leichte Knabe lebte noch ...
Mehr als eine halbe Stunde hing er so und kämpfte vor unseren Augen zwischen Leben und Sterben seinen Todeskampf. Und wir mussten ihm ins Gesicht sehen. Er lebte noch, als ich an ihm vorüberschritt. Seine Zunge war noch rot, seine Augen noch nicht erloschen. Hinter mir hörte ich denselben Mann fragen: „Wo ist Gott?" Und ich hörte eine Stimme in mir antworten: „Wo er ist? Dort – dort hängt er, am Galgen ..."

Elie Wiesel

1 dem Lagerkommandanten unterstellter Aufseher, der aus den Reihen der Gefangenen ausgewählt wurde

Das Theodizeeproblem

Wo ist Gott? In dieser Frage des KZ-Häftlings zeigt sich seine ganze Ratlosigkeit angesichts des grausigen Todes eines Kindes, zeigen sich aber auch Empörung und Unverständnis, wie Gott so etwas Entsetzliches zulassen kann. Damit sind wir bei einem Grundproblem aller monotheistischen Religionen:
1. Wie kommen das Böse und das Leid in die Welt?
2. Wie ist ihr Vorkommen in der Welt, das sich ja nun einmal nicht wegdiskutieren lässt, vereinbar mit der Vorstellung eines liebenden und gütigen, allmächtigen und allwissenden Gottes, wie er insbesondere vom Christentum gepredigt wird?
Philosophisches Nachdenken stößt hierbei auf ein Problem, das sich mithilfe der Vernunft nicht widerspruchsfrei lösen lässt.
Fest steht einerseits: Es gibt das Böse, es gibt das Leiden in der Welt. In der christlichen Religion nun sind andererseits Allmacht und Allgüte entscheidende

Bestandteile des Gottesbildes. Wie aber können das Böse und das Leiden in der Welt und ein allmächtiger und allgütiger Gott zusammen bestehen?

Hypothese 1: Wenn Gott allgütig ist, dann dürfte er das Böse und das Leiden in der Welt eigentlich nicht zulassen. Die logische Konsequenz daraus lautet: Also kann Gott nicht allmächtig sein, schließlich müsste ihn seine Güte ja dazu veranlassen, Böses und Leiden zu verhindern. Beides existiert jedoch, also *kann* Gott es offenbar nicht verhindern.

Hypothese 2: Wenn Gott allmächtig ist, dann kann er alles bewirken. Damit ist er aber auch für das Böse und das Leid in dieser Welt verantwortlich, weil es in seiner Gewalt steht, alles nach seinem Willen zu richten und zu lenken. Konsequenz dieser Überlegung: Also kann Gott nicht allgütig sein, denn aufgrund seiner unbeschränkten Macht hätte er ja die Möglichkeit, Böses und Leiden zu verhindern. Beides existiert jedoch, also *will* Gott es offenbar nicht verhindern.

Theodizee: aus theos (griech.) = Gott und dike (griech.) = Recht
Von dem Philosophen Gottfried Wilhelm Leibniz (1646–1716) eingeführter Begriff, der das Problem bezeichnet, ob und/oder wie es sich rechtfertigen lässt, dass Gott das Böse, das Übel und das Leiden in der Welt zulässt.

▶ Fasse das Theodizeeproblem in eigenen Worten zusammen.

▶ Schau noch einmal in den Schülertext auf S. 255 „Atheist zu sein, was bedeutet das für mich?". Welche seiner Überlegungen sind von dem Theodizeeproblem geprägt?

▶ Diskutiert über die dargestellten Konsequenzen, die eine Lösung des Theodizeeproblems beanspruchen: Ist ein Gott ohne Allmacht und Allgüte überhaupt noch ein Gott, an den es sich zu glauben lohnt? Gibt es andere Möglichkeiten zur Lösung des Theodizeeproblems?

Die Götter und die Ungerechtigkeit in der Welt

Schon der griechische Philosoph Epikur (341–270 v. Chr.) stieß, lange bevor die Theodizeefrage christliche Denker beschäftigte, auf ein ähnlich geartetes Problem:*

Entweder wollen die Götter die Übel in der Welt abschaffen und können es nicht – dann sind sie schwach; oder sie können es und wollen es nicht – dann sind sie schlecht; oder sie können es nicht und wollen es nicht – dann sind sie schwach und schlecht; oder sie können es und wollen es – warum tun sie es dann nicht?

▶ Böses, Leid und Ungerechtigkeit sind unterschiedliche Formen des Übels. Versuche sie mithilfe einer Begriffsdefinition bzw. eines Begriffsvergleiches voneinander zu unterscheiden! Achte dabei auch auf ihre jeweiligen Ursachen!

▶ Kann die Unterscheidung zur Lösung des Theodizeeproblems etwas beitragen?

Über das Verhältnis von Gott und Welt

Thomas von Aquin (1225–1274), der wohl bedeutendste Theologe und Philosoph des Mittelalters, sieht mehrere grundsätzliche Schwierigkeiten, wenn die Menschen über Gott Erkenntnisse gewinnen wollen:

Die geschaffenen Dinge sind unzureichend, den Schöpfer abzubilden. Und darum vermögen wir durch die geschaffenen Dinge auf keine Weise vollkommen zur Erkenntnis des Schöpfers zu gelangen; und das auch wegen der Unzulänglichkeit unserer Erkenntniskraft, die nicht einmal all das über Gott aus den geschaffenen Dingen zu entnehmen vermag, was diese von Gott offenbaren.

▶ Welche Gründe führt Thomas dafür an, dass der Mensch Gott nicht völlig erkennen kann?

▶ Inwiefern tragen seine Überlegungen etwas zur Lösung des Theodizeeproblems bei?

▶ Gibst du dich mit dieser – möglichen? – Lösung zufrieden?

7. Wozu brauchen wir Menschenrechte?

Zusammenfassung der einzelnen Artikel der UNO*-Konvention über die Rechte des Kindes

Art 1: Definition des Kindes
Jeder Mensch bis zum 18. Lebensjahr ist ein Kind, außer das innerstaatliche Recht sehe eine frühere Volljährigkeit vor.

Art 2: Diskriminierungsverbot
Das Prinzip, dass alle Rechte ausnahmslos jedem Kind gewährt werden, und die Pflicht des Staates*, das Kind gegen alle Formen der Diskriminierung zu schützen. Der Staat verpflichtet sich, keines der Rechte des Kindes zu verletzen, und trifft Maßnahmen, welche die Durchsetzung dieser Bestimmungen sicherstellen.

Art 3: Höheres Interesse des Kindes
Bei jeder hinsichtlich des Kindes getroffenen Entscheidung steht das höhere Interesse des Kindes im Vordergrund. Der Staat hat den notwendigen Schutz und die notwendige Fürsorge für das Wohlergehen des Kindes sicherzustellen, falls seine Eltern oder andere verantwortliche Personen diesen Pflichten nicht nachkommen.

Art 4: Durchsetzung der Rechte
Die Pflicht des Staates, die Durchsetzung der vom Übereinkommen anerkannten Rechte sicherzustellen.

Art 5: Führung des Kindes und Entwicklung seiner Fähigkeiten
Die Pflicht des Staates zur Achtung der Rechte und Verantwortung der Eltern und der Mitglieder des weiteren Familienkreises, das Kind gemäß der Entwicklung seiner Fähigkeiten zu leiten und zu führen.

Art 6: Überleben und Entwicklung des Kindes
Das angeborene Recht auf Leben und die Pflicht des Staates, das Überleben und die Entwicklung des Kindes sicherzustellen.

Art 7: Name und Staatsangehörigkeit
Das Recht auf einen Namen und eine Staatsangehörigkeit.

Art 8: Schutz der Identität
Die Pflicht des Staates, den Schutz und gegebenenfalls die Wiederherstellung der Grundrechte der Identität des Kindes (Name, Staatsangehörigkeit, Familienbeziehungen) zu gewährleisten.

Art 9: Trennung von den Eltern
Das Recht des Kindes, bei seinen Eltern zu leben, es sei denn, ein solches Zusammenleben werde als unvereinbar mit dem höheren Interesse des Kindes betrachtet; das Recht, bei einer Trennung von einem oder beiden Elternteilen den Kontakt mit beiden Eltern aufrechtzuerhalten; die Pflicht des Staates in Fällen, in denen er verantwortlich ist für Maßnahmen, die zur Trennung geführt haben, über den Verbleib des abwesenden Elternteils zu informieren.

Art 10: Familienzusammenführung
Das Recht des Kindes und seiner Eltern, jeden Staat verlassen und in ihr eigenes Land reisen zu können, und zwar zum Zweck der Familienzusammenführung oder der Aufrechterhaltung der Beziehungen zwischen dem Kind und seinen Eltern.

Art 11: Rechtswidrige Ausschaffung und Nichtrückführung
Die Pflicht des Staates, sich im Kampf gegen rechtswidrige Kindesentführung ins Ausland und Nichtrückführung durch einen Elternteil oder eine Drittperson einzusetzen.

Art 12: Meinungsäußerung des Kindes
Das Recht des Kindes, seine Meinung zu allen seine Person betreffenden Fragen oder Verfahren zu äußern und gewiss zu sein, dass diese Meinung auch mitberücksichtigt wird.

Art 13: Freie Meinungsäußerung
Das Recht des Kindes, Informationen und Ideen zu erhalten und weiterzugeben und seine eigene Meinung zu äußern, vorausgesetzt, die Rechte anderer bleiben unangetastet.

Art 14: Glaubens-, Gewissens- und Religionsfreiheit
Das Recht des Kindes auf Glaubens-, Gewissens- und Religionsfreiheit unter Achtung der elterlichen Führungsrolle und der Einschränkungen durch innerstaatliche Gesetze.

Art 15: Versammlungsfreiheit
Das Recht der Kinder, sich zusammenzuschließen und Vereinigungen zu bilden, vorausgesetzt die Rechte anderer bleiben unangetastet.

Art 16: Schutz des Privatlebens
Das Recht, keiner Einmischung ins Privatleben, in die Familie, Wohnung oder den Briefwechsel oder widerrechtlichen Angriffen auf die Ehre ausgesetzt zu werden.

Art 17: Zugang zu angemessener Information
Die Stellung der Medien in der Verbreitung von kindgerechten Informationen, die ihrem moralischen Wohlergehen, dem Wissen über andere Völker, der Völkerverständigung und der Achtung der eigenen Kultur förderlich sind. Der Staat hat Unterstützungsmaßnahmen in dieser Hinsicht zu ergreifen und das Kind vor Informationen und Materialien, die seinem Wohlbefinden schaden, zu schützen.

Art 18: Verantwortung der Eltern
Das Prinzip, dass die Verantwortung der Erziehung des Kindes in erster Linie beiden Eltern gemeinsam obliegt, und die Pflicht des Staates, die Eltern bei dieser Aufgabe zu unterstützen.

Art 19: Schutz vor Misshandlung
Die Pflicht des Staates, das Kind gegen jede Form von Misshandlung durch seine Eltern oder andere Betreuungspersonen zu schützen sowie entsprechende Präventions- und Behandlungsprogramme anzubieten.

Art 20: Schutz des Kindes außerhalb des Familienkreises
Die Pflicht des Staates, dem Kind, das nicht im Kreis seiner Familie lebt, einen besonderen Schutz zu gewähren und sicherzustellen, dass ihm auch in einer Pflegefamilie oder einer geeigneten Institution Schutz gewährt wird unter Rücksichtnahme auf die kulturelle Herkunft des Kindes.

Art 21: Adoption
In den Ländern, wo die Adoption zugelassen und/oder anerkannt wird, darf diese nur im höheren Interesse des Kindes erfolgen und falls alle notwendigen Sicherheiten sowie alle Genehmigungen der zuständigen Behörden vorliegen.

Art 22: Flüchtlingskinder
Dem Kind, das als Flüchtling anerkannt ist oder um den Flüchtlingsstatus nachsucht, ist ein besonderer Schutz zu gewähren und der Staat verpflichtet sich mit den für die Aufrechterhaltung dieses Schutzes zuständigen Organisationen zusammenzuarbeiten.

Art 23: Behinderte Kinder
Das Recht des behinderten Kindes auf besondere Pflege sowie eine angemessene Erziehung und Schulung, die seine Selbstständigkeit und seine aktive Teilnahme am Gemeinschaftsleben fördern.

Art 24: Gesundheit und medizinische Dienste
Das Recht des Kindes auf die bestmögliche Gesundheit und den Zugang zu medizinischen Gesundheits- und Rehabilitationszentren; im Vordergrund stehen die gesundheitliche Grundversorgung, Prävention, Information der Bevölkerung sowie die Verringerung der Kindersterblichkeit. Die Pflicht des Staates, die Abschaffung überlieferter Bräuche, die der Gesundheit der Kinder abträglich sind, zu unterstützen. Besonders betont wird die Notwendigkeit der internationalen Zusammenarbeit, um diesem Recht zum Durchbruch zu verhelfen.

Art 25: Überprüfung einer Einweisung
Das Recht des Kindes, das von den zuständigen Behörden zur Betreuung, zum Schutz oder zur Behandlung eingewiesen wurde, auf eine regelmäßige Überprüfung aller Aspekte der Einweisung.

Art 26: Soziale Sicherheit
Das Recht des Kindes, die Leistungen der sozialen Sicherheit zu beanspruchen.

Art 27: Lebensstandard
Das Recht des Kindes auf einen angemessenen Lebensstandard; die prioritäre Verantwortung der Eltern in dieser Hinsicht und die Pflicht des Staates, Voraussetzungen zu schaffen, die eine Übernahme dieser Verantwortung ermöglichen und unter denen sie auch effektiv übernommen wird, nötigenfalls durch die Übernahme von Unterhaltszahlungen.

Art 28: Bildung
Das Recht des Kindes auf Bildung und die Pflicht des Staates, die Schulung – mindestens den Besuch der Grundschule – obligatorisch und unentgeltlich anzubieten. Die Disziplin in der Schule muss in einer Weise gewährt werden, die der Menschenwürde des Kindes entspricht. Besonders betont wird die Notwendigkeit der internationalen Zusammenarbeit, um diesem Recht zum Durchbruch zu verhelfen.

Art 29: Bildungsziele
Die Anerkennung des Prinzips, dass die Bildung auf die folgenden Punkte ausgerichtet wird: die Förderung der Persönlichkeitsentwicklung des Kindes und seiner Begabungen, die Vorbereitung des Kindes auf ein aktives Erwachsenenleben, die Achtung der grundlegenden Menschenrechte und die Entwicklung der Achtung kultureller und nationaler Werte seines eigenen Landes und anderer Länder.

Art 30: Kinder von Minderheiten und Ureinwohner
Das Recht des Kindes, das einer Minderheit angehört oder Ureinwohner ist, seine eigene Kultur zu pflegen, sich zu einer eigenen Religion zu bekennen und seine eigene Sprache zu verwenden.

Art 31: Freizeit, spielerische und kulturelle Aktivitäten
Das Recht des Kindes auf Freizeit, Spiel und die Beteiligung am kulturellen und künstlerischen Leben.

Art 32: Kinderarbeit
Die Pflicht des Staates, das Kind vor jeder Arbeit zu schützen, die seine Gesundheit, Bildung und Entwicklung beeinträchtigt, und ein Mindestalter für die Aufnahme einer Arbeit sowie Arbeitsbedingungen festzulegen.

Art 33: Konsum und Handel mit Drogen
Das Recht des Kindes, gegen den Konsum von Rauschmitteln und psychotropen Stoffen und gegen einen Einsatz bei der Herstellung und Verteilung dieser Stoffe geschützt zu werden.

Art 34: Sexuelle Ausbeutung
Das Recht des Kindes, vor Gewalt und allen Formen der sexuellen Ausbeutung einschließlich der Prostitution und Beteiligung an pornografischen Darbietungen geschützt zu werden.

Art35: Verkauf, Handel und Entführung
Die Pflicht des Staates, alles dranzusetzen, die Entführung und den Verkauf von Kindern sowie den Kinderhandel zu verhindern.

Art 36: Andere Formen von Ausbeutung
Das Recht des Kindes, gegen andere Formen der Ausbeutung, die nicht in den Artikeln 32, 33, 34 und 35 aufgeführt sind, geschützt zu werden.

Art 37: Folter und Freiheitsentzug
Das Verbot der Folter, grausamer Strafen oder anderer grausamer, unmenschlicher oder erniedrigender Behandlungen, der Todesstrafe, lebenslanger Freiheitsstrafe, illegaler oder willkürlicher Festnahme oder Inhaftierung. Bei einer Inhaftierung gelten die Grundsätze, dass ein Kind angemessen behandelt und von inhaftierten Erwachsenen getrennt wird, dass es den Familienkontakt aufrechterhalten kann und unverzüglich Zugang zu einem rechtskundigen oder anderen geeigneten Beistand hat.

Art 38: Bewaffnete Konflikte
Die Pflicht des Staates, die Regeln des humanitären Völkerrechtes, die sich auf Kinder beziehen, zu achten und für deren Beachtung zu sorgen. Das Prinzip, dass kein Kind unter 15 Jahren direkt an Feindseligkeiten teilnimmt oder in die Streitkräfte eingezogen wird und dass alle von einem bewaffneten Konflikt betroffenen Kinder geschützt und betreut werden.

Art 39: Wiedereingliederung und Resozialisierung
Die Pflicht des Staates, geeignete Maßnahmen zur Wiedereingliederung und Resozialisierung von Kindern zu fördern, die Opfer eines bewaffneten Konflikts, von Folter, Vernachlässigung, Ausbeutung oder Misshandlung geworden sind.

Art 40: Jugendgerichtsbarkeit
Das Recht eines jeden Kindes, das verdächtigt wird oder überführt worden ist, ein Delikt begangen zu haben, auf Achtung seiner Grundrechte, insbesondere des Rechts auf ein faires Verfahren und einen rechtskundigen oder einen anderen geeigneten Beistand zur Vorbereitung und Wahrnehmung seiner Verteidigung. Das Prinzip, auf ein gerichtliches Verfahren und eine Einweisung in eine Institution zu verzichten, wann immer dies möglich und angemessen erscheint.

Art 41: Achtung der bereits geltenden Normen
Das Prinzip, wonach eine Bestimmung, die im Recht des Vertragsstaates oder in dem für diesen Staat geltenden internationalen Recht vorhanden ist, dann in erster Priorität zu berücksichtigen ist, wenn sie zur Wahrung der Rechte des Kindes geeigneter ist als diejenige in dieser Konvention.

In den Artikeln 42 bis 54 wird die Anwendung und Inkraftsetzung festgehalten.

11. Technik – Nutzen oder Risiko?

Der Zauberlehrling

Hat der alte Hexenmeister
Sich doch einmal wegbegeben!
Und nun sollen seine Geister
Auch nach meinem Willen leben;
Seine Wort' und Werke
Merkt ich und den Brauch,
Und mit Geistesstärke
Tu ich Wunder auch.
Walle, walle
Manche Strecke,
Dass zum Zwecke
Wasser fließe
Und mit reichem, vollem Schwalle
Zu dem Bade sich ergieße!

Und nun komm, du alter Besen!
Nimm die schlechten Lumpenhüllen;
Bist schon lange Knecht gewesen;
Nun erfülle meinen Willen!
Auf zwei Beinen stehe,
Oben sei ein Kopf,
Eile nun und gehe
Mit dem Wassertopf!
Walle, walle
Manche Strecke,
Dass zum Zwecke
Wasser fließe
Und mit reichem, vollem Schwalle
Zu dem Bade sich ergieße!

Seht, er läuft zum Ufer nieder –
Wahrlich, ist schon an dem Flusse,
Und mit Blitzesschnelle wieder
Ist er hier mit raschem Gusse.
Schon zum zweiten Male!
Wie das Becken schwillt!
Wie sich jede Schale
Voll mit Wasser füllt!
Stehe! Stehe!
Denn wir haben
Deiner Gaben
Vollgemessen! –
Ach, ich merk' es! Wehe! Wehe!
Hab' ich doch das Wort vergessen!

Ach, das Wort, worauf am Ende
Er das wird, was er gewesen!
Ach, er läuft und bringt behände!
Wärst du doch der alte Besen!
Immer neue Güsse
Bringt er schnell herein,
Ach, und hundert Flüsse
Stürzen auf mich ein.
Nein, nicht länger
Kann ich's lassen;
Will ihn fassen:
Das ist Tücke!
Ach! Nun wird mir immer bänger!
Welche Miene! Welche Blicke!

Oh, du Ausgeburt der Hölle!
Soll das ganze Haus ersaufen?
Seh' ich über jede Schwelle
Doch schon Wasserströme laufen.
Ein verruchter Besen,
Der nicht hören will!
Stock, der du gewesen,
Steh doch wieder still!

Willst's am Ende
Gar nicht lassen?
Will dich fassen,
Will dich halten
Und das alte Holz behände
Mit dem scharfen Beile spalten.
Seht, da kommt er schleppend wieder!
Wie ich mich nur auf dich werfe,
Gleich, o Kobold, liegst du nieder!
Krachend trifft die glatte Schärfe.
Wahrlich, brav getroffen!
Seht, er ist entzwei!
Und nun kann ich hoffen,
Und ich atme frei!
Wehe! Wehe!
Beide Teile
Stehn in Eile
Schon als Knechte
Völlig fertig in die Höhe!
Helft mir, ach! ihr hohen Mächte!

Und sie laufen! Nass und nässer
Wird's im Saal und auf den Stufen.
Welch entsetzliches Gewässer!
Herr und Meister! Hör' mich rufen!
Ach, da kommt der Meister!
Herr, die Not ist groß!
Die ich rief, die Geister,
Werd ich nun nicht los.
„In die Ecke,
Besen! Besen!
Seid's gewesen.
Denn als Geister
Ruft euch nur zu seinem Zwecke
Erst hervor der alte Meister."

Johann Wolfgang von Goethe

Ein Leben nach dem Tode

Glauben Sie fragte man mich
An ein Leben nach dem Tode
Und ich antwortete: ja
Aber dann wusste ich
Keine Auskunft zu geben
Wie das aussehen sollte [...]

Ich wusste nur eines
Keine Hierarchie
Von Heiligen auf goldenen Stühlen
Sitzend
Kein Niedersturz
Verdammter Seelen [...]
Nur Liebe frei gewordne
Niemals aufgezehrte
Mich überflutend [...]

Ein spinnwebenleichtes Gewand
Ein Hauch
Mir um die Schultern
Liebkosung schöne Bewegung [...]
Schmerzweb mit Tränen besetzt
Berg-und-Tal-Fahrt
Und deine Hand
Wieder in meiner

So lagen wir lasest du vor
Schlief ich ein
Wachte auf
Schlief ein
Wache auf
Deine Stimme empfängt mich
Entlässt mich und immer
So fort

Mehr also, fragen die Frager
Erwarten Sie nicht nach dem Tode?
Und ich antworte
Weniger nicht.

Marie Luise Kaschnitz

was kommt nach dem tod

was kommt nach dem tod?
nach dem tod
kommen die rechnungen
für sarg, begräbnis und grab

was kommt nach dem tod?
nach dem tod
kommen die wohnungssucher
und fragen ob die wohnung erhältlich

was kommt nach dem tod?
nach dem tod
kommen die grabsteingeschäfte
und bewerben sich um den auftrag

was kommt nach dem tod?
nach dem tod
kommt die lebensversicherung
und zahlt die versicherungssumme

was kommt nach dem tod?

Kurt Marti

Aids
Abkürzung für acquired immune deficiency syndrome = erworbenes Immunschwächesyndrom durch den Aidsvirus HIV. Die Krankheit trat zum ersten Mal 1979 auf und ist weltweit verbreitet. Ende 1996 waren nach Angaben des UNO-Aidsprogramms UNAIDS zirka 22,6 Millionen Menschen mit Aids infiziert. In Deutschland haben sich nach Schätzung des Robert-Koch-Instituts bis Ende 1996 zirka 60 000 Menschen mit dem Aidsvirus infiziert. Die Zahl der Neuerkrankungen sank im Vergleich zum Vorjahr um acht Prozent.

Altes Testament
Christliche Bezeichnung für den älteren, hebräischen Teil der Bibel. Das Alte Testament besteht aus der Tora (fünf Bücher Mose) mit religionsgesetzlichen Bestimmungen sowie aus den Prophetenbüchern, Spruchweisheiten, Psalmen u. a. In seinen ältesten Teilen geht das Alte Testament auf mündliche Überlieferungen vor 1000 v. Chr. zurück, die jüngsten Teile stammen aus dem 3. Jahrhundert v. Chr. Das Alte Testament ist Grundlage der jüdischen, christlichen und muslimischen Religionen.

Anthropozentrismus
Der Anthropozentrismus stellt den Menschen und seine Fähigkeiten in den Mittelpunkt der Naturbetrachtung. Der Vorteil und Nutzen für den Menschen ist der Maßstab, an dem die Inanspruchnahme der Natur gemessen wird.

Apokalypse
Begriff aus der jüdisch-christlichen Religion: Gericht Gottes über die Welt am Ende der Zeit; im ↑ Neuen Testament beschrieben in der „Offenbarung" des Johannes.

Arendt, Hannah
1906–1975, Philosophin jüdischer Abstammung; für Hannah Arendt ist der Mensch aufgrund seiner Natur ein tätiges Wesen. In ihrer Schrift „Vita activa" – deutsche Erstausgabe 1960 – kritisiert sie die traditionelle philosophische Bevorzugung einer nichttätigen Daseinsweise. Innerhalb ihrer Unterscheidung der drei Grundformen menschlicher Aktivität ist die Interaktion, die gemeinsame kommunikative und politische Praxis, die oberste Stufe des Handelns.

Aristophanes
Zirka 445 – zirka 385 v. Chr., bedeutendster griechischer Komödiendichter. Schrieb etwa 40 Komödien, von denen noch elf erhalten sind. Die Komödien kritisieren oft politische und gesellschaftliche Zustände.

Aristoteles
384–322 v. Chr., einer der bedeutendsten griechischen Philosophen, Schüler Platons. Er schrieb ausführliche Lehrtraktate zu allen damals bekannten Wissenschaftsbereichen. Im Bereich der Ethik verfasste er das erste größere Werk mit dem Titel „Nikomachische Ethik". Dieser Name leitet sich von Nikomachos ab; so hieß der Sohn des Philosophen, dem dieses Buch gewidmet wurde. Es beschäftigt sich vor allem mit den Themen Freundschaft, Glück und Weisheit (Vernunft), die sich die Menschen zu eigen machen sollten, um ein gutes Leben führen zu können. In der praktischen Philosophie (= Ethik) sah er das Streben nach Glückseligkeit als naturgegeben an und hielt es mittels der Vernunft für realisierbar. Aristoteles war der Erzieher Alexander des Großen.

Atheismus
Überzeugung oder Weltanschauung, welche die Existenz Gottes und eines Weiterlebens nach dem Tod leugnet.

Aufklärer/Aufklärung
Europäische Geistesbewegung des ausgehenden 17. und des 18. Jahrhunderts. Die Aufklärung wendet sich gegen überkommene Formen in Gesellschaft, Religion und Staat und lässt nur das gelten, was in der Vernunft begründet ist. So konnte für die Aufklärer der christliche Offenbarungsglaube keinen Bestand mehr haben; stattdessen begründeten sie eine Vernunftreligion. Vor allem im gesellschaftlich-staatlichen Bereich wurde die Aufklärung bedeutsam, da die

Französische Revolution ihre Grundüberzeugungen aus der Aufklärung bezog. Die heutige Bedeutung der Menschenrechte ist ohne die Aufklärung nicht denkbar.

Bentham, Jeremy
1748–1832, englischer Moral- und Rechtsphilosoph, entwickelte den ↑ Utilitarismus.

Bergpredigt
Matthäus Kap. 5–7. Die so genannte Bergpredigt im Neuen Testament der Bibel wurde von dem Evangelisten Matthäus aus Sprüchen und Spruchsammlungen zusammengestellt, die vermutlich auf tatsächlichen Worten Jesu beruhen. Sie enthält radikale sittliche Forderungen (z. B. Verzicht auf Besitz, Verzicht auf Gewalt, Nächstenliebe u. a.).

Bibel
Heilige Schrift der Juden und Christen. Die jüdische Bibel enthält in hebräischer Sprache die fünf Bücher Mose, die Propheten-, sowie Geschichts- und Weisheitsbücher. Die christliche Kirche nennt die hebräische Bibel das ↑ Alte Testament, das zusammen mit dem ↑ Neuen Testament die christliche Heilige Schrift bildet. Das Neue Testament wurde ursprünglich auf Griechisch geschrieben und enthält folgende Bücher: Vier Evangelien, die vom Leben und Wirken Jesu erzählen; die Apostelgeschichte, die das Leben der ersten Gemeinde nach dem Tod Jesu schildert; die Briefe des Apostels Paulus an weitere frühe christliche Gemeinden und zusätzliche Briefe; die ↑ Apokalypse („Offenbarung“) des Johannes, die das Weltende in einer Vision beschreibt.

Bill of Rights
(engl.: Gesetz der Rechte) Englisches Staatsgrundgesetz, 1689 vom englischen Parlament erlassen. Es stärkt die Rechte des Parlaments gegenüber den englischen Monarchen.

Biozentrismus
Der biozentrische Ansatz spricht allen Lebewesen – Tieren ebenso wie Menschen – unabhängig von ihrer Empfindungsfähigkeit einen eigenständigen Wert zu. Dieser Bereich der Umweltethik ist eine Theorie der Ehrfurcht vor dem Leben. Alles, was lebt, hat Rechte und muss ohne Ansehen der Lebensform dementsprechend behandelt werden.

Bloch, Ernst
1885–1977, marxistischer Philosoph; er lehrte nach der Emigrationszeit in Amerika, seit 1947 zuerst als Professor in Leipzig und seit 1962 in Tübingen. Sein Denken kreist in persönlicher wie in politischer Hinsicht um den Begriff der Utopie. Gegen die privaten und gesellschaftlichen Missstände macht er „Das Prinzip Hoffnung“ (Titel seines Hauptwerkes von 1954/57) geltend; es sorgt dafür, dass das menschliche Leben nicht stillsteht, sondern sich im Hinblick auf die in ihm liegenden positiven Möglichkeiten entwickelt.

Bonhoeffer, Dietrich
1906–1945, evangelischer Theologe und Pfarrer, wurde wegen seines Widerstandes gegen das Naziregime und seiner Beteiligung an dem Attentat auf Hitler 1943 verhaftet und am 9. April 1945 im Konzentrationslager Flossenbürg hingerichtet.

Bot (aus dem russischen Wort Robot = Arbeit)
Figur auf Webseiten, mit der man sich unterhalten kann. Grundsätzlich unterscheidet man zwischen zwei Arten von Bots: jenen, die für Forschungszwecke oder zum Spaß entworfen wurden, und solchen, die für kommerzielle Zwecke, etwa als Kundenberater, eingesetzt werden. Im Unterschied zu Avataren werden Bots nicht von Menschen geführt, sondern sie sind vollkommen künstlich programmiert.

Buddha/Buddhismus
Eine von Siddharta Gautama (Buddha, dem Erleuchteten, ca. 580–480 v. Chr.) gestiftete Weltreligion, die in verschiedenen Ausprägungen v. a. in Ostasien verbreitet ist. Voraussetzung des Buddhismus ist der Glaube an die Wiedergeburt und die Überzeugung, dass alles Leben Leid ist. Der Buddhismus lehrt die acht „Pfade“, in denen beschrieben wird, wie der Einzelne den Kreislauf der Wiedergeburt durchbrechen und das Leid besiegen kann. Den Heilszustand sieht der Buddhismus in der absoluten Ruhe, im Nirwana.

Cicero, Marcus Tullius
106–43 v. Chr., römischer Staatsmann und Philosoph. Sein Werk, durch das er sich bemühte zentrale Gedanken der griechischen Philosophie für die Römer zugänglich zu machen, ist nur noch in Bruchstücken erhalten. In der Ethik vertritt Cicero im Ganzen die Auffassung der ↑ Stoiker. Er war neben seiner philosophischen Begabung ein guter Redner, der die Menschen mitreißen konnte. Im Jahr nach Cäsars Tod kam auch er durch politischen Mord ums Leben.

Dalai-Lama
Geistliches Oberhaupt im tibetischen Buddhismus. Als Reinkarnation Buddhas gilt er als höchster geistlicher Würdenträger und ist zugleich weltliches Oberhaupt der Tibeter. Der vierzehnte Dalai-Lama (*1935, inthronisiert 1940) flüchtete 1959 nach der chinesischen Invasion (1950) aus Tibet nach Indien. 1989 erhielt er den Friedensnobelpreis.

Descartes, René
1596–1650, französischer Philosoph und Mathematiker, dessen Programm die vorurteilslose Erforschung der Wahrheit war. Dazu zog er alles bestehende Wissen radikal in Zweifel und kam so zu der (ersten) unumstößlichen Gewissheit: Ich denke, also bin ich, lat. Cogito, ergo sum.

Diogenes von Sinope
412–323 v. Chr., griechischer Philosoph. Er führte die Lehren von Sokrates weiter, indem er äußerste Bedürfnislosigkeit und Enthaltsamkeit lebte und predigte. Neben seine Bedürfnislosigkeit traten andere Provokationen, mit denen Diogenes seine Zeitgenossen schockierte, denn die Sittengesetze seiner Zeit galten ihm nichts.

Dogmatismus
Bezeichnung für ein starres Festhalten an der eigenen Lehrmeinung, die für absolut wahr gehalten wird und deshalb nicht mehr kritisch überprüft wird.

Dualismus
Vorstellung, dass der Mensch aus zwei unterschiedlichen Substanzen (Seele/Geist und Körper) besteht, deren Verbindung sich nach dem Tod auflöst.

Epikur
341–270 v. Chr., griechischer Philosoph, der die Philosophie als Anleitung zur richtigen Lebensführung betrachtete. Für ihn war die Lust, worunter er Seelenruhe und Freiheit von Schmerzen verstand, das oberste Lebensprinzip (Hedonismus).

Erbsünde
Nach dem frühchristlichen Apostel Paulus die Sünde, die alle Menschen aufgrund des Sündenfalls von Adam und Eva (Gen 2, 4 a–3, 24) in sich tragen; sie ist verantwortlich für die menschliche Sterblichkeit, die durch Christi Sühnetod aufgehoben wurde, so dass der Mensch im Jenseits weiterlebt.

Fermi, Enrico
1901–1954, italienischer Physiker, ging 1938 in die USA. Er entwickelte verschiedene Theorien zur Physik der Atome, arbeitete an der Atombombe mit und leitete die erste gelungene Uranspaltung zur Erzeugung von Atomenergie. Er erhielt 1938 den Nobelpreis für Physik.

Freie Deutsche Jugend (FDJ)
Staatliche Massenjugendorganisation in der DDR. Die FDJ hatte Betriebs-, Verwaltungs-, Schul- und Hochschulgruppen. Neben vielen anderen Aktivitäten erzog sie die Jugendlichen politisch im Sinne des von der regierenden Einheitspartei vertretenen demokratischen Sozialismus. Vgl. ↑ Karl Marx, dessen Ziele die Sozialistische Einheitspartei Deutschlands (SED) verwirklichen wollte. Vorstufe der FDJ war die Pionierorganisation „Ernst Thälmann“ für Kinder vom 6. bis 14. Lebensjahr.

Freud, Sigmund
1856–1939, Arzt und Philosoph in Wien; Begründer der Psychoanalyse. Er erforschte das Unbewusste der menschlichen Seele und sein Hineinwirken in das Verhalten und in die Kultur des Menschen.

Frisch, Max
1911–1991, schweizerischer Schriftsteller und Dramatiker. In seinen zahlreichen Dramen und Romanen wird oft die Verantwortung des Menschen für seine Menschlichkeit thematisiert.

Fromm, Erich
1900–1980, jüdischer Philosoph und Psychoanalytiker. Fromms Denken ist stark durch ↑ Karl Marx und ↑ Sigmund Freud geprägt: Von dem einen übernimmt er das Interesse für gesellschaftspolitische Fragestellungen und das Festhalten an einer gesellschaftlichen Utopie, von dem anderen das Interesse an der Analyse des menschlichen Trieblebens. So geht es ihm in seinem Werk um das Verstehen der Gesetze, die das Leben des Einzelnen und der Gesellschaft beherrschen. Neben seiner Tätigkeit als philosophischer Schriftsteller praktizierte er über 40 Jahre als Psychoanalytiker.

Galilei, Galileo
1564–1642, italienischer Naturforscher. Er begründete mit der Anwendung von Experimenten die moderne Physik. Neben der Beobachtung verschiedener Gesetzmäßigkeiten (z. B. Pendelschwingungen, der freie Fall) konstruierte er auch ein Fernrohr, mit dem er astronomische Entdeckungen machte. Da er sich zum ↑ heliozentrischen Weltsystem des Kopernikus bekannte, wurde er von der katholischen Kirche angegriffen, sodass er 1633 seine Thesen widerrief.

Gandhi, Mohandas Karamchand
Ehrenname Mahatma (Sanskrit: dessen Seele groß ist). 1869–1948, indischer Staatsmann, Hindu, kämpfte für die Befreiung Indiens von der englischen Herrschaft. Bekannt ist vor allem sein gewaltloser Widerstand gegen die Engländer.

Gesellschaft
Die Summe der Einzelnen im Staat, repräsentiert durch freie, außerhalb des staatlichen Gefüges stehende etablierte Institutionen (Gewerkschaften, Verbände ...), die teilweise eng, aber kritisch mit staatlichen Institutionen zuammenarbeiten.

gnostisch/Gnostiker
(griechisch = Gotteserkenntnis) Eine vermeintlich höhere Art der Erkenntnis, welche Einsicht in die religiösen Geheimnisse gewähren soll. Gnostiker nennt man speziell die Philosophen in den ersten Jahrhunderten nach Christus, die versuchten, die im Glauben erworbenen Geheimnisse durch philosophische Spekulationen zu erkennen und so zur Erlösung zu gelangen.

Great Ape Project
36 Wissenschaftler aus neun Ländern versuchen im Great Ape Project davon zu überzeugen, weshalb eine grundsätzliche Neubewertung des moralisch rechtlichen Status der nächsten Verwandten des Menschen notwendig ist. Nach der Erkenntnis, dass alle Menschen trotz der unübersehbaren Unterschiede gleich sind, muss man – nach Ansicht der Wissenschaftler – noch einen Schritt weitergehen und Schimpansen, Gorillas und Orang-Utans mit in die Gemeinschaft der moralisch Gleichen mit einbeziehen.

Grundgesetz für die Bundesrepublik Deutschland
Abk.: GG; Verfassung der Bundesrepublik Deutschland, die am 24. 5. 1949 in Kraft trat. Ursprünglich als vorläufige Verfassung gedacht, ist sie seit dem 3. 10. 1990 die endgültige Verfassung der BRD.

Heisenberg, Werner
1901–1976, Physiker, entwickelte eine Theorie zum Aufbau der Atome (Quantentheorie) und arbeitete über Kernphysik. Er erhielt 1932 den Nobelpreis für Physik.

heliozentrisches Weltsystem
(griech. zu Helios = Sonnengott) Weltbild, in dem die Sonne als Mittelpunkt der Welt betrachtet wird, um den sich alle Planeten in Kreisen bewegen.

Homo Faber
(lat. = Mensch und Hersteller) Bezeichnung für den arbeitenden Menschen, insoweit er nicht nur herstellt, sondern sich auch Werkzeuge und technische Hilfsmittel macht, Arbeitsabläufe überdenkt und ändert, als Mensch praktisch kreativ ist.

Homo sapiens
(lat. homo = Mensch, sapiens = klug, weise) Bezeichnet den Menschen in der Unterscheidung zum Tier. Der Homo sapiens entwickelte sich nach neueren Erkenntnissen nicht aus dem Neandertaler, sondern parallel zu diesem.

Hume, David
1711–1776, schottischer Diplomat und Philosoph, der als einzige Quelle der Erkenntnis nur die Sinne und die Erfahrung akzeptierte. Auch im praktischen Bereich schätzte er die Rolle der Vernunft gering ein; sie könne nur die geeigneten Mittel herausfinden, um unsere durch die Leidenschaften diktierten Handlungsziele optimal zu erreichen. Hume glaubte weder an eine unsterbliche Seele noch an Gott.

Hypothese
In der Wissenschaft (insbesondere in der Naturwissenschaft) eine theoretische Behauptung/These, um bestimmte Phänomene erklären zu können, bis sie durch eine bessere Hypothese abgelöst wird.

industrielle Revolution
Industrialisierung am Ende des 18. Jahrhunderts, die durch technische Erfindungen, wie Dampfmaschine und mechanischer Webstuhl, eine grundlegende Veränderung der Gesellschaft und der Arbeitswelt mit sich brachte. Oft wird die zunehmende Automatisierung im 20. Jahrhundert als zweite industrielle Revolution bezeichnet.

Inuit
Polarvolk, lebt in Alaska, entlang der kanadischen Eismeerküste bis nach Grönland. Inuit leben vom Fang wilder Rentiere, Seesäugetieren und Fischen. Sie wohnen in Schneehäusern, den so genannten Iglus.

Jaspers, Karl
1883–1969, deutscher Philosoph und Psychologe, der zusammen mit seiner jüdischen Ehefrau unter dem Nationalsozialismus zu leiden hatte und nach dem Zweiten Weltkrieg einer der bedeutendsten Kritiker der politischen Entwicklungen in der Bundesrepublik Deutschland und des allgemeinen Zeitgeistes war.

Jonas, Hans
1903–1993, deutsch-amerikanischer Philosoph. Die Grundidee seiner Philosophie ist das „Prinzip Verantwortung“: Jonas versucht den anthropozentrischen Standpunkt der traditionellen Ethik zu überwinden und weitet deshalb den kategorischen Imperativ Kants (der sich an ein individuelles, personales Handeln richtet) zu einem Imperativ gesamtmenschlicher Verantwortung aus. Die Grundlage der neuen Verantwortungsethik ist die Forderung, dass es eine lebenswerte Welt auch noch für kommende Generationen von Menschen geben soll. Deshalb muss ein dem neuen Typ menschlichen Handelns angepasster neuer Imperativ lauten: Handle so, dass die Wirkungen deiner Handlungen nicht zerstörerisch sind für die künftige Möglichkeit menschlichen Lebens auf der Erde.

Junge Gemeinde
Evangelische Jugendgruppen in der DDR für Jugendliche nach der Konfirmation. Im Unterschied zur staatlich organisierten FDJ, der die meisten Jugendlichen angehörten, bot die Junge Gemeinde eine freiere Atmosphäre. Die christlichen Jugendlichen planten ihre Aktivitäten meist selbst, mussten jedoch dafür in Kauf nehmen, dass sie neben der Mehrheitsgesellschaft standen und, was Bildungs- und Ausbildungswege betraf, häufig benachteiligt waren.

Kant, Immanuel
1724–1804, einer der bedeutendsten Philosophen der Aufklärung. In seiner wichtigsten Schrift zur Ethik, der „Metaphysik der Sitten“, hat er sich u. a. mit dem Verhältnis von Moral und Recht beschäftigt. Er stellt darüber hinaus die Frage, ob es ein allgemeines Prinzip gibt, das die Menschen als moralischen Maßstab bei allen ihren Handlungen anwenden sollten. Kant nennt dieses Prinzip den kategorischen Imperativ.

Karman
Nach hinduistischer und buddhistischer Lehre das Gesetz der Wiedervergeltung: Danach werden alle Taten im jetzigen Leben nach der Wiedergeburt im zukünftigen Leben vergolten. Gute Taten schaffen im zukünftigen Leben positive Verhältnisse, schlechte Taten ziehen negative Verhältnisse nach sich.

Kindchenschema
Gesichtsform mit einer hohen Stirn, einer runden, stumpfen Nase und großen Augen, die bei Säugetieren und Menschen instinktiv einen Beschützer- und Bruttrieb auslöst.

Konzentrationslager
Seit 1933 wurden Konzentrationslager von den Nationalsozialisten errichtet, um politische und weltanschauliche Gegner auszuschalten. Sie dienten als Arbeitslager, später auch zur Vernichtung der Juden.

Kosmologie
Lehre von der Struktur und Entwicklung der Natur in ihrer Ganzheit. Man versteht darunter oft auch die Lehre vom Weltall, speziell dabei die Lehre des Aufbaus und der Bewegungen der kosmischen Körper (Galxien, Sonnen, Planeten, Monde, Kometen, ...) mit der Frage nach dem Entstehen und dem weiteren Bestand des Universums. Deshalb wird die Kosmologie im heutigen Sprachgebrauch auch häufig der Astronomie zugerechnet.

Lorenz, Konrad
1903–1989, Zoologe. Sein Hauptarbeitsgebiet war die Verhaltensforschung an Tieren, deren Ergebnisse er oft sehr unmittelbar auf den Menschen übertrug. Er erhielt 1973 den Nobelpreis für Medizin.

Marx, Karl
1818–1883, Philosoph und Ökonom. Zusammen mit Friedrich Engels entwickelte Marx gegen die Auswüchse des Frühkapitalismus eine sozialistische Staats- und Wirtschaftstheorie, deren Kern darin besteht, dass die arbeitende Klasse auch Eigentümer der Produktionsmittel sein müsse. Diese Theorie hat als Zielvorstellung, dass die arbeitende Klasse, das Proletariat, die Herrschaft im Staat übernehmen soll.

Menschenrechte
Menschenrechte bezeichnen übernationale grundlegende Rechte (Ansprüche), die für alle Menschen, unabhängig von ihrer Hautfarbe, Nationalität, Religion und sonstiger Eigenschaften, gelten und das Wesen des Menschseins zum Ausdruck bringen. Sie wurden am 12. 12. 1948 in einer speziellen Charta als „Allgemeine Erklärung der Menschenrechte" der Vereinten Nationen in 30 Artikeln verabschiedet. Ihre philosophischen Wurzeln reichen jedoch bis in die Antike zurück: bereits die Stoiker (2. Jh. v. Chr.) gingen von einer allgemeinen Menschennatur aus. (Vgl. S. 262 ff. im Anhang)

Montaigne, Michel-Eyquem de
1533–1592, französischer Philosoph und Schriftsteller, der in der zu seiner Zeit neuen Form des Essays über Themen der Religion, Philosophie, Politik u. a. reflektierte. Er war Skeptiker und ließ als unbezweifelbar nur die göttliche Offenbarung gelten.

Mythos
(griech.: Wort, Erzählung) Darstellung von urzeitlichen Begebenheiten der Götter-, Menschen- oder Naturwelt, wie z. B. Schöpfungsmythen. Ein Mythos erzählt nichts Historisches, sondern deutet die Welt oder ein Ereignis.

Narzissmus
(nach Narziss, einem Jüngling in der griechischen Sage, der in sein eigenes Spiegelbild verliebt ist) Beim Narzissmus richtet sich die Verliebtheit auf den eigenen Körper. Nach ↑ Freud ist der Narzissmus eine normale kindliche Entwicklungsphase, die im Jugendalter nochmals auflebt. Im Erwachsenenalter ist ein überstarkes „Spiegelungsbedürfnis" u. U. ein Ausdruck seelischer Störung.

Neues Testament
(lat. = Neuer Bund). Ursprünglich in griechischer Sprache verfasste Textsammlung über das Leben Jesu und der ersten Christen in den vier Evangelien, der Apostelgeschichte, den Apostelbriefen und der prophetischen Offenbarung des Johannes (Apokalypse). Das Neue Testament als Heilige Schrift der Christen bildet die Grundlage des christlichen Glaubens und der christlichen Lehre. Die Texte sind vom 1. bis 4. Jahrhundert n. Chr. entstanden.

Nietzsche, Friedrich
1844–1900, deutscher Philosoph, dessen Denken maßgeblich durch ↑ Schopenhauer beeinflusst wurde. Kennzeichnend für seine auch sprachlich faszinierende und einflussreiche Philosophie ist die Diagnose kultureller und moralischer Verfallstendenzen. Diese lastet Nietzsche als Sohn eines evangelischen Pfarrers besonders dem Christentum seiner Zeit an, und er setzt dem Verfall eine notwendige „Umwertung aller Werte" entgegen. Hier spielt der Lebenswille und der „Wille zur Macht" vornehmer Einzelner eine wichtige Rolle. Mit

der damit zusammenhängenden Idee des „Übermenschen“ schafft Nietzsche einen bis heute stark umstrittenen Begriff, auf den sich u. a. auch die Nationalsozialisten beriefen. Der stets kränkelnde und rastlos umherreisende Philosoph verfiel 1888 in geistige Umnachtung. Seine bekanntestes Werk trägt den Titel: „Also sprach Zarathustra“.

Nizäisches Glaubensbekenntnis
Das auf dem Konzil von Nicäa im Jahr 325 formulierte und beschlossene christliche Glaubensbekenntnis. Seine Kernaussage: Jesus sei „aus dem Wesen des Vaters“ und mit ihm „wesensgleich“.

Nominaldefinition
Bestimmung eines Begriffs durch Zurückführung auf andere Begriffe bzw. Einordnung in ein (bereits vorhandenes) Begriffssystem. Nach der klassischen Definitionslehre von Aristoteles erfolgt eine Definition, indem man die nächsthöhere Gattung und dann die spezifische Differenz sucht; z. B.: Ein Stuhl ist ein Sitzmöbel mit Rückenlehne und fester Sitzfläche.
Die Nominaldefinition steht im Gegensatz zur Realdefiniton, bei welcher der Begriff durch Aufweisen von geeigneten Gegenständen geschieht, die unter ihn fallen, oder durch Angabe einer Herstellungsvorschrift; z. B. ein Kreis entsteht, wenn man um einen festen Punkt in gleichem Abstand einen zweiten Punkt bewegt.

Pazifismus
(lat. pax = Frieden) Politische Überzeugung, dass zwischenstaatliche Konflikte nicht militärisch gelöst werden dürfen. Der Pazifismus ist oft ethisch begründet und vertritt verschiedene Verteidigungsstrategien (z. B. gewaltfreien Widerstand). Er wurde zuerst von den Quäkern und Mennoniten, die radikale Kriegsdienstverweigerer waren, vertreten. In den 70er- und 80er-Jahren des 20. Jahrhunderts hatte der Pazifismus durch die verschiedenen Friedensbewegungen in Europa an Bedeutung gewonnen.

Planck, Max
1858–1947, deutscher Physiker. Sein Hauptarbeitsgebiet war ursprünglich die Wärmelehre. Bei der Ableitung für die Temperaturstrahlung gab er das Postulat von der Gleichverteilung der Energie auf und führte Energiequanten ein, deren Größe gleich dem Produkt aus dem (nach ihm benannten) Planck'schen Wirkungsquantum und der Frequenz der abgegebenen Strahlung ist: $E = h\nu$. Er wurde damit zum Begründer der Quantentheorie. 1918 erhielt er den Nobelpreis für Physik.

Platon
427–347 v. Chr., griechischer Philosoph, der seine Philosophie in zahlreichen Dialogen dargestellt hat, deren Hauptperson Sokrates ist. Ein wichtiger Teil dieser Philosophie ist die Ideenlehre, nach der die Wirklichkeit nur das Abbild von Ideen ist.

Platonismus
Bezeichnung für die Philosophie Platons, die einen großen Einfluss auf die Entwicklung des Christentums gehabt hat. In dieser Hinsicht meint Platonismus besonders die Vorstellung, dass die menschliche Seele nur vorübergehend im Körper eingesperrt ist und nach dem Tod aus diesem befreit wird.

Recht auf Arbeit
Aus der Verfassung des Freistaates Sachsen vom 27. Mai 1992:
Artikel 7:
(1) Das Land erkennt das Recht eines jeden Menschen auf ein menschenwürdiges Dasein, insbesondere auf Arbeit, auf angemessenen Wohnraum, auf angemessenen Lebensunterhalt, auf soziale Sicherung und auf Bildung, als Staatsziel an.
(2) Erwerbsmäßige Kinderarbeit ist grundsätzlich verboten.
(3) Niemand darf zu einer bestimmten Arbeit gezwungen werden, außer im Rahmen einer herkömmlichen allgemeinen, für alle gleichen öffentlichen Dienstleistungspflicht.
Artikel 28:
(1) Beruf und Arbeitsplatz können frei gewählt werden, soweit das Bundesrecht dem nicht entgegensteht. Die Berufsausübung kann durch Gesetz oder aufgrund eines Gesetzes geregelt werden.
Artikel 29:
(1) Alle Bürger haben das Recht, die Ausbildungsstätte frei zu wählen.

(2) Alle Bürger haben das Recht auf gleichen Zugang zu den öffentlichen Bildungseinrichtungen.

Sabbat
Der wöchentliche jüdische Feiertag, an dem gemäß der Schöpfungsgeschichte und dem dritten der Zehn Gebote die Arbeit ruht. Strenggläubige Juden nehmen die Feiertagsruhe sehr viel genauer als die meisten Christen.
Im Satanskult wurde der Begriff Sabbat kopiert. Er bezeichnet den Feiertag, an dem für den Teufel schwarze Messen gehalten werden. (Eine Messe ist eine katholische Gottesdienstform.)

Sanskrit
Altindische Sprache, in der Literatur und Wissenschaft verwendet.

Savater, Fernando
Spanischer Philosoph, lehrt in Bilbao. Er hat vor allem ethische Bücher für Jugendliche geschrieben, u. a. „Sei kein Idiot. Politik für Erwachsene von morgen" und „Tu, was du willst".

Schopenhauer, Arthur
1788–1860, deutscher Philosoph, dessen Denken besonders von der Philosophie ↑ Kants und der indischen Weisheitsliteratur beeinflusst wurde. Schopenhauer deutet die Welt insgesamt als Erscheinung eines blinden, zum Leben drängenden Willens, der auch die Menschen, z. B. im Geschlechtstrieb, beherrscht. Entkommen kann man ihm allenfalls vorübergehend in der Askese oder in der Kunst, deren höchste Form für Schopenhauer die Musik darstellt. Schopenhauer verachtete menschliche Gesellschaft und lebte lieber mit seinem Pudel zusammen.

Schweitzer, Albert
1875–1965, evangelischer Theologe und Arzt. Nachdem Schweitzer als Theologe bereits wissenschaftlich gearbeitet und verschiedene Werke zur Religionsphilosophie und -geschichte geschrieben hatte, studierte er Medizin, um als Missionsarzt zu arbeiten. Das Urwaldhospital Lambarene in Gabun/Westafrika wurde seine noch heute existierende Wirkungsstätte. 1952 erhielt er den Friedensnobelpreis.

Seneca
4 v. Chr.–65 n. Chr., römischer Philosoph und einer der bedeutendsten ↑ Stoiker. In seiner Philosophie vertritt er die Auffassung, Glückseligkeit könne der Mensch nur erlangen, indem er sich in sein Schicksal füge und es in einem Akt der Freiheit als etwas Unabänderliches annähme. Seneca verlangt zugleich sittliche Strenge gegen sich selbst und großzügiges Mitleid gegenüber anderen. Er war Erzieher des römischen Kaisers Nero, der ihn später zum Tode verurteilte.

Sokrates
Zirka 470–399 v. Chr., griechischer Philosoph, der in Athen lebte und dort auf der Agora (Marktplatz) mit den Menschen philosophierte. Er ist der Begründer der Ethik, hat jedoch keine schriftlichen Werke hinterlassen. Der Philosoph Platon machte ihn zur Hauptperson in seinen berühmten Dialogen, denn Sokrates verstand es, mit den Menschen zu sprechen und sie zum Nachdenken und Argumentieren anzuregen. Seine Gesprächsmethode wird deshalb auch sokratische Methode genannt. Sokrates wurde 399 v. Chr. zum Tode verurteilt und starb durch Gift aus dem Schierlingsbecher. Die Athener hatten ihn u. a. angeklagt, „neue Götter" eingeführt und die Jugend moralisch verdorben zu haben.

Sophisten
Sammelbegriff für eine Gruppe griechischer Philosophen der Antike, die gegen Entgelt Kenntnisse besonders in der Redekunst an die politisch Mächtigen weitergaben. Ihnen kam es weniger auf die Erkenntnis der Wahrheit und das Überzeugen, als vielmehr auf die Wirkung ihrer Worte und das Überreden an. Sie waren damit die philosophischen Gegner ↑ Platons.

Staat
Staat ist zunächst ein bestimmtes umgrenztes Stück Land. Für das Territorium eines Staates gelten in erster Linie die Verfassung, Gesetze, Währung, an die sich alle Bewohner zu halten haben. Der Staat hat die Macht, die Einhaltung der Gesetze zu kontrollieren und die Nichteinhaltung zu verfolgen. Hiermit wird die Regierung beauftragt. Wer diese Macht übertragen bekommt bzw. wie sie verteilt und kontrolliert wird und wie Gesetzesbeschlüsse zustande kommen, ist

durch die Verfassung geregelt. Die Funktionsweise dieses politischen Gefüges ist Thema der Staatsphilosophie.

Stoa, stoische Philosophie

Philosophenschule der Stoiker, die um 300 v. Chr. in Griechenland durch Zenon von Kition begründet wurde. Ihre Lehre war bis zur Mitte des 3. Jahrhunderts nach Christus die leitende Philosophie der Oberschicht im Römischen Reich. Namhafte Philosophen wie ↑ Seneca, aber auch Politiker und Kaiser, wie ↑ Cicero und Marc Aurel, gehörten ihr an. Das höchste Lebensglück sahen die Stoiker im Leben nach der Vernunft, das für sie im Sich-Einfügen in das unabänderliche Schicksal bestand. Unerschütterlichkeit und Gelassenheit gegenüber Schicksalsschlägen waren daher für die Stoa die wichtigsten Tugenden.

Symbol

(griech. symballein = zusammenwerfen) Ein bildhaftes Zeichen, das etwas Reales oder für real Gehaltenes vergegenwärtigt (z. B. die Rose als Symbol der Liebe). Religiöse Symbole sind mehr als willkürlich oder rational festgesetzte Zeichen (wie z. B. Verkehrszeichen), sondern sie sind Teil der Wirklichkeit, auf die sie hinweisen.

Unberührbare

Innerhalb des indischen Kastenwesens die unterste Kaste bzw. Bevölkerungsschicht. Sie werden auch Paria genannt.

UNESCO

Abkürzung für United Nations Educational, Scientific and Cultural Organization. Eine Organisation der Vereinten Nationen. Ihr Ziel ist die internationale Förderung von Erziehung, Wissenschaft und Kultur.

UNO/UN

(United Nations = Vereinte Nationen) Die Vereinten Nationen wurden 1945 in San Francisco gegründet. Ihre Ziele sind u. a. Erhaltung des Weltfriedens durch internationale politische und kulturelle Zusammenarbeit, kollektive Maßnahmen zur Friedenssicherung sowie Beilegung von Streitigkeiten unter den Mitgliedstaaten. Sitz der UNO ist New York. 1997 hatte die UNO 185 Mitgliedstaaten.

Utilitarismus

Der Utilitarismus beurteilt den Zweck allen menschlichen Handelns nach der Nützlichkeit. Für eine Gemeinschaft bedeutet dies, dass die Handlungen darauf ausgerichtet sein müssen, dass möglichst vielen Menschen das möglichst größte Lebensglück vermittelt wird. Begründer des Utilitarismus war ↑ Bentham.

Voyeurismus

(franz. voyeur = Zuschauer) Eine Haltung, die einen besonderen Reiz darin findet, herausragende Situationen anderer Menschen (Schicksalsschläge, sexuelle Handlungen u. a.) zu beobachten.

Weizsäcker, Carl Friedrich von

*1912, Physiker und Philosoph. Er forschte in der Kernphysik, in der Astronomie und in der Naturphilosophie. C. F. v. Weizsäcker wendet sich gegen die traditionelle Trennung von Geistes- und Naturwissenschaften und stellt der Philosophie die programmatische Aufgabe, zu einem Verständnis der Einheit der Natur zu gelangen. In der Öffentlichkeit tritt er oft durch Kritik der wissenschaftlich-technischen Welt hervor.

Wiedertäufer

Radikale reformatorische Bewegung, die eine innere Erneuerung der Kirche suchte. Die Wiedertäufer lehnen die Kindertaufe ab und bestehen auf der Taufe der Erwachsenen, die sich frei entscheiden können. Die Mehrzahl der Wiedertäufer zeichneten sich durch Einfachheit, Nüchternheit und Leidensbereitschaft aus. In Polen, Mähren, Russland und Nordamerika fanden sie eine neue Heimat, während sie in Deutschland weitgehend verdrängt wurden.

Albert-Schweitzer-Zentrum
Neue Schlesingergasse 22–24
60311 Frankfurt/M.
Tel. (0 69) 28 49 51
Fax (0 69) 2 97 85 25
E-Mail: albert-schweitzer-zentrum@t-online.de
http://www.frankfurter-museen.de
www.albert-schweitzer-zentrum.de

Amnesty International (ai)
Heerstr. 178
53111 Bonn
Tel. (02 28) 9 83 73-0
Fax (02 28) 63 00 36
E-Mail: info@amnesty.de
http://www.amnesty.de

Bundesagentur für Arbeit
Regensburger Str. 104
90478 Nürnberg
Tel. (09 11) 1 79-0
Fax (09 11) 1 79-13 43
E-Mail: arbeitsamt@t-online.de
http://www.arbeitsamt.de

Bundesverband der Tierversuchsgegner
Menschen für Tierrechte e. V.
Roermonder Str. 4a
52072 Aachen
Tel. (02 41) 15 72 14
Fax (02 41) 15 64 42
E-Mail: info@tierrechte.de
http://www.tierrechte.de

Deutsche Gesellschaft für die Vereinten Nationen
Poppelsdorfer Allee 55
53115 Bonn
Tel. (02 28) 94 90 00
Fax (02 28) 21 74 92
E-Mail: dgvn-bonn@t-online.de
Informationen über Menschenrechte

Deutscher Bundestag
Platz der Republik 1
11011 Berlin
Tel. (0 30) 2 27-0
Fax (0 30) 2 27-3 68 78
E-Mail: mail@bundestag.de
http://www.bundestag.de
Information über demokratische Parteien im Bundestag

Freiwillige Selbstkontrolle Fernsehen e.V.
Lützowstr. 33
10785 Berlin
Tel. (0 30) 2 30 83 60
Fax (0 30) 23 08 36-70
E-Mail: info@fsf.de
http://www.fsf.de

Hospiz Stuttgart – Begleitung Sterbender und ihrer Angehörigen
Stafflenbergstr. 22
70184 Stuttgart
Tel. (07 11) 2 37 41 53
Fax (07 11) 2 37 41 54
http://www.hospizbewegung.de

Institut für Trauerarbeit (ITA)
in der Evang. Akademie
Nordelbien
Esplanade 15
20354 Hamburg
Tel. (0 40) 35 50 56 43/44
Fax (0 40) 35 71 87 67
E-Mail: info@verwaiste-eltern.de
http://www.verwaiste-eltern.de
Kooperationsveranstaltungen mit Lehrern und Lehrerinnen

Lesben- und Schwulenverband Deutschland e.V.
verschiedene Ortsgruppen, z. B.
Katzbachstr. 5
10965 Berlin
Tel. (0 30) 78 95 47 63
E-Mail: http://www.lsvd.de

Offener Kanal Dortmund
Nollendorfplatz 2
44339 Dortmund
Tel. (02 31) 17 00 01
Fax: (02 31) 17 91 01
E-Mail: info@ok-dortmund.de
http://www.ok-dortmund.de

Plan International Deutschland
Postfach 602009
22220 Hamburg
Tel. (0 40) 61 14 00
Fax (0 40) 61 14 01 40
E-Mail: info@plan-international.de
http://www.plan-international.de
Informationen über Lebenssituationen von Kindern in aller Welt und Patenschaften

„Schule ohne Rassismus"
Bundeskoordination
AKTION COURAGE e.V. –
SOS Rassismus
Postfach 2644
53016 Bonn
Tel. (02 28) 21 30 61
Fax (02 28) 26 29 78
E-Mail: info@aktioncourage.org
http://www.aktioncourage.org

unicef Deutschland
Höninger Weg 104
50969 Köln
Tel. (02 21) 93 65 00
Fax (02 21) 93 65 02 79
E-Mail: mail@unicef.de
http://www.unicef.de

Textnachweis

S. 8 Jostein Gaarder: Das Kartengeheimnis, Hanser, München/Wien 1995, S. 183

S. 10 Martin Auer: Zufall, in: Hans Joachim Gelberg (Hrsg.), Überall und neben dir. Gedichte für Kinder, Beltz, Weinheim/Basel, 1986; Jean-Paul Sartre: „Ist der Existentialismus ein Humanismus?“ in: Drei Essays, mit einem Nachwort von Walter Schmiede, Ullstein, Berlin 1986, S. 26

S. 12 François Voltaire: Zweifel über den Menschen, in: Voltaire, Recht und Politik, Band 75, hrsg. von V. G. Mensching, übers. von Angelika Oppenheimer, Syndikat EVA, Frankfurt/M. 1986, S. 7 ff.

S. 13 Gordon Gallup jr.: Selbsterkennen und Empathie bei Menschenaffen, in: Spektrum der Wissenschaft – Spezial: Intelligenz, Heidelberg 3/1999

S. 15 Hermann Kasack: „Mechanischer Doppelgänger“. Zuerst erschienen unter dem Titel „Der Aufstand“ im Jahr 1916, zitiert nach: Willi Fehse (Hrsg.), Deutsche Erzählungen der Gegenwart, Reclam, Stuttgart 1959, S. 153

S. 16 Jorge Louis Borges: Gesammelte Werke. Einhorn, Sphinx und Salamander, Carl Hanser Verlag, München/Wien 1982, S. 134 f.

S. 17 Fernando Savater: Tu, was du willst. Ethik für Erwachsene von morgen, übers. von Wilfried Hof, Campus, Frankfurt/M. 1994; nach E. Conze: Der Buddhismus, Verlag W. Kohlhammer, Stuttgart, 7. Aufl. 1981, S. 100 f.

S. 18 Fernando Savater: Tu, was du willst, übers. von Wilfried Hof, Campus, Frankfurt/M. 1994, S. 91f.; Interview von Claudia Fromme mit Alfred Gebert, Prof. für Wirtschaftspsychologie an der FHS des Bundes in Münster, in: Focus Nr. 13, März 2000, S. 224

S. 19 Friedrich Nietzsche: Die Geburt der Tragödie. Unzeitgemäße Betrachtungen I–IV., Giorgio Colli und Mazzino Montinari (Hrsg.), dtv/de Gruyter, München 1988

S. 21 Thomas Nagel: Was bedeutet das alles? Eine ganz kurze Einführung in die Philosophie, übers. von Michael Gebauer, Reclam, Stuttgart 1990, S. 44 f.; John Hopers: Zweifel eines Deterministen, in: Dieter Birnbacher, Norbert Hoerster (Hrsg.), Texte zur Ethik, übers. von Dieter Birnbacher, dtv, München 1976, S. 330 f.; John Locke: Über den menschlichen Verstand, Nachdruck der Winklerschen Übersetzung, Meiner, Hamburg 1976

S. 24 Max Frisch: Tagebuch 1966–1971, Suhrkamp, Frankfurt/M 1972, S. 319 ff.

S. 25 Michel de Montaigne: Essays, übers. von Herbert Luethy, Manesse, Zürich 1953, S. 222; nach: Aristoteles, Nikomachische Ethik, übers. von Olof Gigon, dtv, München 1972, S. 234 f.

S. 26 ELTERN / Januar 1998, S. 128 f.; Jein: Text von B. Lauterbach, M. Schrader, B. Warns. Edition Tromo & Freibank Musikverlage. To Mama Records/Intercord 1996 (INT 845.284)

S. 27 Michel de Montaigne: Die Essays, übers. von A. Franz, Reclam, Stuttgart 1984, S. 100–102

S. 28/29 Jutta Schlott: Kalter Mai, Fischer, Frankfurt/M. 1995, S. 26–29

S. 29 nach Arthur Schopenhauer: Aphorismen zur Lebensweisheit, Insel, Frankfurt/M. 1991, S. 186; nach: Marcus Tullius Cicero: Laelius. Über die Freundschaft. Übers. von Robert Feger. Reclam, Stuttgart 1995, S.12

S. 30 Bravo-Girl 15 / 9. 7. 1997

S. 31 Henning Engeln: Geo 1/97, S. 32–38

S. 32 Karl-Heinz Schmitt: Zeiten der Liebe, Kösel, München 1991, S.17 f.; Lovefool, Text von Peter Anders Svensson, Nina Elisabet Persson © Universal Music Publ. GmbH, Hamburg

S. 33 Erich Fromm: Die Kunst des Liebens, Ullstein, Berlin 1990, S.11, 14

S. 34 nach Platon: Symposion, übers. von Kurt Hildebrandt, Meiner, Leipzig 1912, S. 64–66, 84, 90

S. 35 Erich Fromm, Die Kunst des Liebens, Ullstein, Berlin 1990, S. 58

S. 36 nach Sigmund Freud: Abriss der Psychoanalyse, Fischer, Frankfurt/M. 1953, S.13

S. 37 Helmut Kentler: Brigitte 24/1992

S. 38 Der Spiegel 43/21.10.1996; Elisabeth Beck-Gernsheim: Was kommt nach der Familie? Einblicke in neue Lebensformen. Verlag C. H. Beck: München 1998, S. 2 (Vgl. Entwurf eines Gesetzes zur Beendigung der Diskriminierung gleichgeschlechtlicher Gemeinschaften: Lebenspartnerschaften. Dt. Bundestag – Deutscher Bundestag, Drucksache 14/3751; www.Bundesjustizministerium.de)

S. 42 nach Immanuel Kant: Metaphysik der Sitten, Reclam, Stuttgart 1990, S. 277

S. 43 nach Friedrich Nietzsche: Menschliches, Allzumenschliches, Suhrkamp, Frankfurt/M. 1977, S. 432; Udo Kliebisch: Kooperation und Werthaltung, Verlag an der Ruhr, Mühlheim 1995, S. 132

S. 45 Frankfurter Rundschau 23. 3. 1985

S. 46/47 Alois Weimer: Spuren des Denkens – Geschichten um Philosophen, Diesterweg, Frankfurt/M. 1993, S. 11 f.

S. 48/49 Jörn Mothes: Beschädigte Seelen, Temmen, Bremen 1996, S. 175–177

S. 50 Rafik Schami, Die Sehnsucht fährt schwarz, dtv München 1988, S. 47 f.

S. 51 nach Fernando Savater: Tu, was du willst. Ethik für Erwachsene von morgen, übers. von Wilfried Hof, Campus, Frankfurt/M. 1994, S. 91 f.

S. 52 Walter Limberg: Verantwortung, Friedrich Jahresheft 10/1992, S. 24

S. 54 Peter Seeger (deutsch von Max Colpet): Sag mir, wo die Blumen sind, Text Max Colpet © by Fall River Music, Inc., für D/A/CH, Essex Musikvertrieb GmbH, Hamburg

S. 55 Claus D. Grupp: Welt im Wandel, Omnia, Köln 1992, S. 3

S. 58 Richard Wilhelm (Hrsg.): Li Gi. Das Buch der Sitten und Gebräuche, Diederichs, Düsseldorf 1981, S. 272 f.

S. 59 Christian Keysser: Die 10 Gebote der Papuas, in: R. Bensch/W. Trutwin (Hrsg.), Philosophisches Kolleg 3, Patmos, Düsseldorf 1977; Max Himmelheber, Beobachtungen über die Moral der Eskimo und Neger, in: Rolf Italiaander (Hrsg.): Moral – wozu? Delp-Verlag, München 1972, S. 42

S. 60 Die Zehn Gebote, Text Andreas Frege, Hans Christian Müller © Musik-Edition Discoton GmbH/ Edition DTH (BMG UFA Musikverlage) München; Erich Kästner: Bei Durchsicht meiner Bücher, Atrium, München 1989, S. 61

S. 61 K. M. Michel/T. Spengler (Hrsg.): Kursbuch 60 – Moral, Kursbuch, Berlin 1980, S. 21; Warnfried Dettling: Die moralische Generation, in: Die Zeit, 14. 2. 1997

S. 62/63 Richard B. Brandt: Einige Vorzüge einer bestimmten Form des Regelutilitarismus, in: Otfried Höffe, Einführung in die utilitaristische Ethik, Uni-Tb, München 1975, S. 44; Richard Purtill: Grundfragen der Ethik, Patmos, Düsseldorf 1977, S. 11 ff.

S. 64 Der Spiegel 41 / 27.1.1997 (gekürzt)

S. 66 Zehn kleine Jägermeister, Text Andreas Frege, Hans Christian Müller © Musik-Edition Discoton GmbH/Edition DTH (BMG UFA Musikverlage) München

S. 67 Alexis de Toqueville, zit. nach Richard Herzinger: In der Gemeinschaftsfalle, in: Die Zeit Nr. 15/ 4. 4. 1997

S. 71 nach Immanuel Kant: Grundlegung zur Metaphysik der Sitten, Reclam, Stuttgart 1961, S. 28 f.

S. 73 Karl Popper: Die offene Gesellschaft und ihre Feinde, Francke, Bern 1973, S. 19

S. 74 Immanuel Kant: Grundlegung zur Metaphysik der Sitten, Reclam, Stuttgart 1961, S. 42

S. 74/75 Dietrich Bonhoeffer: Brevier, Kaiser, München 1991, S. 254 f.

S. 75 Ruth Andreas-Friedrich: Der Schattenmann. Tagebuchaufzeichnungen 1938–1945, Suhrkamp, Frankfurt/M. 1983, S. 87, 102

S. 77 Jürgen Bartheme, Daniela Reichgruber, in: medien und erziehung 8/1995, S. 213 ff.

S. 78 Gespräch zwischen Alfred Biolek und Ulrich Wickert in der Sendung „Und die Moral von der Geschicht'...", ARD 17.10.1995

S. 81 Toscani/Nickel, in: Stern TV; Marion Gräfin Dönhoff, Arno Widmann, in: DIE ZEIT, 14. 7. 1995

S. 82 Ulrich Wickert: Der Ehrliche ist der Dumme, Heyne, München 1996, S. 156 ff.

S. 84 Projektgruppe Jugendkulturen: Expressin' myself, Tisener, Bad Tölz 1999, S. 111

S. 85 Lukas Christian: „Am Donnerstag im Zug", Bonn 2000 (Schüler in Stufe 11 am COG Bonn)

S. 88 Edmund Burke: Vom Erhabenen und Schönen „A philosophical enquiry into the origine of our ideas of the sublime and the beautiful" übers. und hrsg. von F. Bassenge, Aufbau Verlag, Berlin 1963, S. 149, 152, 185

S. 89 Friedrich Nietzsche, zitiert nach: Was das Schöne sei. Klassische Texte von Platon bis Adorno, hrsg. von Michael Hauskeller, dtv München 1994, S. 373 f.

S. 90 Platon: Der Staat (Politeia), Buch X, 595a–598d, übers. und hrsg. von Karl Vretska, Reclam, Stuttgart 1991, S. 431–436

S. 93 E. Martens: Ökologische Provokation der Philosophie, in: H. Gärtner/M. Hoebel Mävers (Hrsg.),

Umwelterziehung – ökologisches Handeln in Ballungsräumen, Krämer, Hamburg 1991, S.174–182; Kant (umformuliert und vereinfacht): Kritik der Urteilskraft, (Hrsg.) Gerhard Lehmann, Reclam, Stuttgart 1991, S.69–71

S. 95 Karl Jaspers: Einführung in die Philosophie, Piper Verlag, München 1999, S.12–13, 16

S. 96 Jean Paul Dubois: Das Geheimnis der Sinne, in: DIE ZEIT, 26.7.1991

S. 97 Christa Wolf: Störfall, Nachrichten eines Tages, Darmstadt/Neuwied: Luchterhand 1987, S. 105 f.; Andreas Thalmayr: Das Wasserzeichen der Poesie, Greno, Nördlingen 1985, S. 420

S. 98 Thomas Ditzinger: Illusionen des Sehens, Südwest Verlag München 1998, S. 33, 38, 66

S. 99 Nigel Waburton: Was können wir wissen, was dürfen wir tun, Rowohlt Taschenbuch Verlag 1998, S. 109–111

S. 100 David Hume: Über den Ursprung der Vorstellungen, Reclam, Stuttgart 1967, S. 31–34

S. 102 Paul Watzlawick: Wie wirklich ist die Wirklichkeit? Piper, München 1976, S. 17 f., 74 ff.

S. 104 Paul Watzlawick: Münchhausens Zopf oder Psychotherapie und „Wirklichkeit", Huber, Bern 1988, S. 99–102

S. 105 Heinrich von Kleist: Brief an seine Frau Wilhelmine von Zenge, nach: Sämtliche Werke und Briefe, Bd. 2, hrsg. von H. Sembdner, Wiss. Buchgesellschaft, Darmstadt 1962, S. 634

S. 106 Ernst von Glasersfeld: Radikaler Konstruktivismus, Suhrkamp, Frankfurt/M. 1996, S. 22

S. 107 Buddha Savepalli Radhakrishan: aus dem 2. Korb des Pali-Kanon Udana VI 4, zitiert nach: Helmut von Glasenapp: Pfad der Erleuchtung, Eugen Diederichs Verlag München 1994, S. 67 f.

S. 108 Katja Schmid in: DIE ZEIT Nr. 13, 2001, S. 40 ff.

S. 109 Wolfgang Welsch: Eine Doppelfigur der Gegenwart, Virtualisierung und Revalidierung, in: Gianni Vattimo/Wolfgang Welsch (Hrsg.): Medienwelten Wirklichkeiten, Wilhelm Fink Verlag, München 1997, S. 229 f.

S. 110 Angelika Mechtel: Flucht ins fremde Paradies, Ravensburger, Ravensburg 1990, S. 66 ff.

S. 111 Wolfgang Heidelmeyer: Die Menschenrechte, Schöningh, Paderborn 1997, S. 66

S. 112 We didn't start fire, Text: Billy Joel © 1989 by Joelsongs für D/A/CH /Osteuropa: EMI Songs Musikverlag GmbH, Hamburg *(gekürzt)*

S. 113 nach Carl von Clausewitz: Definition und Zweck des Krieges, in: Carl von Clausewitz, Vom Kriege, Reclam, Stuttgart 1980, S. 20

S. 115 Franz Alt: Liebe ist möglich, Piper, München 1983, S.136 ff.

S. 116 Heimo Rau: Gandhi, Rowohlt, Reinbek 1970; Webb Miller, United Press: zit. nach Heimo Rau, Gandhi, Rowohlt, Reinbek 1970

S.117 Ija Lazari-Pawlowska: Gandhis Ethik der Gewaltfreiheit, Gandhi-Informations-Zentrum, Berlin 1995, S. 10 f.

S. 118 Martin Buber: An Mahatma Gandhi, in: Heimo Rau, Gandhi, Rowohlt, Reinbek 1970, S. 47; Bettina Wegner: Wenn meine Lieder nicht mehr stimmen, Rowohlt, Reinbek 1977, S.119

S. 119 nach John Rawls: Eine Theorie der Gerechtigkeit, übers. von Hermann Vetter, Suhrkamp, Frankfurt/M. 1977, S. 401 ff.

S. 123 Sabine Weerda: Hamburger Abendblatt vom 8.4.1997

S. 124 a i, Politik betrifft uns, Bergmoser & Höller, Aachen 1995, S. 16

S. 125 Václav Havel: Von welcher Zukunft ich träume, übers. von Joachim Bruss, Rowohlt, Reinbek 1996, S. 32 ff.

S. 126 Rede von Roman Herzog, 28.4.1997

S. 127 dpa: General-Anzeiger Bonn, 9.7.1997, S. 1

S. 128/129 Jugend '97, Jugendwerk der Deutschen Shell (Hrsg.), Leske + Budrich, Opladen 1997, S. 56 ff., S. 220, S. 227 ff., S. 239 ff.

S. 130/131 Michael Holzach: Das vergessene Volk, Hoffmann und Campe, Hamburg 1980, S. 9 f.

S. 131 nach Ernst Bloch: Über die Bedeutung der Utopie, in: Tübinger Einleitung in die Philosophie. Suhrkamp Verlag, Frankfurt/M. 1963, S. 124–126

S. 133 nach Waldemar Besson u. a.: Das Leitbild der modernen Demokratie, Bd. 300, Bundeszentrale für politische Bildung, Bonn 1990, S. 13 f.

S. 136 Der Spiegel, 31/1997, S. 24 f.

S. 137 Stern Nr. 32, 1997

S. 139 Waldemar Besson u. a.: Das Leitbild der modernen Demokratie, Bd. 300, Bundeszentrale für politische Bildung, Bonn 1990, S. 22; Manès Sperber: Individuum und Gemeinschaft, in: Die Weiße Rose und das Erbe des deutschen Widerstandes, C. H. Beck, München 1993, S. 22 f.

S. 140/141 Peter Singer zitiert Henry Thoreau: Civil Disobedience; nach: H. E. Bedau (Hrsg.), Civil Disobedience: Theory and Practice, New York 1969, S. 28; Henry Thoreau und Peter Singer, zitiert nach: Praktische Ethik, übers. von Jean-Claude Wolf, Reclam, Stuttgart 1984, S. 261–265

S. 142 Alles von Karl Valentin, Piper, München o. J.; Rudolf Mika, Birgit Rommelsbacher, Sinasi Dikmen, Bruno Jonas

S. 144 Judith Kerr: Als Hitler das rosa Kaninchen stahl, Ravensburger, Otto Maier Verlag, Ravensburg 1987, S. 153–161

S. 145 Ghazi Abdel-Quadir: Komplizierte Verhältnisse, aus: Spatzenmilch und Teufelsdreck, dtv, München 1999, © Erika Klopp Verlag, Hamburg

S. 147 Text nach Petra Aldenrath: Jugend 2000. 13. Shell-Jugendstudie, Leske und Budrich, Opladen 2000, Band 2, S. 49–60

S. 148 Der Tagesspiegel, 14.9.2000

S. 149 nach Klaus Kordon: Im Gefängnis, in: Alicia geht in die Stadt. Geschichten zum Überleben. © Erika Klopp Verlag, Hamburg 1992

S. 150 Francis Bacon: Novum Organum, Hamburg, Felix Meiner Verlag 1976, S. 251–255 (Ausschn.); Hans Magnus Enzensberger: Der Clan der Sesshaften

S. 152 Gudrun Pausewang: Ein Alptraum, in: Sigfried Bartholl (Hrsg.), Texte dagegen, Beltz, Weinheim 1993, S.118 f.

S. 154 Thomas Kloß: „Streit um Gebetsaufruf“, in Rubrik „In Duisburg notiert“, Westdeutsche Allgemeine Zeitung Nr. 274, 20.11.1996

S. 160 Paola Cavalieri/Peter Singer: Menschenrechte für die Großen Menschenaffen „Das Great Ape Project“, übers. von Hans Jürgen Koskull, Goldmann, München 1996, S. 8 ff.

S. 161 Jeremy Bentham: zit. nach Plakat der Tierversuchsgegner Hessen, Menschen für Tierrechte e. V., Originalzitat aus: Jeremy Bentham: An Introduction to the Princples of Morals and Legislation, 1789, Anm. 17. Kap.

S. 162 nach Claus Günzler: Albert Schweitzer, Einführung in sein Denken, Beck'sche Reihe, München 1996, S. 61, 95 f.

S. 163 Andreas Brenner: Spiegel-Special Nr. 1/1997

S. 164 Jostein Gaarder: Sofies Welt, übersetzt von Gabriele Häfs, Hanser Verlag, München 1993, S. 103 ff.

S. 165 John D. Borrows: Die Natur der Natur, übers. von Anita Ehlers, Spektrum, Heidelberg 1993, S. 94 ff.

S. 166/167 Jean-Pierre Maury: Galileo Galilei, übers. von Annette Fiebig, Otto Maier Verlag, Ravensburg 1990, S.16

S. 168 Francis Bacon: Novum organum scientiarum zitiert nach der Übersetzung von Rudolf Hoffmann in der Ausgabe von Manfred Buhr bearbeitet von Gertraud Korf erschienen im Akademie Verlag Berlin (DDR) 1962, Fundstelle in: Neues Organon, Verlag Felix Meiner, Hamburg 1990

S. 169 Rudolf Kaiser: Indianischer Sonnengesang, Herder, Freiburg 1993, S. 47 f.

S. 170 Alaisdar MacIntyre: Der Verlust der Tugend, übers. von Wolfgang Rhiel, Suhrkamp, Frankfurt/M. 1994, S.13

S. 171 nach: Simon Pierre de Laplace: Chaos undFraktale, Spektrum, Heidelberg 1989, S. 10; Max Planck: zit. nach John D. Borrows, Die Natur der Natur, Spektrum, Heidelberg 1993, S. 509

S. 172/173 Gustav Schwab: Die schönsten Sagen des klassischen Altertums, Gustav Kiepenheuer Verlag, Leipzig/Weimar 1987, S. 67–71

S. 177 Geschichtsbuch Oberstufe, Bd. 1, Cornelsen, Berlin 1996, S. 273

S. 178 Klaus Franke: Der Spiegel, Sonderausgabe 1947 bis 1997, S. 322–326

S. 179 Werner Heisenberg: Das Naturbild der heutigen Physik, Rowohlt, Reinbek 1955

S. 181 Aktuell '97, Harenberg, Dortmund 1996, S. 213

S. 182 Hans Jonas: Lasst uns einen Menschen klonieren, Von der Eugenik zur Gentechnologie in: Technik, Medizin und Ethik, Praxis des Prinzips der Verantwortung, Suhrkamp, Frankfurt 1985, S. 162–203; Karl Lehmann: „Der Mensch darf nicht alles, was er kann“ in: Rheinische Post vom 9.3.2001; Ulrike Flach: „Ethik gegen Ethik“ in: Rheinischer Merkur vom 2.3.2001– 03–16; Ian Wildermut: „Erst Schaf Dolly, jetzt Embryonen“ in: Rheinische Post vom 7.3. 2001

S. 184 Armin Hermann: Wie die Wissenschaft ihre Unschuld verlor, Ullstein, Berlin 1984, S. 194

S. 185 Birgit Besser-Scholz (Hrsg.): Lebenszeichen, Bd. 1, Peter Hammer, Wuppertal 1988, S. 38

S. 186 Werner Heisenberg, Der Teil und das Ganze, dtv, München 1987, S. 228–231

S. 188 Zeit-Punkte 6/1995, S. 12 ff.

S. 192 Gerhard Leibold/Frank u. Doris Brenner: Das große Buch der Einstellungstests, Humboldt-Taschenbuchverlag Jacobi KG, München 1996, S. 37 f.

S. 193/194 BfA Nürnberg: Info-Broschüre „Mach's richtig – Blick in die Zukunft, Beltz, Weinheim1996, S. 5 ff.

S. 196 Mitteldeutsche Zeitung, 11. 6. 1992

S. 197 BfA Nürnberg: Info-Broschüre „Mach's richtig – Blick in die Zukunft", Beltz, Weinheim 1996, S. 5

S. 199 nach Karl Marx: Zur Kritik der Nationalökonomie, in: ders., Frühe Schriften 1, Wiss. Buchgesellschaft, Darmstadt 1982, S. 587; Hannah Arendt: Via activa, Chicago 1958

S. 200/201 DIE ZEIT,13. 7. 1990

S. 202 M. Schmidt-Klingenberg: Der Spiegel 31/1997

S. 205 Ivonne Fritzsche: Jugend '97, Jugendwerk der Deutschen Shell (Hrsg.), Leske + Budrich, Opladen 1997, S. 344

S. 207 Horst W. Opaschowski: Pädagogik der freien Lebenszeit, Leske + Budrich, Opladen 1996, S. 24

S. 211 Der Spiegel, 19. 9. 1994

S. 212 Martin Seel: Glück, in: Heiner Hastedt/Ekkehard Martens (Hrsg.), Ethik. Ein Grundkurs, Rowohlt, Reinbek 1994, S. 146 f.; Immanuel Kant: Kritik der praktischen Vernunft, in: Wilhelm Weischedel (Hrsg.), Kant, Wiss. Buchgesellschaft, Darmstadt 1975, S. 133; Peter Wapnewski, in: Karl O. Conrady, Das Buch der Gedichte, Cornelsen, Berlin 1997, S. 47

S. 214 Arthur Schopenhauer: Aphorismen zur Lebensweisheit, Insel-Verlag, Frankfurt/M. 1991, S. 50

S. 215 Robert Spaemann: Moralische Grundbegriffe, Beck'sche Reihe, München 1982, S. 30 f.

S. 217 Platon: Gorgias, zit. nach: Wilhelm Capelle, Die Vorsokratiker, Kröner, Stuttgart 1968, S. 355 f.; Erich Fromm: Haben oder Sein, dtv, München 1979, S. 115 ff.; Ludwig Wittgenstein, in: Ricarda Winterswyl (Hrsg.), Glück, Beck'sche Reihe, München 1995, S. 193; Seneca: I Vom glückseligen Leben. II Von der Gemütsruhe, Reclam, Stuttgart 1984, S. 64 f.

S. 218 Roland Simon-Schaefer: Kleine Philosophie für Berenike, Reclam, Stuttgart 1996, S. 173

S. 219 Seneca: I Vom glückseligen Leben. II Von der Gemütsruhe, Reclam, Stuttgart 1984, S. 64 f.; Olof Gigon (Hrsg.): Epikur. Von der Überwindung der Furcht, dtv, München 1983, S.115, 103 f.

S. 220/221 Erich Fromm: Die Kunst des Liebens, Ullstein, Berlin 1990, S. 68, 13 f.

S. 221 Erich Kästner: Bei Durchsicht meiner Bücher, Atrium, o. J., S.13

S. 222 Martina Heitmann: Praktikumsmappe (Text geändert)

S. 223 Verein „Gemeinsam Leben – gemeinsam Lernen" (Hrsg.): Faltblatt

S. 224 Stefanie Spötter: Er hieß Marco und war fünf Jahre alt, als er ums Leben kam, in: Margit Baßler, Marie-Thérèse Schins, Warum gerade mein Bruder? Trauer um Geschwister, Rowohlt, Reinbek 1992, S. 87–90

S. 225 Sandra Wagner: Gedicht ohne Titel, in: Verwaiste Eltern. Leben mit dem Tod eines Kindes, Heft 4/5, Hamburg 1993, S. 42

S. 226 Mihaly Csikszentmihalyi: Flow – Das Geheimnis des Glücks, Klett-Cotta, Stuttgart 1992, S. 13 ff.

S. 227 Marie Luise Kaschnitz: Überallnie, Ausgewählte Gedichte 1928–1965, Claassen, Hamburg 1965, S. 191

S. 228 Max Frisch: Tagebuch 1966–1971, Suhrkamp, Frankfurt/M. 1972, S. 424 ff.

S. 230 Blaise Pascal, zit. nach: Willi Oelmüller/Ruth Dölle-Oelmüller, Grundkurs Philosophische Anthropologie, Fink, München 1996, S. 130; Gundoff S. Freyermuth: Vom Hamburger zur Kuh – Wiederauferstehungsutopie, in: Rainer Beck (Hrsg.), Der Tod. Ein Lesebuch von den letzten Dingen, Beck'sche Reihe, München 1995, S. 255–263 (gekürzt)

S. 232 Albert Camus: Don't walk in front of me, Rowohlt, Reinbek o. J.; Richard Lamerton: Sterbenden Freund sein, übers. von Ursula Schottelius, Herder, Freiburg 1991, S. 29 f.

S. 233 Wilhelm Willms: Der geerdete Himmel, Butzon & Bercker, Kevelaer 1987, S. 121

S. 234 Octavio Paz: Das Labyrinth der Einsamkeit, übers. von Carl Hempel, Suhrkamp, Frankfurt/M. 1998, S. 65; Jean Ziegler: Die Lebenden und der Tod, übers. von Wolfram Schäfer, Goldmann, München 2000, S. 50 f.

S. 235 Maria Harmer: http://www.furche.at/fu2000/fu44-00/4.htm (zusammengefasst)

S. 236 Hilde Domin: Aber die Hoffnung, Fischer, Frankfurt/M. 1993, S. 60

S. 237 Edgar Damm: Was tun, wenn jemand stirbt? VARU (Hrsg.), Bonn 1993, S. 8 ff.

S. 238 Raymond A. Moody: Das Licht von drüben, übers. von Lieselotte Metzner, Rowohlt, Reinbek 1989, S.17 f.
S. 239 Der Spiegel 25/1992; CD „Knocking On Heaven's Door"
S. 240 Maurice Percheron: Buddha. Rowohlt, Reinbek 1958, S. 29 f. (rororo-Monographie)
S. 241 Das Nirwana (aus dem 2. Korb des Pali-Kanon: Udana VIII 1), zit. nach Werner Trutwin: Die Weltreligionen. Buddhismus, Patmos, Düsseldorf 1998, S. 64
S. 242 Mk 15, 24–38 nach der Einheitsübersetzung, gekürzt
S. 243 Daisetz Taitaro Suzuki: Der westliche und der östliche Weg, Essays über christliche und buddhistische Mystik, Ullstein, Berlin 1980, S. 127 f.
S. 244 Thomas Nagel: Was bedeutet das alles? Eine ganz kurze Einführung in die Philosophie. Reclam, Stuttgart 1990, S. 74–76.
S. 245 Blaise Pascal: Über die Religion und über andere Gegenstände (Pensées), übers. von Ewald Wasmuth, Heidelberg 1972, zit. nach Willi Oelmüller (Hrsg.), Diskurs: Religion, Schöningh, Paderborn 1982, S. 149 (= UTB 895); Mascha Kaléko: Verse für Zeitgenossen, Eremiten-Presse, Düsseldorf 1978, S. 9
S. 246/247 Blaise Pascal: Pascals Gedanken über die Religion und einige andere Gegenstände, aus dem Französischen von Karl Adolf Blech, Wilhelm Besser, Berlin 1840; Bertolt Brecht: Gesammelte Werke in 20 Bd., Werkausgabe Edition Suhrkamp, Bd.12, Prosa 2, Suhrkamp, Frankfurt/M. 1967, S. 380; Karl Marx; Goethe: Aus meinem Leben. Dichtung und Wahrheit, Digitale Bibliothek Band 1: Deutsche Literatur, S. 55479; Lichtenberg: Aus den »Sudelbüchern, Digitale Bibliothek Band 1: Deutsche Literatur, S. 126243; Schelling: Vorlesungen über die Methode des akademischen Studiums, Digitale Bibliothek Band 2: Philosophie, S. 37368; Stirner: Der Einzige und sein Eigentum, Digitale Bibliothek Band 2: Philosophie, S. 47304; Feuerbach: Das Wesen des Christentums, Digitale Bibliothek Band 2: Philosophie, S. 46333; Feuerbach: Das Wesen des Christentums, Digitale Bibliothek Band 2: Philosophie, S. 46347
S. 249 Der Wachtturm Nr.10, 15. Mai 1990, S. 4–6 (gekürzt); Dorothee Sölle: Der Wunsch, ganz zu sein, in: Die Hinreise. Zur religiösen Erfahrung. Texte und Überlegungen. Kreuz, Stuttgart 1976, S.167, 169, 172
S. 250/251 Thorwald Dethlefsen: Schicksal als Chance. Das Urwissen zur Vollkommenheit des Menschen, Goldmann, München 1990, S.199–201, © Bertelsmann 1979; Reinkarnation, in: esotera 7/2000; Schopenhauer: Die Welt als Wille und Vorstellung, Digitale Bibliothek Band 2: Philosophie, S. 64458 bis 64459
S. 253 Neue Westfälische, 30.5.1998; Ulrich Beck, Elisabeth Beck-Gernsheim: Das ganz normale Chaos der Liebe, Suhrkamp, Frankfurt/M. 1990, S. 21
S. 254 Xenophanes: Die Vorsokratiker. Fragmente und Quellenberichte, übers. und hrsg. von Wilhelm Capelle, Kröner, Stuttgart 1968, S. 121 (Fragmente 14–16); Jens Peter Jacobsen: Niels Lyhne, Emil Vollmer Verlag, Wiesbaden (o. J.), S.110 f.
S. 255 Jean-Paul Sartre, Drei Essays, übers. von Walter Schmiede, Ullstein, Berlin 1977, S. 16
S. 256 Ricarda S., Satanspriesterin. Meine Erlebnisse bei der Schwarzen Sekte. Eichborn, Frankfurt/M. 1989, S. 5, 8, 10
S. 257 Ralph Tegtmeier: Aleister Crowley. Die tausend Masken des Meisters, München 1989, S. 69 f. in: Hans-Jürgen Ruppert, Satanismus. Zwischen Religion und Kriminalität. EZW-Texte 140. Evangelische Zentralstelle für Weltanschauungsfragen, Berlin 1998, S.15f. (ISSN 0085-0357)
S. 258/259 Der Koran, übers. von Adel Theodor Khoury und Muhammad Salim Abdullah. Gütersloher Verlagshaus Gerd Mohn, Gütersloh 1987, S. 113; Arthur Schopenhauer: Die Welt als Wille und Vorstellung, Digitale Bibliothek Band 2: Philosophie, S. 6378889; Werner Jentsch (Hrsg.): Evangelischer Erwachsenenkatechismus, Gütersloher Verlagshaus Mohn, Gütersloh ^{4}1982, S. 335 f.
S. 260 Elie Wiesel: Die Nacht zu begraben, Elischa, Ullstein, Berlin 1987, S. 92–94
S. 261 Olof Gigon (Hrsg.): Epikur, Artemis, Zürich 1949, S. XLVI, zitiert nach Werner Trutwin, Reden von Gott, Theologisches Forum 2, Patmos, Düsseldorf 1980, S. 63; Martin Grabmann: Thomas von Aquin. Eine Einführung in seine Persönlichkeit und Gedankenwelt. Kösel & Pustet, München 1946, S. 114
S. 266 Marie Luise Kaschnitz: Überallnie, Fischer, Frankfurt/M. 1984, S. 64; Kurt Marti: Namenszug mit Mond, Gedichte, Werkauswahl in fünf Bd., Verlag Nagel & Kimche, Zürich/Frauenfeld o.J., S.125

Bildnachweis

Umschlagseite 1 unter Verwendung eines Bildes von © Getty Images, Stone, Tim Simmons
S. 6/7 M. C. Escher's „Bond of Union" © 1997 Cordon Art Baarn-Holland. All rights reserved.
S. 8 Schloss- und Spielkartenmuseum Altenburg
S. 9 M.C. Escher's „Day and Night" © Cordon Art Baarn – Holland. All rights reserved.
S. 10 René Margritte: La réproduction interdite 1937, Rotterdam, Boymans v. Beunigen Foto: Giraudon-Artothek
S.14 o.: Klaus Becker; u.: © dpa, Frankfurt/Main
S.15 Interfoto München
S.17 Picture Press Hamburg © Spaeth
S.19 Superboy TM and © 1998 DC Comics. All Rights Reserved. Used with Permission.
S.22 o.: Photo: ©ARD/Frank Dicks, aus: Verbotene Liebe, Folge 581, u. li.: Bavaria, TCL; u. re.: Kurt Halbritter
S.23 o. li.: Susanne Groß, Garbsen; o. re.: aus: Ingeborg Weber-Kellermann, Die Familie. Geschichte, Geschichten und Bilder, Insel, Frankfurt/M.; u. li.: Archiv für Kunst und Geschichte, Berlin; u. re.: „William Shakespeare's Romeo & Juliet", USA 1996 (Fox)
S. 24 li.: Interfoto, Barth; re.: Manfred Brandt, Kaltenkirchen
S. 25 Chris Browne © KSF/Distr. Bulls
S. 27 Familie Henke, Bonn
S. 28 Thomas Matthaeus Müller
S. 30 o.: A. Pflügner, Möhrfelden; u.: Photo: ARD/ Frank Dicks
S. 32 „William Shakespeare's Romeo & Juliet", USA 1996 (Fox)
S. 33 Susanne Groß, Garbsen
S. 34 Archiv für Kunst und Geschichte, Berlin
S. 37 Bavaria
S. 38 aus: Ingeborg Weber-Kellermann, Die Familie. Geschichte, Geschichten und Bilder, Insel, Frankfurt/M.
S. 39 sunshine international/action press
S. 40 o.: Willi Sitte, Vor der Abstimmung © VG Bild-Kunst, Bonn 1997; u. li.: Grabl, W., Hutthurm; u. re.: dpa, Frankfurt/M., Pfeiffer
S. 41 o.: Stalbek Toktojew, Nicht auf Befehle warten, Kirgisien; u.: Ullstein, Herbert Schlemmer
S. 42 aus: Emanuele Gennaro, Nascita della pittura filosofica, Paideia 1958
S. 45 Stalbek Toktojew, Nicht auf Befehle warten, Kirgisien
S. 46 Archiv für Kunst und Geschichte, Berlin
S. 48 aus: Beschädigte Seelen. Hrsg. v. Jörn Mothes u. a., Edition Temmen, Bremen 1996, S. 238, Dokument 98
S. 49 Ullstein, Herbert Schlemmer
S. 50 Corel-Library
S. 51 Skip G. Langkafel, Berlin
S. 53 o.: dpa, Frankfurt/M., Pfeiffer; u.: Grabl, W., Hutthurm
S. 54 Gulnara Kasmalijewa, Erinnere dich an Hiroshima, Kirgisien
S. 54 dpa, Frankfurt/M.
S. 56 li.: IFA, J. Heron; re. v. o. n. u.: Bavaria, Rose; Bavaria; IFA; Bavaria, Emil Bauer; dpa, Frankfurt/M., ZB
S. 60 S. e. t., München
S. 61 li.: Wolfgang Wiese, Hamburg; re.: Skip G. Langkafel, Berlin
S. 64 o.: Visum, M. Bustamante
S. 67 Antonio Fantuzzi, Das Opfer, aus: Die ZEIT 4. 4. 1997
S. 69 AOK Bayern, München
S. 70 © Lotos Film, Kaufbeuren
S. 71 Peter Thomann
S. 72 Elke Rohleder, Berlin
S. 76 li.: Interfoto, Archiv; o. re.: Interfoto, Ralph Metzger; u. re. Interfoto, Archiv
S. 78 Lothar Schneider
S. 79 Archiv für Kunst und Geschichte, Berlin
S. 80 aus: „Werbung ohne Tabu?"
S. 83 Michael Seifert, Hannover
S. 84 G.A.F.F. Fotoarchiv Boris Geilert
S. 86 aus: Zeitschrift HIT Nr. 0103, März 2001, © Attic Futura Verlag GmbH, München, S. 53
S. 87 Bernhard Fink & Karl Grammer, Ludwig Boltzmann Institut für Stadtethology, Wien
S. 88 li.: aus: Das Schöne und die Kunst. Materialien für die Sekundarstufe II, Philosophie Schroedel 1982; re.: Sol Gonzalez
S. 89 Kunsthistorisches Museum, Wien
S. 90 Artothek Peissenberg, Bridgeman
S. 91 o.: Focus, Hamburg; u.: Archiv für Kunst und Geschichte, Berlin

S. 92 Panda: IFA-Bilderteam, BCI; Marienkäfer: IFA-Bilderteam, BCI; Tarantel: IFA-Bilderteam, Jacobi; Mamba: IFA-Bilderteam, Kolban; Katze (o. Ang.)
S. 94 Renz GmbH, Böblingen; Marks and Spencer, Köln; u. l.: Bierdeckelwerbung Autohaus Steingass: Haid Werbeargentur, Horb; Fitness Institut vita-team, Köln
S. 96 © Ingrid Engelmann, Stubbendorf
S. 97 aus: Das Wasserzeichen der Poesie, hrsg. von Andreas Thalmayr, Die andere Bibliothek 1985, S. 420
S. 98 Thomas Ditzinger, Südwest-Verlag; u. re.: Roger N. Shepard: Einsichten und Einblicke. Illusionen und Wahrnehmungskonflikte in Zeichnungen. Heidelberg: Spektrum der Wissenschaft 1991, S. 91
S. 99 aus: Botwinick: J. Husband and father-in-law: a reversible figure. American Journal of Psychology 74: 313–321 (1961)
S.103 H. J. Schunk/Okapia; ZEFA, Frankfurt/Main
S.105 René Margritte: Ceci n'est pas une pomme, 1964 Brüssel Privatbesitz
S.106 © ELI s.r.l. European Language Institut, I-Recanti 1989; Illustration: Eugenio Fiorentini
S.107 Marlis Scharff-Kniemeyer, Frankfurt/M.
S.108 Victor Habbick/Science Photo Library/Focus
S.109 Lara Croft: www.w-arts.de
S.110 ZEIT-Punkte, Nr. 2/1993, S. 74
S.111 Unicef Köln
S.112 Foto: Artothek, Joachim Blauel/Düsseldorf Kunstsammlung NRW
S.113 Archiv für Kunst und Geschichte, Berlin
S.114 Archiv für Kunst und Geschichte, Berlin
S.116 Columbia Pictures Industries, Inc.
S.118 Tomi Ungerer © Diogenes Verlag
S.119 dpa, Frankfurt/M.
S.120 Molo Sengololo, South Africa
S.121 © Photo R. M. N.
S.122 o.: Photographie Giraudon, Vanves; u.: Plan International
S. 123 Plan International
S. 124 Associated Press
S. 125 o.: dpa, Berlin; u.: ZEIT-Punkte, Nr. 2/1993, S. 74
S. 126 dpa, Frankfurt/Main
S. 127 o.: Bavaria, TCL; u.: Evangelischer Pressedienst, Frankfurt/M.
S.128 o.: Süddeutscher Verlag Bilderdienst; u.: Zenit/ © Dietmar Gust
S.129 o.: Hanna Meiners, Darmstadt; u.: © by Ilex, Thomas Holz
S.130 Visum, Timm Rautert
S.132 Herzog August Bibliothek, Wolfenbüttel
S.135 o.: Kinder- und Jugendparlament, St. Augustin
S.136 Reuters AG, Bonn
S.137 Peter Thomann/STERN
S.138 Mansell Collection, London
S.140 bpk, Berlin
S.143 Archiv für Kunst und Geschichte, Berlin
S.146 li.: ddp, München; re.: Stadt Oberhausen
S.147 Corel Library
S.149 Aktion Gemeinsinn e. V., Bonn
S.151 © CCC, München, Harm Bengen
S.154 ddp, München
S.155 Focus, Nr. 19, 1995, S. 330 f.
S.156 o.: Aktion Courage e.V., Bonn; u.: Ingo Neubold, Gladbeck
S.157 Mittelschule am Burgteich, Zittau
S.158/159 Joachim Hollatz, Heidelberg; v. li. n. re.: aus: Spiegel special Nr. 1/1997, S. 123; Elke Rohleder, Berlin; aus: Erich Übelacker, Der Mond (Was ist was, Bd. 12), Tessloff Verlag, Hamburg 1983, S. 19; Barbara Schumann, Berlin
S.161 Spiegel special Nr. 1/1997, S. 123
S.162 Bavaria, SSI
S.164/165 Artothek, Joseph S. Martin
S.166 Skip G. Langkafel, Berlin
S.167 aus: Hans Haber, Die Sterne, Was ist was, Bd. 6, Tessloff Verlag, Hamburg 1982, S. 7
S.168 Elke Rohleder, Berlin
S. 169 aus: Rudolf Kaiser, Indianischer Sonnengesang. Die Weisheit der Erde in der Spiritualität nordamerikanischer Indianer, Herder Verlag, Freiburg 1993, S. 96
S.170 Artothek Peissenberg
S.171 Barbara Schumann, Berlin
S.172/173 Foto: Bavaria, VCL/Neapel: Mus. e Gall. Nazioni di Capodimonte
S.174 o.: IFA, Bail & Spiegel; Mi.: IFA, Bumann; u.: Zefa-Svenja-Foto
S.175 Bavaria, TCL
S.176 o.: aus: Rolf Sonnemann (Hrsg.), Geschichte der Technik, Aulis-Verlag, Köln 1987, S. 65; u.: aus: Marco Cianchi, Die Maschinen Leonardo da Vincis, Becocci Editore, Florenz 1988, S. 42

S.177 Bayerische Staatsbibliothek, München
S.178 Freies Deutsches Hochstift – Frankfurter Goethe-Museum
S.179 Archiv für Kunst und Geschichte, Berlin
S.180 o.: Gamma; u.: Cartoon-Caricature-Contor, München, Horst Haitzinger
S.181 li.: Cartoon-Caricature-Contor, München, Horst Busse; re.: Bilderdienst Süddeutscher Verlag, München
S.182 dpa, Frankfurt/Main
S.183 Elke Rohleder, Berlin
S.184 Ullstein
S.185 Elke Rohleder, Berlin
S.187 Martial Leiter, Lausanne
S.188 Jupp Wolter, Cartoon-Caricature-Contor, München
S.189 Helga Bachmann, Hamburg
S.190/191 Barbara Schumann, Berlin
S.192 © News Aktuell/Schoenfeld
S.193 li.: Corel Library
S.194 Lehre – Arbeit – Jugend. Zwischen Faszination und Frust. Hrsg. v. Arbeitskreis für Jugendliteratur e. V., München 1986, S. 13
S.196 Lehre – Arbeit – Jugend. Zwischen Faszination und Frust. Hrsg. v. Arbeitskreis für Jugendliteratur e. V., München 1986, S. 32
S.198 li.: Bavaria Bildagentur, Gauting; re.: Mier, Pamela, Idstein
S. 200 li.: Andreas Schoelzel, Berlin; re.: Cartoon-Caricature-Cartoon, München, Mester
S. 202 Cartoon-Caricature-Cartoon, München, Mester
S. 204 Barbara Schumann, Berlin
S. 207 aus: Horst W. Opaschowski, Pädagogik der freien Lebenszeit, Leske und Budrich, Opladen 1996, S.18
S. 208 o.: Christian Heeb, Harenberg Verlag; u. li.: Interfoto, TG; u. re.: Bavaria, TCL
S. 209 o.: Sächsische Lotto GmbH; u. li.: D. C: Thompson, Dundee; u. re.: Süddeutscher Verlag Bilderdienst
S. 210 o. li.: Corel Library; o. re.: Bilderberg; u. li.: Bavaria, VCL; u. re.: Michael Seifert, Hannover
S. 213 Roland W. Henke, Bonn
S. 214 o.: Elke Rohleder, Berlin; u.: Sempé © Diogenes Verlag
S. 216 Bavaria, Müller-Güll
S. 218 Archiv für Kunst und Geschichte, Berlin
S. 220 Jobst Grotrian, Berlin (Abdruck mit Genehmigung des Künstlers Joachim Kuschel)
S. 221 © 1997 Joram Harel, Wien
S. 223 Verein Gemeinsam leben – Gemeinsam lernen e. V., Bonn
S. 225 Anja Burr, Meckenheim
S. 226 Artothek, Bayer & Mitko
S. 229 li.: Artothek Peissenberg; re.: Elisabeth Volke
S. 230 Gebr. König Postkartenverlag
S. 233 Chagall, Marc, Jakob ringt mit dem Engel, © VG Bild-Kunst, Bonn 1998; für die Fotografien © 1972 by Orell Füssli Verlag, Zürich
S. 234 Grieneisen Beerdigungsinstitut
S. 235 aus: Day of the Dead in Mexico. Through the Eyes of the Soul, Mary J. Andrade © 1996, S. 20: Diego Riviera Museum-Studio in Mexico City, S. 105: Sweet skulls
S. 236 Elisabeth Volke
S. 238 Artothek Peissenberg
S. 239 Jan Wagner, Hamburg
S. 240 © All rights reserved by Rainer Binder, München
S. 241 nach einer Wandmalerei in einem tibetanischen Kloster aus: Heinz Berchert, Richard Gombrich, The World of Buddism © Thames & Hudson, London 1984, Foto: Martin Brauen
S. 242 Josef S. Martin, Artothek Peissenberg
S. 245 © Europäisches Währungsinstitut 1997/ Europäische Zentralbank 1998
S. 246 Archiv für Kunst und Geschichte, Berlin
S. 247 o.: Europäische Zentralbank Frankfurt; u.: Roger Avermaete © Mercator fonds Ag/ Chr. Belser AG, Stuttgart aus: Heinz Balling, Esotherik – New Age – Religion. Die Frage der menschen nach heil und Sinn. Donauwörth, Auer 1994, S. 8
S. 248 KNA, Frankfurt/Main
S. 250 o.: Allensbacher Berichte 2000/Nr. 25, S. 4 (Archiv-Nummer der Umfrage: 6098); u.: nach: Jugend 2000, 13. Shell Jugendstudie, Leske + Budrich, Opladen 2000, Bd. 1, S. 162; u.: Associated Press/Frankfurt Main; Archiv für Kunst und Geschichte Berlin
S. 252 © Nokia Mobile Phones Sales; MTV Networks GmbH & Co. OHG, München
S. 258 Blauel/Gnamm–Artothek Peissenberg
S. 260 Stadt Köln, Historisches Archiv

Nicht in allen Fällen war es möglich, die Rechteinhaber ausfindig zu machen. Berechtigte Ansprüche werden selbstverständlich im Rahmen der üblichen Vereinbarungen abgegolten.

Register